"十四五"国家重点出版物出版规划项目

中国劳动关系研究丛书

丛书主编◎刘向兵　傅德印

基本劳动标准立法研究

肖竹　沈建峰　等◎著

图书在版编目（CIP）数据

基本劳动标准立法研究 / 肖竹等著. -- 北京：中国人事出版社，2024. --（中国劳动关系研究丛书 / 刘向兵，傅德印主编）. -- ISBN 978-7-5129-2082-8

I. D922.504

中国国家版本馆 CIP 数据核字第 2024FZ8014 号

中国人事出版社出版发行

（北京市惠新东街 1 号　邮政编码：100029）

*

河北虎彩印刷有限公司印刷装订　　新华书店经销

787 毫米 × 1092 毫米　16 开本　25.75 印张　366 千字

2024 年 12 月第 1 版　2024 年 12 月第 1 次印刷

定价：99.00 元

营销中心电话：400-606-6496

出版社网址：https://www.class.com.cn

版权专有　　　侵权必究

如有印装差错，请与本社联系调换：（010）81211666

我社将与版权执法机关配合，大力打击盗印、销售和使用盗版图书活动，敬请广大读者协助举报，经查实将给予举报者奖励。

举报电话：（010）64954652

作者简介

(按照章节顺序排序)

沈建峰，法学博士，中央财经大学法学院教授、博士生导师，中国劳动关系学院法学院学术委员会主任，中国社会法学研究会常务理事，中华全国总工会工会理论和劳动关系智库专家，国家协调劳动关系三方会议专家委员会委员，中华全国总工会法律顾问委员会专家委员，中国劳动学会劳动人事争议处理专业委员会副会长。洪堡学者（联邦德国总理奖学金），德国波恩大学访问学者。在《法学研究》等杂志发表文章60余篇，出版专著、译著5部，主持国家社科基金重大项目等多项科研课题，荣获中国法学优秀成果奖等多次。

肖竹，法学博士，中国劳动关系学院科研处（劳动关系与工会研究院）处长兼法学院院长、教授，美国哥伦比亚大学法学院访问学者。兼任国家协调劳动关系三方会议专家委员会委员、中华全国总工会法律顾问委员会专家委员、民革十四届中央社会和法治委员会委员、中国社会法学研究会理事、中国劳动学会劳动人事争议处理专业委员会常务理事、北京市劳动和社会保障法学会常务理事。在《法学》《法学家》等杂志发表文章30余篇，出版专著2部，主编、合著、参著著作10余部，主持国家社科基金一般项目、教育部人文社科规划基金项目等10多项。

李海明，法学博士，中央财经大学副教授、硕士生导师。兼任中国社会法学研究会理事，国家协调劳动关系三方会议专家委员会委员。发表《论退休自愿及其限制》《论劳动法上的劳动者》等多篇法学核心文章，出版《劳动派遣法原论》《企业民主管理法的理论与制度》以及《劳动和社会保障法学》《民商法》《劳动法案例解读与分析》等多本著作和教材，主持教育部人文社科基金项目、国家社科基金后期资助项目、北京市社会科学基金项目等多个科研项目。

李文涛，中国劳动关系学院法学院教授，法学博士（南京大学），民商法博士后（中国人民大学），应用经济学博士后（北京大学），国家公派留学访问学者（德国明斯特大学）。研究领域为民商法、劳动法。主讲的《民法总论》课程获评北京高校"优质本科课程"，主持国家社科基金项目、中国法学会自选项目等多项国家级和省部级课题，在《法学家》《法学杂志》《法律适用》《法治论坛》《民商法论丛》等国内外各级各类核心期刊发表论文30余篇。

向春华，清华大学法学博士，中国劳动关系学院法学院讲师，担任多个部委专家、顾问，发表论文200余篇，出版专著10余部，主持国家、省部级项目多项。

丁皖婧，中国政法大学法学硕士、博士，德国科隆大学法学硕士，美国伊利诺伊大学厄巴纳–香槟分校法学院联合培养博士。现为中国劳动关系学院法学院讲师，劳动法与社会保障法教研室副主任，兼任中国社会法学研究会理事。2024年入选北京市法学会"百名法学青年英才"。

李静，法学博士，哈佛大学高级访问学者，中国劳动关系学院法学院讲师，中国社会保障学会理事，中国社会法学研究会理事。在《中外法学》《人口与发展》《残疾人研究》等核心期刊发表文章20余篇，主持国家社科基金青年项目、中国法学会等课题数项。主要研究领域为劳动法与社会保障法、残疾人权益保护。

杨敬之，法学博士，中国劳动关系学院法学院讲师。研究领域为宪法学、未成年人法学。在《政法论坛》《教育科学研究》等学术期刊发表论文10余篇，在《工人日报》《人民政协报》等报纸杂志发表文章多篇，多次受邀做客北京广播电台、电视台的普法节目。

李娜，法学博士，研究方向为劳动与社会保障法。现任中国劳动关系学院法学院劳动法与社会保障法教研室主任，兼任中国社会法学研究会理事、北京市劳动和社会保障法学会理事等，入选北京市法学会"百名法学青年英才"。已出版学术专著1部，参编教材4部，发表学术文章10余篇，主持和参与教育部人文社科规划基金项目、国家社科基金项目等多项国家与省部级课题的研究工作。

陈成，中国劳动关系学院法学院实践教学教研室主任，讲师，法学博士（硕博连读），中国社会法学研究会理事，入选北京市"百名法学青年英才"，国家公派剑桥大学访问学者（2022年至2023年）。主要研究方向为宪法与行政法、劳动法与社会保障法。主讲课程有劳动法学、行政法学等。

张冬梅，教授，法学博士，现任中国劳动关系学院法学院副院长，兼任中国社会法学研究会理事、北京市劳动和社会保障法学会理事。主要从事劳动法的教学和研究工作，主持教育部人文社科规划基金项目一项，参与多项国家社科基金、教育部等课题的研究工作，主编和参编10余部著作和教材，公开发表论文30余篇，其中多篇论文被人大报刊复印资料全文转载。

序 言

基本劳动标准制度是劳动法的核心制度,在劳动关系协调和劳动者权益维护中发挥着非常重要的作用。从历史发展和制度功能来看,基本劳动标准法通过设置最低工作年龄、最低工资、最长工时、基本的休息休假制度、安全生产条件等,让劳动者及其家人的生存、身体健康等得到保护,家庭生活得以正常进行,生育活动可以开展,不因过劳损耗而给社会保险带来过重负担,不因生存困难而去挑战国家和社会秩序。故此,基本劳动标准制度在根本上也是促进社会和家庭生活良性运转,维护社会秩序,保障国家长治久安和民族兴旺的制度。

但当前我国的工时、工资、休假、退休等基本劳动标准制度却存在着旧、漏、散、低、冲突、不明确等问题,亟须更新。具体而言,"旧":多数基本劳动标准制度都形成于1994年《中华人民共和国劳动法》制定前后,已施行30多年并很少修改;而这些制度中的很多内容在制定时多立足于当时国有企业的用工需要,所建立的强制退休制度、探亲假制度、严格的标准工时制度等均不完全适应当前发展需要,经常引发合法但不合理的现象,社会效果和法律效果难以统一。"漏":一些重要的基本劳动标准规则比较缺失,例如事假、婚假、丧假、劳动者数据和人格保护等在国家立法层面都没有具体规则。"散":基本劳动标准的规则散见于法律、行政法规、地方性法规、部颁规章以及各种文件之中,找法、用法、普法的难度大,法律内部协同不够。"低":总体来看规范位阶低,大部分重要的基本劳动标准制度都是靠部颁规章或者相关文件来规定，例如病假规则、特殊工时审批规则、最低工资规则等。"冲突"：新旧法不统一，各地不统一，地方规则和中央规则不统一，上位法和下位法不一致等现象在基本劳动标准法领域并不罕见，如劳动者医疗期满以后不能从事原工作也不能从事用人单位另行安排工作时的处理，根据人力资源社会保障部的相关文件，用人单位要解除劳动合同需要做劳动能力鉴定，而《中华人民共和国劳动合同法》并无此要求。法律的不一致导致各地选择性适用法律比较普遍。"不明确"：一些规则出现留白或者不清晰。如企业停产停业期间劳动者未提供劳动时的工资，现行规则规定"按国家有关规定办理"，但国家却没有规定。

除上述制度本身的问题外，近年来，我国劳动领域的社会经济形势发生了如下突出变化，基本劳动标准制度也需要顺势而为，适应发展需要。其一，服务业等产业兴起，需要符合产业特点的基本劳动标准制度。现行基本劳动标准制度，如每天 8 小时、每周 40 小时的工时制度，是以工业化生产企业为原型建立起来的。服务业兴起后，更灵活和随机的作业方式需要与之匹配的工时制度。其二，新就业形态的发展需要与其匹配的基本劳动标准制度。随时上下线的工作方式，按单取酬的计薪方式，层层外包的用工方式等，都需要现行基本劳动标准制度的根本革新。其三，数字时代的用工新问题需要回应。数字时代生活时空和工作时空混同，生产工具和生活资料混同，这些现象所带来的问题需要特定的基本劳动标准制度解决，如离线权制度等。其四，民营企业及其劳动者一体化保护的需要。民营企业和国有企业应当具有相同的市场竞争条件，民营企业劳动者和国有企业劳动者也应一体对待。但现行一些制度因为历史原因，其适用范围被限于国有企业，如探亲假制度。其五，劳动者体面劳动和尊严保护的需要。进入 21 世纪，劳动者精神性权益应得到特别保护以适应体面劳动和人的尊严保护的需要。习近平总书记多次指出，"努力让劳动者实现体面劳动、全面发展"。现行劳动法律主要关注的是劳动者的生命、健康和财产安全，不能适应上述发展需要。

以上种种原因足以说明当前形势下完善基本劳动标准制度的必要性。党的二十大报告提出，"健全劳动法律法规，完善劳动关系协商协调机制，完善劳动者权益保障制度",健全基本劳动标准制度自然也是题中应有之义。而从立法资源来看,十四届全国人大常委会将基本劳动标准领域的立法纳入第三档规划,也就是"立法条件尚不完全具备、需要继续研究论证",但是"经研究论证,条件成熟时,可以安排审议"的立法项目。在此背景下,加快基本劳动标准立法的理论准备和论证就不仅有必要而且具有迫切性。这些都是基本劳动标准立法研究和本书出版的重要背景和缘起。

基本劳动标准法是劳动者保护法,也是劳动关系协调法,更是和谐劳动关系构建法,所发挥的是促进企业发展和维护劳动者权益的双重功能。基于这一理解,本书认为,当前形势下制定基本劳动标准法,应坚持问题导向,完成如下任务目标,其也是本书具体问题研究所遵循的主要思路。

其一,填补制度漏洞,明确法律规则。制定基本劳动标准法的直接原因之一在于现行国家层面的立法中缺失很多涉及劳动秩序建构的重要基本劳动标准制度,例如事假制度、婚假制度、丧假制度、劳动者数据和人格保护制度等;此外一些制度存在法律留白等引发规则的不明确。基本劳动标准法的首要目标在于填补上述制度漏洞,明确劳动领域当事人的行为规则,避免因为规则缺失和不清晰引发矛盾和用工管理的不可预期。

其二,优化制度内容,适应发展形势。针对当前基本劳动标准制度与社会经济发展形势不匹配带来的法律效果和社会效果不统一问题,应通过立法对基本劳动标准制度进行优化。尤其比较重要的是如下方面的内容:①对工时灵活和安全制度进行重新设计,实现当前形势下劳动者和用人单位利益的平衡;②调整历史遗留下来的以国有企业或者当时社会经济状况为前提的制度安排,如探亲假制度;③设计适合新就业形态、数字时代、服务业等新发展趋势的基本劳动标准制度,为在劳动关系和民事关系之外处于中间形态的用工关系的法律调整提供明确依据。在此需要强调的是,优化基本劳动标准制度的内容并不一定就是提高保护标准,而更多是要实现基本劳动标准制度与当前社会经济发展等相匹配。

其三,统合制度体系,提升法律科学性。制定统一的基本劳动标准法,应对现行零散、不系统、不科学的规范进行统合,立新废旧,消除法律冲突、重复,形成基本劳动标准法的内部逻辑体系，实现法律的科学性。在一定程度上，这已经属于劳动法律部分领域的"法典化"，基本劳动标准法的制定也可以为未来劳动法律的法典化做好部分准备。这实际上是《中华人民共和国民法典》制定过程中"分步完成，统一编撰"思路在劳动立法领域的运用。

其四，统一基本规则，提高法律权威。法律的统一和权威是法治国家建设的要求，"维护国家法治统一，是一个严肃的政治问题。我国是单一制国家，维护国家法治统一至关重要"。当前因为地方立法的积极推进和制度差异化，导致一些重要的基本劳动标准制度在全国范围内存在着严重的不统一，一些基本劳动标准制度的设置也缺乏依据和合理性，影响了法律的统一性和权威性。例如，奖励产假，有的地方规定30天，有的规定60天，还有的规定90天；独生子女护理假，有的省份有，有的省份没有，而且有该假的省份假期长短还不一致。通过基本劳动标准立法实现一些主要的基本劳动标准规则的统一，从而维护国家法律的权威性。

本书是团队合作的成果，研究的总体思路和框架由肖竹、沈建峰两位课题负责人共同拟定，有争议的问题在团队内部进行了充分讨论，最后由两位课题负责人共同完成统稿。书稿内容总体上保持了思路的统一，但也尊重了不同作者各自的学术观点和写作风格。本书所附"基本劳动标准法（专家建议稿）"相关条文的拟定作者已在条文中注明，正文各部分的写作分工如下（按照章节顺序排序）：

沈建峰（中央财经大学法学院教授，中国劳动关系学院法学院学术委员会主任）：第一章、第三章、第四章第三部分、第六章、第八章第二和第三部分

肖竹（中国劳动关系学院科研处处长兼法学院院长、教授）：第二章

李海明（中央财经大学法学院副教授）：第四章第一、第二部分

李文涛（中国劳动关系学院法学院副院长、教授）：第四章第四部分

向春华（中国劳动关系学院法学院讲师）：第五章第一部分

丁皖婧（中国劳动关系学院法学院讲师）：第五章第二部分、第八章第一部分

李静（中国劳动关系学院法学院讲师）：第七章第一、第二、第三、第五部分

杨敬之（中国劳动关系学院法学院讲师）：第七章第四部分

李娜（中国劳动关系学院法学院劳动法与社会保障法教研室主任）：第七章第六部分

陈成（中国劳动关系学院法学院实践教学教研室主任，讲师）：第八章第四部分、第九章第一和第二部分

张冬梅（中国劳动关系学院法学院副院长、教授）：第九章第三部分

需要特别说明的是，作为围绕基本劳动标准法立法问题展开研究的著作，本书并不是一部体系著作，而是在基本劳动标准法体系性构建的基础上围绕立法中的重点和难点问题进行的问题导向的讨论。希望本书能够推动我国基本劳动标准法理论的发展，也期待本书能为基本劳动标准立法作出贡献。

是为序。

目 录

第一章 基本劳动标准法基本问题 / 001

一、基本劳动标准法的范畴 / 001

二、基本劳动标准法的效力结构类型及其选择 / 008

三、公法性基本劳动标准法进入私人关系的路径 / 013

四、私法效力与公法效力的协调 / 018

第二章 工作时间制度 / 023

一、工作时间的界定与分类 / 024

二、工作时间劳动条件的形成机制与模式 / 027

三、标准工作时间、延长工作时间、夜班、轮班等的基准规则 / 030

四、工时基准的适用规则与非标准工时的灵活化制度安排 / 039

第三章 休息休假制度 / 058

一、休假的范畴与法学构造类型 / 059

二、劳动者不能工作的休假 / 063

三、劳动义务免除的休假 / 071

四、两类休假的区隔与竞合 / 075

第四章 劳动报酬（工资）制度 / 079

一、劳动报酬（工资）的界定与范畴 / 079

二、最低工资的生成机制 / 091

三、特殊情形下的工资支付规则 / 093

四、工资支付保障规则 / 110

第五章 职业安全健康与劳动者人格保护制度 / 122

一、基本劳动标准法中职业安全健康条款的立法选择与立法协调 / 122

二、劳动者人格权保护的基本劳动标准规则设计 / 134

第六章 用人单位惩戒制度 / 150

一、用人单位惩戒的正当性基础：交易抑或组织体？ / 151

二、用人单位惩戒的定性与设置要求 / 158

三、用人单位惩戒的实施与控制 / 168

第七章 特殊群体的基本劳动标准保护制度 / 174

一、特殊群体基本劳动标准保护的基本逻辑与立法体系 / 174

二、女职工基本劳动标准保护 / 181

三、残疾人劳动者基本劳动标准保护 / 185

四、未成年人的基本劳动标准保护 / 189

五、"学生工"基本劳动标准规则设计 / 195

六、高龄劳动者的劳动基准保护 / 201

第八章 特殊用工关系的基本劳动标准适用 / 213

一、远程工作劳动者的基本劳动标准保护 / 213

二、工作与生活空间的再切割：离线权必要吗？ / 219

三、平台用工中的基本劳动标准规则 / 223

四、人事关系的基本劳动标准适用 / 259

第九章　基本劳动标准法的实施机制 / 269
    一、基本劳动标准法实施制度及其关系 / 269
    二、行政执法在基本劳动标准法中的立法重点 / 275
    三、基本劳动标准法的工会法律监督 / 281

参考文献 / 294

附　基本劳动标准法（专家建议稿）/ 298

后记 / 394

第一章

基本劳动标准法基本问题

一、基本劳动标准法的范畴

（一）基本劳动标准法作为强行法抑或是公法

基本劳动标准法属于强行法，同时其亦属于公法是一种非常流行的学说，但基本劳动标准法是否为公法却不无疑问。回答此问题之前应首先明确强行法[①]和公法的区别。强行法是"无论当事人的意思如何，都强制性地调整当事人的法律关系"[②]的法律，或者是排除当事人处置可能性的规范[③]。强行法的核心在于其不可被当事人意志安排所排除。在该前提下，"如果强行法涉及的是权利主体之

---

① 在私法学界的研究中，有一些强行法和强制性法律区分的尝试。但是本书认为，有些分歧只是翻译和表述习惯造成的，现有文献中二者也往往混用，另外这种分歧基本不影响本书问题的讨论，所以本书不对二者进行区分，此点请读者注意。

② 谢鸿飞.论法律行为生效的"适法规范"：公法对法律行为效力的影响及其限度[J].中国社会科学，2007（6）：125；孙鹏.论违反强制性规定行为之效力：兼析《中华人民共和国合同法》第52条第5项的理解与适用[J].法商研究，2006（5）：122；钟瑞栋.民法中的强制性规范：兼论公法与私法"接轨"的立法途径与规范配置技术[J].法律科学（西北政法大学学报），2009，27（2）：75；朱庆育.民法总论[M].2版.北京：北京大学出版社，2016：294.

③ LARENZ K, WOLF M. Allgemeiner Teil des Bürgerlichen Rechts [M].C.H.Beck，2004：69.

间的法律关系而不是主体与国家的法律关系,则强行法依然属于私法"①。与此不同,公法则强调其所调整的是公权力机关和公权力机关以及公权力机关和私人之间的关系②,其中调整公权力机关和私人关系的规则主要体现为规范公权力在对私人进行监督、强制、处罚过程中的权利和义务。为了制约公权力,实现公共利益目的,公法规范原则上都具有强行性;但强行性规范并不都是公法规范,二者并不在同一维度展开。同样,从劳动者和用人单位之间结构性力量失衡这个前提出发,为了实现劳动者保护的目的,基本劳动标准法应当具有强行性,属于强行法;但基本劳动标准法是强行法却未必就是公法,要成为公法规范必须配备公权力的监督、强制和惩罚。

按照上述标准,分析对我国基本劳动标准法理论有深刻影响的日本、韩国、德国以及我国台湾地区涉及基本劳动标准③的相关立法,则可以看到两种不同的法律技术模式:以日本、韩国以及我国台湾地区为代表的劳动基准法模式与以德国为代表的劳动保护法。日本、韩国的《劳动基准法》以及我国台湾地区的"劳动基准法"只属于强行法,而不全部具有公法属性,德国的劳动保护法则坚持了其公法性,是真正的公法。具体而言,在日本、韩国以及我国台湾地区,基本劳动标准法的界定立足于规范的强行性,"劳动基准法即指国家强制规定劳动条件最低标准的基本法律"④。只要是国家(或地区)强制规定的标准都属于基本劳动标准法,无论这些规范规定的是市场主体之间的权利和义务还是国家(或地区)机关与市场主体之间的权利和义务。这些国家和地区的基本劳动标准法规则,不乏直接规定劳动者和雇主权利义务的条款;甚至有些规则仅规定当事人权利义务,如我国台湾地区"劳动基准

---

① TUHR V. Der Allgemeine Teil des Deutschen Bürgerlichen Rechts [M]. Band 1, Verlag von Dunker & Humblot, 1910: 27.

② 张文显. 法理学 [M]. 北京:高等教育出版社,2008:104; LARENZ K, WOLF M. Allgemeiner Teil des Bürgerlichen Rechts [M]. C. H. Beck, 2004: 1.

③ 在日本、韩国以及我国台湾地区,相关法及政策文件被命名为"劳动基准法",但是在我国的立法规划中使用的是"基本劳动标准法"这一术语。本书遵从立法规范的用语,在讨论我国问题时,使用"基本劳动标准法"的概念。

④ 林丰宾,刘邦栋. 劳动基准法论 [M]. 台北:三民书局,2015:9.

法"第十四条、第十五条等关于劳动者解除权的规定。而在德国等其他大陆法系国家,劳动保护法则不仅强调强行性更是立足于公法性。"狭义的劳动保护法是指所有其遵守处于行政机关监督、强制以及刑罚或违例制裁之下的保护劳动者的法定规则"[1]。只有公法性的,也即因需要通过公权力保障实现,所以规定公权力机关和雇主之间权利义务关系的规范才属于劳动保护法。正因为劳动保护法的这种严格公法定性要求,劳动合同制度、休息休假制度等中仅具有强行性,但未规定公权力介入的规则不被作为劳动保护法的内容。以带薪休假制度为例,《德国联邦休假法》围绕劳动者的带薪休假请求权展开,该法第1条规定"劳动者每个日历年度都享有请求带薪休假的权利"。同时该法并未规定任何公权力机关介入的规则,因此其不是公法,也不是劳动保护法讨论的对象。对最低工资制度这种既规定私人请求权又规定公权力救济的制度,在归入劳动保护法时理论上则是犹豫不决。从具体规则来看,《德国最低工资法》第1条第1款是一个请求权模式的规范,"劳动者有权要求雇主支付不低于最低工资额度的工资"。一种重要的理论认为,"《德国最低工资法》第1条第1款规定的最低工资请求权是一个法定的,在劳动合同和团体协议规定之外独立存在的请求权"[2]。它规范的是劳动者和雇主的关系,而不是公权力机关和雇主之间的关系,因此很难称其为公法。回到问题的起点,可以认为日本、韩国的《劳动基准法》以及我国台湾地区的"劳动基准法"属于公法,在一定程度上只是用一个德国式的定性套用了起源于美国的劳动基准法[3];因此,就我国台湾地区"劳动基准法"定性的如下分析是非常正确的:"台湾大部分'劳动基准法'的保护性规定均有'国家行政机关'之监督、强制、处罚机

---

[1] ZÖLLNER W, LORITZ K G, HERGENRÖDER W. Arbeitsrecht [M]. C. H. Beck, 2015: 445.

[2] PREIS. Arbeitsrecht, Individualarbeitsrecht Lehrbuch für Studium und Praxis [M]. 5.Auflage, Otto Schmidt, 2017: 260; LAKIES T. Mindestlohngesetz [M]. Bund Verlag, 2017: 121.

[3] 劳动基准(labor standards)这一概念起源于美国法,先后被引入美军占领期间的日本和韩国的立法中,我国台湾地区在1984年颁布了"劳动基准法"。参见阎天.美国劳动法学的诞生 [M]. 北京:中国民主法制出版社,2018: 151; MARUTSCHKE H P. Einführung in das japanische recht [M]. 2.Auflage, C. H. Beck, 2010: 197; 林丰宝,刘邦栋.劳动基准法论 [M].台北:三民书局,2015: 5.

制,甚至刑事处罚,以作为法律落实之确保之手段,故性质应为公法性质之劳动保护法,少部分则未有前述公法上的手段,该等保护规范之落实,有赖于受保护之劳工个人的权利主张,故此一部分之规定,在性质上应属于私法性质之劳动保护法"①。

强行法和公法两种不同规制思路对法教义学发展会有直接影响。对公法思路的劳动保护法而言,它必须回答公法性的劳动保护法对劳动者和用人单位何以发生效力的问题,这是劳动法发展中非常重大的理论问题;而对于强行法意义的基本劳动标准法而言,有些法律规范本身就直接规定了私法效力,未规定私法效力的规范可能才涉及公法规范对劳动者和用人单位的效力问题。遗憾的是,建立在不区分公私法的美国法传统上的基本劳动标准法,在理论发展中又直接受到德国等国家的劳动保护法理论的影响,因此其理论研究多仅在公法对私法的效力角度展开对基本劳动标准法效力的分析,忽略了基本劳动标准法直接规定私法效力的可能性。

在上述思路之下,我国基本劳动标准立法应作何选择?本书认为,应摒弃基本劳动标准法是公法这一成见,从基本劳动标准法是强行法这一命题出发,对其进行制度设计。作为强行法的基本劳动标准法的规范结构可以在公法规范和私法规范等不同方案之间进行选择或者组合,并在此基础上进行符合逻辑的体系安排,其理由主要包括如下方面。首先,从我国现有立法来看,既有的基本劳动标准规范在一定程度上采用了公私法混合规范的路径。在实体法上,《中华人民共和国劳动法》(简称《劳动法》)等法律中关于工资、工时等许多基本劳动标准的规定都同时规定了劳动者对用人单位的请求权和行政机关公权力介入的规则;从程序法来看,《职工带薪年休假条例》《最低工资规定》等规定的救济途径都是既有行政救济,又有劳动争议处理程序。其次,从一些大陆法系国家的立法动态来看,新出现的劳动保护法也不再单纯采取公法的思路,而是同时涵盖了公法和

---

① 黄程贯.劳动基准法之公法性质与私法转化[M]//政治大学法学院劳动法与社会法中心.劳动、社会与法.台北:元照出版有限公司,2011:14.

私法效力。①以德国 2015 年 1 月 1 日实施的《最低工资法》为例，该法第 1 条规定了劳动者对雇主的请求权，又在第 3 章专门规定了国家机关的检查和执行。最后，从强行法角度统合和整理具有不同效力结构的基本劳动标准法，对形成统一体系，解决公法和私法效力协调和配合问题具有重要意义。总之，从既有传统、其他国家的立法趋势以及法律技术来看，以强行法为标准来界定基本劳动标准法的范畴，同时对其效力根据公法和私法手段各自的优势进行组合和类型化处理，可以作为未来我国基本劳动标准法发展的方向。

（二）基本劳动标准法作为保护性强行法

作为强行法的基本劳动标准法面临的进一步问题是其与其他强行法有何差异，足以导致需要形成自己特殊的理论和规范问题。毕竟在现代市场经济立法中，强行法非常普遍，即使在传统私法中，"从民法典到外于民法典的民事规范，国家的强制处处可见，只是强制的性格、目的和效果不尽相同而已"②。就此，既有的理论和立法往往主要关注其规制对象的特殊性，在概念上，基本劳动标准法被定位为劳动条件规制法，"主要以规范劳动条件为其范畴，所称劳动条件，举凡劳动关系中之工资、工时、休息、休假、童工、女工、学徒、安全卫生、灾害赔偿、劳动契约、劳工检查、劳工福利、退休资遣、伤病医疗、死亡抚恤以及其他有关事项均属之"③。在理论体系上，基本劳动标准法被置于劳动条件法的主题下讨论。④在这种思路下，涉及劳动条件的事项自然可以纳入基本劳动标准法，同时决定相关事项是否纳入基本劳动标准法的，是其是否属于劳动条件。但基于如下原因，以劳动条件为标准区分基本劳动标准法这种强行法和其他强行法却很难实现其理论目标。首先，什么是劳动条件本身是一个很难准确界定的问题，从

---

① FREUND O K, HEPPLE B. International Encyclopedia of Comparative Law [J]. Labour Law, Mohr Siebeck, 2014: 5-7.
② 苏永钦. 私法自治中的国家强制 [M] // 苏永钦. 走入新世纪的私法自治. 北京：中国政法大学出版社，2002: 4.
③ 林丰宝，刘邦栋. 劳动基准法论 [M]. 台北：三民书局，2015: 10.
④ 黄越钦. 劳动法新论 [M]. 黄鼎佑增修. 台北：翰芦图书出版有限公司，2015: 195-241.

日本、韩国以及我国台湾地区的劳动基准法来看,当劳动合同、资遣费、退休等被纳入基本劳动标准法时,劳动条件的范畴已经非常宽泛而不确定了。其次,工资、工时等劳动条件不仅可以通过基本劳动标准法来确定,大陆法系国家和地区在劳动关系协调的历史发展中,形成了国家强制、集体自治和私人自治这一制度体系[①],集体合同、劳动合同等都可以决定劳动条件,认为基本劳动标准法属于劳动条件法是容易引人误解的。最后,区分作为劳动条件的强行法规定和不作为劳动条件的强行法并未展示基本劳动标准法的规范技术特点,导致对其法教义学特征和统一原理研究的忽视。

当基本劳动标准法的规制对象不足以说明其与传统强行法的差异时,则应回到其规制方法上。在此,一个颇有启发的现象是,德国等大陆法系国家劳动保护法的理论和立法并不纠结所涉事项是不是劳动条件,这是因为其已通过规制方法限定了劳动保护法与一般强行法的界限,"国家本身通过监督和强制确保劳动者免受来自工作岗位的危害"的法律属于劳动保护法[②]。只要属于国家通过监督和强制保护劳动者的制度,如数据保护[③],就属于劳动保护法的范畴。劳动保护法的理论研究并不在乎一个个具体保护领域,而在乎从保护性规范角度阐明劳动保护法的效力。尽管根据本书以上论述,德国式的仅定位为公法的视角并不是我国基本劳动标准法应然的选择方向,但这种从规制方法和功能角度对其进行区分的思路却非常值得借鉴。基本劳动标准法的功能在于保护劳动者权益,以此为基础,结合上述对于强行法的认识,关于基本劳动标准法可以进一步得出三方面的结论:其一,在定性上,基本劳动标准法属于保护性强行法,这在根本上有别于传统民法中的一般强行法。传统民法中强行法的重要功能一方面是建立交易框架,例如主体资格制度、合同订立和效力制度等,另一方面是实现公共利益和秩序,而基本劳动标准法更重要的功能在于保护劳动者利益。反过来,不以保护劳

---

① 沈建峰. 个人自治、国家强制与集体自治在劳动关系协调中的互动:基于对德国劳动关系协调机制的梳理[J]. 中国人力资源开发, 2015(9):90.
② DÜTZ, THÜSING. Arbeitsrecht [M]. 23.Auflage, C. H. Beck, 2018:3.
③ ZÖLLNER, LORITZ, HERGENRÖDER. Arbeitsrecht [M]. 5.Auflage, C. H. Beck, 2015:448.

动者利益为目的的强行法不属于基本劳动标准法的范畴，而是一般的强行法。其二，在功能上，基本劳动标准法发挥劳动者权益保障的底线功能。从市场配置劳动力资源这一劳动法的制度前提出发，也是为了协调公权力和市场的关系，基本劳动标准法只是保护劳动者的生存、健康等基本权益不受损害，并不是要在用人单位和劳动者之间进行合理的利益分配。"'劳动基准法'为规范劳动条件最低标准的法律[①]。"在基本劳动标准法这一底线之上，依然保留有劳动者和用人单位，劳动者利益代表和用人单位或用人单位联合会进行自治安排的空间。私人自治与国家强制在功能上以这种方式予以协调。其三，在效力上，基本劳动标准法具有单方强制性。由上述定性和功能所决定，"大部分劳动法的制定法规范原则上用于保护劳动者，是单方强制的"[②]。这是基本劳动标准法和一般强行法在效力上最根本的区别。当事人可以在劳动合同或集体合同中作出相较于基本劳动标准法更有利于劳动者的规定，而不能作出不利于劳动者的规定。

总结以上论述，吸收传统大陆法系国家劳动保护法和日本、韩国以及我国台湾地区劳动基准法界定各自的优势，立足强行法的定位，不纠结哪些劳动条件应属于基本劳动标准法规范，也不拘泥于公法和私法的单一模式，则可以形成我国大陆独有的基本劳动标准法的范畴和定性：基本劳动标准法是国家通过强制性规定保护劳动者的法律规范的总和。此概念强调"国家通过强制性规定"是为了区分集体合同等对劳动合同的强行性效力；强调"保护劳动者"是为了将其与一般的规定劳动合同成立条件等的规则以及其他强行法区分开。按照上述定性，一方面可以将基本劳动标准法融入法教义学的整体框架中，另一方面也可以很好地理顺基本劳动标准法和劳动合同、集体合同等自治机制的功能关系和规则关系。以劳动合同法的相关制度为例，我国台湾地区"劳动基准法"第九条至第二十条、日本《劳动基准法》13~23条、韩国《劳动基准法》22~41条均包含有劳动合同

[①] 林丰宝，刘邦栋. 劳动基准法论[M]. 台北：三民书局，2015：10；《劳动与社会保障法学》编写组. 劳动与社会保障法学[M]. 北京：高等教育出版社，2017：189；林嘉. 劳动法的原理、体系与问题[M]. 北京：法律出版社，2016：287；董保华. 中国劳动基准法的目标选择[J]. 法学，2007（1）：52-60.

[②] 瓦尔特曼. 德国劳动法[M]. 沈建峰，译. 北京：法律出版社，2014：83.

的内容，但其中涉及劳动合同的规则仅仅是保护劳动者的强行性规定，并不是劳动合同法的所有规则。据此，调整劳动合同的规则在意思自治的规则体系与国家强制的规则体系之间进行了分割。

二、基本劳动标准法的效力结构类型及其选择

（一）基本劳动标准法的效力结构类型

在上述基本劳动标准法性质确定的基础上，则可以立足于保护性强行性规范[①]展开基本劳动标准法的体系梳理。这种梳理的最好角度是强行性规范的效力结构类型。这首先是因为效力问题是规范的核心问题；其次也是因为保护性强行性规范的效力不只是违反后行为无效，而且也可能发生各种公私法上的效果，从效力出发，可以全面分析基本劳动标准法的复杂结构。对此问题，已有的为数不多的研究将基本劳动标准法意义上的强行性规范分为公法性质的保护规定和私法性质的保护规定，"若以法律规范之贯彻、落实手段来区分，则劳动保护法可再区分为公法性质劳动保护法与私法性质劳动保护法二者……私法性质劳动保护法乃对个别劳动契约的内容形成自由与消灭自由加以限制，同时赋予劳工针对雇主享有强行性请求权……至于公法性质之劳动保护法的规定内容多是对雇主公法上的命令与禁止，对于该等命令与禁止的遵守，国家机关负有义务进行监督，必要时更应予以强制或者处罚，甚至刑事追诉"[②]。但本书认为，不仅在逻辑上，而且从现有基本劳动标准法立法的实践来看，在上述仅产生私法效力的

---

① 关于劳动合同法中强制性规范的认定，也可参见许可.劳动合同的自治与规制：以"违反强制性规定的劳动合同为中心"[J].法学家，2017（2）：60.

② 黄程贯.劳动基准法之公法性质与私法转化[M]//政治大学法学院劳动法与社会法中心.劳动、社会与法.台北：元照出版有限公司，2011：13；NIPPERDEY. Die privatrechtliche Bedeutung des Arbeiterschutzrechts [J]. die Reichsgerichtspraxis im deutschen Rechtsleben, Festgabe der Juristischen Fakultäten zum 50 jährigen Bestehen des Reichsgerichts 1929, Band Ⅳ, S.204.

基本劳动标准法规范和仅产生公法效力的基本劳动标准法规范之外，还存在第三种基本劳动标准法的规范类型，即既规定私法效力又规定公法效力的强行性规范。

上述三种效力结构的基本劳动标准法在我国现行立法中都有出现。其一，仅有私法效力的强制性规范。劳动法中的解除权规则基本属于这种类型的强行法。此外，比较典型的是现行法中的医疗期规则。它是一个强行性法律规定，并且该规定赋予劳动者请求给予病假的权利。但梳理现行法发现，违反该规则并无明确的公法责任和行政救济措施。另外，《国务院关于职工探亲待遇的规定》设置的探亲假规则同样也是只有私人请求权，没有公法救济的规则。其二，仅有公法效力的强制性规范。在技术性劳动保护领域，仅有公法效力没有私人请求权和救济的基本劳动标准规范相对比较普遍。例如，《中华人民共和国安全生产法》（简称《安全生产法》）第二章"生产经营单位的安全生产保障"规定的生产经营单位的义务，很多都是公法性义务，劳动者并不能提出请求和救济。另外，《禁止使用童工规定》规定的用人单位义务，也基本是纯公法性的义务，劳动者并不能提出私人请求和救济。其三，既包含私法效力又包含公法效力的强制性规范。这种类型的基本劳动标准法规范一方面规定了劳动者请求用人单位履行义务的权利，另一方面又规定了公权力机关保障义务履行的规则，例如带薪休假、工资支付、加班费等制度莫不如此。基于这种实体法上的双重效力结构，这些规则的救济机制也是双重结构，既可以通过劳动保障监察的责令改正、罚款等方式进行救济，也可以通过劳动争议处理程序进行救济。

在我国，双重效力结构的基本劳动标准法规范是最主要的基本劳动标准法类型。这一方面源于我国没有强烈的公私法分离传统。"因为没有民法典为全面的私法自治提供有力的支持，我国民商法律的一个突出特点是混合立法，私法中纳入了很多公法管制的内容，公法也常常代替私法来调控交易，以避免各种外部性。"[①] 另一方面也是从计划经济时期公法性劳动力配给到市场化改革后引入市场

---

① 谢鸿飞. 论法律行为生效的"适法规范"：公法对法律行为效力的影响及其限度 [J]. 中国社会科学, 2007（6）：125.

配置劳动力资源这一发展过程中必然会出现的现象。这种规范效力结构落实到具体立法体例上，就是劳动法的立法往往首先规定调整劳动者和用人单位之间权利和义务的规则，这是一种市场主体之间私的法律关系；同时一般都会在相关法律最后部分规定法律责任规则，这些责任规则大部分是公法性规则；此外，我国还专门制定有通过公权力保障劳动法中强行性规则实施的《劳动保障监察条例》《保障农民工工资支付条例》等。在此意义上，经常所称的劳动法是公法和私法相结合，不是简单地说劳动法既包含公法规范又包含私法规范，而是劳动者和用人单位之间的权利和义务既通过传统私法机制进行安排，又通过传统公法机制进行保障，是一种有机结合。

（二）基本劳动标准法效力结构选择的考量依据

当基本劳动标准法的效力结构可以有三种时——仅有私法效力的强行性规范（以下称为私法性基本劳动标准法）、仅有公法效力的强行性规范（以下称为公法性基本劳动标准法）、既包含私法效力又包含公法效力的强行性规范（以下称为双重效力性基本劳动标准法），对立法和制度建构来说面临的问题是如何决定具体怎样的情况下选择哪种规范结构形态。对此首先应明确，国家强制干预私人市场交往的方式可以是仅规定强行法，也可以是为强行法配备公权力保障。强行法已经是一种国家干预；配备公权力保障则是国家干预的强化。从劳动关系本质上是一种私人关系而言[①]，要回答上述问题，在根本上还是应回到公权力介入私人之间法律关系的正当性基础上。

首先需要考虑的是公共秩序和利益标准。作为公私法划分起源的利益说，道出了公法性规范存在的最初根源，"公法涉及罗马国家的秩序；私法涉及个体的利益。"公法性规则在传统上是要维护公共秩序和利益的。据此，在劳动法领域，首先涉及公共利益，包括公共安全、公共秩序等利益的基本劳动标准法规则必须配置公法效力。从基本劳动标准法发展历史来看，最早颁布的国家强行性劳动

---

① 沈建峰. 劳动法作为特别私法：《民法典》制定背景下的劳动法定位[J]. 中外法学，2017，29（6）：1511.

者保护规范首先追求的也是公共利益,劳动者权益维护只是附带产生的效果。例如,1839年德国颁布了该国最早的涉及童工保护的法律,但是"防止对教育和军事危害的主导思想促使国家介入年轻劳动者的健康维护问题"[1]。正因如此,早期的劳动保护法律和其他秩序法并无差异,以纯公法的形式建构,按照公权力行使的一般逻辑运行,私人不可以基于劳动保护法提出请求,只能享受这种规范在维护公共利益过程中所反射出来的利益。这一历史经验一方面说明涉及公共利益的劳动基准应配备公法性效力,但另一方面也说明如果主要涉及公共利益,则相关基本劳动标准法可能并不应配备私人请求权。避免通过私人之手实现公共利益,不仅有利于防止道德风险,还可以维护劳动关系的和谐,纯公法性基本劳动标准法存在的根源即在于此。

但从第二次世界大战开始,国家的功能不仅在于维护公共利益和秩序利益,尤其是战后社会国家的兴起,在社会国家原则[2]指引下国家权力对私人交往的干预日益深入,这种干预的目的之一是消减社会差异,保障不同群体的生活水平。其干预手段之一是通过国家之手在私人之间分配利益,以此为目的的相关立法首先具有私人利益分配功能而不只是秩序功能。相比上述为实现公共利益必然要求公法性强行法而言,实现社会国家原则的法律规范以实现私人利益为首要目的,故可以采取私法性强行法的结构,而非一定需要配备公权力的公法性强行法。

在上述或然性前提下,配备公权力保障的公法性基本劳动标准法的生成需要根据劳动关系本身的特性以及行政权力行使的逻辑等做进一步权衡,在此过程中应考虑如下因素。其一,劳动者主张基本劳动标准法中权利的现实可能性。私法性基本劳动标准法规定的实现取决于劳动者本身,"但存在着劳动者因为畏惧雇主、因为担心被解雇、因为缺乏经费或者法律知识或仅因为忽视而不去主张其源

---

[1] BECKER M. Arbeitsvertrag und Arbeitsverhältnis in Deutschland [M]. Vittorion Klostermann, 1995: 86.
[2] 社会国家原则,也即"在立法、行政和司法中尽可能深入地追求实现社会公正的国家。其目的是在社会内部消解大的社会差别,保障每个民众群体适当的生活水平"。WEBER K. Rechtswörterbuch [M]. 22.Auflage, C. H. Beck, 2017: 1209.

自强行法规则的权利的可能性"①。其二，劳动者主张基本劳动标准法中权利的动力。"根据经验，大部分劳动者只会主张违反它则直接涉及其利益的规则……与此相反，违反保护性规定而面临的单纯危险则容易被劳动者忽视掉。在此公法必须发挥作用。"② 其三，劳动关系和谐的需要。劳动关系双方处于互利合作的关系中，维持劳动关系双方的信任与合作对于提高工作效率和促进劳动关系和谐等具有非常重要的意义。上述三种规范效力结构对劳动关系和谐的破坏程度并不相同：通过当事人私人主张实现权利的私法性基本劳动标准法在实现后对当事人之间合作与信任的破坏力度最大，通过公权力主动落实的公法性基本劳动标准法对当事人之间合作与信任的破坏力度最小，双重效力性基本劳动标准法居于中间。其四，实际实现基本劳动标准法的诉求大小。上述三种规范结构本身代表了三种国家强制的程度，私法性基本劳动标准法只是剥夺了当事人自主安排的空间，但最终能否实现国家强制效果取决于当事人是否主张权利，在劳动关系中劳动者处于加入用人单位组织，接受用人单位管理的依附性状态下，私法性基本劳动标准法落实的可能性因此大大降低。公法性基本劳动标准法的落实不依赖于当事人意志，而由公权力实现，其实现和落实的可能性相对提升，但公权力本身也有行使惰性等问题。双重效力性基本劳动标准法则得到公私法两种效力的保障，规范得到实现的可能性最高，但也可能出现公私两种机制互相扯皮，导致最终都无法保障的格局。其五，成本承担因素。通过行政权力保障基本劳动标准法实现，涉及通过行政权力实现私人利益，而行政权力由全体国民支付的税收来支撑，因此就出现通过全体国民的负担来实现个别国民利益的情况；另外，在基本劳动标准法增加的情况下，是否有足够多的行政资源来保障其落实？因此，并不是所有基本劳动标准法都通过行政权力保障实施就是最合理的。其六，行政权力本身存在的问题。行政权力本身行使要考虑自身的行政风险，也存在选择性执法带来的不公、寻租以及因此增加的监督成本。基于以上分析，除主要

---

① HUECK A, NIPPERDEY H C. Lehrbuch des Arbeitsrechts [M]. Band 1, 7.Auflage, Verlag Franz Vahlen, 1963: 141.

② ZÖLLNER W, LORITZ K G, HERGENRÖDER W. Arbeitsrecht [M]. C. H. Beck, 2015: 446.

涉及公共利益和秩序的基本劳动标准法必然要采取公法性基本劳动标准法效力结构外，主要以在劳动关系当事人之间分配利益为目的的基本劳动标准法采取哪种效力结构模式并无定式，但必须进行合理性评估。我国目前基本劳动标准法高标准、选择性执法问题的解决，也有赖于对基本劳动标准法效力结构的合理设计。

三、公法性基本劳动标准法 进入私人关系的路径

基于以上论述，可以认为无论是在逻辑上还是在立法实践中，都会出现仅具有公法效力也即以调整国家和私人之间关系为对象的基本劳动标准法，本书称其为公法性基本劳动标准法。但"法律制度必须是没有矛盾的"①，从保持法的体系一贯性角度来看，无论是公法上禁止的还是想要实现的，不能对私人之间丝毫没有影响力，况且劳动法的根本目的是调整劳动者和用人单位之间的劳动关系。在此前提下，理论逻辑上立刻会产生一个本书开篇即提出的问题：公法性基本劳动标准法如何对私人之间的劳动关系发生效力？这一问题的回答及其历史变迁，反映了公法和私法在劳动法领域日渐密切的协力与合作共同解决社会问题的过程。

（一）公法性基本劳动标准法的反射效力：侵权责任的规范基础

在 18 世纪自由主义的背景下，"规范国家与人民关系的公法（含刑法）与规范人民与人民关系的私法，原则上互不相属，各成体系"②。因此，早期公法性基本劳动标准法仅在国家和雇主之间发生效力，规定雇主相对于国家而言承担的劳动保护义务，并通过国家强制力保障实施，个人不可以基于基本劳动标准法提出诉求。在德国，直到 1928 年的《劳动保护法（草案）》依然坚持了这种思路，

---

① 梅迪库斯. 德国民法总论 [M]. 邵建东，译. 北京：法律出版社，2000：484.
② 苏永钦. 违反强制或禁止规定的法律行为 [M] // 苏永钦. 私法自治中的经济理性. 北京：中国人民大学出版社，2004：33.

其立法理由提出:"本草案原则上不介入劳动合同法。赋予雇主的义务都是相对于国家而不是单个劳动者的义务;因此,运营保护(危险防护)通过劳动保护机关根据第47条以下进行的监管以及通过草案第6至9条规定的强制和处罚来实施。劳动保护法的规范并未赋予单个劳动者合同性质的请求权"①。作为一种解决劳动者问题而出现的制度,完全不对私人产生效力似乎也是不妥的。一种公法反射利益的思路应运而生:公法性基本劳动标准法对劳动者的保护作用被视为一种反射利益。时至今日,我国台湾地区仍有学者坚持这一观点:"劳动基准法并非直接规定雇主与劳动者间之权利义务关系,而系规定国家与雇主之权利义务关系,所以劳动基准法所规定雇主应履行的义务,乃以国家为权利人,而劳动者仅因为雇主义务履行行为之对象而受益,亦即所谓反射利益是也。"②

这种反射利益不仅表现为一种纯公法秩序实现的反射——国家通过执法落实秩序性规则使劳动者受到实际保护。自19世纪末以来,传统私法的侵权行为法为强化这种反射效力提供了进一步的通道。1900年的《德国民法典》通过第823条第2款第1句规定"违反以保护他人利益为目的的法律的人,承担同样的(损害赔偿)义务",从而引入了"违反保护他人利益的法律"这一侵权行为类型,并逐渐为日本、韩国的《民法典》和我国台湾地区"民法典"所继受,该侵权行为规则为进一步强化公法性基本劳动标准法的私法效力提供了路径:公法性基本劳动标准法往往都属于保护他人利益的法律,若有违反劳动者可以主张侵权损害赔偿。③《中华人民共和国民法典》(简称《民法典》)虽未像德国、日本、韩国那样,设置违反保护他人利益型的侵权行为规则④,但《劳动保障监察条例》第

---

① NIPPERDEY. Die privatrechtliche Bedeutung des Arbeiterschutzrechts [J]. die Reichsgerichtspraxis im deutschen Rechtsleben, Festgabe der Juristischen Fakultäten zum 50 jährigen Bestehen des Reichsgerichts 1929, Band Ⅳ, S.221ff.
② 林丰宝,刘邦栋.劳动基准法论[M].台北:三民书局,2015:12;黄越钦.劳动法新论[M].黄鼎佑增修.台北:翰芦图书出版有限公司,2015:327.
③ 王泽鉴.侵权行为[M].北京:北京大学出版社,2009:291.
④ 根据民法学者的研究,我国现行法中也包含大量规制性规范(保护性规范)违反后的侵权责任规则,只是在体系上其被纳入保护客体的角度进行分析。参见朱虎.规制性规范与侵权法保护客体的界定[J].清华法学,2013,7(1):157-176.

二十一条第一款第一句已经完成了该使命，该条规定"用人单位违反劳动保障法律、法规或者规章，对劳动者造成损害的，依法承担赔偿责任"。保护劳动者利益的公法性基本劳动标准法结合该条规定，可以作为损害赔偿责任的请求权基础，公法性基本劳动标准法以这种方式产生私法效力。遗憾的是该规则几乎被实践所遗忘，在我国很少发生据此提起的损害赔偿之诉。

（二）公法性基本劳动标准法的双重效力：合同义务的发生根据

在公法性基本劳动标准法对劳动关系具有反射效力的观点形成后不久，一种新的观点就开始出现。1929年，德国联邦劳动法院院长尼佩代教授提出了公法性基本劳动标准法的双重效力理论，论证了劳动保护法规范成为劳动合同项下义务来源的可能性及其效力。① 目前，该学说已成为德国②、瑞士③、奥地利④、日本⑤的通行学说，也为我国大陆⑥、台湾地区⑦学者所主张。

与上述反射效力和侵权责任不同的是，双重效力理论是要论证调整国家和私人之间关系的公法规则进入劳动关系，成为劳动合同项下可以请求履行的权利和义务。据此，对劳动者来说公法性基本劳动标准法产生的不是消极的反射利益和

---

① NIPPERDEY. Die privatrechtliche Bedeutung des Arbeiterschutzrechts [J]. die Reichsgerichtspraxis im deutschen Rechtsleben, Festgabe der Juristischen Fakultäten zum 50 jährigen Bestehen des Reichsgerichts 1929, Band Ⅳ, S.203ff.

② ZÖLLNER W, LORITZ K G, HERGENRÖDER W. Arbeitsrecht [M]. C.H.Beck, 2015: 446.; 瓦尔特曼.德国劳动法 [M].沈建峰，译.北京：法律出版社，2014：341.
也有少数学者主张"技术性劳动保护法的原始建构效力（originäre Gestaltungswirkung des technischen Arbeitsschutzrechts）理论"，但批评意见认为，"技术性劳动保护法的公法性规范结构原则上不能通过解释推演出原始的、直接的建构私法性合同关系的法律效力。" Vgl. Staudinger BGB, §618, Hartmut Oetker, 2002, Rn.16.

③ VISCHER F. Scheizerisches Privatrecht Obligationenrecht Besonderer Teil Der Arbeitsvertrag [M]. Helbing & Lichtenhahn, 2005: 13.

④ MARHOLD F, FRIEDRICH M. Oesterreichisches Arbeitsrecht [M]. Springer, 2012: 238ff.

⑤ NISHITANI S. Vergleichende Einführung in das japanische Arbeitsrecht [M]. Carl Heymanns Verlag, 2003: 11.

⑥ 林嘉.劳动法的原理、体系与问题 [M].北京：法律出版社，2016：291；林嘉，陈文涛.论劳动基准法的法律效力 [J].清华法学，2014，8（4）：6.

⑦ 黄程贯.劳动基准法之公法性质与私法转化 [M]//政治大学法学院劳动法与社会法中心.劳动、社会与法.台北：元照出版有限公司，2011：22.

侵权保护，而是可以积极向用人单位主张的权利。如何实现从公法效力到私法效力这一惊险一跃？双重效力理论主要通过解释劳动合同中的照顾义务为公法义务进入劳动合同提供法教义学基础。具体而言，在方法上，"劳动者保护法涉及相对国家存在的公法义务这一点并不排斥该义务同时成为相对于劳动者存在的私的合同义务。该观点并不是要混淆劳动合同和劳动保护之间的界限，只是强调劳动保护法规范对劳动合同也有如下意义：解释劳动合同和劳动合同规范时必须将其考虑进来"①。在解释对象上，劳动法关于劳动关系是一种具有较强信赖和保护色彩，用人单位承担较多照顾和保护义务的论断以及劳动合同相关立法中用人单位的保护义务规则为这种解释提供了适合的对象。据此，"规定积极作为义务的劳动保护法规范首先是强化了这些（规定照顾义务的）私法规范，但同时也具体填补了它们的内容。它确定了以何种方式履行照顾义务。这样一来，这些劳动保护法规范同时就成了《德国民法典》第618条，《德国商法典》第62条，《工商业条例》第120a条，同时也是劳动合同法的构成部分"②。在德国，具体到《德国民法典》的条文上，一般认为通过规定当事人之间保护义务的《德国民法典》第618条，公法性劳动保护法转化进了合同义务之中③；或者"《德国民法典》第618条，形象地说是一个私法性媒介，通过它公法性的劳动保护法在民法中产生了法律效力"④。此外，传统私法默示义务的理论也可以进一步强化公法义务成为私法内容的可能，"劳动合同当事人默示地将积极的劳动保护法规范纳入了劳动合同的内容中"⑤。

---

① NIPPERDEY. Die privatrechtliche Bedeutung des Arbeiterschutzrechts [J]. die Reichsgerichtspraxis im deutschen Rechtsleben, Festgabe der Juristischen Fakultäten zum 50 jährigen Bestehen des Reichsgerichts 1929，Band Ⅳ，S.216.
② NIPPERDEY. Die privatrechtliche Bedeutung des Arbeiterschutzrechts [J]. die Reichsgerichtspraxis im deutschen Rechtsleben, Festgabe der Juristischen Fakultäten zum 50 jährigen Bestehen des Reichsgerichts 1929，Band Ⅳ，S.217；瓦尔特曼. 德国劳动法 [M]. 沈建峰，译. 北京：法律出版社，2014：341.
③ Münchener Kommentarzum BGB § 618, Pflicht zu Schutzmaßnahmen, Henssler, 5.Auflage, 2009：8.
④ Staudinger BGB，§ 618，Hartmut Oetker，2002：15.
⑤ NIPPERDEY. Die privatrechtliche Bedeutung des Arbeiterschutzrechts [J]. die Reichsgerichtspraxis im deutschen Rechtsleben, Festgabe der Juristischen Fakultäten zum 50 jährigen Bestehen des Reichsgerichts 1929，Band Ⅳ，S.218.

如上所述，公法性基本劳动标准法在传统上是从维护公共利益和秩序利益的角度展开的，让私人主张这些利益可能僭越了私权行使的界限。所以在公法性基本劳动标准法规则可以成为劳动关系当事人之间请求权的基础之后，需要进一步明确的是哪些公法规则可以产生这样的效力。这一界限可以从正反两方面展开。首先，具有私法上可请求履行的一定是适合成为劳动关系中权利和义务的规范，最直观的标准就是当事人可以在劳动合同中对其加以约定。"当公法上保护劳动者的义务可以成为劳动合同约定的对象时，劳动保护法的条文将可以通过《德国民法典》第618条第1款的规定转化进劳动合同法中，并将确立劳动者履行保护义务的请求权。"①其次，也是上述标准的反面表达，下列公法性基本劳动标准法规则无法成为劳动关系的内容，也不具备私法上可请求履行的效力："其一，尽管保护劳动者，但首先也是指向劳动者义务履行的规范；其二，不涉及劳动合同义务履行的规范，比如设置疾病检查手册的义务；其三，保护劳动者总体利益，而不是单个劳动者利益的规范等，比如公示工作规程的规则"②；其四，组织规则或者秩序规则意义上的公法性规范③。

（三）认定行为违法的准据

公法性基本劳动标准法进入私法的第三个通道是其作为不得违反的禁止性法律的功能。在德国、日本、韩国以及我国台湾地区的民法中，为了均衡公法和私法的效力关系，在法律行为的效力规则中都引入了违反禁止性法律的法律行为

---

① ZÖLLNER W, LORITZ K G, HERGENRÖDER W. Arbeitsrecht [M]. C. H.Beck, 2015: 446; NIPPERDEY. Die privatrechtliche Bedeutung des Arbeiterschutzrechts [J]. die Reichsgerichtspraxis im deutschen Rechtsleben, Festgabe der Juristischen Fakultäten zum 50 jährigen Bestehen des Reichsgerichts 1929, Band Ⅳ, S.219; 瓦尔特曼.德国劳动法 [M]. 沈建峰，译.北京：法律出版社，2014: 341; Münchener Kommentar zum BGB § 618, Pflicht zu Schutzmaßnahmen, Henssler, 5.Auflage, 2009: 9.

② NIPPERDEY. Die privatrechtliche Bedeutung des Arbeiterschutzrechts [J]. die Reichsgerichtspraxis im deutschen Rechtsleben, Festgabe der Juristischen Fakultäten zum 50 jährigen Bestehen des Reichsgerichts 1929, Band Ⅳ, S.219ff.

③ Münchener Kommentar zum BGB § 618, Pflicht zu Schutzmaßnahmen, Henssler, 5.Auflage, 2009: 9.

效力规则，例如《德国民法典》第134条的规定"法律无另行规定的，违反法定禁止的法律行为无效"。在这些国家和地区的理论中，该条中的法定禁止规定主要是公法性规定。①借助此条款，公法性基本劳动标准法将成为劳动合同违法性控制的准据。对我国劳动法而言，《民法典》第一百五十三条，《劳动法》第十八条第一项和《中华人民共和国劳动合同法》（简称《劳动合同法》）第二十六条第三项规定了违反法律、行政法规强制性规定的（劳动）合同无效或者部分无效的规则，提供了实现公法性基本劳动标准法进入劳动合同对其进行效力控制的路径。基本劳动标准法的该功能，也是目前我国理论和实践关注较多，甚至唯一关注的功能，但该规则的内涵却有待在违反强行法的法律行为效力一般理论指引下进一步深入探究。

四、私法效力与公法效力的协调

除仅有私法效力的基本劳动标准法外，无论是公法性基本劳动标准法还是双重效力性基本劳动标准法，在一定条件下最终都既有公法效力又有私法效力，导致同一规则公私法效力共存的格局，劳动法公私法融合的特性在此得以充分表达。但由于公法和私法运行的不同机理，二者追求的不同目标，在二者共存的格局下，应回答如何协调二者效力的问题。

（一）规范内容确定：公私法规范的统一解释？

当同一个术语或者构成要件既可以产生私法效果又可以产生公法效果时，如何确定该术语或者规范构成要件的内涵，明确基本劳动标准法规范的内容？此处

---

① 卡纳里斯.法律禁令和法律行为［M］.赵文杰，译//王洪亮，张双根，张谷，等.中德私法研究：第13卷.北京：北京大学出版社，2016：55；贝阿特.《德国民法典》第134条中"法律"的概念［M］.胡剑，译//王洪亮，张双根，张谷，等.中德私法研究：第13卷.北京：北京大学出版社，2016：83.

存在的问题是：一方面，该术语或者构成要件是解决同一个社会问题而出现的，而且法律规范的术语如能统一和同义则更有利于法的体系协调，因此，人们往往倾向于认为这些术语和构成要件的含义具有统一性；另一方面，公法和私法因为调整利益和规范旨趣的不同，在规范解释方法以及规范内涵上可能会有很大差异，因此导致"同一个'劳动基准法'的规则可能有两种不同解释。也就是说，当涉及雇主刑法上的责任问题时，必须坚持禁止类推的原则，严格遵从条文文义；但是从私法的视角看，完全可以接受的是，可以将法律的规则灵活解释适用到相应的事实情况"[1]。

这一问题比较典型地体现在《中华人民共和国刑法修正案（八）》增加的拒不支付劳动报酬罪的运用上。该法规定"以转移财产、逃匿等方法逃避支付劳动者的劳动报酬或者有能力支付而不支付劳动者的劳动报酬"的应承担相应责任。该刑法规则作为支持和保障实现用人单位支付劳动者报酬这一私法义务的规则，在解释时面临的问题是条文中的"劳动报酬""劳动者"是否应做与劳动法一样的解释还是按照各自的逻辑运行？从理论解释和司法实践来看，认为应一体解释的有之，"劳动关系的界定是理解支付劳动报酬义务的基础，也是研究拒不支付劳动报酬罪的逻辑起点。就本罪而言，劳动报酬的认定应当以劳动法所调整的范围为准，从狭义的层面加以理解"[2]。认为劳动报酬应做不同解释的也有，应"适当拓展劳动报酬的外延"[3]，比如"用人单位支付的'补偿金'是劳动者在工作接续空窗期的基本生活保障，与'劳动报酬'牵系劳动者的生存具有同质意义，应

---

[1] NISHITANI S. Vergleichende Einführung in das japanische Arbeitsrecht [M]. Carl Heymanns Verlag, 2003: 11.

[2] 赵秉志，张伟珂.拒不支付劳动报酬罪立法研究 [J].南开学报（哲学社会科学版），2012（2）：92-102；李华斌.推动劳动者权益保护的好《解释》：访北京师范大学刑事法律科学研究院常务副院长卢建平 [J].中国审判，2013（3）：54-57.

[3] 王蓓，刘淼.法律大数据视角下的拒不支付劳动报酬罪研究 [J].中国刑事法杂志，2017（2）：42-68；张锋学.拒不支付劳动报酬罪的司法检视与完善路径 [J].河北法学，2015，33（11）：77-84；蒙娜.拒不支付劳动报酬罪若干问题研究 [J].中国刑事法杂志，2013（3）：52-56；黄继坤.论拒不支付劳动报酬罪的几个重要问题：对《刑法修正案（八）》的解读 [J].当代法学，2012，26（3）：49-56；周宝妹，郎俊义.拒不支付劳动报酬罪的解读：以劳动法为视角 [J].人民司法，2012（11）：65-69.

当将其纳入'劳动报酬'中"①。之所以有上述观点差异,在根本上涉及刑法规范和私法规范本身的关系问题。将劳动法的倾斜保护思路纳入刑法,则会主张扩大劳动报酬的范畴,"从前述刑法秉承劳动法律法规的精神,对劳动者采取倾斜保护原则,此时赔偿金也应该重视其所具有的'补偿性',将其视为'拒不支付劳动报酬罪'的对象,更全面地展开对劳动者权益的刑法保护"②。反过来,坚持刑法自身的逻辑,则会形成不同的判断。"刑法固然是其他部门法的保障法,但具有相对的价值独立性,在认定劳动报酬时,既应参考相关的法律规定,也要进行独立的价值判断"③。据此,一方面应坚持刑法的谦抑性品质④,"对此处的劳动者进行严格解释,即劳动法律关系中的劳动者"⑤;另一方面从刑法的逻辑出发对相关概念赋予刑法上的内涵。"在非法用工的情况下,只要劳动者从事的劳动内容合法,又为用人者实际提供了劳动,就应对其合法权益进行刑法保护。"⑥

本书无意于探究拒不支付劳动报酬罪适用的问题,只想在上述分析的基础上提出,应回到公法和私法的逻辑去解决相关术语和构成要件的内涵确定问题。公法(包括刑法)规范国家和私人的关系;私法规范的是私人之间的关系。因此,尽管应尽可能追求法律概念内涵的统一性,基本劳动标准法规则在公法领域运用应以劳动法的术语内涵为出发点,但必须根据公法自有的精神对相关概念内涵进行评估和梳理⑦;反过来,公法领域的概念进入私法中时也应当做同样的处理。

---

① 王蓓,刘淼.法律大数据视角下的拒不支付劳动报酬罪研究[J].中国刑事法杂志,2017(2):42-68;贾楠."拒不支付劳动报酬罪"的刑法分析[J].学术探索,2011(5):46-50.
② 贾楠."拒不支付劳动报酬罪"的刑法分析[J].学术探索,2011(5):46-50.
③ 杜邈,商浩文.拒不支付劳动报酬罪的司法认定[J].法学杂志,2011,32(10):114-116.
④ 刘艳红.当下中国刑事立法应当如何谦抑?[J].环球法律评论,2012,34(2):61-75;姚万勤.拒不支付劳动报酬罪立法之反思[J].长白学刊,2017(3):79-85.
⑤⑥ 杜邈,商浩文.拒不支付劳动报酬罪的司法认定[J].法学杂志,2011(10):114-116.
⑦ 最高人民法院的同志在对《关于审理拒不支付劳动报酬刑事案件适用法律若干问题的解释》进行解读时基本也采取了这样的思路,一方面参考劳动法的相关概念,另一方面主张"本罪主要打击危及劳动者基本生活保障的行为,拒不支付社会保险福利、劳动保护等方面的费用尚不会危及劳动者的基本生活,故将此部分费用未纳入拒不支付劳动报酬罪的行为对象"。参见喻海松.《关于审理拒不支付劳动报酬刑事案件适用法律若干问题的解释》的理解与适用[J].人民司法,2013(7):19-23.

在劳动者和用人单位之间固然可以倾斜保护,但在国家和行为人之间似乎就不能再主张倾斜保护了,反而应探究公法性规范本身所保护的法益。实际上不同法律中的同一术语做不同解释并不罕见,以工资范畴为例,劳动人事部门、统计部门、税务部门等均有自己的工资范畴。法的统一首先应体现为法的精神统一,而不只是术语内涵的统一。

(二)规范实施机制:行政救济和裁审救济的衔接

当基本劳动标准法既有公法效力又有私法效力时,必然的逻辑结论是其规范救济和实施机制应当既有公法措施又有私法措施。我国现行法遵从了这样的逻辑,除如上通过刑法制度设计实现工资等的保护外,大部分基本劳动标准法规则都配备了公权性的行政救济和私人纠纷解决的劳动争议处理程序并行的救济程序体系。当两种救济程序并存时则需要协调两种程序的关系。对此,现行法只是在《劳动保障监察条例》第二十一条第二款规定,对应当或已经进入劳动争议处理程序的事项,劳动行政部门应告知当事人按劳动争议处理程序处理。但何为应当纳入劳动争议处理程序的事项并不明确。两种救济途径关系不顺导致的结果是时常发生两种救济途径的承担机构互相推诿的情况。基本劳动标准法应由劳动监察保障而不应进入劳动争议处理程序的观点也一再出现。有些地方甚至明确规定某些涉及基本劳动标准的案件,劳动争议处理程序不受理。①这种程序法的不衔接也进一步引发了实体权利的冲突。例如,根据《劳动合同法》的规定,未签书面劳动合同从第二个月开始应支付两倍工资直到第十二个月。因双倍工资支付发生劳动争议,目前各地裁审机构都从第二个月开始计算仲裁时效,仲裁时效为十二个月,所以如果用人单位没有签订书面劳动合同已经满两年则所有双倍工资均已经过时效,在用人单位时效抗辩的情况下,双倍工资请求将得不到支持。与裁审救济不同的是,《中华人民共和国劳动合同法实施条例》(简称《劳动合同法实施

---

① 参见《江苏省高级人民法院 江苏省劳动争议仲裁委员会关于审理劳动争议案件的指导意见》(苏高法审委〔2009〕47号,已失效)第二十八条。该条规定已被2019年7月2日江苏省高级人民法院审判委员会第15次全体委员会讨论通过的《江苏省高级人民法院关于审理带薪年休假纠纷若干问题的指导意见》修改。

条例》)第三十四条同时规定了劳动行政部门责令用人单位支付双倍工资的公法救济规则,而劳动行政部门责令改正违法行为的时效是二年,并且违法行为连续的时效不起算。如此一来,就可能出现根据劳动争议处理规则不能得到支持,但根据行政救济规则又必须责令支付的结果。

本书认为,基本劳动标准法的双重效力结构,必然意味着双重救济结构,因此,不存在基本劳动标准法规则只应通过行政救济途径来实现的逻辑,甚至在一定程度上双重救济正是基本劳动标准法公私法结合的优势所在。在公法救济和私法救济的关系问题上,除刑罚措施的最后手段色彩[①],导致刑罚措施应在不得已时才启动外,行政救济和民事救济应处于并行而由当事人自愿选择的关系中。从其他国家的情况看,这种可选择性导致私法救济似乎并没有太大实践意义[②],"对劳动保护法而言,比起求助于法院,求助于营业监督机关以及行政强制是一种更快更安全的救济方式"[③]。但逻辑上的双救济结构却不应否认。我国目前行政救济和劳动争议处理的冲突和不协调首先源自行政救济保障力度的相对不足:与实证法中存在大量可通过公法保障的基本劳动标准法规则相比,各地基本劳动标准法的行政执法力量太薄弱了。在设计基本劳动标准法的公法效力时必须考虑行政执法力量问题。其次源自公法和私法规则的不衔接。所以,应坚持对基本劳动标准法双重效力的把握,在技术上理顺公法效力和私法效力的关系,避免出现如上述时效问题引发的不协调。

---

① 刘艳红.当下中国刑事立法应当如何谦抑?[J].环球法律评论,2012,34(2):61-75;姚万勤.拒不支付劳动报酬罪立法之反思[J].长白学刊,2017(3):79-85.

② ErfK/Wank,§ 618 BGB Rn.23.

③ NIPPERDEY. Die privatrechtliche Bedeutung des Arbeiterschutzrechts [J]. die Reichsgerichtspraxis im deutschen Rechtsleben, Festgabe der Juristischen Fakultäten zum 50 jährigen Bestehen des Reichsgerichts 1929, Band Ⅳ, S.222.

第二章

工作时间制度

我国目前并不存在统一的工作时间基本劳动标准制度，基本劳动标准中的工作时间法律规范是以《劳动法》第四章"工作时间和休息休假"，以及《国务院关于职工工作时间的规定》为主干，原劳动部发布的若干部门规章为分支形成的制度体系。主要包括《国务院关于职工工作时间的规定》《劳动部关于颁发〈《国务院关于职工工作时间的规定》的实施办法〉的通知》《劳动部关于印发〈《国务院关于职工工作时间的规定》问题解答〉的通知》《劳动部关于职工工作时间有关问题的复函》《劳动部关于企业实行不定时工作制和综合计算工时工作制的审批办法》等。上述规范基本出台于20世纪90年代，主要针对国家机关、事业单位和国有企业，其用工形式和形态比较稳定，但在用工日趋灵活化与弹性化、产业与行业分工和岗位日趋差异化的今天，上述工时基准制度已经难以契合当下的市场实践，相当部分工时基准形同虚设，企业不遵守工时基准的现象比较普遍，"过劳死""996"等引发的社会问题与舆论层出不穷，我国的工时基准亟待在各个方面进行重大制度调整。工时基准所涉面相众多，本章将主要围绕实践中工时基准所涉最突出的问题予以梳理、分析，通过借鉴其他国家相关立法与理论，对我国未来工时基准的制度重构与完善提出建议。

一、工作时间的界定与分类

（一）工作时间的界定

劳动法上"工作时间"的概念具有多义性，日本劳动法学者荒木尚志指出，工作时间可区分下列三种类型：其一为劳动基准法上的工作时间，重视的是实际劳动的时间，劳动基准法为保障劳动者的身心健康等权益而设有法定工作时数上限，雇主违反者会承担刑事（日本法）及行政责任，此类工作时间原则上不会受当事人之约定影响；其二为工资时间，此系作为计算工资的劳动时间，通常会与劳动基准法上的工作时间重叠，但即使不作为劳动基准法上的工作时间，只要当事人有约定也能成为计算工资的劳动时间；其三为存有劳动契约上义务的时间，范围包含劳务给付之外的其他契约义务，例如工作场所秩序保持义务、上下班打卡义务等。[①]

我国立法并未对"工作时间"予以明确界定，司法上对于工作时间的认定尚未形成统一标准，争议点主要集中于值班、值守等工作时间界定的争议上。从学理上，有学者将工作时间界定为"工作时间是劳动者接受用人单位的指示，在用人单位的管理或约束下从事工作或与工作相关的活动的时间"[②]。从比较法的角度，国内已有学者对其他国家劳动时间界定的立法例进行了系统的研究。[③] 从法理角度而言，劳动关系的本质应当作为界定工作时间的出发点，而劳动关系认定的本质即为雇主的控制与指挥命令，基于这一逻辑，雇主指挥与命令之下劳动者从事劳务给付行为的时间即为工作时间。而对于何为"指挥与命令之下"，日本最高裁判所针对劳动基准法上的劳动时间认定，指出"劳工在事业场所内从事受有命令而应为之业务的准备行为等，系因被雇主赋予义务又或是不得不为之时，

[①] 荒木尚志. 劳动时间の法的构造 [M]. 东京：日本有斐阁，1991：2-10.
[②] 沈同仙. 工作时间认定标准探析 [J]. 法学，2011（5）：134-143.
[③] 王天玉. 工作时间基准的体系构造及立法完善 [J]. 法律科学（西北政法大学学报），2016，34（1）：122-133.

即使以上行为是在约定工作时间以外所为之，在无特殊情事的前提下，即足以评价为劳工被置于雇主的指挥命令之下，从事以上行为所需的时间在社会通念上被认为是必要的程度内，该当劳动基准法上的工作时间"[1]，因此实际上日本最高裁判所已考量到业务相关性、技术性、义务性等要件。我国也有学者对工作时间的认定标准予以总结，认为应按"用人单位指挥命令的支配性与劳动者的受控性"、"目的性"（劳动者工作的目的就是为用人单位创造效益）、"相关性"（与工作密切相关，其行为与其正常的工作内容相符合；或从事与工作相关的其他活动）、"劳动者时间自主性"[2] 这几个标准来判断某段时间是否为工作时间。

在上述比较法借鉴与学者已有的研究成果和共识上，对于我国未来基本劳动标准法对工作时间的界定，在制度设计上建议考虑以下要素：

一是雇主的指挥控制与劳动者的"从属性"，主要是指由雇主指挥并受领劳动生产成果。根据雇主指挥命令与参与程度的不同，分为雇主明确地下达指挥命令，与雇主虽未明确地下达指挥命令，但默认劳动者的劳动两种类型。在前者，执行此命令所需的时间均应认定为劳动时间；而在后者，应特别重视雇主如何受领劳动者生产成果的过程，且原则上须经由业务关联性及时间空间上技术性的补充方能认定为工作时间。

二是业务关联性，是指劳动者所从事的是否为其通常业务或与之有密不可分关系的准备、后续或相关工作，特别是在雇主未明确下达指挥命令的情况下，业务关联性对于工作时间的界定至为关键。

三是时间空间上的拘束性，是指如果劳动者受到来自雇主的拘束，虽然未实际提供劳务，但是在特定时间段内不得离开工作场所或特定地点，即未从劳动状态中获得解放，仍有认定为工作时间的可能，待命时间即为其典型形态。

（二）工作时间的分类

我国目前的司法实践中，值班、值守等待命时间的法律属性认定及其工资

---

[1] 菅野和夫. 劳动法 [M]. 11版. 东京：弘文堂，2016：479-479.

[2] 参见前引沈同仙、王天玉文。

给付问题争议较大，且各国对待命时间的认定规则与劳务给付的对价形成机制问题有不同的规定与实践做法。①纵观各国理论与制度实践，本书认为目前德国劳动法对工作时间的分类在逻辑上区分得更为清晰，其按劳动者劳动密度与清醒、自由程度，依次分为工作时间、备勤时间（不时时提供劳务，提供劳动存在间歇性、监视性）、待命时间（在工作场所等待提供劳动）、候传时间（在非工作场所等待提供劳动）。②德国上述工作时间的分类可为我国未来工时基准所借鉴，在分类的基础上对制度设计与其所对应的工资或劳务给付对价形成机制做系统性安排。

1. 工作时间

《德国工作时间法》对工作时间的界定是"劳动者开始工作到结束工作之时间，扣除休息时间"。此间劳动者不一定有实际工作，只要处于雇主指挥监督或依其指令之下，随时得以提供劳务之情形即可。劳务提供中因生理需求短暂去洗手间等并不影响工作时间的计算。

2. 备勤时间

德国工时法上的备勤时间系指对于劳动者身处工作场所内，虽未实际从事工作，但必须随时提供劳务的状态，主要是工作内容具有断续性质的工作人员或具有监视性、间歇性工作性质的人员的工作时间。备勤时间与工作时间最主要的差异是劳动者虽然未实际从事工作，但必须保持清醒，随时准备提供劳务。德国通说认为，备勤时间是因工作性质具有间断性而产生，劳动者仍应处于随时注意准备给付的状态，雇主亦得随时请求给付充分的劳务，因此一般被认定为工作时间。

3. 待命时间

德国工时法上的待命时间系指劳动者基于特别约定或依雇主指示，于特定时间内在雇主指示之地点等候，无论企业工作场所内外。如有工作的必要，劳动者必须随时或在很短的时间内提供劳务。劳动者可自行决定其活动，但遇必要情况时，须随时提供劳务处理雇主交付之工作，唯其履行劳务本质上应与劳动合同

---

① 孙国平.劳动法上待命时间争议的认定[J].法学，2012（5）：47-54.
② 郭玲惠.德国白领高阶劳工劳动法令之适用：以工作时间排除适用为核心[J].月旦法学杂志，2020（1）：9-12.

约定之劳务给付不同。另外，待命时间原则上除停留地点之限制外，劳动者应有充分自由活动的权利，不应要求精神上特别的注意义务，如附有注意或警戒义务上的要求，虽其注意程度要求比完全劳务给付低，但仍属于备勤时间而非待命时间。[①] 待命时间是否为工作时间，因劳动者实质上未工作而产生争议。但德国工时法因欧盟指令影响修正后，待命时间如同备勤时间一样，被视为工作时间。同时，依《德国工作时间法》第7条第1项第1款a的规定，当劳动者的工作时间主要以备勤时间与待命时间为主，劳资双方例外地可用团体协约约定每日工作时间可超过10小时。

4. 候传时间

德国工时法上的候传时间系指劳动者无须停留于特定处所、得自行决定其活动，唯接受雇主提供劳务要求后，需于一定时间内到达指定场所提供劳务。候传时间与待命时间的区别在于候传时间劳动者可以自由决定所在处所，唯雇主要求提供劳务时，其于合理之时间内到达，且频率非经常。德国实务上认为如在途时间过短，甚至短于10分钟，则形同备勤时间。[②] 从总体而言，候传时间由于劳动者的活动不受任何限制，除其受传唤实际前往从事工作外，原则上视为休息时间。[③]

二、工作时间劳动条件的形成机制与模式

我国目前的工作时间规制采取严格的法定主义，相关工时规范对标准工时和非标准工时进行了极为粗略的规定。严格的法定主义与现代企业运营和产业差异所必然要求的工时灵活化需求相抵触。从未来基本劳动标准法工时规则的整体建构思路而言，是否需要从根本上改变工作时间劳动条件形成机制的法定性和单一

---

①，② 郭玲惠.德国白领高阶劳工劳动法令之适用：以工作时间排除适用为核心[J].月旦法学杂志，2020（1）：10.

③ 王惠玲.工作时间概念之探讨[J].万国法律杂志，1998（98）：3-4.

性，给予劳动关系双方在部分具体工时规则上一定的协商空间，是立法所需要考虑的首要问题，这就需在比较法上对目前已有的工时规制模式进行梳理。欧盟成员国的工时规制被分为四个层级，即国家层面（成文法或行业协议）、产业层面（通过集体协议与产业协议）、公司层面（通过分散谈判的公司集体协议）与个体层面（通过雇主和员工之间的协议或安排）[①]；而从世界范围来看，工时规制模式及其工时劳动条件形成机制可被分为国家立法主导、国家立法主导与集体协议的协同、协商机制主导、雇主与市场主导四种模式。

（一）国家通过立法主导

通过立法主导工作时间规制的典型国家主要包括保加利亚、爱沙尼亚、拉脱维亚、立陶宛、匈牙利、波兰、罗马尼亚、斯洛文尼亚、西班牙、土耳其等。国家通过立法主导工作时间规制，意味着立法对工作时间特别是工作时间上限、加班、强制休息时间等规则作出法律强制规定。[②] 但需注意的是，在通过立法主导工时基准基本规则的国家，在某些具体规则的形成与适用上，仍然有集体合同或劳动合同的劳资合意的参与。例如，罗马尼亚《劳动法》规定，加班应在30天内以补假的方式补偿，或在补假不可能的情况下，按照集体协议或个人协议（劳动合同），加班费支付不低于正常时薪的75%，但这项法律可以通过集体协议进行修改；西班牙的工作时间虽主要由法律规定，但某些方面则留给社会伙伴之间谈判决定，如超过正常工作日最长工作时间的工作时间均视为加班，对这些工作时间将根据集体协议的规定进行补偿，如果这种协议不存在，则通过个人雇佣合同进行规定；土耳其《劳工法》规定，超过2个月的平均每周工作时间不得超过

[①] ANXO D, O'REILLY J. Working time regimes and transitions in comparative perspective [M] //O'REILLY J, CEBRIÉN I. Working time changes: Social integration through transitional labour markets. Cheltenham, UK: Edward Elgar Publishing, 2000: 61-92; ANXO D, FRANZ C, KUMMERLING A. Working time distribution and preferences across the life course: A European perspective [J]. Economia & Lavoro, 2013（2）: 77-105.

[②] ANXO D, KARLSSON M. Overtime work: A review of literature and initial empirical analysis [M]. International Labour Organization, 2019: 16.

最大周工作时间,但集体协议可以将 2 个月的参考期增加到 4 个月。①

(二)国家立法主导与集体协议的协同

国家立法主导与集体协议的协同,在实践层面意味着虽然国家通过立法主导工作时间的规制,但可通过劳资双方的集体协议就工时基准,在产业层级或者企业层级予以个性化的偏离即差异化规定,前者如克罗地亚、法国、希腊、葡萄牙和斯洛伐克;后者如捷克共和国、爱尔兰和马耳他。

(三)协商机制主导

与国家通过立法主导和规制的模式不同,在协商形成工作时间机制模式下,工作时间主要由集体协议规定,如果没有集体协议,则通过立法规范和个人雇佣合同来规定。该模式以奥地利、比利时、丹麦、芬兰、德国、意大利、塞浦路斯、荷兰和瑞典为典型。②在德国,虽然工作时间法案提供了工时规制的总体框架,但工时条件通常是通过集体协议来规定的。工会可以提出在集体合同中约定加班的上限,比如每星期最多 5 小时,也可以要求支付高额的加班津贴。③例如,德国与一些工会谈判达成的 2017 年公共服务部门集体协议,该协议适用于大约 214 万名在地区和市一级工作的公务员和 147 万名在联邦一级工作的工人。该协议规定最高标准工作时间为每周 38.5~40 小时,并允许当地工作时间协议达到每周 45 小时的可能性。加班是指超过最高标准工作时间的工作时间,加班补偿主要采取休假的形式。④

(四)雇主与市场主导

雇主与市场主导工作时间机制的典型国家是英国,其工作时间一般由雇佣合

---

① ,④ ANXO D, KARLSSON M. Overtime work: A review of literature and initial empirical analysis [M]. International Labour Organization, 2019: 15.

② ANXO D, KARLSSON M. Overtime work: A review of literature and initial empirical analysis [M]. International Labour Organization, 2019: 14.

③ 多伊普勒. 德国劳动法 [M]. 王倩, 译. 上海: 上海人民出版社, 2016: 188-189.

同规定。作为英国工作时间立法框架的《1998年工作时间条例》规定，员工的工作时间包括加班，在任何参考期限中7天不得超过48小时，但如员工与雇主书面同意，则不适用48小时的限制。《就业权利法案1996》规定，如果工作超过正常工作时间，员工有权要求雇主支付加班费，正常工作时间由合同确定。只要员工的平均工资不低于最低工资，雇主就不需要支付加班费。[①]在英国，虽然可以通过雇佣合同排除最高工时的法律适用，但是法律对此有完备的规制规则，包括意思表示的真实性，员工可单方终止，雇主对工作时间记录的保留，以及政府健康和安全执行机构可以对雇主进行检查等。

从总体趋势而言，有学者通过研究指出，在过去20年里，欧盟层面上对于工作时间和超时工作一般倾向于在企业和产业层面更加分权，同时也倾向于脱离法定规范而走向社会伙伴的更大的自治。[②]我国目前关于工作时间的规范渊源与机制仅仅是国家立法规制，未来需要在基本劳动标准法中考虑通过集体协议作出更有利和更灵活的约定，同时也应思考这样的约定是通过职业性、产业性还是企业层级的集体合同作出，以及是否可以对工时基本劳动标准进行有条件的降低和偏离。

三、标准工作时间、延长工作时间、夜班、轮班等的基准规则

（一）标准工作时间规则

标准工作时间是指法定的在正常情况下普遍适用的，按照正常作息办法安排的工作日和工作周。[③]1994年国务院颁布了《国务院关于职工工作时间的规定》，

---

① Overtime: your rights, https://www.gov.uk/overtime-your-rights.
② ANXO F C, KUMMERLING A. Working time distribution and preferences across the life course: A European perspective [J]. Economia & Lavoro, 2013（2）: 77-105.
③ 王全兴. 劳动法 [M]. 4版. 北京: 法律出版社, 2017: 327.

同年 2 月劳动部、人事部发布了《〈国务院关于职工工作时间的规定〉的实施办法》，确定了国家实行职工每日工作 8 小时、平均每周工作 44 小时的工时制度，并在 1994 年 7 月 5 日通过的《劳动法》中予以确认。《劳动法》第三十六条规定，国家实行劳动者每日工作时间不超过 8 小时、平均每周工作时间不超过 44 小时的工时制度，以"不超过"工时长度的措辞，使我国工作时间从一个固定标准走向了最低限度的基准标准。《劳动法》生效实施不足 3 个月，1995 年 3 月国务院发布了《国务院关于修改〈国务院关于职工工作时间的规定〉的决定》，将每周 44 小时工作时间缩短为 40 小时，即每日工作 8 小时、每周工作 5 天。因此，我国《劳动法》第三十六条和《国务院关于职工工作时间的规定》共同构建了我国标准工时的 3 项标准：劳动者每日工作时间不超过 8 小时；每周工作时间不超过 40 小时；每周至少休息 1 日，即用人单位必须保证劳动者每周至少有一次不少于 24 小时不间断的休息。

标准工时是一国工时基准的基础，其作为最基本的劳动条件，在一国之内均具有普适性和强制性的特点，其也是其他非标准工作时间的计算基础与参照标准。标准工时的制定，需要考虑当前社会生产力的发展水平与劳动生产率的高低，劳动力的总体数量与质量及人口的总体状况，以及劳动者生理、心理能够承受的限度等因素。标准工时也同时给用人单位的生产组织和具体工作时间制度留下了合理选择空间。标准工时制度在世界各国被广泛用来调整劳动者的工作时长，对我国标准工时基准，学界较为共识性的观点是我国标准工时实行多年，已形成了社会认同和制度惯性，不应当"走回头路"降低基准水平。[①] 从国际趋势看，政策制定者期望通过缩短标准工时来降低劳动者的实际工作时长，进而实现扩大就业、促进消费和改善劳动福利的政策目标。[②] 近年来，我国关于缩短标准工时的讨论与实践日益增多，截至 2020 年 4 月，全国已有 10 余个省市相继试行

---

① 土天玉.工作时间基准的体系构造及立法完善 [J].法律科学（西北政法大学学报），2016，34（1）：129.
② 杜子芳，刘亚文.分享工作制：解决失业问题的有效选择 [J].管理世界，2008（11）：174-175.

每周休息 2.5 天的工作制度，其中江苏南京、浙江等地明确提出要把增加休息日作为提振消费、助推经济增长的政策手段。调整工时是否能够产生上述效果，取决于缩短标准工时对劳动者工作时长与工资回报的实际影响。既有的研究成果表明，企业对劳动力要素的需求规模是影响缩短工时政策效果的重要因素，在其他因素不变的前提下，如果企业的工时需求与原标准工时相近，缩短标准工时可以有效减少劳动者的工作时长；如果企业的工时需求远超原标准工时，缩短标准工时反而会相对增加劳动力的边际成本，使得企业倾向于采用延长工作时长而非增加劳动力规模的方法来降低生产成本，从而加剧加班现象。① 同时，企业也可以通过降低工资率的方式来抵消缩短工时的影响。② 从经验证据来看，各国学者基于不同数据的实证结果也不一致。其中，标准工时缩短的政策效果在德国、法国、葡萄牙等多个国家得到了实证数据的支持。③ 但日本和英国的研究却发现：缩短标准工时并不能减少雇员的工作时长，甚至会加剧超时工作现象并延长其有报酬的加班时间。④ 在我国经济增速换挡、竞争压力增大、加班文化盛行的背景下，旨在减少工作时长的标准工时制度改革的预期效果值得更深入地思考和讨论。⑤

在不降低标准工时基准水平、慎重考虑缩短现有标准工时的前提下，标准工时的未来立法在技术上应首先在法律条文上像《劳动法》第三十六条那样表述为"每日工作时间不超过 x 小时、每周工作时间不超过 x 小时"，从而给集体合同和

---

① CALMFORS L，HOEL M. Work Sharing and Overtime［J］. The Scandinavian Journal of Economics，1988，90（1）：45-62.
② TREJO S J. The Effects of Overtime Pay Regulation on Worker Compensation［J］. American Economic Review，1991，81（4）：719-740.
③ HUNT J. Has Work-Sharing Worked in Germany?［J］. The Quarterly Journal of Economics，1999，114（1）：117-148；RAPOSO P S，VAN OURS J C. How A Reduction of Standard Working Hours Affects Employment Dynamics［J］. De Economist，2010，158（2）：193-207.
④ BRUNELLO G. The Employment Effects of Shorter Working Hours：An Application to Japanese Data［J］. Economica，1989，56（224）：473-486；KALWIJ A S，GREGORY M. A Panel Data Analysis of The Effects of Wages，Standard Hours and Unionization on Paid Overtime Work in Britain［J］. Journal of the Royal Statistical Society，2005，168（1）：207-231.
⑤ 张学志，蒋帆，陈展培. 标准工时制对工作时长与工资回报的影响研究：基于《劳动法》实施效果的实证检验［J］. 学术研究，2020（11）：95.

劳动合同的约定留出空间。其次，标准工时目前在制度上存在的问题主要集中于其弹性空间过小，只有休息日加班允许用人单位安排补休，工作日加班则不存在通过补休来避免支付加班费的可能性，即使用人单位安排劳动者在某个工作日延长工作时间 1 小时，随后在另一个工作日安排补休 2 小时，仍然需要支付 1 小时的加班费。①在工时基准灵活化和弹性化的全球趋势下，标准工时制度的完善需与非标准工时制度相互配合、统筹考虑。

（二）延长工作时间规则

2019 年 3 月，一名程序员在知名代码托管平台 GitHub 网站发起了名为"996.ICU"的项目，以此抵制互联网公司"上午 9 点上班、晚上 9 点下班、每周工作 6 天"的"996"工作制，此举立即得到大批程序员响应。②《中国青年报》《社会科学报》等几十家权威媒体先后对该事件进行了报道或发表相关评论，批评"996"工作制违反了我国《劳动法》关于工作时间的强制性规定。与此同时，一些著名的互联网企业家发表了对"996"工作制的不同看法，认为"今天中国 BAT 这些公司能够'996'，我认为是我们这些人修来的福报"③，支持"996"工作制所代表的奋斗精神。面对争议激烈的"996"工作制，《人民日报》评论部发表《崇尚奋斗，不等于强制 996》一文，明确表示崇尚奋斗不等于强制加班。强行推行"996"工作制，不仅解决不了企业管理中的"委托 - 代理"难题，还会助长"磨洋工"的现象。对于"996"的讨论是反思互联网企业文化和管理机制的契机。④"996"引发的社会舆论与广泛关注是我国延长工作时间规则与实践问题的集中表现。加班现象的普遍化与我国目前加班规则存在的诸多问题是工时基

---

① 王倩. 论我国特殊工时制的改造：在弹性与保障之间［J］. 法学评论, 2021, 39 (6): 95.
② 任然. 被"996"围困的年轻人，像是定好闹钟的机器［N］. 中国青年报, 2019-04-02 (2).
③ 崔继如. 马云谈 996：不付出超越别人的努力和时间怎么能成功?［EB/OL］. (2019-04-12). https://baijiahao.baidu.com/s?id=1630599848120272999&wfr=spider&for=pc.
④ 李拯. 崇尚奋斗，不等于强制 996［N/OL］. 人民日报, 2019-04-14. http://m.people.cn/n4/2019/0414/c203-12578693.html.

准相当突出和亟待解决的问题。无论是低端劳动密集型企业，还是高端科技型、创业创新型企业，加班即为常态，标准工时规范甚至形同虚设。在仲裁与司法实践中，90%以上的案件劳动者都会有主张加班费的请求，但目前已有的包括加班审批、加班举证责任、加班工资等在内的加班规则设计不利于劳动者维护相应权益。

1. 加班审批与"自愿"加班

首先，基于工时基准的强制效力，企业与员工在劳动合同中作出与标准工时基准不一致的约定，在司法实践中会被认定为无效。[①]因此，一些互联网企业采取由员工自愿申请"996"工作制以免除自身劳动法的义务，基于工时基准的强制性效力，应当认定劳动者与用人单位所达成的"自愿"加班并放弃加班费的约定无效。

其次，《工资支付暂行规定》第十三条规定，"用人单位在劳动者完成劳动定额或规定的工作任务后，根据实际需要安排劳动者在法定标准工作时间以外工作的"，应当支付加班工资。因此加班在法定意义上应当是劳动者在用人单位"安排"之下进行。但在实践中，用人单位也会采取一些隐形的手段，变相强迫劳动者"自愿"加班。例如，利用不合理的工作任务、绩效考核、末位淘汰等方式，使得劳动者不得不超时加班，以避免影响对工作的考核等。若劳动者因自身原因未完成工作任务或出于其他原因，在未经过用人单位批准的情形下，自行在用人单位工作场所加班，法院通常不会支持劳动者的加班工资诉求。[②]而对于加班的举证规则，《最高人民法院关于审理劳动争议案件适用法律问题的解释（一）》第四十二条规定："劳动者主张加班费的，应当就加班事实的存在承担举证责任。但劳动者有证据证明用人单位掌握加班事实存在的证据，用人单位不提供

[①] 例如，在"李伟玲与中山全立发机械有限公司劳动合同纠纷案"[（2014）中中法民六终字第357号]中，法院认为双方关于"在星期六以及节日的加班均按日常正常工作时间计算报酬"的约定违反了加班规定的强制性规范。

[②] 在"上海浦东成隆行餐饮有限公司与邓锦桥追索劳动报酬纠纷案"[（2018）沪01民终7017号]中，用人单位规章制度中明确约定了加班须经单位批准，否则不视为加班，法院对此约定予以认可。

的，由用人单位承担不利后果。"在用人单位"安排"加班的前提下，加班需要经用人单位审批，劳动者在主张加班事实时，常面临举证困难的问题，举证责任通常是劳动者主张"被自愿"加班的障碍。对此有学者主张，应严格规制"被自愿"加班的情形，在案件审理时，不宜仅考虑加班是否经过用人单位批准，而是要重点分析是不是用人单位安排的工作任务或者管理制度不合理，导致劳动者"自愿"延长工作时间，在变相强迫加班的情形下，应当认定劳动者有权主张加班费。[①] 但在该类案件的仲裁和审判实践中，仲裁机构和法院对该类变相强迫"自愿"加班行为的认定均持审慎态度，认定加班的难度较大。该问题的解决关涉两个层面的制度改进，其一为劳动定额规则，其二为加班举证责任规则。

在劳动定额规则上，《劳动合同法》第三十一条规定："用人单位应当严格执行劳动定额标准，不得强迫或者变相强迫劳动者加班。用人单位安排加班的，应当按照国家有关规定向劳动者支付加班费。"劳动定额是产品生产过程中劳动消耗的一种数量标准，是指在一定的生产技术组织条件下，为完成单位产品所规定的必要劳动时间消耗标准，或在单位时间内生产合格产品数量（或完成工作量）的标准。前者称为"时间定额"，后者称为"产量定额"，这两种形式可以直接转换，均为劳动计量标准。制定科学合理的劳动定额标准对于维护劳动者合法权益极其重要。[②] 我国一些地方性法规对劳动定额的确定提出了基本规则，例如《江苏省工资支付条例》第十一条规定，实行计件工资制的，用人单位确定、调整劳动定额或者计件报酬标准应当遵循科学合理的原则；确定、调整的劳动定额应当使本单位同岗位 90% 以上劳动者在法定工作时间内能够完成。该类规则只针对计件工资，非计件工资制的劳动定额确定问题显然更为复杂，很难用百分比的计量方式予以确定。从其他国家的立法与实践经验看，劳动定额标准的制定基础仍然是劳资协商。在我国，一些地方性法规将劳动定额作为企业规章制度、工资专

---

① 班小辉. 反思"996"工作制：我国工作时间基准的强制性与弹性化问题 [J]. 时代法学，2019，17（6）：32.

② 贺焕江. 论"变相强迫加班"救济的路径 [J]. 中国劳动，2014（9）：14.

项集体协商的重点内容。我国未来基本劳动标准法可考虑制定专门的劳动定额标准制定与管理规则，对劳动定额标准的制定主体、权限、程序、备案监督、罚则等进行规范；而劳动定额的具体制定则应主要依靠企业民主管理或集体协商机制，不仅针对计件工资与工时的狭义劳动定额标准，也对一般性劳动任务的绩效与考核规则切实发挥实质性形成机制作用。①

在加班举证规则上，可考虑借鉴我国台湾地区"劳动事件法"的规定。其第三十八条（劳工工时之推定）规定，"出勤记录内记载之劳工出勤时间，推定劳工于该时间内经雇主同意而执行职务"。根据该条规定，出勤记录内所记载的劳工出勤时间推定为劳工于该时间内经雇主同意执行职务，雇主若对于推定工作时间有所争执，须提出反证，证明劳工于该时间内并非在提供劳务。此项规定可有效解决出勤记录的工作时间超过正常工时，但劳工事前未申请加班或申请加班不被允许的相关争议，只要劳工能提出有延长工时的出勤记录，即推定劳工有延长工时的事实，雇主若有异议，即必须提出反证。②

2. 加班规则的灵活化与法律责任和执法的严格化

我国目前加班现象普遍和相应规则形同虚设的背后，凸显的是我国工作时间立法弹性整体不足的问题，而严格的工作时间制度和较强的加班补偿制度，则是劳动力市场灵活性不足的重要表现。③从加班规则标准本身来看，通过各国工作时间规定的比较不难发现，我国的标准工作时间即每日8小时、每周40小时的基准并不高，但我国对加班时间"每日不得超过3小时、每月不得超过36小时"的限定确实偏高。④与此同时，一些国家和地区在加班工时的计算周期上总体比较宽松，14日或两周的参考期为通行的底线性的标准，劳资双方还可以通过集体协议在特定情形下延长参考期，这就让用人单位在工作任务的安排和工作时间使用的统筹上更为灵活；而对于加班时间的上限规则，在法定标准之外，立法给

---

① 贺焕江.论"变相强迫加班"救济的路径［J］.中国劳动，2014（9）：15.
② 郑津津.劳动事件法之重要规定与影响［J］.台湾法学杂志，2020（389）：117-118.
③ 谢增毅.劳动力市场灵活性与劳动合同法的修改［J］.法学研究，2017（2）：100.
④ 王文珍，黄昆.劳动基准立法面临的任务和对策［J］.中国劳动，2012（5）：6.

了劳资双方通过集体协议达成更高的加班时间上限的空间。因此我国未来基本劳动标准法在加班时间标准的制度设计上，需考虑是否应参照国际通行标准适当提高加班时数上限、降低加班费标准[①]；并对加班时长计算的参考期、最长加班时长的上限规则，给予劳资双方集体协商的必要空间。

而在工时基准的实施与执法上，从世界范围来看，工作时间规制效果与产业力量是相互配合的。在产业双方力量对比较不平衡和有利于资本的国家，较长的周平均工作时间和加班发生率较高的现象更为普遍。法律规制的有限与薄弱，工会在工作场所一级的存在率低或者无法发挥实质性作用，以及政府在执行法律上的控制与监督不力，也是造成实践中工作时间长的原因。[②]延长工作时间的基本劳动标准立法，在必要且合理的灵活性规则下，出于对劳动者生命健康和职业安全的保护，需要对劳动者的休息权予以强制性保障，对每日、每周、工间、夜班、轮班及其他非标准工时规则下的休息时间予以明确规定，并建立有效的违反休息权规则的法律责任规则和劳动监察机制。

（三）轮班和夜班工作时间规则

按照生产需求安排工作的最重要的传统方式就是轮班制，根据《欧盟工作时间指令》的界定，"轮班工作"指的是安排轮班工作的任何方法，在这种方法中，工人在同一个工作岗位上按照一定的模式（包括轮换模式）相互接替，这种模式可能是连续的，也可能是不连续的，这意味着工人需要在给定的几天或几周的时间内在不同的时间工作。[③]对于轮班工作，不管是在法律规制方面，还是在社会保护方面，都应该区分两班次和多班次。"两班倒"无须特别的工时规范，须遵守工时基准有关休息时间的规定，而"三班倒"或多个班次的工作安排对劳动者的影响较大，主要涉及夜班工作的问题。根据劳动部关于《女职工劳动保护规

---

① 钱叶芳，徐顺铁."996类工作制"与休息权立法：资本与法律的博弈[J].浙江学刊，2019（4）：66.

② ANXO D, KARLSSON M. Overtime work: A review of literature and initial empirical analysis [M]. International Labour Organization, 2019: 23–25.

③ Directive2003/88，Article 2（5）.

定》问题解答（1989年），夜班工作一般指实行三班制的企业、单位，当日晚上10点至次日早晨6点的时间。夜班工作改变了人们的正常生活规律，增加了神经系统的负荷，工作起来比较辛苦，为此规定从事夜班工作的时间比白班减少1小时，发给夜班津贴。还有些连续生产不容间断的工作必须安排夜班，如钢铁冶炼、发电等夜班工作时间可与白班相同，但要给夜班劳动者增发夜班津贴。国家还规定禁止安排未成年工、怀孕满7个月和哺乳未满12个月婴儿的女职工夜班工作。

除缩短夜班工作时间和对特殊劳动者群体的特别劳动保护规则外，为保护夜班工作劳动者权益，还可考虑进一步完善相关制度。《欧盟工作时间指令》和《英国工作时间法》对夜间工作或非正常时段工作的时间作了限制，正常情况下每24小时期间内夜间工作一般不得超过8小时，在有特殊危害的环境中或对于搬运重物的工作每24小时时间段内工作应不得超过8小时；必须为夜间工作者提供周期性的免费体检，如果发现有不适于夜间工作的员工，应及时调整工作班次。① 《德国工作时间法》第6条第1款对夜班工作规定"应该根据劳动科学知识对劳动时间进行人性化的安排"。针对夜班工作，德国法律稍微作了一些限制性安排，使其更符合社会性。一共可以采取5项措施：①原则上，对上夜班的雇员也适用"数据统计上的"8小时工作制。根据《德国工作时间法》第6条第2款，雇员某天晚上工作了10小时，雇主应该在1个月或者4个星期内安排补休。②上夜班的雇员在开始工作之前和工作之后每隔一段时间（间隔不超过3年）有权要求医学检查，费用由雇主承担。在年满50周岁以后，上夜班的雇员有权每年接受一次医学检查。③如果医学检查的结果表明，继续上夜班将造成雇员的健康受损，那么应上夜班的雇员的要求，雇主应该把他调动到适合的上白班的岗位上去。同样，如果雇员家里有一名年龄小于12岁的儿童或者有较大护理需求的亲属需要照顾，雇员也可以要求调岗。这种调动到白班的请求权以"不存在相冲突的、紧急的经营需求"为前提。④如果集体合同没有相关规定，那么雇主应该

---

① Directive2003/88，Article 8；WTR1998，reg6/7.

按照《德国工作时间法》第6条第5款为上夜班的雇员安排合适的补休时间或者支付适当的津贴。没有另行约定的，雇主可以在这两者之间选择。津贴可以达到正常工资的30%，如果其他集体合同就类似的工作岗位规定了津贴，那么也可以参考其数额。⑤根据《德国工作时间法》第6条第6款，雇主必须保障上夜班的雇员能够和其他雇员一样参与企业的培训进修。① 上述对夜班工作安排的特殊规范措施与《欧盟工作时间指令》基本一致。值得注意的是，在德国，引入和安排轮班制都属于企业职工委员会按照《德国企业组织法》第87条第1款第2项拥有共决权的事项。我国未来基本劳动标准法中对轮班与夜班工作也应规定相应的工作安排与形成机制规则，可考虑与集体协商或企业规章制度等民主管理规则相协调。

四、工时基准的适用规则与非标准工时的灵活化制度安排

"在过去的几十年里，整个发达国家的工作时间实践探索以多样化的方式开展。一度在许多地方占据统治地位的每日8小时和每周40小时标准工时制，在今天已让位于日益多样化、灵活化、非标准的工作时间安排。"② 不同产业、岗位基于不同的用工形态天然存在不同的工时规制需求，各国往往通过工时基准的适用、减损或例外性规则对其进行差异化规制，这些差异化规制或者通过立法直接规范，或者将差异化规制空间留给劳资双方的集体协议。而为了应对市场与企业经营日益灵活化的客观要求，也需要在具体的工时制度设计特别是非标准工时制度上，形成合理与有效的灵活化规则，并与对劳动者休息权和生命健康权的保障和保护相结合。

---

① 多伊普勒. 德国劳动法 [M]. 王倩，译. 上海：上海人民出版社，2016：199-200.
② PETER B, BOSCH G, CHAREST J. Working-Time Configurations: A Framework for Analyzing Diversity across Countries [J]. The Journal of Work and Policy, 2014, 67 (3).

（一）工时基准的适用规则

工时基准的适用首先需在基本劳动标准法整体适用规则之下考虑。例如我国台湾地区"劳动基准法"第三条（适用行业之范围）即对适用的行业与产业予以明列，该条第二款及第三款规定"本法适用于一切劳雇关系。但因经营形态、管理制度及工作特性等因素适用本法确有窒碍难行者，并经中央主管机关指定公告之行业或工作者，不适用之。前项因窒碍难行而不适用本法者，不得逾第一项第一款至第七款以外劳工总数五分之一"[①]。根据台湾地区"劳动行政部门"的公告，自1984年起，"中央主管机关"分阶段指定适用"劳动基准法"之行业。除下列各业及工作者不适用"劳动基准法"外，其余一切劳雇关系均适用。不适用的各业包括"国际组织及外国机构、未分类其他餐饮业（依行业标准分类第6版）、家事服务业"，不适用的行业工作者包括"公务、公立等机构之工作者，国防事业（非军职人员除外）之工作者，医疗保健服务业之医师（不含住院医师），职业运动业之教练、球员、裁判人员及其他不适用者（事业单位之雇主、委任经理人，技术生、养成工、见习生、建教合作班之学生）"。

在基本劳动标准法的整体适用范围之下，各国工时基准法对本法的适用范围也会作相应界定。例如，《德国工作时间法》第18条规定，该法不适用于高级雇员、主任医师以及公共服务机构的部门和人事负责人。另外，住在雇主家里照顾小孩或者老人的保姆也不适用该法。[②]高级雇员是指《德国企业组织法》第5条所界定的有权独立雇用和解雇企业（或企业部门）员工的雇员，或者由雇主赋予较为重要的经营管理权的雇员，或者经常负责对企业的生存发展具有重大意义的任务而且任务完成以专门的经验知识为前提的雇员。[③]在有下列情形时，可被解

---

① 我国台湾地区"劳动基准法"第三条第一款规定，"本法于下列各业适用之：一、农、林、渔、牧业。二、矿业及土石采取业。三、制造业。四、营造业。五、水电、煤气业。六、运输、仓储及通信业。七、大众传播业。八、其他经中央主管机关指定之事业。依前项第八款指定时，得就事业之部分工作场所或工作者指定适用"。
② 多伊普勒.德国劳动法[M].王倩，译.上海：上海人民出版社，2016：186.
③ 王倩.论我国特殊工时制的改造：在弹性与保障之间[J].法学评论，2021，39（6）：97.

释为"经常负责对企业的生存发展具有重大意义的任务而且任务完成以专门的经验知识为前提的雇员",包括:因为工厂协商会、员工代表会选举或监事会劳工代表成员或经由法院确定判决将之归属于白领高阶劳工者;属于领导阶层,于企业中通常情形由白领高阶劳工代表;如该企业制度上通常给白领高阶劳工年薪,而该劳工的薪资也是以年薪计;如果前款适用有疑虑,如其通常年薪已达到社会法典第4部第18条薪资所得约3倍以上。①此外,劳工如其与委托人共同居住且独立承担教养照顾责任者、与教会或宗教团体仪式有关工作者、海上工作人员适用海事劳动者保护法第3条者,也被排除适用工时基准法,而未满18岁者则适用青少年工作保护法的规定。

在工时基准法整体性适用规则之外,还存在特定情况下的例外适用规则。其中最主要的例外适用规则形成机制为经由劳资双方合意,或者是基于集体协议的合意,或者是基于劳动合同的合意。例如,依据《德国工作时间法》第7条第1项,通过团体协约或企业协定可以排除正常工作时间、休息时间、工作日间隔时间与夜间工作时间的规定,由团体协约双方自行约定其工作时间;同时第7条第2项也规定,在确保劳工健康条件下,可以因应工作性质的需要而排除工时规定。②我国台湾地区"劳动基准法"第八十四条之一(得由劳雇双方另定之工作)规定,"经'中央主管机关'核定公告之下列工作者,得由劳雇双方另行约定,工作时间、例假、休假、女性夜间工作,并报请当地主管机关核备,不受第三十条(每日、每周之工作时数)、第三十二条(加班时间之限制及程序)、第三十六条(例假及休息日)、第三十七条(休假)、第四十九条(女工深夜工作之禁止及例外)规定之限制:(1)监督、管理人员或责任制专业人员;(2)监视性或间歇性之工作;(3)其他性质特殊之工作。前项约定应以书面为之,并应参考本法所定之基准且不得损及劳工之健康及福祉。"根据我国台湾地区"司法院大法官"

---

① 郭玲惠.德国白领高阶劳工劳动法令之适用:以工作时间排除适用为核心[J].月旦法学杂志,2020(1):12-13.
② 郭玲惠.劳动基准法工时制度之沿革与实务争议问题之初探[J].律师杂志,2004(298):32.

解释,"事业单位固应依其事业性质适用劳动基准法,但各业之劳动态样甚为分殊,其中从事监视性质之工作者,原则上于一定之场所就一定之配置,以监视为其本来之业务,其身体与精神之紧张程度通常较低;从事间歇性性质之工作者,其进行之方式,等待时间较工作时间为长,就该等性质之工作,虽得与劳工另订定劳动条件,唯不得低于劳动基准法所定之最低标准。就是否属于监视性、间歇性或其他性质特殊之工作者,依 1996 年 12 月 27 日增订之第八十四条之一规定,应经中央主管机关核定公告;雇主依同条规定与劳工所订立之劳动条件书面约定,关于工作时间等事项,亦应报请当地主管机关核备,并非雇主单方或劳雇双方所得以决定"。① 该工时适用例外规则要旨有四。其一为适用行业与适用对象。根据我国台湾地区"劳动基准法施行细则"第五十条之一的规定,"监督、管理人员"系指受雇主雇用,负责事业经营及管理工作,并对一般劳工受雇、解雇或劳动条件具有决定权力的主管级人员;"责任制专业人员"系指以专门知识或技术完成一定任务并负责其成败的工作者。"监视性工作"系指于一定场所以监视为主的工作。"间歇性工作"系指工作本身以间歇性的方式进行者。仅有"中央主管机关"核定公告的工作方得适用该条工时适用例外规则,在实务操作上,我国台湾地区"劳动行政部门"通过核定发布公告"现行劳动基准法第八十四条之一工作者""废止劳动基准法第八十四条之一工作者",并随实践动态调整,具体操作程序为召开劳动基准咨询会,由相关行业企业代表提出申请,选派资方代表和劳方代表发言讨论,而后由委员讨论决议。② 其二为应由劳雇双方以书面约定。至于约定方式,有论者认为只要有书面约定,以劳动契约、劳资会议或团体协约等方式约定皆可。③ 其三为约定内容不得损及劳工的健康及福祉。"劳动基准法"

---

① "司法院"释字第四九四号解释,1999 年 11 月 19 日院台大二字第 29687 号。
② 例如关于欧洲在台商务协会函请核定"离岸风场兴建及运作维护之离岸工作从业人员""离岸风场兴建及运作维护之陆上支持工作从业人员""陆域风电业陆上安装、维修保养与技术支持之工作从业人员"为"劳动基准法"第八十四条之一工作者一案,提请讨论。关于财团法人台湾电影事业发展基金会函请核定"电影片制作业拍摄现场工作之劳工"为"劳动基准法"第八十四条之一工作者一案,提请讨论。
③ 郭玲惠. 劳动契约法论 [M]. 台北:三民书局,2011:180。

本身并未针对"不得损及劳工健康及福祉"的规定建立具体判断标准，台湾地区"劳动行政部门"订有"保全业之保全人员工作时间审核参考指引"，供地方"主管机关"审核保全人员的工作时数，以作为判断劳雇双方约定的工时条件是否损及劳工健康及福祉的参考。其四为劳雇双方的书面约定应报请当地主管机关核备。根据"劳动基准法施行细则"第五十条之二的规定，雇主将其与劳工的书面约定报请当地"主管机关"核备时，其内容应包括职称、工作项目、工作权责或工作性质、工作时间、例假、休假、女性夜间工作等有关事项。

我国目前基本劳动标准法的适用范围与《劳动法》《劳动合同法》一致，在相关立法研究中，一些特殊群体如实习生、退休再就业劳动者、公务员、事业单位聘用制人员乃至新就业形态劳动者是否纳入以及如何纳入基本劳动标准法的调整存在相当争议。而具体到基本劳动标准的工时规则适用，则呈现出更复杂的制度规范需求。如前述德国以及我国台湾地区立法例，委任经理人与白领高阶管理者、医师、公务机构人员、家事服务劳动者等在立法层面被排除出工时基准的适用。而对于监视性、间歇性特殊工作形态中的劳动者，我国台湾地区"劳动基准法"通过劳资特别约定与"主管机关"核定的方式例外性排除；而德国则通过工作时间的分类路径，将雇员于工作岗位在放松状态下保持警醒随时准备给付劳动状态的"工作准备状态"和雇员应雇主要求在某个地方等待，收到命令后能够立即投入工作的"随时待命状态"归为工作时间，而雇员可以自由选择等待地点但可以在比较短的时间内开始工作的"呼叫待命状态"不归入工作时间。[1]而如果工作时间中雇员经常或相当大部分属于工作准备状态或者随时待命状态，那么根据《德国工作时间法》第7条，通过集体合同或企业协议的约定，可以突破每天8小时工作时间上限，而且无须安排补休，但是集体合同或企业协议中必须包含特殊规则保障雇员的健康不受损害[2]，而且此安排需要雇员明确的书面同意，雇

---

[1] 多伊普勒.德国劳动法[M].王倩，译.上海：上海人民出版社，2016：190-192.

[2] 比如给予更长的休息时间、安排专门的健康体检、设定最高工时上限，但是德国仍有观点认为该条规定对于集体合同和企业协议赋权过多，立法本身对雇员健康保障不到位，违反了《欧盟工作时间指令》，参见王倩.论我国特殊工时制的改造：在弹性与保障之间[J].法学评论，2021，39（6）：97.

员还可以提前6个月通知撤销此同意从而重新适用正常工作时间。上述德国以及我国台湾地区作出例外性适用规则的劳动者群体,在我国未来工时基准中的适用规则也应做特别讨论,并需与非标准工时特别是综合计算工时制度与不定时工作制度相衔接。较为突出者为公司高级管理人员,目前立法与实践将其纳入不定时工时适用范围,未来是否做整体性适用除外,做何种适用除外,还保留何种工时基准权益保障,均需作系统性考虑与制度设计。

除上述基于产业、职业、岗位的特别适用规则外,还有基于维护公共利益需要与非常事件处理的特别排除适用规则。《德国工作时间法》针对危险性工作与非常事件分别于第8条及第15条有特别规定,例如允许联邦政府于认为有保护劳工之必要时,对于个别工作领域、特定工作类别、以法规命令并附有联邦参议会同意,限制《德国工作时间法》第3条所规定一日8小时工作时间以及第4条与第5条之休息及放假之规定,进一步可限制第7条团体协约排除之可能性。对于非常事件,我国台湾地区"劳动基准法"第四十条,认为有暂时性工作之必要,且该事件并不受当事人意思之影响,而且其结果无法经由其他方式避免,特别是原料或民生必需品将因此而毁坏或工作成果将有损毁之虞时,可以排除工时法有关于最长工时、休息时间以及夜间工作与轮班限制,并进一步可排除第七条团体协商或企业协定排除之可能。① 我国《劳动法》第四十二条规定了延长工作时间不受该法第四十一条限制的三种情形,但该条仅涉及延长工作时间最高限额规则,其他如休息、休假、夜班及轮班规则似亦应作一体化排除适用。

(二)非标准工时的灵活化制度安排

综合计算工时和不定时工作制作为我国工时制度中非常有限的灵活化规则,其制度设计与就业格局、产业结构变动下企业对特殊工时灵活化的需求日益增强之间的冲突和矛盾越来越突出。在对企业、工会和裁审部门的调研中,反馈最多的是综合计算工时和不定时工时的审批问题,包括审批的行业、职业或岗位标

---

① 郭玲惠. 劳动基准法工时制度之沿革与实务争议问题之初探 [J]. 律师杂志, 2004 (298): 27.

准，各省市区甚至北京市各区对不同岗位审批口径以及审批权限均有不同操作，给企业的实际用工造成较大困扰。然而这些问题虽然表面上集中体现为工时审批，背后实则关涉我国综合计算工时与不定时工时存在的整体性制度构造问题。

我国目前规范特殊工时的制度规范主要是《关于企业实行不定时工作制和综合计算工时工作制的审批办法》(劳部发〔1994〕503号，简称503号文)。有学者总结了目前特殊工时在制度层面存在的突出问题，包括实施范围(包括行业、工种)不明确、覆盖范围不全、概念界定不清、政策不完善、审批周期难把握、审批程序与监管制度规定缺失等。[①]针对实践中的问题，2012年人力资源社会保障部发布《特殊工时管理规定(征求意见稿)》(以下简称征求意见稿)，对不定时工作制与综合计算工时工作制进行了较大的制度改造，尚未予以正式颁行。对于特殊工时制度，征求意见稿认为应坚持严格限制与适度放宽相结合的基本原则：不定时工作制没有固定的工作时间，不计发加班工资，对劳动者的劳动报酬、休息休假权利和身心健康影响较大。因此，要严格把握不定时工作制的适用范围，以防因其滥用严重损害劳动者合法权益。综合计算工时工作制，在其计算周期内的累计工作时间应当与标准工作时间相当，超出部分视为延长工作时间，计发加班费。随着技术进步和经济发展，一些新兴行业企业具备实行综合计算工时工作制的特点，因此要区别情况适度放宽，将其纳入综合计算工时工作制的适用范围。在征求意见稿的基础上，未来基本劳动标准法的特殊工时制度设计仍应对其所涉理论与实践问题逐一认真研讨、提出方案，并可参考其他国家和地区非标准工时灵活化的有益制度规则，考察其借鉴的必要性和可行性。

1. 综合计算工时的行业适用范围

在我国目前的工时规范体系中，综合计算工时是指用人单位根据生产和工作的特点，分别采取以周、月、季、年等为周期综合计算劳动者工作时间的一种工时形式。日本以及我国台湾地区所施行的"变形工时制"，与我国的综合计算工时工作制类似，只是制度构造更为复杂。变形工时制主要系为因应雇主繁忙与空

---

① 张新民.完善我国特殊工时制度的建议[J].中国劳动，2012(9)：6-8.

闲时间之调配,而于正常工时外例外地制定了变形工时制①,且希望透过工时集中运用,减少劳工的出勤次数并便于企业排班②。对雇主来说,借由分配法定工时于其他工作日的方式,具有节省加班费的效果;而对劳工来说,虽工作时间集中于业务繁忙时期,但业务闲散期则因工作时数减少而可以集中运用假日。③ 而休息日工作既非法规所不许,于我国台湾地区现行法规未规定除外适用的情形下,则于变形工时制亦有其适用。我国台湾地区"行政主管部门"在其公布的"现行适用劳动基准法弹性工时之行业"中,凡适用"劳动基准法"之行业,均为适用同法第三十条第二项(2周变形工时)规定之行业,而4周及8周变形工时制并非所有的企业均得适用,而仅限于"中央主管机关"指定之行业。④ 从其规定范围来看,我国台湾地区实行4周与8周的行业范围相比大陆地区要广泛得多。

根据503号文的规定,企业对符合下列条件之一的职工,可实行综合计算工时工作制,即分别以周、月、季、年等为周期,综合计算工作时间,但其平均日

---

① 台湾劳动法学会.劳动基准法释义:施行二十年之回顾与展望[M].台北:新学林出版股份有限公司,2009:369.
② 我国台湾地区"劳动行政部门"(103)劳动条3字1030028069号函。
③ 李玉春.我国实施周40小时工时制之必要性与可行性之研究:以日韩经验为镜[J].中正大学法学集刊,2014(45):225.
④ 经"主管机关"指定适用4周或8周变形工时之行业请参照"劳动部"网页之说明,而依"劳委会"(现已改制为"劳动部",以下同)2003年3月31日劳动二字第0920018071号令,凡适用"劳动基准法"之行业,均为适用同法第三十条第二项(2周变形工时)规定之行业。得采行4周变形工时之行业:环境卫生及污染防治服务业、加油站业、银行业、信托投资业、信息服务业、综合商品零售业、医疗保健服务业、保全业、建筑及工程技术服务业、法律服务业、信用合作社业、观光旅馆业、证券业、一般广告业、不动产中介业、公务机构、电影片映演业、建筑经理业、国际贸易业、期货业、保险业、会计服务业、存款保险业、社会福利服务业、管理顾问业、票券金融业、餐饮业、娱乐业、国防事业、信用卡处理业、学术研究及服务业、一般旅馆业、理发及美容业、其他教育训练服务业、大专院校、影片及录像节目带租赁业、社会教育事业、市场及展示场管理业、钟表眼镜零售业、农会及渔会、石油制品燃料批发业中之筒装瓦斯批发业及其他燃料零售业中之筒装瓦斯零售业、农林渔牧业;得采行8周变形工时之行业:制造业、营造业、游览车客运业、航空运输业、港埠业、邮政业、电信业、建筑投资业、批发及零售业、影印业、汽车美容业、电器及电子产品修理业、机车修理业、未分类其他器物修理业、洗衣业、相片冲洗业、浴室业、裁缝业、其他专业科学及技术服务业、顾问服务业、软件出版业、农林渔牧业、租赁业、自来水供应业、依政府行政机关办公日历表出勤之行业、汽车货运业、摄影业中婚纱摄影业及结婚摄影业、大众捷运系统运输业,以及指定所有适用4周弹性之行业得适用8周弹性工时。参见我国台湾地区"劳动行政部门"网站。

工作时间和平均周工作时间应与法定标准工作时间基本相同：①交通、铁路、邮电、水运、航空、渔业等行业中因工作性质特殊，需连续作业的职工；②地质及资源勘探、建筑、制盐、制糖、旅游等受季节和自然条件限制的行业的部分职工；③其他适合实行综合计算工时工作制的职工。征求意见稿对可以实行综合计算工时工作制的岗位予以调整，包括：①地质及资源勘探开发、建筑、制盐、制糖、旅游、渔业、海运等行业中，部分受季节、资源、环境和自然条件限制需要集中作业的岗位；②交通、铁路、邮政、电信、内河航运、航空、电力、石油、石化、金融等行业中，部分中断作业可能会影响社会公共利益的岗位；③人力资源社会保障部根据国务院鼓励或者扶持发展的产业政策，规定可以实行综合计算工时工作制的岗位。征求意见稿同时对上述岗位可以申请的综合计算工时的周期给予了对应性规定：部分受季节、资源、环境和自然条件限制需要集中作业的岗位，企业可以申请以季度或者年为综合计算工时的周期；部分中断作业可能会影响社会公共利益的岗位，企业可以申请以周、月或者季度为综合计算工时的周期；人力资源社会保障部根据国务院鼓励或者扶持发展的产业政策，规定可以实行综合计算工时工作制的岗位，综合计算工时的周期由人力资源社会保障部规定。有学者认为征求意见稿按行业分类的科学性难以保证，反而可能让企业无所适从或钻空子，更为合理的可能是放开行业限定，只以工作岗位特点作为标准，并通过最后的兜底性条款来应对新的弹性需求。①事实上，相较于503号文，征求意见稿对综合计算工时所涉行业采取"定性+列举+等"的界定方式，同时根据该征求意见稿第十八条的规定，"人力资源和社会保障部应当根据经济社会发展情况，及时更新可以实行特殊工时制度的行业和岗位，并定期向社会发布"，从中可以看出人力资源社会保障部拟在"受季节、资源、环境和自然条件限制需要集中作业的岗位"和"部分中断作业可能会影响社会公共利益的岗位"的定性标准基础上，通过不断更新上述标准所涉行业和标准进行适用调整。从学理来看，

---

① 王倩.论我国特殊工时制的改造：在弹性与保障之间[J].法学评论，2021，39（6）：102.

"受季节、资源、环境和自然条件限制需要集中作业的岗位"和"部分中断作业可能会影响社会公共利益的岗位"的确能成为实行综合计算工时工作制的客观基础,但征求意见稿中"人力资源和社会保障部根据国务院鼓励或者扶持发展的产业政策,规定可以实行综合计算工时工作制的岗位"则突破了工时规制的基本逻辑而与产业政策相关,未来若采用此制度,可能需要作特别的立法论证。而在基本劳动标准法条文设计上,采用"定性+列举+等"的规范结构的同时,需对相关行业和岗位与综合计算工时周期的对应关系,以及综合计算工时所涉行业和岗位的确定与公告程序予以规定。而我国大陆地区与台湾地区的不同之处在于,台湾地区变形工时制自公告后自动适用,无须企业逐一申报批准,而大陆地区综合计算工时的适用与不定时工作制一样须向人力资源社会保障行政部门申请审核批准,对此问题在未来制度设计时也需作统筹考虑。

2. 不定时工作制的反思与重构

不定时工作制是指因企业生产特点、工作特殊需要或者职责范围的关系,无法按标准工作时间安排工作或因工作时间不固定,需要机动作业的劳动者所采取的特殊工时制度。根据503号文的规定,企业对符合下列条件之一的职工,可以实行不定时工作制:①企业中的高级管理人员、外勤人员、推销人员、部分值班人员和其他因工作无法按标准工作时间衡量的职工;②企业中的长途运输人员、出租汽车司机和铁路、港口、仓库的部分装卸人员以及因工作性质特殊,需机动作业的职工;③其他因生产特点、工作特殊需要或职责范围的关系,适合实行不定时工作制的职工。与综合计算工时工作制的范围规定一样,征求意见稿对实行不定时工作制的岗位范围同样采取"定性+列举+等"的规范结构,企业可以申请实行不定时工作制的岗位包括:①对企业经营管理负有决策、指挥等领导职责的高级管理岗位,包括董事长、总经理、副总经理、董事、监事等;②劳动者可以自主安排工作时间且无考勤要求的技术、研发、创作等岗位;③需要机动作业、由劳动者根据工作需要安排工作时间的外勤、推销、长途运输等岗位。相较于503号文,征求意见稿将不定时工作制的适用岗位更为清晰地划分为三类,即高级管理岗位、劳动者可自主安排工作时间且无考勤要求的岗位,以及需要机动作业、由劳动者根据工作需要安排工作时间的岗位，并将503号文中的"部分值班人员"不列入不定时工作制的岗位范围。与综合计算工时工作制不同的是，不定时工作制没有固定的工作时间，不计发加班工资，对劳动者的劳动报酬、休息休假权利和身心健康影响较大。从本质而言，不定时工作制没有固定的工作时间反映的是岗位本质，而不是工时规制本身的外在赋予，因此没有固定时间和加班规则的排除适用，是岗位本身与标准工时规制不相匹配的特殊属性所决定的，而适用标准工时基准若有相当困难，则使得不定时工作制与基本劳动标准法及工时基准的适用范围，特别是适用除外与例外性适用规则密切相关。

如前文所论及我国台湾地区"劳动基准法"第八十四条之一的规定，由于相同的工作时间制度难以符合各行各业及特殊性质工作的需求，基于使一些难以适用一般工作时间规定的特殊性质工作者也能够纳入"劳动基准法"保护，因此制定"劳动基准法"第八十四条之一的规定从而扩大"劳动基准法"适用对象范围。[1]该条文的作用乃为避免因工作性质特殊劳动者在适用一般工作时间法制下，所造成的对企业人力资源管理运用产生窒碍难行的结果[2]，因而有排除工作时间相关规定的限制。除此之外也能因应新工作形态或是工作性质本身无法或难以适用正常情形下每日8小时工作时间的工作者。[3]"另服务业高度发展情况下，工作性质及履行方法上有大幅委由专业裁量之必要，特别是监督、管理或责任制专业人员，一体适用劳基法工时之规定，往往难以期待，亦与企业经营实务，有隔阂之处，特别是专业性较高之工作，其工作效能难以以量化方式评断，例如白领高阶劳工。"[4]对于征求建议稿所列三类不定时工作制的适用岗位，实则需逐一研讨。

首先是"对企业经营管理负有决策、指挥等领导职责的高级管理岗位"，征求意见稿列举为董事长、总经理、副总经理、董事、监事并以"等"字兜底。对

---

[1] 郭玲惠. 劳动基准法工时制度修正刍议 [J]. 政大劳动学报，1999（8）：63.
[2] 台湾劳动法学会. 劳动基准法释义：施行二十年之回顾与展望 [M]. 台北：新学林出版股份有限公司，2009：388.
[3] 黄越钦. 劳动法新论 [M]. 黄鼎佑增修. 台北：翰芦图书出版有限公司，2015：327.
[4] 郭玲惠. 德国白领高阶劳工劳动法令之适用：以工作时间排除适用为核心 [J]. 月旦法学杂志，2020（1）：15.

于企业经营管理人员的基本劳动标准法适用问题,不仅事关不定时工作制的适用,其实也关涉该群体整体上在基本劳动标准法上的适用问题。如前所述,我国台湾地区"劳动基准法"将"委任经理人"整体性排除"劳动基准法"的适用,并在八十四条之一规定将"监督、管理人员"纳入工时基准的除外范围,《德国工作时间法》则将高级雇员整体性排除。在 503 号文的规范下,目前我国一些地方在实践中对于"高级管理人员"适用不定时工作制已经突破了需事前审批的规范要求。①"高级管理人员"的基本劳动标准法适用问题不仅关涉特殊工时制,还关涉工资等其他基本劳动标准,在更广泛的意义上与劳动法的系统性适用逻辑相关,在立法时对其适用规则需作整体考量。

其次是"需要机动作业、由劳动者根据工作需要安排工作时间的外勤、推销、长途运输等岗位",征求意见稿将其纳入不定时工作制的考虑为该类岗位的本质属性是"在外工作,工作时间和地点灵活机动,用人单位对劳动者的劳动时间难以监控和考勤"②。由于劳动者在工作场所外工作而使得雇主难以掌握和计量其工作时间,此种情形是否应被纳入不定时工作制予以调整其实值得讨论。在其他国家和地区立法例上,对此类劳动者或工作岗位实行"拟制工作时间制"。我国台湾地区"劳动基准法施行细则"第十八条规定,"劳工因出差或其他原因于事业场所外从事工作致不易计算工作时间者,以平时之工作时间为其工作时间。但其实际工作时间经证明者,不在此限";而后针对从事新闻媒体工作、电传劳动工作、外勤业务及汽车驾驶工作等劳动者,"劳动部"为解决该类劳动者工作时间过长、工作时间认定不易及出勤情形记载等问题,促使雇主遵守劳动法令,并增进在外工作者了解自身劳动权益,于 2015 年公告"劳工在事业场所外工作时间指导原则"。③日本《劳动基准法》第 38 条之 2 规定,当劳工的全部或部分

---

① 例如《北京市企业实行综合计算工时工作制和不定时工作制办法》(京劳社资发〔2003〕157 号)第十六条第二款规定,企业中的高级管理人员实行不定时工作制,不办理审批手续。
② 王倩. 论我国特殊工时制的改造:在弹性与保障之间 [J]. 法学评论,2021,39(6):102.
③ 台湾地区"劳动部"2015 年 5 月 6 日劳动条三字第 1040130706 号函。

劳动是在事业场所外执行业务，而该部分劳动难以计算工作时间时，得予以拟制为约定的工作时数。但为了执行该业务而有超越通常约定工作时数为劳动之必要者，应拟制为执行该业务所需的"通常必要时数"；于此情形，如经事业单位过半数劳工所属工会书面同意或事业单位无此工会而经代表过半数劳工的劳资会议的书面同意并送交行政主管机关核备者，将"通常必要时数"拟制为该书面协定所定时数。由此规范模式可知立法者希望拟制的工作时数尽可能贴近劳工的实际工作时数[①]，雇主应适时调查劳工的实际工作情况，确保实际工作时数不会与拟制工作时数产生过大落差。在日本《劳动基准法》第38条之2制定以前的旧日本《劳动基准法》施行规则第22条规定适用"拟制工作时间制"必须符合三项要件：①劳工的全部或部分劳动是在事业场所外执行业务；②该部分劳动的工作时间难以计算；③雇主未为特别之指示。前两项要件已于日本《劳动基准法》中明定，但第三项要件则否。不过日本的行政通达则认为雇主无法具体行使指挥监督权限以致难以计算工作时间为适用本制度的前提，因此在：①雇主有指派监督管理者在现场；②通过无线电等器材向劳工下达指示；③劳工系遵从雇主事前下达的具体指示在事业场所外劳动等情形下，工作时间计算即无困难，故不适用"拟制工作时间制"。[②]从法理与制度构造而言，工作场所外的工作时间规范以"拟制工作时间制"更为合理，但在制度实施成本和规则适用上显然更为复杂，将其纳入不定时工作制的实际效果其实更倾向于脱离工时基准规制，此种归类是否能建立坚实的法理基础需要进一步研讨。需要注意的是，同为工作场所外的远程工作的工时规范，同样也被纳入上述规范体系，例如我国台湾地区"指导原则"对于电传劳动者工作方式及工作时间的调配有较多自主裁量权的事实予以肯定而未设有特别的要件限制，并要求劳工应自行记录实际出勤情况及确切休息时间再送交给雇主。但日本法的规定则较为具体，要求在自家工作的电传劳动者须先符合以下三项要件：①系在进行睡眠吃饭等私生活起居的自家执行业务；

---

① 菅野和夫.劳动法［M］.11版.东京：弘文堂，2016：377.
② 王汉威.事业场所外工作者的工时计算与雇主的工作时间管理义务［J］.政大劳动学报，2018（30）：26-27.

②情报通信器材并未基于雇主的指示而处于随时可联络的状态,"基于雇主的指示而处于随时"系指劳工不被允许自行切断可被联络的状态,"可联络的状态"则指雇主得随时以电子邮件等方式下达具体指示且劳工须即时对具体指示进行回应的状态;③并非基于雇主随时的具体指示来执行业务,然后方能适用"拟制工作时间制"。①我国未来基本劳动标准法为适应远程工作的发展趋势,势必需要就各项基准予以明定,在工时基准的立法体系上是将其如同我国台湾地区和日本一样纳入工作场所外的工时规范体系,还是就其工作形态特殊性予以独立规范,需要统筹衡量。

最后是"劳动者可以自主安排工作时间且无考勤要求的技术、研发、创作等岗位"。有学者认为,征求意见稿新增的此项可适用不定时工作制的岗位并不必然具有工作时间的长短和分布不均衡、不规律的特点,应该慎重考虑是否允许对他们适用不定时工作制。②目前企业中以实施任务制、绩效制为名实际上直接适用不定时工作制,并辅以"底薪+绩效"的工资甚至就此抛开所有工时基准的做法比比皆是,在该种用工管理形态下,劳动者出于对任务的完成和绩效的追求,自愿加班甚至主动加班,在主张权利时更多关注绩效对价即奖金的实现,自身亦不注重加班工资的请求,这也是目前工时基准适用中面临的最大难题。我国台湾地区"劳动基准法"将"责任制专业人员"与"监督、管理人员"一同纳入八十四条之一的排除适用范围,而德国对此类完全由雇员自行决定工作时间的起止和分布,理论上雇员仍然应该完成约定的工作时间总量,但是雇主对此不予监督,而是专注于对工作结果的把控的工作形态,实践中往往通过基于劳动合同约定的"信任工时模式"调整,但该工时模式可能造成严重的后果:在这种制度下往往根本不记录工作时间,雇员自行决定在什么时候工作,但是必须在特定时间之前完成规定或者约定的工作量。在极端情况下,雇员甚至每星期工作超

---

① 王汉威.事业场所外工作者的工时计算与雇主的工作时间管理义务[J].政大劳动学报,2018(30):28.
② 王倩.论我国特殊工时制的改造:在弹性与保障之间[J].法学评论,2021,39(6):102.

过 60 小时。按照《德国工作时间法》第 16 条第 2 款，雇员每天工作超过 8 小时的，雇主有义务予以记录。由于企业职工委员会根据《德国企业组织法》第 80 条第 1 款第 1 项的规定负有监督雇主遵守法律、集体合同和企业协议的职责，所以它可以要求雇主就所有雇员实际的工作时间给出详细的答复，雇主不能主张自己没有相关记录。[①] 因此，这种模式下雇员虽然可以自行安排工作与休闲，享受很高的自主性和自由度，但是也存在雇员因为低估工作量而超时工作、追求业绩而自我剥削、难以获得加班费的危险，所以未来该模式是否合法、能否继续适用，实践中雇主如何解决考勤困难的问题，还有待澄清。[②] 同时，虽然日本 1987 年《劳动基准法》修订时，为了应对技术革新和服务经济、信息化等社会变化，对于具有一定专业知识或工作需要裁量的劳动者，可以通过劳资协定适用"裁量劳动制"。1987 年设定"专门业务型裁量劳动制"，1998 年设定"企划业务型裁量劳动制"，[③] 后又通过修改设定"特定高度专业业务、成果型劳动制"。从上述立法例来看，任务制或绩效制工作形态因其对工时基准极强的排除性而对劳动者权益产生较大影响，因而其适用往往需有劳资合意、企业民主程序与行政审核或备案的程序性要求。征求建议稿拟将其归入不定时工作制予以统一规范调整，对其背后法理与工作场所外工作者、高级管理人员之不同工时规范各自存在的基础缺乏更为深入与细致的考虑，故而在适用要件、程序限制与行政核备要求上也应作相应不同的制度设计。能够观察到和可以预见的是，企业采取任务制和绩效管理实质上"掏空"工时基准的做法随着用工灵活化趋势和市场竞争压力的不断发展和增强将更为普遍，对此设计专门的工时规范的必要性和重要性将会日益凸显。

3. 特殊工时的审批及其效力

综合计算工时工作制和不定时工作制审批的实质性条件的完善，是基于前述对不同工作形态工时调整需求的本质属性分析与考量，此外审批程序以及审批效力问题在立法中亦当明确规范。对于审批程序，征求意见稿重点予以了完善，其

[①] 多伊普勒. 德国劳动法 [M]. 王倩, 译. 上海：上海人民出版社, 2016：189.
[②] 王倩. 论我国特殊工时制的改造：在弹性与保障之间 [J]. 法学评论, 2021, 39 (6)：98.
[③] 田思路, 贾秀芬. 日本劳动法研究 [M]. 北京：中国社会科学出版社, 2013：161-162.

第十二条至二十二条分别就审批管理、报批材料、审批程序、撤销、救济渠道、行政监督、更新处理、公示及合同处理、变更处理、劳务派遣特殊工时申请作出了较为详尽的规定，但在实践和司法裁判中，较多争议产生于未经审批的效力和责任问题，虽然征求意见稿对未经审批机关同意和变更后未按照规定办理申请手续，擅自实行和继续实行特殊工时制度的，以及审批机关撤销审批或者批复决定到期失效后，未及时停止实行特殊工时制度的行为，作出"按照《中华人民共和国劳动合同法》和《劳动保障监察条例》的规定处理""企业有前款所列情形，给劳动者造成损害的，依法承担赔偿责任"的规定，也并未涉及上述行为的效力问题。

当前的裁判实践中，就未经审批的不定时工作制的效力认定，大体可分为三类：①无效，完全按照标准工时制度处理；②无效，但按标准工时制度认定加班工资时，会综合考量一些因素，如劳动者的工作岗位是否明确具有综合计算工时工作制或不定时工作制的特点、依据标准工时计算加班工资等是否具有明显的不合理性、工作时间是否无法根据标准工时进行计算等；③在符合不定时工作制特征的情况下有效。在上述三种不同的做法中，总体比较而言，第一类居多，第二类、第三类较少，且第三类尤其少，仅散见于个别裁判案例。[①] 有司法裁判者针对不定时工作制到期后如何确定用人单位和劳动者双方的权利义务，认为应依据双方合同约定及劳动者的实际工作情况进行认定。因为人力资源社会保障行政部门关于不定时工作制的批复系一种行政许可。行政许可是一种授益性行政行为，行政许可引起的法律后果是行政机关准予行政相对人从事某种特定的行为。根据行政法的基本理论，许可到期失效后，未及时停止许可的，行政相对人应当承担相应的行政责任或者刑事责任，但这并不意味着行政相对人和第三人依据该许可签订的有关工时制的合同条款就必然无效。对于企业，不定时工作制批复到期失效后，未及时停止实行该制度或未及时按规定办理申请的，应当按照《劳动合同

---

① （2014）和民二初字第109号、（2014）一中民终字第0742号、（2011）厦民终字第116号，参见国家法官学院案例开发研究中心. 中国法院2013年度案例（劳动纠纷）[M].北京：中国法制出版社，2013：116-121.

法》和《劳动保障监察条例》的规定承担行政责任；对于劳动者，则应根据其从事工作的实际情况及劳动合同来认定以何种工时制计付工资，如果劳动者的工作岗位、工作内容未发生变化，则不宜否定双方实行不定时工作制的合同约定。①

对未经审批约定或直接实施不定时工作制行为的效力判断，关涉对《劳动法》第三十九条"企业因生产特点不能实行本法第三十六条、第三十八条规定的，经劳动行政部门批准，可以实行其他工作和休息办法"的性质判断问题，具体而言是属管理性强制规定还是效力性强制规定的问题。有学者认为，法律要求实行特殊工时制度必须经由行政许可，就是为了防止特殊工时制度被滥用，如果认为该规定只是管理性强制规定，从而认为未经审批的特殊工时约定也有效，将有违立法目的。②与我国大陆地区特殊工时审批效力判断问题相类似，台湾地区学界与司法实务界对其"劳动基准法"第八十四条之一核备要件效力问题也有诸多讨论。"司法院大法官"针对该条款的解释认为，"劳动基准法"第八十四条之一有关劳雇双方对于工作时间、例假、休假、女性夜间工作有另行约定时，应报请当地"主管机关"核备之规定，系强制规定，如未经当地"主管机关"核备，该约定尚不得排除"劳动基准法"第三十条、第三十二条、第三十六条、第三七条、第四十九条规定之限制，除可发生公法上不利于雇主之效果外，如发生民事争议，法院自应于具体个案，就工作时间等事项另行约定，而未经核备者，本于落实保护劳工权益之立法目的，依上述第三十条等规定予以调整，并依"劳动基准法"第二十四条、第三十九条规定计付工资。③台湾地区学者指出，"大法官"会议此项见解，显较符合立法者以"核备"而非"核定"或"备查"来规范"劳动基准法"第八十四条之一，而欲兼顾雇主经营弹性与劳工权益之目的，亦即纵使未经核备，若另行约定之内容未损及劳工之健康与福祉，则其约定仍应有效④；亦

---

① 刘志强，殷红方.不定时工作制到期后加班费的认定[N].人民法院报，2015-06-11（6）.
② 王倩.论我国特殊工时制的改造：在弹性与保障之间[J].法学评论，2021，39（6）：105.
③ "台释字第 726 号"。
④ 郑津津.劳动基准法第八四条之一另行约定而未经核备之效力：释字第七二六号解释评析[J].月旦裁判时报，2015（5）：64.

有学者强调，若另行约定的内容，对劳工而言较"劳动基准法"之规定有利时，虽未经核备仍然有效，而应留意"劳动基准法"第八十四条之一第二项之规定，且法院于具体个案予以调整时，应回归"劳动基准法"的本质，而以"劳动基准法"的规定来形成其约定内容①。由此看来，个案中虽未经不定时工作制审批但仍有利于，或至少无不利于劳动者权益保障的约定或不定时工作制的实施，不一概判定为无效更为合理，而在未来基本劳动标准立法中如何对审批效力作出规定，并给司法个案裁判留有空间，需要相应立法技术予以实现。

4. 弹性工作时间制

弹性工作时间制，是以一定的时间为单位期间，在此期间内以工作一定小时数为条件的工作方式。劳动者可以自己选择一日工作的起止时间。该制度使劳动者可以与社会和家庭生活相对应（比如避开上下班高峰期，接送子女上下学等），弹性而有效地分配劳动时间，使尊重劳动者主体性的多样化的劳动方式成为可能，并在20世纪70年代在欧洲迅速发展。②从制度初衷而言，弹性工作时间制是企业赋予所有或者部分劳动者自行决定每天上下班时间的权利，只要他们保证在"核心工作时间"在岗即可。从其他国家立法例而言，弹性工作时间制的适用需要满足一定的要件，根据日本《劳动基准法》和《劳动基准法》施行规则的规定，需要在就业规则中对适用的一定范围劳动者明示由个人决定工作的起止时刻，使用者不得命令适用劳动者的工作时间，除非获得劳动者本人同意；需要在劳资协议中明示适用的劳动者范围，一个月为单位期间的起始日，以及在该单位期间内必须履行的劳动时间总数。为防止劳动者出现过劳问题，该期间内平均一个月的劳动时间上限为50小时。该劳动时间总数作为该期间内计算缺勤或时间外劳动的标准。此外，还需要明示作为标准的一日劳动时间长度，所有劳动者必须出勤的核心工作时间区间，可供劳动者自由选择始业或终业的时间段等。而在德国，不管是引入还是废除弹性工作制，都属于企业职工委员会基于《德国企业

---

① 侯岳宏.依劳基法第八四条之一另行约定而未经核备之效力：释字第七二六号解释评析[J].月旦裁判时报，2015（6）：12.
② 田思路，贾秀芬.日本劳动法研究[M].北京：中国社会科学出版社，2013：164-165.

组织法》第 87 条第 1 款第 2 项规定的共决事项。企业职工委员会需仔细考量的是，弹性工作制不仅带来劳动者对时间的自主权，也会导致劳动者实际经常加班却无法获得加班津贴的危险，另外还要注意避免劳动强度、工作要求过高导致劳动者实际无法获得补休的情况。[①] 简单的弹性工作时间制主要体现为劳动者自行决定劳动起止时间，而复杂的弹性工作时间制则包括劳动者可自行决定每天工作时间的长短和休息时间，这就需要"工时账户"制度的配合[②]，而在实施上则更需要强大与有效的劳动关系双方协商机制与企业民主管理机制。基于实践需求，未来基本劳动标准法工时基准可先借鉴劳动者可自行决定劳动起止时间的简单的弹性工作时间制，并对该制度的创立程序、条件、工作时间上限与延长工作时间计算等规则予以规定。

[①] ArbG Stuttgart v.13.1.2009-3 BV 131/08，该案中的企业协议即如此约定。参见多伊普勒. 德国劳动法 [M]. 王倩，译. 上海：上海人民出版社，2016：197-198.
[②] 王倩. 论我国特殊工时制的改造：在弹性与保障之间 [J]. 法学评论，2021，39（6）：101.

第三章

休息休假制度

休息休假制度是劳动法重要的制度，事假、病假、探亲假、婚假、产假、带薪年休假本已耳熟能详；近年来痛经假、独生子女父母护理假、无薪假、2.5天休假等各种新"假"又被不断创设，叫好者有之，认为保护了劳动者权益，批评者也不乏，认为它给用人单位带来负担。尽管围绕休假的讨论是社会各方关注的焦点，但在理论研究中，除病假、带薪休假等具体休假有一些研究外，休假在法学上的一般结构和原理却鲜有讨论，理论界习惯于将所有休假现象都归入劳动者休息权范畴，认为休假权是休息权的构成内容之一，并以保护劳动者休息权作为设定休假的依据。①但休假的基础仅是休息权吗？休息权又如何与用人单位的用工权限或劳动者的劳动义务相协调？对这些问题不作深入回答，导致休假的设立、功能和实现，休假期间是否发工资等备受各方关注的问题，更多被认为是国家经济发展、社会力量博弈基础上政策决断的结果，但在社会利益多元、经济发展波动等背景下，上述决断则

---

① 程思良.休息权初探[J].云梦学刊，2007（2）：78；杨福忠.论劳动者的休息权及其法律保障[J].中国劳动关系学院学报，2012，26（3）：12；黄越钦.劳动法新论[M].黄鼎佑增修.台北：翰芦图书出版有限公司，2015：380.

很难让各方利益主体都满意,各种抱怨因此而起。同时,休假的功能和作用越来越被从促进经济发展的角度予以考虑,"休假制度变迁的主要目的就是增加公民休息时间、提高生活质量、弘扬民族文化,同时促进内需、拉动消费、促进经济增长,达到经济、社会和生态效益协调发展"①。这一方面有悖上述休息权的初衷,另一方面也导致休假的法学论证视角淡化。休假是基本劳动标准法中不可或缺的内容,在基本劳动标准法的制定过程中,统一基本劳动标准法的重要任务应当是既有制度的梳理、完善和体系建构,结束现有各项基准制度零散,甚至冲突的局面,也应根据休假制度的法学原理,按照内在逻辑进行建构,形成功能协调并能融入劳动法以及整个法律框架中的规范体系。这也是本书本部分的基本目标。

一、休假的范畴与法学构造类型

(一)休假的范畴

如果坚持问题导向,则法学问题的研究似乎不应从范畴界定开始,以免陷入教科书式的窠臼。但对休假的研究却不得不从范畴界定开始,因为尽管休假是劳动法中一种非常普遍的规范现象,但劳动法学目前却未形成关于休假的统一认知。对一个尚未准确界定范畴的概念而言,不对其进行界定,则相关类型化和体系梳理就失去了明确对象。梳理现有文献,对休假范畴的讨论都与工时相关的休息休假角度展开,但至少存在三种不同观点。其一,既强调休息时间,又强调带薪。"休假,简言之,即劳动者带薪休息,是法定的劳动者得免于上班劳动并且有工资保障的休息时间。它是休息时间的重要组成部分。"② 其二,只强调休息时间不强调带薪。"劳动法上的休假是指法律明确规定职工为开展纪念活动、实

---

① 曹灿明.中国休假制度变迁研究[J].苏州大学学报(哲学社会科学版),2009,30(6):34.

② 王全兴.劳动法[M].4版.北京:法律出版社,2017:329.

现人格发展、保障家庭生活而享有的休息时间。"① 其三，强调带薪，但不强调休息时间而强调劳动者自由支配的时间。"休假是指劳动者依法获得的具有某种特定意义的计付工资的自由支配时间……休假往往具有特定目的，蕴含着某种伦理和文化意义。"② 基于对休假范畴的不同认识，哪些具体现象应归入休假范畴，学者们的观点也并不统一。③ 就上述三种不同界定，首先，认为休假是休息时间是值得商榷的。探亲假、产假、病假、事假等的目的绝对不是休息。将休假归入休息时间而不去考虑休假的特殊目的，不仅在目的论上欠缺正当性，而且在方法论上存在问题，导致仅仅从休息权出发论证休假权。但如下文所述，休假的基础未必都是休息权。其次，休假是否带薪也未必，且不论实践中事假往往并不带薪，按相关文件婚丧假超过3天也不带薪④，就产假而言，生育保险制度实施后，在规范层面上劳动者领取的是生育津贴而不是工资。无论是从概念生成时提取公因式的技术要求来说，还是从本书设定的体系梳理这一研究目的出发，上述因素中并非所有休假共同的因素应排除出休假的概念要素。故此，休假的第一个要素仅仅是劳动者不工作，至于不工作的目的、不工作是否有工资等，在不同的休假中是不一样的。

如果认为在劳动关系中，劳动者的状态只有工作和休息两种，则休假也可以归入休息的范畴，这也是既有理论将休假和休息一起讨论，多将其归入休息时间的原因。但休假意义上的不工作与严格意义上的休息却有很大差异。在劳动关系中，时间是劳动者义务计算的最基本单位，通过市场选择，劳动者以每天8小时、每周40小时、每周至少休1天的方式将自己劳动力使用的机会让渡给了用人单位，这就是工作时间，此外的时间属于劳动者休息时间。休息时间和工作时

---

① 林嘉.劳动法的原理、体系与问题[M].北京：法律出版社，2016：317.
② 常凯.劳动法[M].北京：高等教育出版社，2011：394.
③ 林嘉.劳动法的原理、体系与问题[M].北京：法律出版社，2016：317；常凯.劳动法[M].北京：高等教育出版社，2011：398；王全兴.劳动法[M].4版.北京：法律出版社，2017：331.
④ 参见《对企业单位工人、职员加班加点、事假、病假和停工期间工资待遇的意见》（〔59〕中劳薪字第67号）："为了照顾我国旧有习惯，不论工人职员请婚丧假在三个工作日以内的，工资照发；超过三个工作日以上的其超过的天数，不发给工资。"

间以这样的方式进行了切割，其中工作时间带薪，休息时间无薪，在此并不涉及休假问题，也无休假制度建立的必要。但在上述交易模型基础上，因种种原因，会出现劳动者在原本应工作的时间不工作的情况，这超越了当事人正常情况下市场交易的安排范畴，因此其和与工作时间相对的休息时间不同，这种时间就是休假。因此，在正常工作时间不工作，也就是在每天 8 小时，每周休 1 天的工时范围内不工作，是休假的第二个要素。

在此基础上尚需进一步区分的是因为用人单位不能正常生产经营而导致劳动者不工作的情况，这种情况尽管在实践中也经常被称为停产放假或者无薪休假，[①]但它涉及用人单位原因造成劳动者无法工作，在我国劳动法的传统制度中通过停产停业制度解决，在有的国家制度中则通过雇主受领迟延以及经营障碍制度解决[②]，其有一套与休假完全不同的体系和逻辑[③]，应从休假范畴中剔除。所以休假的第三个要素是劳动者不工作发生在用人单位能够正常生产期间。

总结上述三个要素及现有关于休假的界定，本书认为劳动法中的休假是指在用人单位能够正常生产经营的情况下，劳动者于工作时间不工作的状态。

（二）休假的两种不同法学构造

尽管休假均表现为劳动者在用人单位能够正常生产经营的情况下，于工作时间不工作，但各具体休假发生的基本原理却并不相同。根据其发生的原理，总体上可以将休假分为两种类型并形成两种休假的法学构造。其一，劳动者不能工作的休假。在这种情况下，劳动者存在工作义务，但因劳动力内在于人本身，劳动者无法分身，劳动者因为健康、客观条件、社会角色冲突等无法开展工作，不能履行工作义务时，发生了这种意义的休假。简而言之，这种休假属于劳动者有

---

① 王天玉. 无薪休假视角下"员工与企业共渡难关"的法律反思［J］. 法学，2015（6）：23；吴姿慧. 我国"无薪休假"之现况与争议问题：以德国短工制度（Kurzarbeit）为参照对象［J］. 政大法学评论，2011（120）：339-415.

② 瓦尔特曼. 德国劳动法［M］. 沈建峰，译. 北京：法律出版社，2014：182.

③ 王天玉. 无薪休假视角下"员工与企业共渡难关"的法律反思［J］. 法学，2015（6）：23.

劳动义务却因个人原因而不能工作，我国的事假、病假、产假、婚假、丧假等均属于此种类型。在德国，根据法院的裁判，结婚、孩子结婚、父母再婚、父母金婚、宗教节日、生育、葬礼、参加社会名誉职务及议员的活动、照顾近亲属、其他事假等均属于这种类型。① 在其他国家的劳动法理论中，这种休假属于劳动者履行障碍，被放在履行障碍制度②或劳动者不能工作与劳动合同中止制度（incapacity to work and suspension of the employment contract）③ 中讨论。在我国澳门地区，根据其《劳动关系法》第 50 条的规定，这种休假被称为合理缺勤。④ 其二，劳动义务免除的休假，也即劳动者能够工作，但立法出于劳动者保护以及其他社会政策等需要而免除劳动者工作义务的休假。在这种情况下，因为劳动者基于劳动关系而产生的劳动给付义务被依法免除了，所以劳动者可以不工作，属于无义务故而不工作。这类休假在有些国家的劳动法中被置于"法定劳动义务免除"的主题下讨论。⑤ 带薪休假、法定假日等均属于这种类型。⑥ 从目前来看，在此类休假的设置上，我国法律中主要是带薪年休假、法定节假日休假。各地实践中正在跃跃欲试的 2.5 天周休日，如果不是通过"拼凑"工时而完成，出现免除半天劳动者劳动义务这一情形时，其在形态上也属于这种类型。

因为不工作发生原理的根本差异，导致两类休假的制度设计目标和合理性评价标准也有所区别：对劳动者不能工作的休假而言，劳动法的制度目标是解决当事人之间因劳动关系履行障碍而引发的困境，是一种市场交易现象，依然受交换正义支配。交换正义"是自然不平等但法律面前平等的人之间的正义，它意味着在法律设定的平等者之间给付和对待给付（货物和价格、损害和赔偿）的绝

---

① Erfurter Kommentar zum Arbeitsrecht, Preis, BGB § 616, 2018: 4.
② 瓦尔特曼. 德国劳动法 [M]. 沈建峰, 译. 北京：法律出版社, 2014: 174.
③ ROJOT J, LABORDE J P. labour law of France [M]. Wolters Kluwer, 2017: 148-157.
④ Miguel Pacheco Arruda Quental. 澳门劳动法教程 [M]. 刘耀强, 译. 法律及司法培训中心, 2013: 207.
⑤ 瓦尔特曼. 德国劳动法 [M]. 沈建峰, 译. 北京：法律出版社, 2014: 214.
⑥ NIKISCH A. Arbeitsrecht [M]. Band 1, J. C. B. Mohr, 1961: 520.

对平等"①。对劳动义务免除的休假而言，免除劳动义务属于为了其他社会公共利益目标国家公权力介入私人之间关系，重新分配权利义务的现象，属于公权力创设休假，有分配正义层面的考量②，分配正义"表达了在对待大量人时相对的平等：根据功绩、能力、需求、责任分配权利和义务"③。因此必须有充分的论证和正当性基础。另外，两种休假对当事人来说可预见性也不相同，不能劳动的休假在个案中往往是很难预见的，而劳动义务免除的休假则是确定可预见的，从法律作为风险和利益分配的机制来看，这种差异也会导致二者法律效果设计上的差异。④

总之，劳动法上的休假或源于劳动者给付障碍或源于国家社会政策基础上的劳动义务免除，所有休假的讨论均应从上述两个类型展开，并遵循其中的原理，这也是本书进一步讨论的思路。但从目前来看，当我们笼统地从休息权或者从促进经济发展的角度论证休假问题时，休假问题的讨论已经背离了其法学本质。就休息权视角而言，它忽视了休假的履行障碍基础和其他社会政策原因导致的劳动义务免除；从假日经济促进经济发展角度论证休假，多少有些倒因为果：促进经济发展本是休假的附带结果，在此却成为制度目的。

二、劳动者不能工作的休假

（一）劳动者不能工作的休假：特征与子类型

劳动者不能工作的休假之所以发生是因劳动者个人原因导致不能履行劳动义务（给付不能），这种现象在大的体系中应归入履行障碍范畴。由劳动关系的特殊性所决定，这种形态的履行障碍具有如下对制度设计产生直接影响的特征：其

---

① ② KAUFMANN. Rechtsphilosophie [M]. 2.Auflage, C. H. Beck, 1997: 157.
② 魏德士. 法理学 [M]. 丁晓春，吴越，译. 北京：法律出版社，2013：163.
④ FREUND O K, HEPPLE B. International Encyclopedia of Comparative Law [J]. Labour Law, Mohr Siebeck, 2014: 4-68.

一，劳动关系是一种具有社会保护功能的法律关系，保护劳动者权益是劳动法的基本目标[1]，因此在发生劳动者给付不能的情况时，在交换正义的基础上，尚有社会保护思想的介入；其二，这是一种继续性债的关系中的履行障碍[2]，继续性债的关系中当事人之间的权利和义务随时间推移而不断产生，劳动者的主给付义务的量主要通过时间来确定[3]，这导致劳动关系中的劳动给付具有定期债务特点，不可补做[4]，发生劳动者给付障碍后，工资是否需要发放、劳动合同是否可以存续等也都因此具有自己特殊的规则；其三，劳动力内在于人本身，不能与人分离，而人不仅是一个肉体存在，还是一个家庭存在、社会存在，从尊重人的社会性出发，导致劳动者不能履行劳动义务的原因就不只是劳动者身体障碍无法劳动，而且包括因家庭和社会原因导致的不能履行[5]。

依据上述导致劳动者不能履行劳动义务的不同事由，劳动者不能工作的休假可以分为三种子类型：其一，因劳动者身体原因导致不能工作的休假，主要是病假、产假等；其二，因劳动者家庭原因导致不能工作的休假，主要包括婚假、丧假、照顾家人的事假等，目前关注较多的独生子女父母护理假也属于此种类型；其三，因参加社会活动导致不能工作的休假，主要包括因为参加工会、政党、政府、军事等的活动而引发的不能工作。在我国现行立法中，基层工会非专职委员每月从事工会工作的三天时间应属于此类型。这种分类的价值在于，从身体原因到家庭原因再到社会原因，一方面导致劳动者不能工作的原因的客观性不断降低，伦理和社会考量不断增加，评价其休假必要性的角度也会发生变化；另一方面，随着相关事由与劳动者本身关系的密切度的降低，其对劳动合同履行的影响可能性在下降，休假的社会政策考量在提升。

---

[1] 《劳动与社会保障法学》编写组. 劳动与社会保障法学［M］. 北京：高等教育出版社，2017：22.
[2] 瓦尔特曼. 德国劳动法［M］. 沈建峰，译. 北京：法律出版社，2014：173；LABORDE J P, ROJOT J. labour law of France［M］. Wolters Kluwer，2017：146.
[3] 崔建远，韩世远，于敏. 债法［M］. 北京：清华大学出版社，2010：33.
[4] 瓦尔特曼. 德国劳动法［M］. 沈建峰，译. 北京：法律出版社，2014：174.
[5] LABORDE J P, ROJOT J. labour law of France［M］. Wolters Kluwer，2017：148-157.

（二）劳动者不能工作的休假：程序定性与合理性控制

导致劳动者不能工作从而休假的障碍都具有一定的偶然性和不确定性，因此，此类休假并不是自动发生的，而需要劳动者在发生相关事由后提出休假需求并为出现相关事由而举证，这一行为即请假。劳动者不能工作的休假实际发生以请假为前提。请假行为在法学上的建构有两种可能：它是请求权的行使，发生履行障碍事由，请求用人单位同意不提供劳动，从而休假；抑或它是事实通知，也即将不能提供劳动给付的事实及其障碍存续的长度通知用人单位并由其确认。尽管从表面上看，请假更像是劳动者提出不工作的请求，用人单位予以同意，从而形成了休假的合意。我国台湾地区的相关规定就将这种请假定位为请求权行使。①但从劳动者不能工作的休假的定性和结构来看，将其解释为事实通知更具有合理性，其理由有四个方面。其一，这种定性和传统履行障碍的制度更相融。在传统私法中，发生不能履行的情况时，处理规则就是即时通知对方当事人，以便采取措施。我国《民法典》第五百九十条对不可抗力导致不能履行这种履行障碍明确规定了通知义务。其二，劳动者不能劳动时的休假，发生的前提是客观上不能提供劳动，因此不是劳动者请求不提供劳动，而是其无法提供劳动，不存在同意或不同意请求的问题，只存在对给付障碍及其长度进行确认的问题。即使用人单位不确认，但在司法程序中查实确实存在给付障碍，休假也发生效力。否则如用人单位不同意，经司法审查后才同意或者依然不同意该如何处理？将会陷入僵局，也不利于劳动者保护。其三，可以更好地解决客观原因导致不能即时请假时的案件处理。不能劳动是客观的，因种种原因没有即时通知，但只要事后查明确实存在履行障碍，就不构成义务违反，只承担不及时通知的责任或者进行补通知。如果认为是请求权，没有请求就无法同意，客观上就存在义务违反的情况，那么事后劳动者请求与用人单位在法律上如何定性？徒增解释困境。其四，可以更合理地处理虚假请假的案件。在劳动者未发生给付不能事由，捏造事实进行请

---

① 林丰宝，刘邦栋. 劳动基准法论[M]. 台北：三民书局，2015：198.

假的案件中，因履行障碍实际上并不存在，劳动者的行为构成了旷工；反过来如果认为请假是行使请求权，则还需要论证欺诈导致用人单位同意无效，从而准假无效，构成旷工，论证过程比较复杂。正因如此，我国澳门地区《劳动关系法》第 50 条第 1 款要求如果要构成合理缺勤，"雇员至少须提前三日通知雇主，或如该缺勤属不可预见，雇员则须尽早通知雇主"。在德国等国家的劳动法中，如果劳动者因病不能工作，不是请求休假，而是"生病劳动者有义务毫不迟延地通知雇主丧失劳动能力及其预期长度"[①]。这些都是事实通知的制度设计。

劳动者不能提供劳动的具体形态及其存续长度的确定初看起来仅是客观事实的认定，但不仅是基于家庭原因、社会原因导致的休假在判断其必要性和长度时需要考虑社会道德、习俗、法律的规定等进行合理性判断，对基于劳动者身体原因的休假如疾病，是否影响工作以及多长时间影响工作也都需要根据具体情况进行合理性判断。所以，劳动者不能工作时的休假问题始终需要用人单位和裁判机关在个案中具体确定并伴随合理性判断。即使在德国对这种不能工作有明确规定的国家，《民法典》第六百一十六条也只是抽象地提出"基于其个人方面的原因"，并通过司法裁判实践逐渐明确其具体范围。[②] 在此，理论和实践提出的标准是：必须是出现了特定劳动者个人方面的事由导致提供劳动给付不可期待，也即"对劳动义务人来说，因为重要的道德以及法律上的义务，根据诚信原则并权衡双方利益，劳动给付不可期待"[③]。这种不可期待的判断可以从两个角度展开：一方面劳动者从事相关家庭、社会事务是不是必要的；另一方面是否身体、家庭事务和社会事务必然会导致劳动义务无法履行。

通过用人单位及裁判机关的合理性审查确定休假及其长度始终具有不确定性，且没有具体标准容易影响用人单位生产的顺利进行，进而滋生争议，同时用人单位组织生产的权限也会导致出现劳动者正当的休假需求不被认可但又不敢寻

[①] 瓦尔特曼. 德国劳动法 [M]. 沈建峰, 译. 北京：法律出版社, 2014：223.

[②] HWK, Krause, BGB § 616, Verlag Dr. Otto Schmidt, 2014：19.

[③] PREIS. Arbeitsrecht, Individualarbeitsrecht Lehrbuch für Studium und Praxis [M]. 5.Auflage, Otto Schmidt, 2017：428.

求救济的情况。为解决上述问题，在个案合理性判断之外，也可以利用劳动法的相关制度形成具有合理性的该类型休假的规则。首先，用人单位可以通过单位规章等方式将劳动者不能工作时休假的前提、程序和后果确定下来，形成用人单位自有休假规范；其次，集体合同中也可以规定休假规则，休假问题也属于劳动条件问题；最后，基本劳动标准法也有介入的必要性。通过基本劳动标准法，法律可以设置各类劳动者不能工作时休假的底线性长度，明确最低标准，避免纠纷，保护劳动者，在基本劳动标准法上讨论病假、产假、探亲假、婚丧假等正是从这个角度展开的。但需要注意，在此基本劳动标准法只是将劳动者个人原因的履行障碍事由和长度进行底线化设计，而不是创设新的"休假"，基本劳动标准法应遵循解决履行障碍困境的思维和底线保护思维。动辄由法律创设新的假期已经违背了基本劳动标准法以及该类休假的定位。

（三）劳动者不能工作休假的工资支付

在劳动者个人原因导致不能从事劳动给付而休假的情况下，劳动者的劳动义务因其定期债务特点将不能再履行，由此引发的问题是作为对待给付的工资待遇应如何处理。在市场经济条件下，市场交易的一般规则是给付不履行，对待给付原则上也应消灭。我国《民法典》通过增加五百八十条第二款规定，给付义务不能履行导致合同目的不能实现时，当事人请求终止合同权利和义务的规则也反映了这种思路。[1] 劳动关系是市场配置劳动力资源的关系，按劳分配是我国宪法确立的基本分配制度，也是《劳动法》规定的工资分配的原则，因此多劳多得、不劳不得应当是工资分配的基本出发点，也是上述交换正义和市场原则的体现。根据以上原则和理念，在劳动者不能工作而休假时，应当没有工资收入。这也是其他市场经济国家劳动法中劳动者履行障碍时规则设计的起点。"无劳动不得酬"[2]，劳

---

[1] 黄薇. 中华人民共和国民法典合同编解读 [M]. 北京：中国法制出版社，2020：481.
[2] SÖLLNER A. Ohne Arbeit kein Lohn [J]. AcP, 1967: 133; HUECK A, NIPPERDEY H C. Lehrbuch des Arbeitsrechts [M]. Band 1, 7.Auflage, Verlag Franz Vahlen, 1963: 324; PREIS. Arbeitsrecht, Individualarbeitsrecht Lehrbuch für Studium und Praxis [M]. 5.Auflage, Otto Schmidt, 2017: 428.

动者承担因本人原因不提供劳动力因此丧失工资收入的不利益。

但上述立场完全是市场交易的视角，劳动关系不仅有一般市场交易的一面，还有社会保护的一面。对该社会保护的基础，有学者继续从劳动关系的交易性出发进行论证，"雇主承担的照顾义务的正当性更多在于：雇员的劳动力由雇主支配，他可以将之用于根据自己的处置增加自己的财产，也就是说他必须为其活动范围的扩大——这与另一方面丧失独立性相一致——为雇员承担责任，一种负担更多工资支付和其他给付的责任"①。用人单位获得了支配他人的权限，作为对价就应当承担社会保护的义务。据此，"劳动合同在其整个领域具有交换性合同的特征，即使不与劳动给付处于相对关系的给付，也是双务合同中的给付。为劳动者提供的保护不应理解为人道的或者家长制的给付或者是指望雇主出于对自己利益的正确理解而为的保护；也不需要将其建立在宪法中的社会国家原则、人类的人格尊严或者公共福祉基础上。它是为支配劳动力而承担的等价物。社会保护根据其性质不是交换关系异质的东西"②。但也有理论和实践从劳动关系作为继续性法律关系必然包含的照顾和保护义务以及社会政策考虑出发，论证不提供工作时工资支付的正当性。认为"该规则是要从社会视角保障劳动者的生存基础"③，或者其原因在于"一般社会政策的考量。劳动者短时间的提供劳动受阻在时间推移中会反复出现，劳动者的收入不应因此受到影响，收入是劳动者及其家庭供养的来源，而且在此经常出现的情况都是些对他来说不幸的事（生病、死亡等）。雇主必然会预见到这些短时的劳动受阻，他可以将其考虑进成本；并且尽管劳动受阻也支付全部薪资符合他的照顾义务"④。从目前看，建立在交易思想上的社会保护虽然巧妙，但失于空洞，并不能指引进一步的制度建设，反过来从照顾保护义务以及社会政策出发进行的论证，更能展示这种社会保护的多元考

---

①② WIEDEMANN. Das Arbeitsverhältnis als Austausch-und Gemeinschaftsverhältnis [M]. Verlag C. F. Müller, 1966: 16.

③ PREIS. Arbeitsrecht, Individualarbeitsrecht Lehrbuch für Studium und Praxis [M]. 5.Auflage, Otto Schmidt, 2017: 428.

④ HUECK A, NIPPERDEY H C. Lehrbuch des Arbeitsrechts [M]. Band 1, 7. Auflage, Verlag Franz Vahlen, 1963: 329.

量因素，更有其优势。

不纠结于上述社会保护正当性基础的观点分歧，从形式上看，论者们都是从社会保护、照顾义务的角度论证在一定情况下让用人单位继续承担一定的工资支付义务。① 所以，在劳动者不能工作的休假中，休假的正当性基础和工资支付的基础并不统一，前者是劳动者给付不能，后者是社会保护和照顾。这也就决定了这类休假中，休假和工资支付不具有同一性，完全可能出现可以休假，但没有工资的情况。从其社会保护性质出发，劳动者不能提供劳动的休假期间，用人单位的工资支付义务具有如下特点。其一，作为一种给用人单位带来负担的社会保护措施，劳动者的工资保障原则上考虑的是劳动者的生存保护，因此其是否给予以及长度、数量等均受到各种限制。例如在德国，《民法典》规定"不长的时间"，而在实践中，照顾生病亲属的情况下该相对不长的时间上限是 5 天。② 我国澳门地区《劳动关系法》第 54 条第 2 款则规定"完成试用期的雇员，每一历年内因病或意外受伤缺勤而有权收取报酬的日数为六日"。我国早期的相关文件规定带薪婚丧假为 3 天。③ 其二，劳动者不能工作休假时继续发放工资作为原则的例外出现，其长度和数量的确定需要综合考量各种因素进行专门论证。劳动者的过错、不能提供劳动的原因、在本单位工作年限的长度等是最重要的考虑因素；在德国法中，如果劳动者对陷于给付不能有过错，则其丧失工资请求权④。但这种工资发放的社会政策因素导致在此被考虑又绝不限于上述内容。以新中国成立后最早的决定事假是否发放工资的文件为例，主管部门的考量包括：①不同劳动力群体之间的权益平衡。"目前绝大部分企业单位都实行职工请事假不发工资的制度，但国家机关和事业单位则实行职工请事假照发工资的制度。由于待遇不同，在整风运动中，企

---

① 关于劳动者生病、照顾家人时不能劳动期间的工资问题，亦可参见沈建峰.疫情防控背景下劳动合同不能履行时的风险负担规则研究［J］.比较法研究，2020（2）：40.

② HWK（Fn.24），Rz 42.

③ 《对企业单位工人、职员加班加点、事假、病假和停工期间工资待遇的意见》（［59］中劳薪字第 67 号）.

④ PREIS. Arbeitsrecht, Individualarbeitsrecht Lehrbuch für Studium und Praxis［M］. 5.Auflage，Otto Schmidt，2017：430.

业职工曾经对此提出不少意见。"②劳动者不同权益之间的平衡。"生产'大跃进'以来,有些企业由于取消了加班加点工资,将原来规定的职工请事假不发工资的制度改为照发工资。"③对生产的影响。"这些企业执行以来,虽然多数职工仍然是积极劳动、不缺勤,但部分职工思想觉悟还不够高,常常借故请假,因而降低了出勤率,影响了生产。"①其三,劳动者给付障碍期间因不能劳动而获得其他收入的,该收入应与用人单位承担的工资负担进行抵扣。在德国,根据《德国民法典》第616条,如果劳动者就劳动受阻从医疗或者事故保险中获得补偿,则该部分在发放工资时可以扣除。其四,针对特定休假,如其因自然需要延续较长,为了避免给企业过重的负担,维护劳动者和用人单位之间关系的和谐,防止对特定劳动者的歧视,国家可以通过社会保险等行政给付的手段解决上述劳动者不工作期间的收入问题。这种情况比较典型的就是产假津贴对产假期间工资的替代。

(四)劳动者不能工作休假的劳动关系存续

从劳动关系的交易面向出发,劳动者不能提供劳动,导致用人单位交易目的不能实现,应构成劳动关系解除的重要事由。但"劳动关系构成了劳动者及其家庭经济上的生存基础、生活关系、社会地位和住所的背景"②。基于社会保护需要,劳动关系的状态保护又是劳动法最核心的制度之一。劳动关系的交易面向与社会保护面向在此直接发生了碰撞。劳动法制度权衡的结果是,在劳动者不能工作而休假时,其陷于劳动者履行不能的状态,但基于劳动关系状态保护的理念,用人单位有义务在合理时间内容忍这种不履行义务而不能解除劳动合同。反而言之,只有这种不能履行的状态超越了必要限度时,用人单位才没有容忍继续放假的义务,此时如果劳动者依然不能继续履行劳动义务,则用人单位有权解除劳动合同。该合理期限,同样是一个需要根据劳动关系存续长度、劳动者不能工作的具体原因、用人单位承担能力等综合考虑来确定的问题,也是解雇保护法最具争议的话

---

① 《对企业单位工人、职员加班加点、事假、病假和停工期间工资待遇的意见》([59]中劳薪字第67号)。
② 瓦尔特曼.德国劳动法[M].沈建峰,译.北京:法律出版社,2014:261.

题。为了防止这种争议，就一些对劳动者来说重要的不能履行事由，基本劳动标准法可以设置用人单位容忍的最低时间标准。例如，就疾病而言，法律规定了医疗期制度，医疗期是用人单位容忍劳动者不劳动并且不解除劳动关系的最短期限；就生育而言，法律规定了产假制度。超越该法定时间后，用人单位容忍劳动者不劳动的法定义务就不再存续，劳动关系因此可以解除。对此，我国《劳动合同法》也明确规定，劳动者患病或者非因工负伤，在规定的医疗期满后不能从事原工作，也不能从事由用人单位另行安排的工作的，用人单位可以预告解除劳动合同。

三、劳动义务免除的休假

（一）劳动义务免除的休假设置要求

与上述劳动者不能工作的休假原理完全不同的是劳动义务免除的休假。作为一种劳动者能够工作但通过公权立法免除其劳动义务的情况，其是社会政策选择后法律创设的结果。在此，免除劳动义务必须克服的障碍在于：一方面，依法订立的劳动合同对劳动者和用人单位具有法律的约束力，免除劳动者劳动义务就等于通过公权力之手打破当事人之间的"法锁"；另一方面，通过免除劳动者劳动义务剥夺了用人单位的用工机会，考虑到这种机会的财产价值，这种免除是对用人单位财产权益的"侵害"。这种对契约约束力的打破以及对用人单位财产权益的削减首先意味着其应采取高位阶法律的形式，也即法律和行政法规的形式。我国目前一些地方实践中，通过地方性规范创设新"假"的做法，在形式上是难谓正当的。在严格意义上，紧急情况下延长春节假期，重大活动期间通过政府文件发生的休假，如无立法授权都缺乏法律依据，其应采取调休形态而不是免除劳动者义务的形态；在未来的基本劳动标准法中，如认为确有通过国务院文件设置新休假的需要，则应在立法中对国务院进行明确授权。同时也是更重要的，是这种免除的正当性论证问题。仅仅提出劳动者享有宪法或者其他国际公约中的"休息权"等①是不足以完成论证的。这种休假的类型及其数量设置的正当性必须是与用人单位的财产权和契约的法律约束力一样值得保护的利益。

由于此类休假目的各异,其创设的具体正当性论证也各有差异,但从其是建立在社会政策基础上的休假出发,其论证均应遵循如下规则。其一,这类建立在社会政策考量基础上的休假必须逐一论证,并坚持休假法定原则。作为一种免除劳动义务的例外现象,不存在一揽子的或者抽象的免除劳动义务的规则,而只能针对每种休假的情况进行单独论证,同时这种法定性体现为法律行政法规或者其授权才能设置。其二,这种休假的论证应遵循多元考量。基于社会政策考量而免除劳动者劳动义务往往是多种因素综合平衡的结果,这就决定了其休假目的并非单一,支撑其正当性的理论也非唯一,利益权衡不应限于劳动者和用人单位之间。以此类休假中最典型的带薪休假为例,学者们所提出的慰劳说、休息权说、劳动力维持培养说②都是从某个角度对该休假的正当性基础的论证,该休假的正当性在上述因素的结合中可以更全面地看到。"雇主每年一次给予劳动者为了恢复体能以及获得新的精神和身体力量而不降低生活水准停止工作的可能性,是对劳动者福祉的关照。保障劳动者充分的休假也是为了雇主正当、合理的利益,因为补充和尽可能长地维持劳动者劳动力对任何企业来说都意味着实质性的价值,因此可以要求雇主在没有直接对待给付时继续支付工资。休假同时能维持和促进民众健康,在此也存在着公共利益,这就解释了为何休假请求权具有不可排除性这一特征。"③甚至该类型休假中的一部分,其首先目的并不是劳动者的利益,而是公共利益,例如法定节假日的休假,"法定节假日是指国家根据本国的民族风俗习惯或者重要纪念活动的需要,由法律统一规定的用以进行庆祝及度假的休息

---

① 张志伟.劳动者休息权之检视[J].江西社会科学,2010(11):246;程思良.休息权初探[J].云梦学刊,2007(2):78.
② 曹克奇.年休假权的解释论:以2008—2016年再审裁判文书为中心[J].中国人力资源开发,2016(14):84.
③ HUECK A, NIPPERDEY H C. Lehrbuch des Arbeitsrechts[M]. Band 1, 7.Auflage, Verlag Franz Vahlen, 1963:433.同样的观点参见台湾劳动法学会.劳动基准法释义[M].台北:新学林出版股份有限公司,2014:376.

时间"①，在此，"节"的考虑是要优先于"假"的考虑的。对公共利益突出的休假，其公法性的强制也应当加强。其三，坚持分配正义的理念。作为公权力在私人之间分配利益的形态，这类休假的设置要考虑人的差异，"根据功绩、能力、需求、责任分配权利和义务"②。要根据劳动关系存续的时间、企业的形态、劳动者的年龄、劳动者的差异等设置假期享有的条件、长度等。我国根据劳动关系累计存续的长度设置带薪休假长度的规则反映的就是这种正义观念。法定节假日分为全体公民放假和部分公民放假的节日也是如此。

（二）免除劳动义务的休假实施方式

由于劳动义务免除的休假依法发生，其内容和长度具有一般性和确定性，不需要进一步的合理性控制，因此其休假的设定复杂而实施相对简单。甚至对法定节假日这种确定日期发生的休假，其实施具有当然性，无须劳动者主张。对于带薪年休假等休假来说，由于法律只是免除了特定天数的劳动义务，未具体确定免除的日期，因此该休假实施的具体日期需要当事人确定。对该确定休假的权利结构，有的国家将其设置为劳动者请求权模式。例如在德国，"根据法院一直以来的判决，带薪休假请求权是根据《联邦休假法》第1条而生的劳动者享有的免除其劳动合同义务的法定请求权"③。按照请求权逻辑，劳动者向用人单位提出休假请求，用人单位同意，形成合意然后休假。有的国家例如日本，存在着请求权说、形成权说以及二分说等不同观点。④从我国立法的规定来看，我国并未采取请求权模式。《职工带薪年休假条例》第五条第一款规定："单位根据生产、工作的具体情况，并考虑职工本人意愿，统筹安排职工年休假。"据此，带薪休假是

---

① 《劳动与社会保障法学》编写组. 劳动与社会保障法学 [M]. 北京：高等教育出版社，2017：160.
② KAUFMANN. Rechtspholosophie [M]. 2.Auflage，C. H. Beck，1997：157.
③ PREIS. Arbeitsrecht，Individualarbeitsrecht Lehrbuch für Studium und Praxis [M]. 5.Auflage，Otto Schmidt，2017：446.
④ 邱骏彦. 劳动基准法中劳工特别休假权之法律属性探讨 [J]，劳动法裁判选辑（四），2006：48.

单位"安排出来"的，而不是劳动者"请出来"的，用人单位应主动安排劳动者休假。尽管实践中，劳动者也有主动提议休假的现象，但从现行法的规定来看，该提议本身并不具有约束力。休假的安排是用人单位在考虑自身和劳动者意愿基础上单方完成的，该单方完成安排休假的权利在性质上属于形成权的范畴。"形成权是指权利人依自己的行为，使自己与他人间的法律关系发生变动的权利……形成权之主要功能，在于权利人依其单方之意思，使已成立之法律关系之效力发生、变更或消灭。"① 根据我国法律的规定，在劳动者未提议，用人单位也未能主动安排休假的情况下，是用人单位发生了义务违反，其应承担未安排劳动者休假的法律后果。形成权模式避免了劳动者不敢提出休假请求因此无法休假的困境，更符合我国劳动关系的现状。

免除劳动义务的休假的特点之一是劳动义务本可以履行，因此对这种休假来说重要的问题是，在劳动义务免除的情况下，当事人未休假依然提供劳动的处理方式问题。目前我国都算作加班，并且规定比周休日加班更高的 300% 加班工资；我国台湾地区"劳动基准法实施细则"第二十四条第三款也规定特别休假（也即我国法律中的带薪年休假）因年度终结或者终止契约未休，其应休未休之日数，雇主应发给工资。这是一种用金钱买休假机会或者说用高额休假工资遏制节假日加班或带薪休假不休的制度模式。其本质依然是一种私人之间利益分配的思维。但如上所述，此类型休假往往服务于社会公共利益，如服务公共利益的话，这类休假的实际实施就应当具有强制性，而不可以用金钱补偿。所以，以带薪休假为例，根据欧盟法院的判决，"休假请求权原则上不得以金钱补偿"②，而在德国，《联邦休假法》第 7 条第 4 款规定，"因劳动关系终结导致无法全部或部分休假时，该休假可以用金钱补偿"，其他情况下，"自然年度终结时，休假请求权消灭"③。我国台湾地区学者也认为台湾地区"劳动基准法实施细则"的上述规

---

① 梁慧星. 民法总论 [M]. 北京：法律出版社，2017：74.
② EuGH v.21.2.2013–C-194/12, Concepción Maestre García, NZA, 2013：369.
③ 瓦尔特曼. 德国劳动法 [M]. 沈建峰, 译. 北京：法律出版社，2014：216.

定"是否违反 ILO 不得以假金买特别休假之条约，不无疑问"①。

（三）免除劳动义务的休假工资

通过免除劳动义务的休假，法律仅免除了劳动者的劳动义务，劳动关系中的其他权利义务并未涉及，除非法律另有明确，否则在这种休假类型中，劳动者工资请求权依然继续存续，带薪性也构成了这种休假和周休日休假的重要区别。此外，如果法律在免除劳动者劳动义务的同时，还要免除用人单位的工资支付义务，则一方面需要另外论证这种免除本身的正当性，"无薪休假的本质其实是企业将经营风险分担给劳动者"②。另一方面，这将导致劳动关系中主要权利和义务中止的现象，其属于劳动关系中止的范畴，会同时影响到社会保险义务的履行，其也需要更充分的理由。因此，免除劳动者劳动义务的休假，包括法定带薪休假、法定节假日休假等原则上应当是带薪的。就这种休假类型中最典型的带薪年休假，德国学者很早就正确地指出，"休养休假对劳动者的真正价值在于其从劳动义务中解放出来，却没有丧失他的工资，他可以将时间用于他的休养，而不会在物质上变糟糕。中止工作但没有工资的继续支付更多是为了雇主而不是劳动者的利益；如果是这样，则最好不要称其为休假而应称为中断工作或者歇班"③。

四、两类休假的区隔与竞合

（一）两种休假类型作为两种休假论证范式

上述两种休假类型的区分在逻辑上非常清楚，并且其制度内核部分也能

---

① 台湾劳动法学会. 劳动基准法释义 [M]. 台北：新学林出版股份有限公司, 2014：387.
② 王天玉. 无薪休假视角下"员工与企业共渡难关"的法律反思 [J]. 法学, 2015（6）：23.
③ HUECK A, NIPPERDEY H C. Lehrbuch des Arbeitsrechts [M]. Band 1, 7.Auflage, Verlag Franz Vahlen, 1963：432.

明确区隔,但当不能履行劳动义务的休假原因包含家庭原因、社会原因,而家庭原因和社会原因对劳动义务履行的影响如上文所述时,不仅是个事实判断,而且也涉及道德、社会政策和法律判断,则这类休假的产生也存在社会政策、法律的介入。此时其与因社会政策选择而免除劳动义务的休假之间的界限可能就变得模糊了。即使就人身原因导致不能履行劳动义务的情形,例如产假,劳动者是因为怀孕不能工作还是法律出于社会政策需要,如保护母亲、保护婴儿、鼓励生育等而免除了劳动者的劳动义务,两种模式在法律技术安排上似乎都未尝不可。另外,从法律效果来看,无论是劳动者不能劳动的休假还是法律免除劳动义务的休假,工资的继续发放、劳动关系的存续等都引入了社会保护的因素。以上种种现象能否表明两类休假的区隔既困难又无实际意义?

本书认为,两种休假类型的区分除有其事实层面的基础外,同时也代表着两种论证劳动者休假的范式:劳动者不能工作的休假依然是在传统市场交易和教义学体系下展开论证,不论哪种原因的不能履行,也不论如何考虑社会因素、政策因素或法律因素,其休假的前提均是必须证成出现了与提供劳动相冲突的事由,导致劳动者不能提供劳动,并依据履行障碍的理论和制度体系进行规则设计;劳动义务免除的休假并不考虑劳动提供能与不能的问题,而是直接从社会政策出发免除劳动义务,是在市场交易与教义学之外,从社会政策角度进行的论证,相关社会政策的目的对休假制度设立及其内容具有决定作用。这种论证思路差异导致前者更符合既有法律体系和市场习惯,后者更多是国家意志的结果;前者首先考虑当事人之间的利益分配,后者则有更多的社会利益考虑;遇到问题前者需要思考是否符合履行不能的逻辑,后者则需要思考是否合乎社会政策目的;在休假的内容上前者更具弹性后者更加刚性。正因如此,考虑到劳动关系首先是劳动者和用人单位之间的利益分配关系,市场经济国家和地区的大部分休假基本首先选择劳动者不能工作的休假模式,从履行不能的理论和体系进行论证。在我国澳门地区,除法定节假日和年休假外的几乎所有假都被纳入缺勤的范畴。①在法国劳动法理论中，不能提供劳动的休假涵盖了疾病、事故、怀孕、因为职业原因的缺勤、因为家庭原因的缺勤、因为团结原因的缺勤等几乎所有可能的情况。②这不仅是基于事实而进行的方案选择，而且是法律技术层面选择的结果。

我国当下的休假制度设计，从劳动者保护、休息权或者经济发展角度展开的论证，更多是从社会政策角度展开，忽视了履行不能的视角才是各类假设置的主要角度，在一定程度上也忽视了劳动合同的法律约束力，公权力之手介入太深，导致各种休假表面"繁荣"与实质上缺乏社会接受度并存。实践中，有观点主张未休婚假、丧假时可以补休，未休哺乳假时可以要求支付加班费等，都是未看到该类假的本质是履行不能，如果已经履行了就不存在履行不能，也不应主张上述利益。因此，基本劳动标准法在休假立法的总体思路上，应尊重并区分上述两类不同休假制度的构造，并回归以劳动者不能工作的休假为中心的制度设计模式。

（二）两种休假类型的竞合及其处理

清晰区分两种休假类型，也可以很好地解决实践中出现的休假竞合问题。所谓休假竞合是指不同的休假事由在同一时间段出现。例如，劳动者生病不能劳动，同时适逢国庆法定节假日，此时应当享受病假待遇还是法定节假日待遇？这是休假制度中比较常见的现象。上述两类休假竞合时，尽管在时间上休假事由同时发生，但由于时间本身的不可重复性以及两类休假原理的冲突及其法律效果的不同——一种的前提是劳动者不能提供劳动，另一种是劳动者能够提供劳动而

---

① 参见澳门《劳动关系法》第50条第2款："下列者视为合理缺勤：（一）因配偶、第一亲等直系的血亲或姻亲死亡而连续缺勤三个工作日；（二）因结婚而连续缺勤六个工作日；（三）因成为父亲或收养而缺勤两个工作日；（四）因母亲在生产活产婴儿过程中或在产假期间死亡，婴儿之生父缺勤十二个工作日；（五）须向其家团成员提供不可延误的援助，该缺勤每历年最多为十二个工作日；（六）因职业病或工作意外；（七）因患病或意外受伤而缺勤，该缺勤每历年最多为连续三十日或间断四十五日；（八）因怀孕、分娩或非自愿流产而患病，该缺勤最多为三个月；（九）因不可归责于雇员的事实而导致的缺勤，尤指出现不可抗力或履行法定义务的情况；（十）因自行参加与工作有关的考试而缺勤；（十一）雇主于事前或事后许可的缺勤；（十二）法律规定的其他缺勤情况。"

② LABORDE J P, ROJOT J. labour law of France [M]. Wolters Kluwer, 2017：148-157.

法律免除其劳动义务，必须决定这个时间段劳动者享受的是哪种休假，另外一种休假怎样处理。对此，原则上应采纳两类休假不可折抵且劳动义务免除的休假优先实现的原则。其逻辑在于：首先，两类休假性质和目的并不相同，不同性质的休假不能替代、覆盖和折抵①；其次，在功能上，劳动义务免除的休假除涉及双方当事人利益外，本身往往承载着社会公共利益功能，具有更多的强制性，应确保实现；最后，在逻辑上，免除劳动义务后就没有履行劳动给付的义务了，没有劳动给付义务则无劳动者不能工作的休假适用。按照该思路，劳动者在病假期间如果出现了法定节假日，则在病假日计算和医疗期计算时应扣除法定节假日，总体日期进行顺延，被扣除的日期应发放正常工资而不是病假工资。如果劳动者在带薪休假期间生病，则应扣除生病时间，保障劳动者真正享受全部带薪休假，这实际上也是其他市场经济国家和地区比较常见的做法。在德国，"如果劳动者在休假期间生病，劳动者不能享受年假的时间不得计入休假"②。在我国澳门地区，"最好的方案是中止年假，只要将有关事情（申言之即患病一事）通知雇主即可，而剩余的年假日数应在双方协定的日子继续享受"③。如果节假日与产假、婚丧假等相遇，则先执行节假日，产假、婚丧假因此得以顺延。这也是我国台湾地区"劳动法"的规则："劳工事假、婚假、丧假期间，如遇例假、纪念日、劳动节日及其他由'中央机关'规定应放假之日，应不计入请求期内。"④

---

① 林丰宝，刘邦栋.劳动基准法论［M］.台北：三民书局，2015：190.
② 瓦尔特曼.德国劳动法［M］.沈建峰，译.北京：法律出版社，2014：218.
③ Miguel Pacheco Arruda Quental. 澳门劳动法教程［M］.刘耀强，译.法律及司法培训中心，2013：201.
④ 周昌湘.劳动基准法解释令、判决汇编［M］.台北：永然文化出版股份有限公司，2015：447.

第四章

劳动报酬（工资）制度

一、劳动报酬（工资）的界定与范畴

（一）关于工资构成的立法

《劳动法》通过一章六条的容量规定了我国的工资制度，它虽然没有涉及工资的定义及其构成，但是在国家宏观调控工资总量和用人单位自主工资分配方式两个原则中明确了工资构成的立法空间，即工资构成包括国家调控的工资总额构成和用人单位自主的个别工资构成。国家统计局1990年发布的《关于工资总额组成的规定》对工资总额的定义及其组成进行了规定，其第四条规定："工资总额由下列6个部分组成：（一）计时工资；（二）计件工资；（三）奖金；（四）津贴和补贴；（五）加班加点工资；（六）特殊情况下支付的工资"[①]。另外，《关于工资总额组成的规定》也规定了工资总额不包括的项

---

① 因病、工伤、产假、计划生育假、婚丧假、事假、探亲假、定期休假、停工学习、执行国家或社会义务等原因按计时工资标准或计时工资标准的一定比例支付的工资，属于特殊情况下支付的工资。

目。①该规定出于统计的需要，立足于统计核算和会计核算，但其对后来《劳动法》的影响却远不止于认定宏观调控的工资总量。

原劳动部办公厅《关于〈劳动法〉若干条文的说明》中关于"工资分配方式"②的解释是劳动法律文件中鲜有的提到"工资构成"之处，且明确了工资构成是单位自主事宜。而何为工资，原劳动部《关于贯彻执行〈中华人民共和国劳动法〉若干问题的意见》中规定了工资的概念、范围及例外，据此，工资是指用人单位依据国家有关规定或劳动合同的约定，以货币形式直接支付给本单位劳动者的劳动报酬，一般包括计时工资、计件工资、奖金、津贴和补贴、延长工作时间的工资报酬以及特殊情况下支付的工资等。不属于工资的情形有三种：①单位支付给劳动者个人的社会保险福利费用，如丧葬抚恤救济费、生活困难补助费、计划生育补贴等；②劳动保护方面的费用，如用人单位支付给劳动者的工作服、解毒剂、清凉饮料费用等；③按规定未列入工资总额的各种劳动报酬及其他劳动收入，如根据国家规定发放的创造发明奖、国家星火奖、自然科学奖、科学技术进步奖、合理化建议和技术改进奖、中华技能大奖等，以及稿费、讲课费、翻译费等。比较原劳动部的有关文件和国家统计局的规定，可知工资构成源于国家统计局的规定，该规定经由劳动行政部门的解释成为用人单位自主确定工资分配方式的前提。于是，用人单位和劳动者在争议某项给付是否属于工资时，不是从工资的定义出发，而是从作为"工资分配方式"的"工资构成"出发，追溯到了工资总额。可见，先有工资总额，后有

---

① 《关于工资总额组成的规定》第十一条："下列各项不列入工资总额的范围：（一）根据国务院发布的有关规定颁发的创造发明奖、自然科学奖、科学技术进步奖和支付的合理化建议和技术改进奖以及支付给运动员、教练员的奖金；（二）有关劳动保险和职工福利方面的各项费用；（三）有关离休、退休、退职人员待遇的各项支出；（四）劳动保护的各项支出；（五）稿费、讲课费及其他专门工作报酬；（六）出差伙食补助费、误餐补助、调动工作的旅费和安家费；（七）对自带工具、牲畜来企业工作职工所支付的工具、牲畜等的补偿费用；（八）实行租赁经营单位的承租人的风险性补偿收入；（九）对购买本企业股票和债券的职工所支付的股息（包括股金分红）和利息；（十）劳动合同制职工解除劳动合同时由企业支付的医疗补助费、生活补助费等；（十一）因录用临时工而在工资以外向提供劳动力单位支付的手续费或管理费；（十二）支付给家庭工人的加工费和按加工订货办法支付给承包单位的发包费用；（十三）支付给参加企业劳动的在校学生的补贴；（十四）计划生育独生子女补贴。"

② "工资分配方式"是指单位内部的工资制度，包括工资构成、工资标准、工资形式、工资增长机制等。见原劳动部办公厅《关于〈劳动法〉若干条文的说明》。

工资构成。这里可能会有两个疑问：其一是统计意义上的工资总额构成与个别工资中的工资构成是否一致，其二是两个工资构成之间是否存在一个先后顺序。

另外，根据《劳动合同法实施条例》第二十七条，经济补偿的月工资按照劳动者应得工资计算，包括计时工资或者计件工资以及奖金、津贴和补贴等货币性收入，此成为工资构成的另一个法源。事实上，有关工资构成的劳动争议在克扣工资、经济补偿、待通知金、赔偿金等涉及工资基数的案例中均有存在。但该条例所规定的"月工资"只是就经济补偿的基数而言的，显然不能够回应现实中涉及工资构成的劳动争议。因此有必要从具体的司法案例中探析法官对工资构成的司法处理。

（二）涉及工资构成的司法实践

工资构成纠纷或确认工资纠纷并非劳动争议案件的一个独立案由，因此不能直接看到工资构成纠纷的案例情况及其分布，但是我们可以从个案中了解涉及工资构成的劳动争议案件是如何处理工资构成问题的。

1. 趋避工资总额构成的情形

在梳理实践中有关工资构成司法处理的基础上，可发现有趋避工资总额构成的两种情形。

（1）回避工资总额构成下的自然认知。

其一，区分底薪与不确定工资。如认定月薪中的工资底薪是相对固定的，而通信补助和奖金是不确定的，劳动者提供对账单可证明底薪之外有其他款项，但不能证明克扣通信补助和奖金，即克扣工资。[1] 再如工资由固定部分工资和提成工资构成时，提成工资需在货款收回之后才予以发放，在不能证明实际取得提成工资的情况下，以固定工资作为计算经济补偿金的基数。[2] 从这两个案例来看，

---

[1] 李某某与深圳市某某企业家协会等追索劳动报酬及经济补偿金纠纷上诉案．（2011）深中法民六终字第 4407 号［DB/OL］．北大法律信息网．

[2] 吴某与深圳市海某某有限公司追索劳动报酬及经济补偿金纠纷上诉案．（2011）深中法民六终字第 3277 号［DB/OL］．北大法律信息网．

工资构成中的不确定工资属于有条件的给付,也可能属于用人单位裁量的给付。对于克扣工资中的工资、计算经济补偿金的基数,不确定工资与底薪显然有很大的区别。

其二,加班工资无名化,即在沉默或约定的情况下,加班工资包含在工资中。如用人单位一直未支付加班工资,劳动者亦未曾提出异议,而在按照法定标准折算后时薪不低于最低工资标准的情况下,认定工资中包括了加班工资。① 既然在沉默的情况下会认定加班工资已经在总工资中,那么约定工资总额中包含加班工资更无不可。

(2)从工资总额构成出发的法律推理。

其一,工资总额构成与加班工资的计算。在用人单位未就加班工资的计算基数与劳动者进行约定的情况下,加班工资应当以劳动者工资总额为基数进行计算,而非只以基本工资为基数计算。② 这打破了以8小时内工资为基数计算延长工作时间的工资的朴素观念,也与原劳动部办公厅《关于〈劳动法〉若干条文的说明》中把"正常工作时间工资"作狭义的基本工资的理解不符,甚至引起对包括加班工资的工资总额下的加班工资计算方式的疑惑。但是,一旦转化到可统计的工资总额,这些疑问却又全部释然,因为工资总额所显示的正常工作时间工资应该是过去的。

其二,工资总额构成与提成、年终奖等性质的认定。劳动合同或者独立协议中约定的提成是否属于工资在理论上是一个难题,而法官依据工资总额构成可以把推理过程简单化,如"根据国家统计局《关于工资总额组成的规定》第6条规定,按营业额提成或利润提成办法支付给个人的工资属于劳动者应当获得的劳动报酬的范围"③。此种逻辑忽略了实践中各式各样、差异巨大的提成。再如,用人

---

① 阮某某与蓝某某实业(深圳)有限公司追索劳动报酬和经济补偿金纠纷上诉案.(2011)深中法民六终字第2785号[DB/OL].北大法律信息网.
② 毛继明与海南航空股份有限公司劳动争议纠纷上诉案.(2012)海中法民一终字第298号[DB/OL].北大法律信息网.
③ 湘潭市某设备有限公司与赵某追索劳动报酬纠纷上诉案.(2011)潭中民一终字第95号[DB/OL].北大法律信息网.

单位是否有给付年终奖的义务也会涉及年终奖性质的认定，在理论上同样是个难题，而实务中法官的推理会如此："取得劳动报酬是劳动者因劳动而获得的权利，既然双方约定年终奖的计算是按照实际工作时间按比例折算，国务院关于工资总额组成的规定也将奖金纳入工资总额范围，可推定年终奖属于劳动者的劳动收益"[1]，因此用人单位以劳动者在发放年终奖时若已解除合同则免除给付义务的约定应属无效。

2.《劳动合同法实施条例》第二十七条的适用情况

《劳动合同法实施条例》第二十七条在规定经济补偿计算基数时提到了应得工资的概念并对其涵盖内容进行了列举，"经济补偿的月工资按照劳动者应得工资计算，包括计时工资或者计件工资以及奖金、津贴和补贴等货币性收入"。但是尚未发现司法判决中对《劳动合同法实施条例》第二十七条的理解，相应的案例也并不多见。根据可检索的几个案例可推测有三种情况：第一种，法院直接主张适用该规定，支持劳动者提供的工资标准，但看不到法院辨别劳动者工资的过程[2]；第二种，用人单位主张以该规定认定经济补偿金的工资标准，而法院以工资和加班工资之和认定工资标准[3]；第三种，法院虽然笼统表明了所适用的法律包括了该规定，但是尊重了工资条的情况，工资条显示除基本工资和加班工资外，每月还固定有绩效、全勤、资历、水电房补，还存在扣除养老保险费、医疗保险费、水电费、住宿费、所得税、伙食费的情况，法院均以相应增扣[4]。可见，《劳动合同法实施条例》的适用是一种模糊的、概括的适用，并未涉及具体的工资构成上的认定。

综上所述，在法律没有明确工资定义的情况下，通过行政解释将工资定义

---

[1] 毛某某与宁波欧尚超市有限公司舟山店劳动合同纠纷上诉案.（2011）浙舟民终字第47号［DB/OL］.北大法律信息网.
[2] 万某某诉中国某某医院经济补偿金纠纷案.（2011）江法民初字第06453号［DB/OL］.北大法律信息网.
[3] 广州世港物业管理有限公司与陈明龙经济补偿金纠纷上诉案.（2010）穗中法民一终字第3085号［DB/OL］.北大法律信息网.
[4] 袁某某与方某某追索劳动报酬和经济补偿金纠纷上诉案.（2011）深中法民六终字第3860号［DB/OL］.北大法律信息网.

与工资总额构成嫁接在一起，呈现出理论化趋向的工资构成制度的司法实践。在工资构成的司法案例中，借助工资总额构成对具体个案的工资构成给予认定具有明显的简单化处理的色彩。在某种意义上，简单化处理也是工资总额构成向个案工资构成转化的一个优点，且在计算经济补偿的工资基数时，趋向于认可劳动者的主张。但是其逻辑上的缺陷也是很明显的，随着司法实践的展开，假借工资总额构成处理个案工资构成，必然会为用人单位提供脱法的空间。作者在案例检索中尚未发现有关购物卡是否属于工资的司法案例，这恰恰反映了在工资定义缺失的情况下，假借工资总额构成的工资构成制度妨碍了工资构成纠纷的司法化，一种非常错位的认知正在普遍化：劳动者以票据报销工资，用人单位以费用支付工资，前者在观念上确认为工资，后者在操作上确认为业务费用或管理费用。从长远来看，用人单位的脱法行为会不断规范化、扩大化，而劳动者权益会逐渐受损，劳动法和社会保障法上的诸多制度会受到挑战而可能被搁置。

（三）工资立法定义工资的思路

定义工资必然依托于特定的法律或者制度，在已有的劳动法律中虽然也存在工资立法的空间，但并没有进行明确的规定，只是在行政解释或者部颁规章[①]中涉及工资的概念。因此，这里讨论的工资定义可以是基本劳动标准法中的工资定义，也可以是专项立法工资法中的工资定义，乃至是个别制度中的工资定义，如社会法中涉及个人工资基数时的工资定义，经济补偿金中涉及个人工资基数时的工资定义。倘若把已经固化的多项工资的背景引入工资定义，则很难寻找到妥当的工资定义。究其原因，在于工资定义长期缺位的情况下，不同领域逐渐形成了相对独立的工资概念。在理论上谈工资立法来定义工资应当跳出此种拘束，确立一个普遍适用的工资概念，至少不应当拘束在工资支付领域。

---

① 1994年劳动部发布的《工资支付暂行规定》第三条规定："本规定所称工资是指用人单位依据劳动合同的规定，以各种形式支付给劳动者的工资报酬。"这应该是工资支付制度中的典型的工资定义。

因此，应当在将来的基本劳动标准法中定义工资，并尽量扩展工资定义的适用范围。

定义工资采用何种形式是个见解不一的问题，而且在不同国家的立法中也存在差异，大致来看，工资定义形式有三种：抽象式、列举式、两相结合式。抽象式是最为轻巧的立法模式，国际劳工组织在有关保护工资的公约中对工资的定义是典型的抽象式立法，该定义同时包括了实质要素和形式要素。列举式包括直接列举和排除性列举两种方式，单纯的列举式立法并不多见，我国工资总额构成的立法模式属于单纯的列举式立法。在已有的立法例中，两相结合式的立法模式最为常见，在这种立法中有侧重列举的，如英国最低工资立法中的工资定义，其抽象定义的部分简单到往往被忽视；也有两相兼顾的，如我国台湾地区劳动基准立法中的工资定义，不仅有列举，而且对形式要素有抽象的定义。我国将来的工资定义可能会受到工资总额构成立法的影响，也有可能直接延续《工资支付暂行规定》的模式，还有可能出现两种影响融合的两相结合式立法。本书认为，两相结合式立法最难，却最有意义，在工资定义中引入工资构成正是两相结合式立法的一种选择。

（四）工资构成理论与工资定义

前文已经提到我国的工资构成制度与实践，在此基础上提炼工资构成理论属于定义工资的范畴，与立法中的工资总额构成有很大的差别。工资构成理论有两个基本含义：其一，工资是由不同的部分组成的，而不同部分的工资有相对明确的法律含义，如基本工资、奖金、补贴、加班工资、绩效工资等；其二，工资构成有不同的层次，其与计件工资制、计时工资制、最低工资保障制度、补偿性或赔偿性给付制度等应当有效地衔接起来，并且对税务、社会保险、统计等超越劳动关系两方的延伸问题也应当有些回应。工资定义的列举部分应当涵盖工资构成的第一层含义，并应当通过说明对关联性制度给予回应。

在提炼工资定义的列举性内容上有若干思路：其一，直接搬用工资总额构成的内容；其二，参照公共部门甚为复杂的工资构成；其三，参照私营企业中极为简单的工资构成。本书认为，搬用工资总额构成的内容并不可取，也不可行，最明显之处在于计时工资与计件工资是两种不同的管理方式，并不会在一个具体的工资构成中同时存在，而且计时工资与计件工资多与早期的劳动关系联系在一起，虽然有其存在的空间，却很难与现代劳动法与社会保障法有效地衔接在一起。参照我国公共部门的工资构成确立工资概念也不妥，这是因为公共部门普遍存在低工资、多补贴、泛福利情况，单位给付名目繁多，在工资构成理论中应当进行大幅度的提炼。本书倾向于参照私营企业中普遍的工资构成，并进行适度的提炼。基于此，工资定义中的列举性内容应当包括基本工资、工作工资、特别工资三种。基本工资即常说的底薪，是用人单位承诺保障的给付工资，应该是身份工资，有劳动关系即有此工资；工作工资常与计件工资、计时工资联系在一起，是直接与劳动者给付劳动联系在一起的工资，包括绩效工资，与工作有关的奖金、补贴、津贴，以及加班工资；特别工资往往是身份性、福利化、社会法上的给付，如产假补贴、婚庆补贴、生活补贴。

在确定工资定义中工资构成由基本工资、工作工资、特别工资三部分构成的基础上，可以清晰地看到工资定义中抽象定义的部分也相应地包括了因劳动者资格所获报酬、纯粹劳动报酬、特别报酬三个层面的内涵。其中，因劳动者资格所获报酬是通过合同约定的基本工资，有可能比法定的最低工资低，但是从工资定义的适用效果来看，基本工资应当接近或不低于当地法定最低工资，该部分不能成为用人单位劳动管理中惩戒的客体。劳动报酬是与劳动管理有关系的，不论名目如何，只要与工作过程有联系则认定为工作工资，工作工资和基本工资是补偿性或赔偿性给付的计算基数。其中，特别工资虽然是规律性的、制度化的，却往往不是时常有的，多以特别事由的出现为给付条件，属于惯常性给付。

基于以上分析，本书所总结的工资是指用人单位支付给劳动者的报酬，包括劳动者依据合同约定而取得的固定性收入、用人单位根据劳动管理而给付的对价性报酬，以及基于特别事由的制度性或惯常性给付。在此结论基础上，有必要阐明如下几个问题。

1. "工资"与"劳动报酬"的术语取舍与定位

胡玉浪梳理了叶静漪、王全兴、林嘉、冯彦君、郑尚元对"工资""劳动报酬"的含义及相关关系的认识,并概括出工资与劳动报酬同义、工资在广义上与劳动报酬同义、工资是劳动报酬的一个组成部分、工资与劳动报酬没有关系等"自说自话"的四种观点后,认为劳动报酬概念取代工资概念是一种发展趋势。[①]可见,"工资"与"劳动报酬"的术语取舍虽然不是本书研讨的起点,却是与本书密切关联的课题。从上文的定义看不出本书对两者关系的处理,而本书主张在立法中确立一个相对开放的工资定义必然会涉及实践、制度、理论等各个层面中"工资"与"劳动报酬"之间所呈现的各种关系。本书认为在基本劳动标准法中明确工资概念并在具体的工资认定纠纷中实现工资定义的司法化时,应当明确:其一,工资不是工资总额构成中的计时工资或计件工资,也不宜理解为劳动报酬的组成部分;其二,工资并非在广义上与劳动报酬同义,而是在劳动法领域中重塑民事合同中的劳动报酬。

"工资"与"劳动报酬"作为法律术语代表了两种不同的理念,学理上对两者关系认知的混乱不仅与实践中两者关系的模糊多样有关,而且与劳动立法中同时使用有关。"工资"是劳动法上的概念,"劳动报酬"则源于民事合同。在区别民法与劳动法的前提下,在劳动立法中定义"工资"则更符合社会生活的现实。进一步讲,"劳动报酬"在词义上有明显的交易性,但凡劳动所得对价均可称为劳动报酬,在这个意义上自然可以把"工资"称为"劳动报酬",但是"工资"在词义上有明显的身份性,工资构成的实践突破了严格的对价观念,使得"工资"具有生存保障的功能,正如郑尚元所言,"劳动报酬与工资的界别也体现了雇佣契约与劳动合同的差异"[②]。另外,工资是与劳动法上的劳动者身份密切联系在一起的,用人单位以劳动报酬替代工资来掩盖劳动关系是不可行的。

---

① 胡玉浪. 劳动报酬权研究 [D]. 厦门:厦门大学,2008.
② 郑尚元. 雇佣关系调整的法律分界:民法与劳动法调整雇佣类合同关系的制度与理念 [J]. 中国法学,2005(3):80–89.

2. 约定固定性收入的现实与立法

在规范的工资结构中，往往有一个约定的固定性收入，该收入往往表现为工资单中的"工资项"或"基本工资项"，俗称底薪。但是在现实中，不仅存在大量的无底薪现象，而且在有底薪的情况下，该底薪中也存在诸多陷阱。以下略论约定无底薪问题。

约定无底薪的情况大致有两种：一种是明确约定无底薪，仅仅根据劳动成果来确定劳动者的收入，如销售领域比较流行的无底薪加提成；另一种是约定责任底薪，实际上以一定的劳动成果为前提，约定责任底薪则可能成为结果上无底薪。有研究指出，责任底薪不仅违反最低工资立法的强制性规定，而且与传销有着惊人的相似，是工资立法过程中不可忽视的问题。本书认为，在工资定义中应明确约定固定性收入，并以此体现最低生活保障的观念，如可通过法律明确约定固定性收入不低于法定最低工资。这可能是一个比较大胆的建议，因为约定的固定性收入往往低于法定最低工资，在实务操作中法定最低工资中的工资往往以劳动者的正常收入为准，且对低端劳动者而言，其工资收入主要是计时工资或计件工资。事实上，有必要扭转无底薪的现实，在劳动合同中明确约定劳动者基于资格即可享有的工资权益，这才是约定固定性收入的意义所在。对于工资的形式要素，约定的固定性收入需具备两个要素：其一，表现为合同约定；其二，应不低于最低工资标准。

3. 对价性报酬的确认与工资基数问题

对价性报酬是一种性质界定，指代用人单位直接依据劳动者的劳务给付情况而确定的工资部分。劳动者的该部分收入是最具有市场色彩的收入部分，故而也是最具有报酬色彩的工资，在被称为奖金、津贴、补贴的情况下，一般其具有"劳动报酬"的性质，而在被称为佣金、提成的情况下，就可能会具有"劳务报酬"的性质。一个二倍工资的计算基数不包括佣金的案例曾引起了激烈的争议，"一种意见认为，这种'佣金'是一种劳务报酬，与用人单位向劳动者支付的工资有着本质上的区分，不属于劳动法中所指'工资'的范畴，因此，不应列入工资的组成部分；另一种意见则认为，应当属于工资的范畴"。①王佳慧提炼出"提成类报酬"的概念，并指出，提成类报酬既不能计入计件工资，又不能计入奖金，当下处于归属不明的状况。本书认为，脱离工资定义与劳动法，单独讨论佣金、提成，必然会走向劳务报酬的讨论，出现割裂民法视角的现象，其结果是对劳动者的劳动收入进行区别对待，进而把提成生硬地理解为第三方或交易双方给付的劳务报酬。事实上，借鉴美国立法中关于小费的区分，可知用人单位与劳动者约定的来自第三方的收入同样有必要纳入法律规制的视野，劳动者作为一种身份必然不同于独立的商业代理人，其对价性报酬应当计入劳动者工资，唯独在二倍工资基数、经济补偿基数等制度中可以通过限制最高基数来平衡用人单位与劳动者之间的利益。

本书认为，在明确工资的定义之后，用人单位直接根据劳动者劳务给付的情况而给付的对价性报酬属于工资应无异议，绩效工资、奖金、津贴等计入经济补偿基数、税基、社保基数也无异议。佣金是否属于工资也会随着工资定义的完善而得到肯定的答案。

（五）工资与非工资的区分

区分工资与非工资不仅仅是一个技术问题，更会涉及收入分配政策。定义法律中的工资如同一个抓手，缺了这个抓手，涉及工资的法律政策就不能很好地运行。因此，在定义工资的基础上，需要进一步的解释，以明确工资的具体内容以及排除性事项，即工资与非工资的区分。在逻辑上，纠正司法实践中工资认定的粗糙状态并践行工资构成理论的第一步应是将工资构成引入工资立法中的工资定义，第二步应是在司法中实现工资认定的理论落实。在这里着眼于工资与非工资的区分只能初步提出有必要探析的三个问题：其一，工资认定中法定与约定的边界问题；其二，工资与恩惠的区分问题；其三，工资与福利的区分问题。本书认为，在劳动力市场供需中，工资水平应是双方自由与合意的结

---

① 黄昆，刘永明，李坤刚. 二倍工资的计算基数包括"佣金"吗？[J]. 中国劳动，2009（10）：47-50.

果,法定的边界在于遵守最低工资立法、社会法及税法的法定义务,但是基于规范工资给付及相关立法的考虑,工资内容也应有所限制,尤其在认定工资上应当按照工资构成理论展开,当事人只能在法定的范围内进行约定,换言之,工资给付水平是自由的,工资给付形式却是法定的,当事人不能通过约定否认基本工资的存在,也不能将工作工资约定为特别工资。因此,工资与恩惠、福利的区分将是接下来的重要司法活动。就价值取向而言,本书认为,不存在所谓的恩惠性给付,具有恩惠色彩的给付应当属于特别工资的范畴;工资与福利的区分是现代人力资源管理的模式,适当鼓励并控制福利项目有助于提高效率,在这里不能一概而论。西方所称的"传统工资政策"在不同的国家、不同的时期有着多样而复杂的工资控制,于是,英美国家学者从最低工资立法入手进行工资控制的经济学分析。我国学者从政府对企业工资总额控制转向现在的工资体制探析工资增长机制,这意味着我国的工资定义不能落入英美国家的最低工资定义,而是直接从工资宏观调控与劳动经济秩序中塑造我国的工资制度。因此,工资与福利的区分应当个别分析,它可能是基本工资的细化,也可能是工作工资,还可能是特别工资,乃至可能不属于工资而仅仅是用人单位提供的工作条件。可见,工资立法明确工资定义后还会有新的课题。如有观点认为应当从企业内工资薪级控制的角度控制高管薪酬,也有观点认为高管薪酬控制应从以程序合理化和信息公开化为基石的公司治理中实现。而事实上,从劳动法的角度,以工资的法定义为基石,区分高管收入构成、界定高管的工资与非工资也是一种路径。

(六)目的保护关联中的工资界定

工资的一般定义应该考虑《关于工资总额组成的规定》中的工资构成观念及其影响,也应该考虑我国司法实践中界定工资的自然认知和法律推理,还应该考虑域外工资定义的既有经验。本书认为,当下工资定义不应该拘泥于机械的对价标准,而应该在认可对价性的基础上有条件地确立新的形式标准,如合同约定、企业规章制度规定、惯常性给付等,这既是工资范围上的观念转换,又是工资内部结构的重构。因此,工资是指用人单位支付给劳动者的报酬,包括劳动者依据合同约定而取得的固定性收入、用人单位根据劳动管理而给付的对价性报酬,以及基于特别事由的制度性或惯常性给付。这样一个具有内部结构、外延相对宽泛的工资定义,便于司法实践中确认工资,保护劳动者劳动报酬权益以及相关社会权益。当然,随着工资法实践的深入拓展,依据工资定义而展开的界定工资的规定和案例会不断增加并日益复杂,这不排除工资税中的工资、社保缴费中的工资会对工资范围有补充性的、限制性的列举,但无论如何,工资法对工资的一般定义是不可或缺的基础。

二、最低工资的生成机制

(一)关于最低工资的立法与实践

《劳动法》明确规定,国家实行最低工资保障制度,最低工资的具体标准由省、自治区、直辖市人民政府规定,报国务院备案。用人单位支付劳动者的工资不得低于当地最低工资标准。同时还规定了最低工资标准的参考因素,"确定和调整最低工资标准应当综合参考下列因素:(一)劳动者本人及平均赡养人口的最低生活费用;(二)社会平均工资水平;(三)劳动生产率;(四)就业状况;(五)地区之间经济发展水平的差异"。这是我国最低工资保障制度的基本法依据,而具体的最低工资保障制度则是由《最低工资规定》进一步明确的。《最低工资规定》细化了最低工资保障制度,主要有三个方面。

其一,明确了"最低工资标准"的含义。"本规定所称最低工资标准,是指劳动者在法定工作时间或依法签订的劳动合同约定的工作时间内提供了正常劳动的前提下,用人单位依法应支付的最低劳动报酬。""月最低工资标准适用于全日制就业劳动者,小时最低工资标准适用于非全日制就业劳动者。"这些规定引入了"正常劳动"的限定,区分了"月最低工资标准"和"小时最低工资标准"。实践中,劳动者在请求最低工资给付、用人单位在执行最低工资保障制度时,有了可操作的规范，也有了一定的限制。如"正常劳动"成为限制劳动者请求权的一个原因。

其二，明确了最低工资标准确定和调整规则。主要是引入了工会和企业方代表组织，以三方机制方式确定最低工资标准，即"最低工资标准的确定和调整方案，由省、自治区、直辖市人民政府劳动保障行政部门会同同级工会、企业联合会/企业家协会研究拟订，并将拟订的方案报送劳动保障部。方案内容包括最低工资确定和调整的依据、适用范围、拟订标准和说明。劳动保障部在收到拟订方案后，应征求全国总工会、中国企业联合会/企业家协会的意见。"

其三，明确了确定最低工资应考量的主要因素。"确定和调整月最低工资标准，应参考当地就业者及其赡养人口的最低生活费用、城镇居民消费价格指数、职工个人缴纳的社会保险费和住房公积金、职工平均工资、经济发展水平、就业状况等因素。确定和调整小时最低工资标准，应在颁布的月最低工资标准的基础上，考虑单位应缴纳的基本养老保险费和基本医疗保险费因素，同时还应适当考虑非全日制劳动者在工作稳定性、劳动条件和劳动强度、福利等方面与全日制就业人员之间的差异。"《最低工资规定》进一步明确："省、自治区、直辖市范围内的不同行政区域可以有不同的最低工资标准。"这为最低工资标准的进一步差异化提供了依据。

随着现行最低工资保障制度的实施，实践中也出现了一些问题。

其一，最低工资标准的生成主要表现为人力资源社会保障行政部门的类立法过程，把最低工资标准的影响因素刚性化，从而导致最低工资标准的竞争性提升以及下沉性分化。竞争性提升的问题在于最低工资标准增长过快、频繁，出现了企业执行最低工资标准压力大的情况。下沉性分化的问题在于最低工资标准差异化伴随着地区经济差距加大，最低工资在地区收入差距扩大中起到了一定同频作用。

其二，最低工资标准的适用中出现了最低标准正常工资化的问题。最低工资标准是以保障劳动者个人及其家庭成员的基本生活为目标的，是面向工资收入最低的少数人的制度设计。但是，最低工资标准却在很多情况下成了正常工资。大量用人单位以最低工资标准作为正常工资。

（二）最低工资的生成机制与立法思路

从理论和法律比较的角度看，最低工资的生成机制有两种：一种是立法确定最低工资，另一种是劳动者、企业、政府三方参与确定最低工资。我国虽然在形式上属于第二种，却在执行上接近第一种。确定合理的最低工资，不仅需要在立法中明确应当考量的因素，而且要考虑各方的有效参与。工会和企业方代表的参与能够反映市场主体各自的意愿，提高最低工资标准的社会接受度，以参与和程序保障最低工资标准的合理性。

三、特殊情形下的工资支付规则

（一）问题本质及解决的方向

在市场经济条件下，因不可归责于双方当事人的事由所引发的交易风险如何分配是一个非常普遍而又重要的问题。[①] 劳动合同作为市场配置劳动力资源的制度形式，首先也应遵守市场配置资源时风险负担的一般规则。[②] 当我国《劳动法》第四十六条规定"工资分配应当遵循按劳分配原则"时，市场法则也成为我国劳动法的基本规则。按照市场交易的一般规则，在双务合同中"一方给付义务因履行不能而消灭，另一方对待给付义务亦不能孤立存在。换言之，在债务履行完成之前，对待给付的风险均由债务人负担"[③] 对作为一种双务合同的劳动合同而言，这就意味着，[④] 在不可归责于任何一方的原因导致劳动者不能提供劳动时，工资

[①] 刘洋. 对待给付风险负担的基本原则及其突破 [J]. 法学研究，2018，40（5）：96.
[②] 冯彦君. 论劳动法的基本原则 [J]. 法制与社会发展，2000（1）：27；沈建峰. 论劳动合同在劳动关系协调中的地位 [J]. 法学，2016（9）：92.
[③] 刘洋. 对待给付风险负担的基本原则及其突破 [J]. 法学研究，2018，40（5）：101.
[④] 《劳动与社会保障法学》编写组. 劳动与社会保障法学 [M]. 2版. 北京：高等教育出版社，2018：74.

支付的风险由劳动者承担,这即是"无劳动无报酬"的原则①。

但同时,劳动合同又有不同于一般双务合同的特殊之处。"劳动合同的特别出发点在于大部分情况下劳动给付必须在预先拟定的特定时间内完成。劳动给付具有定期债务的特点。"②作为定期债务,其直接的法律效果是"如果劳动者未能在约定的时间内提供所承担的劳动给付,其原则上同时就陷于履行不能"③。在此,如果坚持上述因不可归责于任何一方的事由导致给付不能时对待给付义务将消灭的规则,则在劳动合同因为客观事由不能履行时,劳动者的工资请求权也将消灭,实际上等于工资风险全部由劳动者承担。此处的困境在于,劳动合同作为用于组织生产的合同,劳动的实现以用人单位提供劳动条件、进行劳动组织为必要前提。如果用人单位不提供劳动条件、不受领劳动,劳动力本身不能存储,又不能像其他商品那样再次销售,尽管未提供劳动,劳动力也将随时间流逝而浪费④,但工资风险却依然由劳动者承担。如果用人单位只享有组织生产的权利,不承担组织生产的风险,则用人单位与劳动者之间的利益失衡是显而易见的。因此,需要根据用人单位组织生产的这种特殊结构重新分配用人单位承担的工资风险范围,但标准何在?此外,劳动关系作为一种具有社会保护色彩的法律关系,"它(劳动关系)通常构成劳动者的生存基础"⑤,劳动法不仅要实现劳动力资源的有效配置,还承担消减劳动者社会风险并提供劳动关系中弱者保护的功能⑥。如果风险全部由劳动者承担,则如何实现社会保护?因此,即使在劳动者承担工资丧失风险的情况下,也应根据社会保护的需要对其进行必要的修正,但尺度

---

① PREIS. Arbeitsrecht, Individualarbeitsrecht Lehrbuch für Studium und Praxis [M]. 5.Auflage, Otto Schmidt, 2017: 416.
② PREIS. Arbeitsrecht, Individualarbeitsrecht Lehrbuch für Studium und Praxis [M]. 5.Auflage, Otto Schmidt, 2017: 413.
③ BOEMKE. Studienbuch Arbeitsrecht [M]. C. H. Beck, 2004: 136.
④ PREIS. Arbeitsrecht, Individualarbeitsrecht Lehrbuch für Studium und Praxis [M]. 5.Auflage, Otto Schmidt, 2017: 417; ZÖLLNER W, LORITZ K G, HERGENRÖDER W. Arbeitsrecht [M]. C. H.Beck, 2015: 447.
⑤ 瓦尔特曼.德国劳动法[M].沈建峰,译.北京:法律出版社,2014: 173.
⑥ ZÖLLNER W, LORITZ K G, HERGENRÖDER W. Arbeitsrecht [M]. C. H.Beck, 2015: 2.

何在？最后，劳动关系在交易关系之外，始终有"共同体"等因素参与其中[①]，当劳动关系被理解为一种生产共同体时，当事人之间的权利和义务配置可能不仅应从交易的角度展开，或者即使从交易的角度展开，也会提出一个更广泛的"交易"观念，得出如下的结论："因劳动者给付人格依附性的劳务并据此将他本人置于他人决定的劳动分工中，作为补偿，他的报酬请求权在出于他个人原因而无法提供劳动的期间依然保持存在"[②]。但劳动关系中的共同体因素有多少？总结上述分析，可以看出劳动关系中的交易因素是客观原因导致劳动合同无法履行时风险分配的出发点，但利益因素、社会因素和组织因素却推动对其进行修正，劳动合同无法履行时风险分配规则形成的过程，应是通过利益因素、社会因素和组织因素将风险从劳动者一方向用人单位转移的过程。考虑这些因素并恰当协调它们之间的关系是生成客观原因导致劳动合同无法履行时工资风险负担规则的基本方向。

（二）劳动者不能履行的样态及其工资支付

1. 劳动者生病而不能提供劳动时的工资支付

劳动必须由劳动者亲自完成，劳动者生病时，劳动义务因劳动者原因陷入履行不能，本应由劳动者承担不能劳动的风险，失去报酬请求权；但是，现代劳动法从社会保护的需求出发建立了病假制度，成为分配这种情况下履行不能风险的特殊规则。[③]从社会保护和风险分配的需要来看，劳动法原则上并不需要根据劳动者生病原因而设计不同的规则，无论哪种原因生病，对用人单位来说都是劳动者履行不能[④]，对劳动者来说都是需要一定的社会保护。按照我国现行法的规定，病假期间的工资应按照不低于最低工资的 80% 支付，地方另有特别规定的除外。

---

① WIEDEMANN. Das Arbeitsverhältnis als Austausch-und Gemeinschaftsverhältnis [M]. Verlag C. F. Müller, 1966: 1 ff.

② SÖLLNER. Ohne Arbeit kein Lohn [J]. AcP, 1967: 166 (167).

③ PREIS. Arbeitsrecht, Individualarbeitsrecht Lehrbuch für Studium und Praxis [M]. 5.Auflage, Otto Schmidt, 2017: 432.

④ PREIS. Arbeitsrecht, Individualarbeitsrecht Lehrbuch für Studium und Praxis [M]. 5.Auflage, Otto Schmidt, 2017: 412.

从社会保护的思路出发，现行法规定在劳动者因病无法劳动的情况下，用人单位应在医疗期内承担不得解除劳动合同并支付病假工资的义务。医疗期是立法者在权衡劳动者社会保护和用人单位责任承担限度后的制度安排，也是用人单位承担劳动者不劳动却继续支付病假工资责任的限度。因此，劳动者医疗期满后，如仍不能从事原工作，也不能从事用人单位另行安排的工作，用人单位可以根据《劳动合同法》第四十条的规定对劳动者进行预告解除。

2. 劳动者履行家庭义务等而不能提供劳动时的工资支付

劳动者除了要承担劳动义务，还需要承担作为家庭成员和社会成员应承担的家庭义务和社会义务。劳动法的制度安排必须协调二者关系，解决二者冲突。在其他国家或地区的法律中，劳动者因履行家庭义务等不能提供劳动被纳入因劳动者自身原因的履行不能。[1]在劳动者因照顾家庭需要而无法工作时，法律的基本判断是在照顾家人有必要性时应满足劳动者的这种需要，劳动者可以提出请假请求，免除其劳动义务；但同时这是劳动者为了个人事务无法提供劳动，遵守一般的风险负担规则，其报酬请求权也将受到影响，但具体存在两种不同思路。其一，除非当事人另有约定，否则免除用人单位工资支付义务。例如，对于这种照顾家人的事假，我国台湾地区和澳门地区均规定为一年合计不超过 14 天，同时劳动者不能获得报酬。[2]其二，用人单位在相对不长的时间里应继续支付工资，但当事人另有约定的除外。[3]该利益分配模式以德国、瑞士等为典型，在德国实践中，该相对不长的时间上限是 5 天。[4]这种安排的立法和理论理由主要包括社会政策考量、人道因素以及用人单位有能力将该成本转嫁出去等。[5]比较两种模式，在上述国家和地区劳动者因照顾家人等原因而不能上班时，工资是否发放均

---

[1] PREIS. Arbeitsrecht, Individualarbeitsrecht Lehrbuch für Studium und Praxis [M]. 5.Auflage, Otto Schmidt, 2017: 426.
[2] 林丰宝, 刘邦栋. 劳动基准法论 [M]. 台北: 三民书局, 2015: 199; Miguel Pacheco Arruda Quental. 澳门劳动法教程 [M]. 刘耀强, 译. 法律及司法培训中心, 2013: 211.
[3] HWK, Krause, BGB § 616, Verlag Dr. Otto Schmidt, 2014, Rz 49.
[4] HWK, Krause, BGB § 616, Verlag Dr. Otto Schmidt, 2014, Rz 42.
[5] HWK, Krause, BGB § 616, Verlag Dr. Otto Schmidt, 2014, Rz 1.

可以由当事人自主安排，这是遵从市场选择的体现；只是出于不同社会政策考量存在推定发放和推定不发放的差异。我国大陆（内地）并无此类事假立法，但事假的理论和实践并不缺乏，主要是通过用人单位规章和劳动合同来确定事假规则，规则内容多为降低工资或不发工资。

3. 交通中断等以致劳动者无法到岗时的工资支付

从劳动关系中劳动者的义务包括"按照用人单位的规定和指令按时到达工作地点"和"按照用人单位的要求提供劳动"两个方面出发，劳动者履行劳动合同义务的方式就是处于可供用人单位支配并劳动的状态。[①] 劳动者未能按时到岗属于劳动者未能履行义务，因此在途风险由劳动者承担。[②] 这其实也是我国已有的用工实践规则。因客观交通原因无法到岗，劳动者可以请事假，但同时丧失不能到岗期间的工资给付请求权。

（三）用人单位未能受领劳动时的工资支付

1. 用人单位未能受领劳动时工资支付风险分配的不同模式：典型国家比较

用人单位因客观原因未能受领劳动时，工资支付风险的分配因无法遵守劳动义务履行不能的一般规则，需要考虑利益分配等不同因素，因此成为各国劳动法的难题，同时因为各国法律文化传统等因素的不同，其制度设计也会有很大差异。考察一些大陆法系国家劳动法的规则和实践，有代表性的风险分配形态主要有如下几种。

其一，构成经济风险或者运营风险的用人单位未能受领劳动，应由用人单位承担工资继续支付的义务，否则用人单位免于支付工资。该模式以德国和瑞士为代表。其中经济风险是指"在劳动给付的提供尽管在运营技术上是可能的，但在经济上确实无用的时候（如因为订单或者销量的缺乏），支出对待给付的风险"[③]。

[①] FABRICIUS. Leistungsstörung im Arbeitsverhältnis [M]. J. C. B. Mohr, 1970：116.

[②] ErfK/Preis, § 615 BGB, Rn.133.

[③] PREIS. Arbeitsrecht, Individualarbeitsrecht Lehrbuch für Studium und Praxis [M]. 5.Auflage, Otto Schmidt, 2017：427；Münchener Kommentarzum BGB, BGB § 615, Autor: Henssler, 5.Auflage, 2009, Rn.90.

它是一种实际可以使用劳动力，但基于经济考量不使用的状态。与此不同，运营风险则是用人单位客观上无法使用劳动力的状态，是指"雇主因为必要的生产资料或者材料出于事实或者法律上的原因无法获得，从而导致有劳动意愿的劳动者无法完成劳动给付的情况"[1]。在德国和瑞士，纳入经济风险和运营风险事件的范围非常大，产品滞销、物价上涨、成本增加，生产资料或者材料出于事实或者法律上的原因无法获得，火灾、极端天气[2]等都纳入其中。这样一来，不论基于何种客观原因，用人单位未受领劳动，其都应继续支付工资。这体现了用人单位享有组织生产的权限，享有经营所得，即应承担经营风险的逻辑。

其二，以奥地利为代表，根据所谓"领域理论"划分用人单位未能受领劳动时应承担的风险范围。"立法者在工资继续支付规则中实质性地作了如下区分：发生在谁的领域的原因阻碍了劳动者履行其所承担的劳动给付义务。"[3]原因发生在谁的领域，谁承担工资支付风险，如果影响履行的原因发生在用人单位领域，则用人单位未受领劳动时应继续支付工资。在确定领域归属时存在两种学说：一是位置理论，该理论认为空间上属于用人单位领域的障碍原因由用人单位负责；二是归责理论，该理论认为风险在谁可控制的领域就由谁承担，即具有决定作用的是与障碍事由的远近关系。理论和实践主要通过对案件归纳形成的类型来具体确定工资支付风险归属谁的领域，据此，机器故障、原料缺乏、订单不足、劳动力短缺、自然灾害等都被归入用人单位承担风险，需要继续支付工资义务的领域。[4]

其三，以日本和韩国为代表的归责标准，根据用人单位是否可以归责来分配工资支付风险。例如在日本，首先是从债务不履行的视角，根据日本《民法典》

---

[1] Münchener Kommentar zum BGB，BGB§615，Autor：Henssler，5.Auflage，2009，Rn.90；瓦尔特曼.德国劳动法［M］.沈建峰，译.北京：法律出版社，2014：184；黄越钦.劳动法新论［M］.黄鼎佑增修.台北：翰芦图书出版有限公司，2015：355.

[2] Münchener Kommentar zum BGB，BGB§615，Autor：Henssler，5.Auflage，2009，Rn.90；HWK，Krause，BGB§616，Verlag Dr. Otto Schmidt，Rz 116. 瓦尔特曼.德国劳动法［M］.沈建峰，译.北京：法律出版社，2014：184.

[3] FRIEDRICH M，MARHOLD F. Österreichisches Arbeitsrecht［M］.Springer，2012：194.

[4] FRIEDRICH M，MARHOLD F. Österreichisches Arbeitsrecht［M］.Springer，2012：196 ff.

第 536 条第 2 款的不能履行规则解决用人单位未能受领劳动时的工资支付风险。据此，因可归责于用人单位的事由致使劳动合同不能履行时，劳动者有权继续主张全部工资。① 此处的可归责性表现为用人单位存在"故意、过失以及相当于诚信原则上的原因"②。其次，根据日本《劳动基准法》第 26 条的规定支付休业金，也即由于雇主责任发生休业时，雇主应对休业期间的劳动者支付相当于其平均工资 60% 以上的补助。此处的"由于雇主责任"是指"除不可抗力的原因以外，因雇主经营、管理的原因（比如经营失败、销售困难、资金缺乏、原料不足、机械故障）等"③。其中"不可抗力"包括哪些事由并无完全一致的意见。根据上述工资支付风险分配规则，"如果劳动的停止是因为不可避免的事件出现，则雇主既不根据民法典承担责任，也不根据劳动基准法承担责任。如果劳动停止是因为缺乏原料或者运营设施故障或者工商业部的合理化措施，则雇主承担支付休业金的义务"④。韩国《民法典》和《劳动基准法》的规则结构与此基本相同。

从形式上看，上述不同国家用人单位未能受领劳动时工资支付风险分配的规则差异非常大。德国、瑞士停产停业的工资支付风险几乎全部由用人单位承担，日本、韩国只有在可归责时才由用人单位承担，奥地利是一种中间形态。但从效果来看可能差异并不像初看起来那么大。因为在上述工资支付风险不同程度归于用人单位承担的规则之旁都存在一些减轻用人单位责任的事由，而且支付义务越重的国家，减轻责任的可能性越多。所在国家共同的事由有三种：其一，劳动者在此期间获得的其他收入或者本应获得而放弃的收入在计算用人单位支付给劳动者工资时应予以扣除。⑤ 其二，"在工厂中继续雇用劳动者与重大经营需要相悖"是这些国家规定的非常重要的预告解除事由之一（所谓经营原因的解除）。⑥ 通过

---

① 我妻荣. 债法各论：中卷二 [M]. 周江洪，译. 北京：中国法制出版社，2008：52.
②③ 田思路，贾秀芬. 日本劳动法研究 [M]. 北京：中国社会科学出版社，2013：150.
④ MUKOOYAMA H, AKUZAWA K, HANAU P. Studien zum japanischen Arbeitsrecht [M]. Carl Heymanns Verlag, 1984：184.
⑤ 参见《德国民法典》第 615 条，日本《民法典》第 536 条，奥地利《民法典》第 1155 条等。
⑥ ZÖLLNER W, LORITZ K G, HERGENRÖDER W. Arbeitsrecht [M]. C. H.Beck, 2015：285；瓦尔特曼. 德国劳动法 [M]. 沈建峰，译. 北京：法律出版社，2014：272.

经营原因导致的解除权行使,用人单位不仅可以从长期的工资支付中解脱出来,而且可以据此施压,与劳动者达成重新安排风险分配规则的合同。其三,发生劳动者罢工等存在于劳动者一方的事由时,免除用人单位向愿意继续劳动的劳动者承担工资继续支付义务。①除了上述共同事由外,更重要的是在各个国家还存在着与各自风险分配规则匹配的支付义务排除规则。具体来看,这些责任排除事由主要包括:其一,在德国、奥地利等由用人单位承担工资继续支付义务范围非常大的国家,工资继续支付规则并非强行法规定,可以通过劳动合同或者集体合同作出不同安排。②当然,在通过劳动合同排除该工资继续支付义务时,该合同条款必须符合公序良俗原则,不允许用人单位借此将自己的经营风险转嫁给劳动者。③其二,在瑞士这一规定用人单位同样承担工资继续支付义务范围很大的国家,尽管没有可以约定排除工资继续支付义务的规定,却存在劳动合同中止规则。"在维持劳动关系的情况下,经劳动者同意可以发生劳动和工资支付义务的中止。……如果劳动和工资支付义务经合意而取消了,则雇主不再陷入迟延。"④从实践来看,尽管劳动合同中止需要合意,但用人单位存在经营困境时的劳动合同解除权,经常让劳动者不得已而同意合同中止。其三,补充履行制度。尽管劳动合同是继续性合同,劳动给付具有定期债务的特点,一旦迟延将给付不能,不可事后补充履行,但在瑞士,"如果因为不可抗力导致陷于受领迟延,总是存在着弱化对雇主而言严苛规则的可能。在自然灾害、总罢工或者战争的情况下,尽管雇主并不免除报酬支付义务,但基于诚信原则雇员有义务补偿失去的工作时间"。⑤其四,司法机关的

---

① 瓦尔特曼.德国劳动法[M].沈建峰,译.北京:法律出版社,2014:185.
② Krause, BGB § 616, Verlag Dr. Otto Schmidt, 2014, Rz 122; MARHOLD F, FRIEDRICH M. Österreichisches Arbeitsrecht[M].Springer, 2012:198
③ MARHOLD F, FRIEDRICH M. Österreichisches Arbeitsrecht[M].Springer, 2012:198.
④ VISCHER F. Der Arbeitsvertrag[M].3. Auflage, Helbing & Lichtenhahn, 2005:125.
⑤ VISCHER F. Der Arbeitsvertrag[M].3. Auflage, Helbing & Lichtenhahn, 2005:123. 西班牙也存在同样的规则,"在受领迟延的情况下,雇主的工资支付义务继续存在。前提是雇主对发生障碍的原因可以归责,但是这个通过运营风险的思想作了进一步拓宽。……在出现不可抗力时,RD2001/1983 允许在接下来的工作日补作相应的时间"。ADOMEIT. Einführung in das spanische Recht[M].C. H. Beck, 2007:146.

工资减免权力。在德国,尽管备受理论界批评①,司法裁判还是创设出了减轻企业负担的规则,"如果雇主的经济存在因运营风险受到了威胁,则维持全部工资支付被认为是不公平的,劳动者在这种情况下应允许减少或者完全缩减其工资"②。

其五,申请行政机关减免的权利。在韩国,"根据《劳动基准法》第46条第1款第1句的规定,如果工厂因为雇主应负责任的事件而停产,雇主有义务支付工资的70%作为休业金。……《劳动基准法》第46条第1款第1句规定的雇主应负责任的事件包括所有处于其领域或者受其影响的事件。例如工厂着火、机器故障、原料缺乏、订单不足以及资金紧张。但如果劳动委员会基于雇主申请确认存在着不可避免的原因,则雇主可以申请支付少于70%的休业金。不可避免的原因例如亚洲金融危机"。③ 其六,中性领域的风险除外。在奥地利的理论和实践中,存在中性领域风险除外的规则。所谓中性领域风险是指无法归入劳动者或用人单位领域的风险。"有时候阻碍劳动给付的原因非常广泛和普遍,而不仅涉及特定企业,以至于它很难清晰地归入劳动者或者用人单位的领域。如果出现了这种中性领域风险,则让雇主承担工资支付风险很难说合理,劳动者的工资支付请求权应根据《普通民法典》第1447条被否定。但也不能说在不可抗力阻碍劳务给付的情况下就必然不存在报酬请求权。……只有以同样方式涉及劳动者、企业和广大公众的自然事件才属于中性领域事件,它只有在非常例外的情况下如地震、战争、瘟疫等时才会出现。"④ 据此,同时涉及劳动者、用人单位、大众的瘟疫属于中性领域障碍,用人单位不承担工资风险,工资损失实质上由劳动者承担。

用人单位未能受领劳动时工资支付风险的分配,涉及相关国家民法典、劳动基准法等制定法的思路、社会政策选择以及历史传统等不同因素,但上述国家总

---

① PREIS. Arbeitsrecht, Individualarbeitsrecht Lehrbuch für Studium und Praxis [M]. 5.Auflage, Otto Schmidt, 2017: 427.

② PREIS. Arbeitsrecht, Individualarbeitsrecht Lehrbuch für Studium und Praxis [M]. 5.Auflage, Otto Schmidt, 2017: 427; NIKISCH. Arbeitsrecht [M]. Band 1, J. C. B. Mohr, 1961: 600, Münchener Kommentar zum BCB (Fn.29), Rn.98.

③ Korea Legislation Research Institute (Hrsg.), Einführung in das Koreanische Recht [M]. Spring, 2010: 210.

④ MARHOLD F, FRIEDRICH M. Österreichisches Arbeitsrecht [M]. Springer, 2012: 202.

体表现出来的如下规律依然值得我国借鉴。其一，基本都是在履行障碍的体系下讨论用人单位无法受领劳动时的工资支付问题。努力在私法的传统框架体系下结合劳动关系的特性解决用人单位未能受领劳动时的工资支付风险分担。其二，用人单位不能受领劳动时，应继续支付工资是各国一个基本趋势，只是在具体事由和范围方面各国有所差异。其三，用人单位未能受领劳动时的工资支付义务受到各种限制，各国通过规定纳入工资继续支付的事由范围、约定排除、司法减免等不断平衡劳动者和用人单位的利益，并且从规则比较中可以看出，相关事由给企业压力越大，排除工资支付的范围就越大。其四，在欧洲国家更多通过弹性概念（例如运营风险、领域规则）分配工资支付风险，而在日本、韩国等则通过相对明确的标准和比例控制来分配风险。其五，疫情这样的极端情况导致用人单位不能正常经营时，是否存在工资继续发放义务，德国、瑞士的规则将其归入了运营风险，用人单位应继续发放工资；在奥地利，在其构成中性领域时，用人单位不承担工资支付义务；而在日本、韩国，自然灾害、瘟疫等属于不可抗力，归入免除工资支付义务的范围。

2. 用人单位能够经营时拒绝劳动者劳动不属于风险承担问题

分析劳动合同不能履行的风险分担问题时，首先应区分出用人单位能够受领但拒绝受领的情况。在特定客观情况发生后，也可能存在生产尚在进行，用人单位却不接受劳动者提供劳动的情况。这属于商业风险或社会风险的范畴。"风险负担规则中的风险不同于商家俗称的风险，后者包括商业风险及其他履行障碍。"[①] 这些风险不属于因客观原因导致无法履行的情况，不适用本书讨论的风险负担规则。以疫情期间为例，在疫情影响下，用人单位能够受领但拒绝受领主要表现为两种形态：一种是以自主隔离之名拒绝接受劳动者劳动（法定隔离的情况在本书下一部分讨论）；另一种是因产能过剩拒绝接受劳动者劳动。上述情况下的工资丧失风险分配应从劳动关系中当事人的权利和义务配置展开。在劳动关系中，劳动者的义务是加入用人单位组织并在用人单位安排下提供有组织的劳动。

---

① 崔建远. 风险负担规则之完善 [J]. 中州学刊，2018（3）：57.

这种有组织劳动的进行过程首先是劳动者将自己置于可劳动的状态，接下来劳动关系的顺利展开需要用人单位完成提供劳动条件、发布劳动安排等协助行为①。在用人单位能够完成却不完成上述协助行为导致劳动者未提供劳动时，构成用人单位原因所致的劳动义务履行不能②，此时应根据受领迟延的一般规则，劳动者免除劳动义务，用人单位承担支付全部工资的义务。

回到上述用人单位能够受领但拒绝受领的两种具体形态，在用人单位以隔离为由拒绝受领劳动时不可以免除工资支付义务，除了上述受领迟延的规则外，尚有如下法律政策上的考虑：隔离是一种限制当事人自由和剥夺当事人机会的应急性法律安排，法律意义上的隔离应由县级以上人民政府根据《中华人民共和国传染病防治法》（简称《传染病防治法》）第四十一条规定来决定，而不能由市场主体自主进行。任由用人单位决定隔离，则可能发生以隔离之名规避经营风险的情况。另外，即使是法律意义上的隔离，现行法也规定由用人单位全额支付工资，自主隔离更应继续支付工资。以产能过剩为由而拒绝劳动者提供劳动也不能成为免除工资支付义务的事由。其法律政策上的补充性理由在于，在劳动关系中用人单位享有使用劳动力并组织经营的权利，因此就应承担经营过程中的一般风险，如果一旦产能过剩就可以拒绝接受劳动并停发工资，这等于将经营风险完全转嫁给了劳动者。因此，除非产能过剩达到停产停业的程度或者当事人达成合意，否则用人单位应继续支付正常工资。

3. 停产停业时的工资支付

客观情况可能直接导致用人单位停产停业，包括疫情导致原料短缺、法律禁止等造成用人单位客观上无法运营，以及虽然客观上可以运营但对用人单位来说运营已经没有经济价值从而停业的情况。这是因客观原因导致用人单位无法受领劳动时风险分配最重要的问题。在我国，用人单位停产停业时劳动关系当事人之间的风险分配主要通过《工资支付暂行规定》第十二条的规定进行。据此，用

---

① FABRICIUS. Leistungsstörung im Arbeitsverhältnis [M]. J. C. B. Mohr, 1970: 116.
② PREIS. Arbeitsrecht, Individualarbeitsrecht Lehrbuch für Studium und Praxis [M]. 5.Auflage，Otto Schmidt, 2017: 417.

人单位停产停工在一个工资支付周期内的,应继续发放正常工资。超过一个周期的,即使劳动者提供了正常劳动,也只发放最低工资;劳动者没有提供正常劳动的,则发放生活费,一些地区规定按照最低工资80%的标准支付。[①]这种利益分配方案实际上不仅着眼于当事人劳动义务不能履行时的工资支付风险分配,还着眼于防止用人单位采取裁员或者其他减员措施,"尽量不裁员或少裁员"也是相关政策的明确要求,在劳动者与停产用人单位延续劳动关系的前提下,由用人单位承担劳动者生活费用,保障劳动者生存,承担社会义务。

上述方案的优点在于:其一,可以避免劳动者失业,维护稳定的社会秩序;其二,恢复生产时,劳动者可以很快复岗,有利于用人单位尽快恢复运营;其三,减轻了国家和社会保险的负担。但这一方案的缺点也很明显:其一,这种利益分配方式的内在逻辑是什么?劳动者提供了劳动却领取最低工资,劳动者未提供劳动却可以领到生活费,其理由是什么?似乎不无疑问。其二,用人单位不生产时,还维持劳动关系,形成一种"僵尸劳动关系",不利于当事人之间法律关系和权利义务的清晰。其三,在长期停业的情况下,用人单位不生产反而需要承担劳动者生活费,增加了用人单位负担。其四,与我国现行《中华人民共和国社会保险法》(简称《社会保险法》)、《劳动合同法》的理念和规则不匹配。《劳动合同法》和《社会保险法》是要实现劳动力市场化配置以及社会保险由社会保险基金承担,增加用人单位活力和竞争力,但按照有关规定,在用人单位为劳动者缴纳社会保险费尤其是失业保险费的情况下,依然需要承担劳动者生活费,用人单位不生产不需要劳动力的情况下依然需要维持劳动关系。其五,这种利益分配模式不利于当事人正常解决经营困境,实践中出现用人单位不愿或不能解除劳动合同,长期发生活费,劳动者又担心主动离职没有经济补偿,互相为难的情况。从长远来看,我国应根据上述用人单位未能受领劳动给付的一般逻辑完善停产停业期间的工资发放规则。

---

① 例如《浙江省人力资源和社会保障厅关于积极应对新型冠状病毒感染肺炎疫情切实做好劳动关系工作的通知》(浙人社明电〔2020〕3号)。

借鉴上述各国的理论，本书认为用人单位停产停业时工资支付风险的承担应区分经济风险和运营风险而分别安排。经济风险本身是用人单位可以经营但其基于利益判断放弃经营，因而处于停产停业的状态。从可以继续经营但放弃经营的这一角度看，它在一定程度上也不完全属于客观原因造成的无法受领劳动。另外，这种停产停业是用人单位经济判断的结果，用人单位享有经营决策的自由，自然应承担经营决策的风险。因此，从上述不同国家的工资支付风险分配模式来看，用人单位在这种情况下均应继续支付劳动者工资。[1]这种风险负担是市场法则的结果，就像尽管经济形势不好原料用不了，但企业买了原料不能不给钱一样，经济形势不好劳动力用不了，企业也应当支付工资。"从这一角度看，劳动合同和交换性合同并无不同。"[2]所以，在疫情导致物价上涨、订单不足、经营没有价值的情况下，如经营者选择停产停业，其应继续支付劳动者应得的工资，但允许扣除劳动者因此节省或者本能得到但放弃的其他收入。

不同于上述经济风险，运营风险导致的停产停业是一种客观上不能经营，完全不由用人单位控制的情况，是没有任何一方意志、行为参与而发生的停产停业。如上所述，这种客观原因直接导致停产停业时的工资支付规则在各国存在共性：用人单位应承担工资继续支付义务；但也存在很大差异。其核心问题是用人单位不可控制的哪些情况应由用人单位承担风险。对于疫情这种极端的情况是否属于用人单位应承担运营风险并支付工资的责任范围的判断，需要探究在这种情况下分配由用人单位承担工资支付风险的根源，并在此基础上进一步探究我国应做何选择。总结相关理论和实践，用人单位承担运营风险的原因主要包括如下方面。其一，社会保护理论。该理论认为，劳动者通过放弃经济上的自由机会而应获得作为交换的生存保障，因此在用人单位因为客观原因停业不生产时，也应向劳动者支付工资。"根据劳动法上的保护原则就可以解释为何原则上将运营风险转嫁给雇主。通过加入他人的经济领域而引发的劳动者经济独立性的丧失交换来

---

[1] PREIS. Arbeitsrecht, Individualarbeitsrecht Lehrbuch für Studium und Praxis [M]. 5.Auflage, Otto Schmidt, 2017: 427.

[2] ErfK/Preis, § 615 BGB, Rn.121.

了其生活的确保。缺乏经济上的灵活性应通过某种程度的生存保障得到补偿。"①其二,生产控制理论。该理论从劳动关系中用人单位享有的机会和权利出发,认为"用人单位享有组织生产的权利,领导企业经营过程并享有经营结果"②。因此,其也应承担经营过程中的风险,包括用人单位运营出现障碍时继续承担支付工资的义务。其三,风险转嫁能力理论。该理论认为,"雇主比单个劳动者更容易分散成本,雇主可以将工资纳入成本核算,转嫁给消费者或者通过保险解决"③。三种理论对不同的情况各有其解释的能力和优势,从目前来看,对社会保护理论存在较多批评意见,认为"社会保护理论缺乏教义学的说服力"④。雇主对劳动者生活的确保主要体现在已经支付的工资中,而不是劳动者未提供劳动却要雇主支付工资中。⑤所以,目前德国的理论和实务更多采纳的是生产控制理论和风险转嫁能力理论;奥地利的领域理论和日本、韩国的归责理论正当性应当也在于生产控制。但对生产控制理论也有反对意见,例如认为该理论"只能有限地解释风险由雇主承担,因为雇主在此还承担了其无法影响领域的风险(如因为国丧无法雇用乐队)"⑥。本书认为风险转嫁的可能性是各个国家在客观情况导致劳动合同无法履行时用人单位承担工资支付义务的最重要原因。例如在奥地利法中,存在"中性领域风险"时用人单位不承担工资继续支付义务的原因,也应该在于所有人都已被风险覆盖,所以各自承担自己的风险即可。

根据以上论述,在客观情况引发运营风险停产停工时,用人单位承担工资

---

① WIEDEMANN. Das Arbeitsverhältnis als Austausch-und Gemeinschaftsverhältnis [M]. Verlag C. F. Müller, 1966: 88; ESSER, SCHMIDT. Schuldrecht [M]. Band I, Allgemeiner Teil, C. F. Müller Verlag, 2000: 29.

② Münchener Kommentar zum BGB, BGB § 615, Autor: Henssler, 5.Auflage, 2009, Rn.96; HWK, Krause, BGB § 616, Verlag Dr. Otto Schmidt, 2014, Rz 114; DÜTZ, THÜSING.Arbeitsrecht [M].23.Auflage, C. H. Beck, 2018: 132. 瓦尔特曼. 德国劳动法 [M]. 沈建峰, 译. 北京: 法律出版社, 2014: 185.

③ HWK, Krause, BGB § 616, Verlag Dr. Otto Schmidt, 2014, Rz 114; 瓦尔特曼. 德国劳动法 [M]. 沈建峰, 译. 北京: 法律出版社, 2014: 185.

④ Staudinger, BGB § 615, Reinhard Richardi, 2005, Rn.208.

⑤ PICKER, Betriebsrisikolehre und Arbeitskampf [M]. JZ, 1979: 285 (286).

⑥ HWK, Krause, BGB § 616, Verlag Dr. Otto Schmidt, 2014, Rz 114.

继续支付义务的根本原因在于其分散风险的能力。考虑到我国用人单位分散风险能力的状况，我国未来的制度完善应从如下角度展开。其一，不同企业类型可能需要不同的风险分散规则，劳动密集型、资产密集型、技术密集型应予区分，大企业与小企业应有所不同，这也是其他国家为何允许通过集体合同对这种情况下的工资支付规则进行调整的根本原因。其二，既然是风险分配思路指导下的工资支付，从平衡用人单位负担的角度出发，此时的工资应当是较低水平的工资并扣除劳动者因不用劳动而节省的相关费用，维持最低工资水平有其合理性。其三，风险分配是当事人没有安排时的法律规定，如果当事人对风险有其他安排，则应允许用人单位和劳动者合意约定风险分配，包括中止劳动关系等。这也是用人单位承担全部停业风险时，很多国家都存在的制度安排。其四，应允许用人单位根据客观情况发生重大变化这一事由，主张预告解除，支付"N+1"的经济补偿后解除劳动合同。其五，从转嫁风险能力这个角度出发，也可以考虑将该风险由第三方——社会保险或公共财政资金——承担。如果社会保险或公共财政资金承担了必要的工资或补贴，则用人单位必须保持劳动关系稳定。

（四）政府行为对劳动关系的影响及工资支付

在政府行为介入情况下劳动合同无法履行的处理方案与客观情况对劳动关系的直接影响有所差异。解决该问题，首先应解决政府在应对疫情等过程中管制用工行为的基本立场，其次基于该立场讨论其对劳动关系的影响。

1. 法定隔离措施对劳动关系的影响及工资支付

在发生疫情时，经常出现依法隔离的情况。法定隔离是指《传染病防治法》第四十一条规定的由县级以上人民政府对已经发生甲类传染病病例的场所或者该场所内特定区域的人员进行的隔离，具体分为人员隔离和场所隔离两种形式。对场所隔离而言，如果发生在工作场所，将导致用人单位因无法提供工作场所、无法受领劳动引发劳动者无法劳动。在这种情况下，无论劳动者在隔离区域内还是隔离区域外，都将构成一种因政府行为引发的用人单位不能受领劳动。从其他国家的理论和实践来看,"公法规定或者条例导致企业停业的也属于运营风险的范畴"①。此时用人单位应按照上述运营风险的规则承担继续支付工资的风险。对人员隔离而言,如果劳动者属于隔离区域内单位的劳动者,则继续按照上述运营风险规则分配工资支付风险,劳动者可以主张劳动报酬。在劳动者不属于上述区域内单位但被隔离的情况下,如劳动者是因单位安排进入该区域,则和正常工作一样,用人单位应支付工资。如劳动者非因单位原因进入隔离区域,则属于劳动者因政府行为无法提供劳动,属于事假范畴,劳动者承担不能履行劳动合同风险,丧失报酬请求权,其损失应通过社会灾害补偿制度来填补。

与上述按照风险分配的思路不同,我国《传染病防治法》第四十一条第二款一揽子地规定发生法定隔离后被隔离区域的劳动者所在单位不得停止支付其隔离期间的工作报酬。从实证法的角度看,现行疫情防控过程中毫无疑问应执行该制度。但该规则将这种情况下所有劳动关系中的工资支付风险都分配给了用人单位,包括企业正常生产,劳动者在家隔离或者在其他区域隔离无法到岗的情况都是如此,有其不合理之处。另外,需要注意的是,即使按照上述规则,应由用人单位支付工资的也限于实际生活于隔离区域的有用人单位的劳动者。其逻辑在于,未生病或未疑似被传染的劳动者本身有劳动能力、劳动意愿,只是因为政府管制措施导致无法劳动,因此其工资损失由用人单位承担。与此不同的是,因被传染、疑似被传染或者采取治疗性隔离而离开上述区域的人员,本身已经丧失劳动能力,应领取的是病假工资。

2. 交通管制期间的工资支付

交通封锁将导致劳动者无法按时上班,用人单位无法获得必要的生产资料或者材料,此时应遵循上述风险分配原则:如果交通管制导致劳动者无法上班,则劳动者陷入自身原因引发的不能履行,此时应按照上述事假规则分担风险;如果交通管制导致用人单位停产停业,从而劳动者无法提供劳动,则用人单位应按照

---

① HWK, Krause, BGB § 616, Verlag Dr. Otto Schmidt, 2014, Rz 116.

上述运营风险情况下的工资支付规则支付工资。此处的难题在于，如果交通管制同时导致劳动者无法到岗和用人单位无法生产，应如何处理？这种同时发生两方都不能履行的状况不仅在此处出现，而且在其他情况下也会出现，本书此后一并讨论。

3. 限制开工期间的工资支付

按照上述运营风险理论，"如果企业因为法律上的原因必须暂时停业，例如因为政府措施，雇主在此也应承担运营风险"。[①]用人单位承担运营风险意味着即使用人单位未使用劳动者劳动，也应按照承担以上运营风险时的工资支付规则支付工资。需要强调的是，在限制开工引发停工停业期间，如果用人单位使用了劳动者劳动，属于劳动合同正常履行的状态，应支付正常工资，而不是一些地方规定的支付双倍工资。在限制开工的情况下，应允许当事人通过调休等措施自主安排平衡双方利益的可能。

4. 劳动者和用人单位共同原因导致劳动合同无法履行的工资支付

如上述讨论中已经出现的情况，可能特定措施既对劳动者履行劳动合同产生影响，也对用人单位受领劳动给付产生影响，例如交通管制导致劳动者无法劳动，用人单位也停产停业；隔离措施导致劳动者无法劳动，用人单位无法开工；劳动者因疫情患病无法工作，用人单位因疫情停产停业，莫不如此。在所有这些情况下，劳动给付无法提供时，出现给付障碍的竞合问题工资应如何支付？基于以上对不同履行障碍的分析，应按照如下规则处理上述竞合。其一，具有社会保护功能的工资请求权优先于单纯分散一般停业风险的请求权，因为前者具有明确的社会功能，后者只是分配一般社会风险。这就意味着病假工资请求权优先于停产停业工资请求权。其二，按照特别法优先适用的规则，法律有特殊规定的情况优先于法律未明确规定的情况。因此，劳动者被隔离导致无法劳动，同时用人单位因为种种原因停产停业时，应优先适用隔离期间的全额工资规则。其三，就没有社会功能、纯粹分担风险时的工资请求权而言，用人单位承担风险时的工资请

[①] ErfK/Preis，§615 BGB，Rn.132.

求权优先于劳动者承担风险时的工资请求权,因为用人单位有更强的分担风险能力。因此,劳动者因交通管制无法到岗,用人单位因管制无法开业,此时应由用人单位支付停业期间的工资。

四、工资支付保障规则

工资是劳动者提供劳动的对价,是劳动者的主要经济来源,也是产品成本的重要组成部分。当提供劳动给付的劳动者获得的劳动报酬构成其主要生活来源或是家庭生活的主要来源,具有家庭抚养费的属性时,工资的特殊保护规定就存在适用的空间和可能。工资支付保障制度具有维持人们基本生存或生活的功能。在目前灵活就业迅猛发展的时代背景下,新就业形态层出不穷,工资支付保障制度仅仅局限于传统劳动关系的劳动报酬支付,显然是不够的。工资支付保障规则的适用范围不断扩大,其适用于所有提供劳动的人员,不仅包括雇员,而且包括任何基于合同提供人身劳务的工作者。[1]

基本劳动标准法应当从工资的保障功能出发[2],切实保护提供劳动给付的劳动者通过劳动报酬维持基本生活的权利,以保障劳动者及其家庭的基本生活需要。反之,当劳动者获得的劳动报酬或劳动收入,并非用人单位定期固定的支付,而是带有恩惠性质,或投资性质,不涉及劳动者维持基本生活需要时,其保护力度则应削弱,无法获得完全的工资支付保障制度的保护,工资优先权的效力也会减损。工资支付保障制度的规范意旨主要基于工资的保障功能,即保障劳动者的基本生活需要和维持家庭生活的需要,同时不断提高劳动者的生活水平和质量,乃至幸福指数。但是对于投资性的收入,超高的管理性收入,并不能获得工资支付保障制度的完整保护。基本劳动标准法需要针对维持劳动者基本生活需要,同时

---

[1] PITT G. Employment Law [M]. Sweet & Maxwell, 1997: 169–171.
[2] 王全兴. 劳动法 [M]. 4版. 北京:法律出版社,2017:335.

考虑劳动者生活质量不断提高的发展需要,确定工资支付保障的基本规则。工资立法发挥着两个主要的功能:其一,确保劳动者获得最低工资;其二,工资支付保护。[①]

(一)工资支付的一般问题

1. 工资的非货币支付

工资以法定货币支付,通过现金或转账或其他支付工具完成(如支付宝、微信等),一般不能以非货币支付工资。但在目前人工智能、网络技术、数字经济迅猛发展的时代背景下,工资的非货币支付值得进一步研讨和分析。在实现法定货币支付的制度功能的前提下,在与财政、税收、社会保险、统计等制度兼容配合的基础上,为更好尊重当事人的财务安排和意思自治,保护劳动者的生活便利性,可以存在非货币支付工资的空间或可能。或者说,在实现法定货币支付功能的基础上,并在确保一定货币支付比例的前提下,可以叠加非货币支付的工资支付形式。

其一,从法定货币支付的功能来看,货币支付的功能在于保障劳动者的生存权利,通过一般等价物(法定货币)的支付,便利劳动者购买衣食住行类用品,满足基本生活和家庭生活需要,而且劳动者还可以从事其他社会活动和投资活动,满足兴趣爱好,提高生活质量。从制度功能的角度来分析,如果非货币支付可以实现货币支付的功能或不减损货币支付功能时,非货币支付可以成为工资支付的形式之一。如果非货币支付工资的形式,可以替代一般等价物的功能,实现货币的交易功能,足以保护劳动者的权益,则存在非货币支付工资的空间。目前比较可行的思路是:工资支付中的大部分依然采取法定货币支付形式,满足法定货币支付功能的实现,保护劳动者的正当权益,在此基础上,可以允许工资的少部分采取非货币支付形式。

其二,从法定货币支付与财政、税收和社会保险等制度兼容配合来看,工

---

① DEAKIN S. Labour Law [M]. Oxford and Portland,2012:304.

资标准是个人所得税的计税依据，是社会保险缴费基数的计算基础，也是各项统计数据的重要组成部分，工资的非货币支付会导致工资标准的计算难以统一的问题，会干扰国家税收体系，影响社会保险缴费基数的计算，甚至会被滥用为避税、逃税的工具。工资本身在多个法域具有法律效果，而非仅仅在劳动法领域。因此工资的非货币支付必须与财政、税收和社会保险等制度体系兼容，才能顺利推进。如果非货币支付可以形成统一的客观测量标准，可以与相关制度紧密衔接，则非货币支付存在可能。目前比较现实的思路是：总结归纳目前比较典型的用人单位非货币支付的形式，如福利卡、饭卡、消费卡、积分卡、加油卡等，换算为货币形式，纳入税收、社会保险计算基数。

其三，从劳动者权益保护角度来看，工资支付最终应当服务于劳动者权益保护，便利劳动者生活需要。当非货币支付能更好地服务于劳动者的生活便利需求，增加劳动者的生活福利，维护劳动者的生存权益，则非货币支付更具有正当性和合理性。如用人单位给劳动者发放一定金额的饭卡，可以让劳动者享受更优惠的餐食价格，便利劳动者享受餐饮服务。

总结而言，法定货币支付仅仅是实现工资制度功能的一种形式或手段，但并不意味着其是唯一，当货币支付的功能可以非货币支付的形式替代，而且非货币支付形式同时也与其他制度兼容、衔接和配合时，工资支付的其他形式并不是绝对被排斥的。在法定货币支付的基础上，叠加其他非货币支付的工资支付形式，也并不是绝对不合理的方案。

2. 定期支付

用人单位应当向劳动者定期支付工资。关于定期支付有以下两个焦点问题：其一，支付的期限。工资必须在用人单位与劳动者约定的日期支付。如遇节假日或休息日，则应提前在最近的工作日支付。工资至少每月支付一次，实行周、日、小时工资制的可按周、日、小时支付工资。在目前灵活用工的背景下，工资可以按次支付。对于平台用工劳动者而言，工资的支付实质上往往是按单支付的。基本劳动标准法需要明确工资支付的期间。其二，迟延支付的法律后果。用人单位不得迟延支付工资，否则应当承担迟延支付的法律责任，该法律责任不仅包括用人单位对劳动者承担继续支付、因迟延造成的损害赔偿责任等债法上给付障碍的法律责任，还包括行政法甚至刑法上的责任。在债务关系上，用人单位承担继续支付的义务，同时需要承担迟延支付的利息和损害赔偿；用人单位逾期不支付的，按应付金额的数额向劳动者加付赔偿金。在行政法上，劳动监察部门可要求用人单位承担责令改正、罚款的行政责任。在劳动者的工资请求权不能或难以实现时，可以通过国家或社会力量救济，欠薪保障基金或工资保障基金可以发挥先行支付功能。

3. 紧急支付

当劳动者遇到紧急情况不能维持生活时，用人单位必须向该劳动者预支其可得工资中维持生活的相当部分。这是出于维持劳动者基本生存的需要。紧急支付制度有助于保护劳动者的生存权，更有助于维护社会稳定。

（1）制度目标。紧急支付不同于正常支付，而是用人单位预先支付的一种形式，以满足劳动者生活上的紧急需要。其制度目标在于保护处于生活危急状况下的劳动者，体现社会扶助思想。紧急支付更体现了劳动法与民法的区分，紧急支付规则在意思自治的民法领域一般是不被接受的，民事合同主体没有预先支付对价的法定义务。由此可见，工资支付制度具有强烈的社会法色彩，具有社会扶助、维护社会稳定，保障劳动者基本生存的功能。

（2）构成要件。其一，劳动者处于危难的生活窘迫状态之中，即劳动者存在生存危机，如医疗困境、生存困境等，急需基本生活救助。这是紧急支付的基础要件。其二，劳动者急需通过预先支付工资来缓解生活危机，即用人单位给劳动者预先支付工资具有迫切的必要性。这是紧急支付的必要条件。其三，用人单位有足够的支付能力，能够对劳动者预先支付工资。如果用人单位陷入破产，丧失支付能力，则无法预先支付工资。

（3）法律效果。紧急支付的法律效果是用人单位向劳动者预先支付其可得工资中可以维持生活的相当部分。紧急支付具有紧急救助的功能，用人单位必须在劳动者提出合法请求后立即支付，否则紧急支付会丧失其制度功能和价值。

（二）工资支付特殊保障安排

工资是劳动者最重要的收入来源和生存基础。工资债权的保护，包括质押保护、抵销禁止和破产保护等方面。[①]主要体现在：免于劳动者债权人的强制执行；免于用人单位的侵害，用人单位不能随意扣除或抵销，除非劳动者故意造成用人单位损失；在用人单位破产时的特殊保护。工资债权还享有社会法保护，劳动者可以从职业中介机构领取破产救济补偿金。[②]工资债权的支付保障机制主要包括：其一，禁止扣除、抵销、撤销、强制执行或出质；其二，工资优先受偿权及工资垫偿基金安排。[③]

1. 禁止非法扣除

一般禁止用人单位扣除劳动者的工资，除非法律另有规定[④]，而且扣除也不能超过一定的限额。用人单位扣减工资的权力必须受到实质控制，其控制可以通过程序来实现。[⑤]扣除工资应坚持公开、公平和合理原则。公开原则即透明原则，用人单位应当提前向劳动者明确告知扣除规则，包括扣除的情形和数额。英美法上，工资扣除的3种类型包括：法律规定、合同约定、劳动者书面同意。[⑥]这些情形都体现了公开透明原则。公平原则是指防止因劳动者的轻微违约而不公平地高额扣除劳动者的工资。合理原则主要是防止用人单位的权力滥用，即防止用人单位滥用对劳动者的控制管理权力而随意扣除劳动者工资。[⑦]这包括两个问题：其一，允许扣除的情形；其二，在允许扣除时扣除的限额。

---

① JUNKER A. Grundkurs Arbeitsrecht [M]. C. H. Beck，2018：140+141.DÄUBLER W. Arbeitsrecht [M]. Bund-Verlag GmbH，2015：257.

② HROMADKA W，MASCHMANN F. Arbeitsrecht [M]. Band 1，Springer-Verlag Berlin，2015：278+279.

③ 陈建文. 工资问题的思维方式与推理方法 [J]. 万国法律，2009（10）：12-28.

④ 在英国法上，除法定事由外，严格禁止雇主克扣工人的工资。参见王益英. 外国劳动法和社会保障法 [M]. 北京：中国人民大学出版社，2001：12.

⑤ DEAKIN S. Labour Law [M]. Oxford and Portland，2012：304.

⑥ PITT G. Employment Law [M]. Sweet & Maxwell，1997：169-171.

⑦ COLLINS H. Labour Law [M]. Cambridge University Press，2012：237-238.

（1）扣除的法定情形。一般认为，允许用人单位扣除的项目包括：用人单位代扣代缴的个人所得税[①]；用人单位代扣代缴的应由劳动者个人负担的各项社会保险费用；法院判决、裁定中要求代扣的抚养费、赡养费；法律、法规规定可以从劳动者工资中扣除的其他费用。争议的问题是：是否允许用人单位和劳动者约定扣除？虽然英美法允许用人单位和劳动者在劳动合同中作出工资扣除的约定[②]，但是基本劳动标准法应当明确，严格限制当事人约定工资扣除。由于用人单位和劳动者力量对比悬殊，缺乏平等磋商的基础，因此难以通过意思自治约定合理且公平的工资扣除条款，而且工资扣除涉及劳动者基本生存保障，法定限制甚至禁止当事人约定工资扣除是正当且合理的。

（2）扣除的限制。即使法律允许用人单位扣除劳动者的工资，但是扣除也不能超过一定的限额。如法国规定，扣除工资的罚金不得超过被罚工人一天工资的 1/4。我国《工资支付暂行规定》第十六条也有相关规定，每月扣除的部分不得超过劳动者当月工资的 20%。若扣除后的剩余工资部分低于当地月最低工资标准，则按最低工资标准支付。

2. 禁止抵销、撤销、强制执行或出质

（1）禁止抵销。劳动者的工资债权（用人单位的工资债务）禁止抵销，尤其是用人单位不能以其对劳动者的债权抵销其对劳动者负担的工资债务。可以明确的是，用人单位不能主张将其工资债务作为被动债权来抵销。争议的问题是，当劳动者恶意对用人单位造成侵权债务时，受害的用人单位是否可以该侵权债权与其对劳动者负担的工资债务抵销？一种观点认为，由于劳动者系侵权债务的侵权人，不值得保护，因此用人单位可以主张抵销。[③] 本书认为，即使劳动者是侵权人，但其依然有获得生活保障的权利，如果允许用人单位抵销其工资债务，可能会危及劳动者的基本生存，因此在维持劳动者基本生活的范围内，用人单位依然不能以其对劳动者的侵权债权抵销其对劳动者负担的工资债务。

---

① DEAKIN S. Labour Law [M]. Oxford and Portland, 2012: 326-327.
② PITT G. Employment Law [M]. Sweet & Maxwell, 1997: 169-171.
③ DÄUBLER W. Arbeitsrecht [M]. Bund-Verlag GmbH, 2015: 355.

（2）禁止撤销。在破产程序中，破产企业在破产受理前6个月内，已经符合破产原因的，管理人针对破产企业的个别清偿行为享有撤销权，但是已经支付的劳动报酬，不能撤销。①对于已经支付给劳动者的工资，不能因为破产企业进入破产程序而撤销，此时更需要保障劳动者的生存权益。

（3）禁止代位。一般认为，工资债权是专属于劳动者的债权，劳动者的债权人不能代位劳动者向用人单位主张工资债权。学理上，劳动者享有的工资债权不属于劳动者的责任财产范围，劳动者的债权人不能对工资债权直接申请强制执行，也不能主张代位权。我国《民法典》第五百三十五条第一款和《最高人民法院关于适用〈中华人民共和国民法典〉合同编通则若干问题的解释》第三十四条第三项、第四项对此都作出了规定。对未超过劳动者及其所抚养家属的生活必需费用部分的工资债权（劳动报酬请求权）系专属于劳动者自身的权利，劳动者的债权人不享有代位权。劳动者请求支付基本养老保险待遇、失业保险待遇、最低生活保障金等保障当事人基本生活的权利，也同样属于劳动者自身的权利，劳动者的债权人不能主张代位权。

（4）禁止强制执行和出质。劳动者的债权人一般不能申请强制执行劳动者的工资债权，劳动者的工资债权也不能出质。②劳动工资收入是劳动者的经济来源，以维持劳动者的基本生活，其必须经由法定规则来保护。劳动工资不能被劳动者的债权人扣押或强制执行。德国法称为"出质保护"。③债法理论认为，劳动者的工资债权不属于劳动者的责任财产范围，不是债权的担保，劳动者债权人不能针对该债权主张债之保全之救济，如代位权和撤销权。④如果劳动者不能清偿到期债务，不能对劳动者享有的工资债权实施强制执行。劳动者也不能将其工资债权作为质押的标的。各国法律均规定，劳动报酬在维持劳动者基本生活的限度内，

---

① 参见《最高人民法院关于适用〈中华人民共和国企业破产法〉若干问题的规定（二）》第十六条第二项。
② 杜茨. 劳动法［M］. 张国文，译. 北京：法律出版社，2005：70-71.
③ GITTER W. Arbeitsrecht［M］. Schaeffers Grunddriß Verlag Decker & Müller, 1991：66.
④ 我妻荣. 新订债法总论［M］. 王燚，译. 北京：中国法制出版社，2008：201.

不可扣押,以保护劳动者最低生活需要。德国规定,对不能质押部分工资债权的抵销是无效的。①

3. 工资优先权

(1)概念界定和逻辑构成。工资优先权是指劳动者对用人单位的工资请求权享有优先受偿的权利。工资请求权具有优先权的法律属性,而且涉及劳动者基本生存保障的工资则有超级优先权的法律地位。工资优先权的规范意旨,尤其是超级工资优先权的类型区分,是为了保护劳动者经由工资维持基本生活和家庭生活需要的权利。还有学者认为,工资优先权基于社会政策的考虑,基于增值理论,劳动者的付出之劳务增加了企业财产价值。②这或许是工资优先权的另一立法理由。工资优先权是存在于债务人总财产之上的,为一般优先权,对特定财产没有追及力。

我国台湾地区"劳动基准法"第二十八条第一项规定了工资优先权,"私立学校法"第七十五条之一、"海商法"第二十四条第一项第一款、"消费者债务清理条例"第一百零八条也有相关规范,"公司法"第三百二十五条第二项规定了清算人报酬的优先权,"保险法"第一百四十九条之五第一项规定了监管人、接管人、清理人或清算人报酬的优先权。美国威斯康星州企业管制法就动产与不动产的工资优先权的生效时点分别规定。美国联邦破产法规定了工资报酬的优先权。法国《民法典》第2101条第4款和第2款规定了工资优先权。日本将法定优先权称为先取特权。日本《民法典》第306条第1款、第308条以及旧有限会社法第46条第2项都有工资先取特权的规定。③用人单位进入破产程序后,欧盟破产法指令(RL 80/987/EWG)规定了劳动者的一般保护规则。④破产受理前的工资债权可以获得优先受偿,破产受理后的工资债权可以构成共益债务,从破产财

---

① GITTER W. Arbeitsrecht [M]. Schaeffers Grunddriß Verlag Decker&Müller, 1991: 66.
② 于海涌.法国工资优先权制度研究:兼论我国工资保护制度的完善 [J]. 中山大学学报(社会科学版), 2006 (1): 87-91.
③ 黄健彰.工资优先权 [J].财产法暨经济法, 2008 (15): 195-234.
④ FUCHS M, MARHOLD F. Europäisches Arbeitsrecht [M]. Springer Wien, 2010: 217.

团随时优先受偿。[①]

（2）法律效果。工资优先权和担保物权、别除权、普通民事债权、税收债权、行政罚款、刑事罚金的关系如下。

其一，工资优先权和担保物权的关系。以我国《民法典》及其司法解释的规定为基础框架，在学理上，我国担保物权可以再区分为费用类、价款类和融资类担保物权。费用类担保物权是针对担保物本身所产生的各种费用债权产生的担保，一般是留置权，如修理费、保管费、运输费等。价款类担保物权则是针对购买担保物价款的担保而设定的担保物权，被称为价款超级优先权。融资类担保物权则是一般的为获得贷款而设定的担保物权。3类担保物权受偿顺序一般是费用类担保物权优先于价款类担保物权，价款类担保物权优先于融资类担保物权。

由于工资优先权涉及劳动者的基本生存权利，因此工资优先权应当优先于价款类担保物权、融资类担保物权，其与费用类担保物权的关系，则需要具体分析费用支付与担保物权人维持基本生活的关系，如果费用同样具有维持担保物权人基本生存权利的功能，则工资优先权和费用类担保物权可以按比例清偿。在海商法上，船员工资债权优先于抵押权。

其二，工资优先权和别除权的关系。我国破产法将别除权的效力置于工资优先权之前，基本劳动标准法对此可作出除外规定。工资优先权中可分割出维持劳动者基本生存权利的部分，如破产受理前6个月期间的最低工资标准范围内的工资优先权，该部分的工资优先权具有优先于别除权的效力。工资优先权中可以进一步按类型区分为一般优先权和超级优先权，将涉及劳动者基本生存权利保障的工资部分作为工资超级优先权。人的基本生存权利是高于对物的优先受偿权的。法国法律规定有工资的优先权，还有工资的超级优先权，其不仅优先于抵押权，而且优先于法院的诉讼费用。在企业破产清算时，基本劳动标准法可以涉及工资

---

① HROMADKA W, MASCHMANN F. Arbeitsrecht [M]. Band 1, Springer-Verlag Berlin, 2015: 279.

优先权，同时可以借鉴法国，进一步区分工资超级优先权。法国工资超级优先权在时间和内容上有一定的限制，它仅仅适用于领薪者或学徒最后 60 天的酬金以及旅行推销员最后 90 天的酬金，而且其金额不能高于法律规定的按月支付的各类酬金的最高限额，但是不能低于计算社会保障分摊费用的最高限额的两倍。[①]在韩国，工资债权仅次于质权或抵押权，作为被担保的债权而处于优先的位置，但最终 3 个月的工资与最终 3 年的退休金及灾害补偿金，优先于质权、抵押权所担保的债权最先受偿。[②]我国基本劳动标准法的立法应区分工资债权中一般优先权和超级优先权，对于破产受理前 6 个月期间的最低工资标准范围内的工资债权可定性为超级优先权，其可优先于破产法上的别除权优先受偿。

其三，工资优先权和普通民事债权的关系。工资优先权优先于普通民事债权。工资优先权的法律属性系债权，但该债权的法律地位优于普通民事债权。因为工资债权关涉劳动者的基本生活保障，有维系其基本生存的保障功能，带有抚养费的性质。工资优先权虽然系债权，但其与劳动者的人身权益关联，因此优先于纯粹财产属性的普通民事债权受偿。

其四，工资优先权和税收债权的关系。工资优先权优先于税收债权受偿。税收债权是国家请求纳税义务人缴纳税款的权利，其实质是公法上的税收征收关系的体现。在税收征管法上，税收债权优先于普通民事债权，国家税收利益的保护优先于普通民事债权的保护。但是在破产法上，在破产清算顺序中，职工工资债权排在第一顺序，优先于国家税收债权。工资优先权涉及劳动者基本生存保障，其法益位阶高于税收债权。

其五，工资优先权和行政罚款、刑事罚金的关系。行政罚款、刑事罚金属于公法责任，其责任承担劣后于私法责任的承担，工资优先权优先于行政罚款、刑事罚金受偿。

---

① 于海涌.法国工资优先权制度研究：兼论我国工资保护制度的完善[J].中山大学学报（社会科学版），2006（1）：87-91.
② 王益英.外国劳动法和社会保障法[M].北京：中国人民大学出版社，2001：545-546.

4. 欠薪保障基金（工资保障基金）以及其他工资保证金制度

欠薪保障基金，是特定机构依法筹集建立，专门用于用人单位无力付薪或故意欠薪时，向劳动者垫付欠薪的基金。基金来源于用人单位缴费和财政补贴[①]，基金的管理机构系独立的特定机构（一般由人力资源社会保障行政部门委托），基金的受益对象是被欠薪的劳动者。除欠薪保障基金外，还可以通过其他工资保证制度保障，如工资保证金。我国《保障农民工工资支付条例》第三十二条规定，施工总承包单位应当按照有关规定存储工资保证金，专项用于支付为所承包工程提供劳动的农民工被拖欠的工资。工资保证金实行差异化存储办法，对一定时期内未发生工资拖欠的单位实行减免措施，对发生工资拖欠的单位适当提高存储比例。工资保证金可以用金融机构保函替代。工资保证金的存储比例、存储形式、减免措施等具体办法，由国务院人力资源社会保障行政部门会同有关部门制定。域外一些国家如法国，还有工资强制保险制度，规定雇主必须就其因为破产而无法清偿工资所承担的风险向保险公司投保。法国的工资担保协会专门负责工资事务的处理。[②] 为确保工资支付，需要建立欠薪保障基金或其他工资保证金制度，为更好地发挥其作用，还有必要再设立独立的欠薪保障基金委员会，处理好欠薪保障基金与工资保证金制度的关系，充分发挥工会参与的功能。[③] 欠薪保障基金、工资保险制度以及其他工资保证金可以并存，并形成合力，共同保障劳动者工资债权的实现。欠薪保障基金为被欠薪的劳动者提供基本生活保障，工资保险以及工资保证金则可以为被欠薪的劳动者的工资债权提供全面的担保，以充分实现劳动者的工资债权。

5. 农民工工资支付的特殊保障

基本劳动标准法可针对某些特殊群体规定特殊支付保障制度。在当前我国

[①] 劳动者不负担雇主经营成败后果，雇主按月缴纳一定数额的积欠工资垫偿基金。参见王惠玲. 积欠工资垫偿基金制度 [J]. 月旦法学杂志，1997（5）：60-67.

[②] 于海涌. 法国工资优先权制度研究：兼论我国工资保护制度的完善 [J]. 中山大学学报（社会科学版），2006（1）：87-91.

[③] 钱叶芳. 上海市欠薪保障金制度：现状和前景 [J]. 中国劳动关系学院学报，2020，34（3）：63-68.

比较重要的,也是基本劳动标准法应着力解决的是农民工工资支付特殊保障的问题。结合现行法律和实践,基本劳动标准法应重点关注如下农民工工资支付的制度设计。

其一,农民工工资专用账户制度。工程建设项目的施工总承包单位应当依法开设农民工工资专用账户,专项用于支付工程建设项目农民工工资。农民工工资专用账户资金和工资保证金一般不得因支付为本项目提供劳动的农民工工资之外的原因被查封、冻结或者划拨。从这个意义上来看,农民工工资专用账户具有信托账户的特征,其属于独立于施工总承包单位、建设单位以及托管单位的独立财产,其为支付农民工工资的目的服务。在完全实现了农民工工资支付的目的之后,才能依法注销农民工工资专用账户,账户还有余额的,才可以归施工总承包单位所有。

其二,建设单位、施工总承包单位先行支付人工费用和农民工工资。建设工程分包单位拖欠农民工工资的,由施工总承包单位先行清偿,施工单位在先行清偿后可依法向该分包单位追偿。因工程建设项目转包,拖欠农民工工资的,由施工总承包单位先行清偿,施工单位在先行清偿后可依法向其他责任人追偿。建设单位与施工总承包单位或者承包单位与分包单位因工程数量、质量、造价等产生争议的,建设单位不得因该争议不拨付工程款中的人工费用,施工总承包单位也不得因争议不发放农民工工资。建设单位与施工总承包单位、承包单位、分包单位之间关于工程数量、质量、造价等发生的争议,不影响人工费用和农民工工资的支付。

其三,建设单位或施工总承包单位的工资清偿责任。建设单位或者施工总承包单位将建设工程发包或者分包给个人或者不具备合法经营资格的单位,导致拖欠农民工工资的,由建设单位或者施工总承包单位清偿拖欠的农民工工资。施工单位允许其他单位和个人以施工单位的名义对外承揽建设工程,导致拖欠农民工工资的,由施工单位清偿拖欠的农民工工资。

第五章

职业安全健康与劳动者人格保护制度

一、基本劳动标准法中职业安全健康条款的立法选择与立法协调

（一）基本劳动标准法中宜设立职业安全健康条款

基本劳动标准法中是否设立职业安全健康条款存在较大的争议。主要反对意见认为：例如，日本 2012 年《劳动基准法》、韩国 1997 年《劳动基准法》对劳动者职业安全健康议题仅作指引性规范，委由专门立法规制；我国台湾地区"劳动基准法"对该议题完全未作规定，亦由专门政策规制；我国大陆地区亦有《安全生产法》《中华人民共和国职业病防治法》（简称《职业病防治法》）等专门立法，该类议题应通过专门立法解决。本书认为，从长远来看，该观点具有合理性，但至少在相当长时间内，该观点可行性不足，难以有效保护劳动者职业安全与健康权益。

1. 专门立法在较长时期内难以实现

由于行业及其危害风险的不同，专门立法可以有针对性地根据不同行业的风险点及其对劳动者职业安全和职业健康的潜在危害详列应对措施，从而更加充分

地保护劳动者的职业安全与职业健康。但专门立法保护模式优势的展现需依赖于既有或尽快成型的详列的职业安全和职业健康法律体系,我国尚没有统一的职业安全健康法①,在较短期限内制定并出台统一的职业安全健康法,存在相当大的难度。

(1)现行法律体系将职业安全与职业健康规范分列,前者主要为《安全生产法》,后者主要为《职业病防治法》。《职业病防治法》在2018年进行了第4次修正,《安全生产法》于2021年进行了第3次修正,分立式立法进一步强化,这一立法路径明确而坚定,并无统合的立法思路。

从政府机构职能设置来看,职业安全主要由应急管理部门管理;职业健康主要由卫生健康部门管理;劳动标准、工时、休息休假等由人力资源社会保障部门管理。统一的职业安全健康法的制定必然涉及这些管理机构职能的调整乃至整合,这与机构改革关涉甚大,整合难度亦大。从立法机关的立法理路和主管部门的设置、职能分工等来看,未来职业安全与职业健康的治理模式仍然采用分立式而非统一式,职业安全与职业健康的独立治理仍是既存状态。②由此也决定了统一的职业安全健康法的制定难度极大。

(2)从理论研究以及社会舆论来看,统一立法的呼声较弱,在短期内尚不足以支持统一的职业安全健康法的制定。虽然有学者主张将《安全生产法》和《职业病防治法》合并,由全国人大常委会制定一部符合中国国情与实际的职业安全健康法,合并立法执法③;制定综合性的基本法是正本清源的最佳途径,应推动职业安全与卫生综合一体化立法④。但总体来说,该呼声社会影响力不大,立法机关、相关主管部门均未有积极回应。

---

① 有的将"职业安全健康"称为"职业安全卫生",如我国台湾地区。但"卫生"并非劳动者的一项权利(权益),其表述更偏重管理,故本书采用前者称谓。
② 颜烨.中国职业安全健康治理趋常化分析[M].长春:吉林大学出版社,2020:213.
③ 卢芳华.职业安全权保护的国际法研究[M].汕头:汕头大学出版社,2019:211.
④ 林燕玲.国际劳工标准与中国劳动法比较研究[M].北京:中国工人出版社,2015:323.

从社会舆论来看，公众及媒体除对典型的职业健康议题如职业病、过劳死等比较关注外，对更一般性的健康问题如抑郁症，颈肩、腰椎疼痛与职业的关系，尚没有足够的重视，更没有提升到职业健康权利的认知程度，对职业健康的统一立法缺乏较强的诉求，立法机关立法动机不足。

（3）缺乏统一立法的社会基础，配套社会服务机构及设施尚无法满足统一立法特别是职业健康监管的严格要求。职业安全健康的统一立法及其实现，依赖于诸多社会因素，如对职业危害因素的确定、生理及心理疾患与职业的关联性判断、职业健康检查均需依赖于专业机构。如果这些机构不足，将会影响立法的实施，反过来将制约统一立法以及与此相应的严格执法。基于我国仍处于社会主义初级阶段的现实，全面且严格的职业安全健康设施、措施、监管尚难以普遍推行，社会中介机构等辅助性机构难以满足监管需求，统一而全面的立法尚缺乏社会基础。

2. 弥补劳动者职业安全与健康权益立法保护不足的缺陷

基本劳动标准法中设立职业安全健康条款可以弥补劳动者职业安全与健康权益立法保护不足的缺陷，满足劳动者职业安全与健康权益保护的基本需求。新时代对我国职业安全健康立法提出了新的要求，固守旧有的分别立法模式，仅仅重视安全、职业病损害，不符合时代要求，不足以保障劳动者的基本权益，需要在立法中予以改进。

（1）从全球特别是国际劳工标准来看，我国立法与之还有相当差距，需要加快职业安全健康立法。1802年英国议会通过的《学徒健康与道德法》，是世界上第一部职业安全健康法规，对劳动者健康的保护成为职业安全健康立法的重要内容。国际劳工组织在其章程序言中明确，"对工人因工患病或因工负伤予以防护"，是改善劳动条件的当务之急，国际劳工组织一贯把保护工人的职业安全和健康作为关注的重要问题之一。①我国通过的涉及职业安全健康的国际公约包括

---

① 林燕玲.国际劳工标准与中国劳动法比较研究[M].北京：中国工人出版社，2015：323.

1981年《职业安全和卫生及工作环境公约》(第155号，我国于2006年通过)、1988年《建筑业安全卫生公约》(第167号，我国于2001年通过)、1990年《作业场所安全使用化学品公约》(第170号，我国于1994年通过)、《2006年海事劳工公约》(第186号，我国于2015年通过)。我国"补丁"式法规无法在职业安全与健康方面发挥全面防控作用，应当借鉴国际经验建立系统可靠的职业安全与健康监管法治体系。[①]我国既然已经批准这些国际公约，应当尽快推进国内法的协调立法，这既是对国际公约的履行义务，也与对劳动者权利保护的国际惯例接轨。

（2）从我国职业安全健康立法状况来看，需要进一步推进职业安全健康立法。我国《职业病防治法》（2018年修正）对劳动者的一般职业安全健康权利及其保护作了原则性规范，如第四条第二款规定："用人单位应当为劳动者创造符合国家职业卫生标准和卫生要求的工作环境和条件，并采取措施保障劳动者获得职业卫生保护。"但由于我国实行职业病目录法定原则，即只有列入《职业病分类和目录》的职业病才属于该法以及相关职业病防治法律法规的规制范围，否则即便与职业活动存在较大的关联性，例如，工作压力导致的医护人员心理疾病，农业或林业工人的骨骼类疾病等，均难以列入立法及执法范围。这一状况的形成有四个原因。一是《职业病防治法》基于职业病目录法定原则，只对法定职业病重点予以防治，而对一般的职业健康损害关注严重缺失。二是该法对于一般职业健康损害作了原则性规范，但并没有规定监督措施以及法律责任，"无救济，则无权利"，职业健康权利无法从"纸面"变为现实，无法成为劳动者真正的法律权利。例如，该法第十五条规定，工作场所应当符合"有配套的更衣间、洗浴间"等卫生设施、"设备、工具、用具等设施符合保护劳动者生理、心理健康的要求"等职业健康要求。但由于其对于用人单位违反此要求的法律责任未作规定，导致实践中绝大多数用人单位未贯彻这一要求。2020年颁布的《工作场所

[①] 赵杰超，张英香，金浩，等.美国国防工业职业安全与健康法制体系研究及启示[J].环境与职业医学，2020，37（9）：915-921.

职业卫生管理规定》同样如此。三是该法的基本定位不明确。法定职业病（显性的职业危害）与职业安全健康（特别是对于职业安全健康中的隐性职业危害）的防护、治理与监管存在较大差异。前者危害后果严重、危害因素确定、因果关系明确，而后者的危害后果较轻、危害因素不易确定、因果关系存在较大争议。《职业病防治法》以及相关立法主要定位于显性的职业病防治，但又试图作为职业健康防治的一般法，两者自然无法周全。《安全生产法》也存在这一问题，其仅重视"红伤"（突发性安全伤亡事故），而相对忽视"白伤"（慢性职业卫生健康疾病）。① 四是《安全生产法》《职业病防治法》主要属于管理法，以行政监管视角为主，而非从劳动者权益保护视角出发，主要属性并非劳动保护法，无法有效应对劳动者职业安全健康保护需求，更无法及时应对新形势下产生的劳动者职业安全健康保护需求。

从立法体例来看，职业安全主要由《安全生产法》规范；职业健康（卫生）主要由《职业病防治法》规范；劳动标准、工时等归劳动法规范；应急安全归应急管理部门管辖；同时，安全等重大事故还受行业主管部门管辖，如民航飞行安全和地面安全监管责任、民航空防安全监管责任等由中国民用航空局负责。这种"五龙治水"的格局不利于职业安全健康权益的维护，也不利于职业安全健康事故及隐患的预防与治理。职业安全与职业健康（卫生）密不可分，职业安全及其隐患直接影响职业健康，仅仅从工程安全学视角，而没有从社会政策、社会文化、社会心理、行为习惯等劳动者视角考虑，难以取得有效的职业安全治理效果。

（3）从健康中国的时代要求来看，需要加快推进职业安全健康立法。我国是世界上劳动人口最多的国家，截至2023年全国就业人员74 041万人。工作场所接触各类危害因素引发的职业健康问题依然严重，职业病防治形势严峻、复杂，新的职业健康危害因素不断出现，疾病和工作压力导致的生理、心理等问

---

① 卢芳华. 职业安全权保护的国际法研究［M］. 汕头：汕头大学出版社，2019：199.

题已成为亟待应对的职业健康新挑战。[1]仅以职业安全健康的专业人士——医护人员来说，某三级综合医院调查显示，有248人次发生血源性职业暴露，发生率为8.71%；护士血源性暴露发生率为10.22%，主要暴露源为乙型肝炎病毒（28.63%）。[2]专业人群的职业安全健康尚且存在如此问题，非专业人群的职业安全健康状况可想而知。我国正在迈向第二个百年奋斗目标，在全面推进健康中国建设的新要求下，需要积极创新工会的组织建制、深入推进经济民主建设以及进一步规范和引导企业履行社会责任等，不断优化职业健康的各项保障制度。[3]

3. 为未来制定专门立法提供较好的指引、参照以及动机

面对一方面需要加强职业安全健康立法，强化对劳动者职业安全健康权利的保护，另一方面分立式立法趋势明显，立法的统一性、全面性不足的现状，较为可行的方案是渐进式强化劳动者职业安全健康权利保护、逐步推进立法统一。在基本劳动标准法中对劳动者职业安全健康权利保护作出一般性规范，有利于实现两者的调和。

（1）基本劳动标准法已经列入全国人大常委会立法规划，社会舆论呼声较高。在该法中设立职业安全健康条款，可借该法"东风"推进职业安全健康权利保护与统一的立法进程。

（2）职业安全健康权利是劳动者的基准权利之一，从权利理论、立法体例、立法技术角度而言，在该法中设立职业安全健康条款具有现实可行性。

（3）基本劳动标准法具有基础性功能，职业安全健康条款有利于未来制定统一的职业安全健康法。基于"基准法"属性，基本劳动标准法将奠定劳动权利中的基准性权利，在一定意义上将成为相关立法的基础与基准，为未来《安全生产法》《职业病防治法》的改进、制定统一的职业安全健康法，奠定法律基础、规范基础并提供立法经验与实践经验。

---

[1] 《健康中国行动（2019—2030年）》（2019年7月9日）。
[2] 刘英，肖明朝，罗松，等.2015—2018年某三级综合医院医护人员血源性职业暴露情况调查及安全防控体系构建[J].中国公共卫生，2021，37（1）：149.
[3] 刘海霞.恩格斯工人阶级职业健康思想及其跨时代启示：再读恩格斯的《英国工人阶级状况》[J].山东社会科学，2021（7）：58.

基于劳动者职业安全健康权利保护的必要性、职业安全健康条款基准规范供给的必要性，以及推进未来职业安全健康权利保护全面立法的必要性，应当在基本劳动标准法中较为全面地设置一般性职业安全健康条款。在具体的条款设置方面，可以适当借鉴《民法典》，在基本劳动标准法中设立具有总则性功能的职业安全健康条款，既为未来职业安全健康立法提供指引，又能发挥一定的统合功能，有助于未来职业安全健康立法的体系化。

（二）基本劳动标准法中设立职业安全健康条款的基本思路以及与相关立法的调适

1. 基本思路

（1）扩展职业健康保护范围，增加对劳动者生理、精神、心理健康保护。无论《安全生产法》还是《职业病防治法》均忽视了对劳动者慢性生理疾病以及精神、心理疾病的防治。《安全生产法》主要是对安全生产事故的防范、规制、救援、调查、处置的规范。对于《职业病防治法》规制狭窄的问题，前文有所述及。《职业病防治法》第二条第二款强调职业病为因职业活动接触粉尘、放射性物质和其他有毒、有害因素而引起的疾病。而非接触有毒、有害因素所引起的疾病，例如，公交车司机遭受的噪声污染和吸入空气颗粒物导致的损害[1]，邮政工人由于经常重复拣信、派信而罹患的关节痛[2]，银行业、文职人员和打字员由于长时间操作计算机而罹患颈、腰背、肩膀、手部、手臂痛[3]，由于生活噪声、空气颗粒物、工作行为，一般并不认为是有毒、有害因素，因而并未纳入《职业病防治法》规制范围。根本原因在于，我国目前无论从立法上还是从管理上来看，存在重劳动安全、轻劳动卫生的问题。[4] 国际劳工组织《职业安全、卫生和工作

---

[1] BARNWEL L, MACKENZIE S. Evaluation of Occupational Exposure to In-Bus Traffic Related Air Pollution Concentrations and Noise Levels for Bus Drivers [M]. University of Cincinnati ProQuest Dissertations Publishing, 2021: 21.

[2] 香港工人健康中心. 香港邮政局员工复发性关节痛调查报告 [R]. 1992.

[3] YU T S, WONG T W. Musculoskeletal Problems among VDU Workers in Hong Kong Banks [J]. Occupational Medicine, 1996 (4): 275-280.

[4] 王全兴. 劳动法 [M]. 4版. 北京：法律出版社，2017: 367.

环境建议书》(第164号)规定,健康不仅限于没有病痛,也包括在工作时,劳工身体上与心理上的舒适。国际劳工组织对于健康的定义,系采用世界卫生组织的见解,即所谓健康系指完全的身心舒适与幸福感,非仅限于没有病痛。①《职业安全和卫生及工作环境公约》及国际上多数国家立法例,将适用范围扩大,以求所有因工作而引起的安全及健康议题均能获得保障,所有的工作者均能享受安全及健康工作环境的权利。②在实践中,我国企业对于组织成员的职业健康关注及重视程度不够,制度规范与具体预防保障措施较为缺乏,企业开展职业健康服务的内外部环境及资源的制约是重要原因。③因此,"劳动者职业健康权不应被遗忘"。④我国在职业安全健康立法中应当加强对劳动者生理、精神、心理健康的保护,在基本劳动标准法中设立职业安全健康条款亦应如此。

(2)对职业安全与职业健康权利及其保护的统一规范。分立式立法割裂了职业安全与职业健康之间的关联。劳动安全的多头监管不但加剧了各部门间执法环节的冲突矛盾,也易引发各部门间在具体劳动安全监管活动中的相互推诿。⑤安全与卫生有很多重叠的部分,若真要区分,从其发生的急慢性角度,如果发生属急性的,就归属安全;若是慢性的,就属卫生。⑥实质上,职业安全与职业健康密不可分,职业安全事故的发生不仅可能直接危及劳动者的生命和健康,而且可能对劳动者造成潜在的损害如心理疾患;劳动者健康状况的受损,会导致控制力、对伤害的抵抗力、受伤后的恢复能力减弱,会增加事故发生的危险,扩大事故的危害后果。显性的安全事故通常存在由量变到质变的过程,"一千次的疏忽"

---

① 黄越钦.劳动法新论[M].黄鼎佑增修.台北:翰芦图书出版有限公司,2015:667.
② 蔡宏伟,侯丽娟,赖姿卉,等.职业安全卫生:工作上的安全与健康[M].台北:高立图书有限公司,2017:4.
③ 王彦斌.协同共治:职业健康服务与企业社会责任[J].深圳大学学报(人文社会科学版),2017,34(5):93-98.
④ 屈鲁宁.劳动合同解除与离岗前职业健康检查:《职业病防治法》第三十六条在劳动关系管理中的适用问题分析[J].中国人力资源开发,2015(22):77.
⑤ 崔俊杰.我国职业安全健康监管体制的演变、问题及完善[J].行政法学研究,2018(5):57.
⑥ 李金泉,萧景祥,郑世岳,等.新职业安全卫生概论[M].新北:新文京开发出版股份有限公司,2018:9.

将导致事故发生的必然性，忽视低烈度的、潜移默化的渐进式健康损害，将难以有效防范高烈度的安全生产事故的发生。重大安全事故的背后往往都存在职业健康危害因素。2019年3月21日，江苏响水天嘉宜化工有限公司"3·21"特别重大爆炸事故，造成78人死亡、76人重伤，640人住院治疗，直接经济损失19.86亿元。事故原因包括：长期刻意瞒报，违法贮存、违法处置硝化废料，安全管理混乱；环保评价机构出具虚假失实文件。① 非法贮存处置硝化废料对劳动者的健康存在损害。如果能够高度重视职业健康的预防、检查、监管，防微杜渐，可以极大地减少恶性安全事故的发生。从劳动者个人及家庭损失以及社会经济损失的视角来看，渐进式健康损害的后果未必低于安全事故造成的损害。例如，工作上的精神压力可以造成抑郁症，可能最终导致劳动者死亡。与直接造成劳动者死亡的安全事故相比，不能说抑郁症死亡的危害程度更轻。从健康中国和高质量发展的视角来看，我国未来的发展，必须高度重视安全事故，不能以牺牲劳动者的健康和生命为代价。不论是基于对劳动者权利的更好保护，还是基于对安全事故、职业病防治的更好规制，应当对职业安全与职业健康权利及其保护进行一体化规制。

（3）对职业安全与职业健康权利及其保护的原则性规范。这是在基本劳动标准法中设立职业安全健康条款与统一专门立法的主要区别。第一，基本劳动标准法不是职业安全健康法，职业安全健康条款仅仅是其小部分，不可能如独立的职业安全健康法那样全面、深入、细致地对职业安全健康议题进行规范。第二，基本劳动标准法较个别具体之法律，更着眼于指示国家施政方向及国民义务，即以确立总体性对策为基本出发点，具有通则性质。② 第三，对职业安全健康权利的保护具有历史性，超越历史阶段施以过高程度的保护可能"欲速则不达"。由此，在基本劳动标准法中设立的职业安全健康条款应当属于原则性规范，既能对用人单位等主体产生一定的规制效力，又为具体立法的深化与发展提供法律基础。

---

① 江苏响水天嘉宜化工有限公司"3·21"特别重大爆炸事故调查报告公布［EB/OL］.（2019-11-15）［2022-09-28］. http://www.gov.cn/xinwen/2019/11/15/content_5452468.htm.
② 黄越钦. 劳动法新论［M］. 黄鼎佑增修. 台北：翰芦图书出版有限公司，2015：320.

(4)对职业安全与职业健康权利及其保护的基准性规范。这是由基本劳动标准法的基本特性所决定的。基本劳动标准的内容应当以最低劳动条件来界定,包括劳动安全和职业健康。①在基本劳动标准法中设立的职业安全健康条款应当是用人单位等法律义务主体必须遵守的最低限度要求,是劳动者应当享有的基准性权利。

(5)以权利保护为核心,合理设定用人单位义务。从实践来看,我国劳动者在职业安全健康保护方面的观念、认知等均存在严重不足。实证研究表明,当前非正规就业农民工体面劳动水平整体偏低,职业安全与健康保护急需加强,体面劳动对其职业安全与健康具有显著的正向影响,构建协同治理机制、保障工作中的基本权利、完善社会保障体系、提高劳动关系双方对话实效等是促进非正规就业农民工职业安全与健康保护的可行选择。②在专业人群中,这一问题同样存在。如低年资护士的职业安全防护认知及行为掌握程度,较高年资护士仍有一定差距。③基本劳动标准法作为劳动法的一部分,必须贯彻劳动法的基本理念——劳动者保护法。因此,在基本劳动标准法中设立的职业安全健康条款应当从劳动者保护视角出发,不能从行政管理抑或行政监管的视角出发,应坚定地贯彻劳动者保护理念。但强调职业安全健康条款的劳动者保护法属性,并不意味着可以随意地、无限地扩大劳动者权益的保护范围,限设用人单位及其他主体的法律义务,权利的设定与义务的配置应当具有合理性。

2. 立法调适

在基本劳动标准法中设立职业安全健康条款,不可避免地与《安全生产法》《职业病防治法》等现行职业安全健康法律法规产生交集,如何处理它们之间的

---

① 林嘉.劳动法的原理、体系与问题[M].北京:法律出版社,2016:288;王全兴.劳动法[M].4版.北京:法律出版社,2017:68;《劳动与社会保障法学》编写组.劳动与社会保障法学[M].2版.北京:高等教育出版社,2018:172.

② 梁伟军,胡世文,谢若扬.非正规就业农民工体面劳动、职业安全与健康[J].西北农林科技大学学报(社会科学版),2019,19(2):45.

③ 李育英,阎树红,闫帅,等.护士职业安全防护认知及行为情况调查[J].中国公共卫生,2019,35(5):641.

关系，不仅关系到在基本劳动标准法中设立职业安全健康条款的立法合理性，亦关涉立法后未来法律体系的架构、法律适用的衔接等重要问题。

（1）与职业安全立法、职业健康立法的调适。在职业安全方面，现行法以《安全生产法》（2021年修正）为主，包括基本法律如《中华人民共和国农产品质量安全法》（2022年修订，简称《农产品质量安全法》）、《中华人民共和国食品安全法》（2021年修正）、《中华人民共和国道路交通安全法》（2021年修正）等，行政法规如《生产安全事故应急条例》、《烟花爆竹安全管理条例》（2016修订）等。在职业健康方面，现行法以《职业病防治法》（2018年修正）为主，包括基本法律如《中华人民共和国基本医疗卫生与健康促进法》（2019年，简称《基本医疗卫生与健康促进法》）、《中华人民共和国精神卫生法》（2018年修正，简称《精神卫生法》）等，行政法规如《公共场所卫生管理条例》（2019年修订）、《突发公共卫生事件应急条例》（2011年修订）等，行政规章如《职业病分类和目录》（2013年）、《职业病诊断与鉴定管理办法》（2021年）、《职业健康检查管理办法》（2019年修订）、《用人单位职业健康监护监督管理办法》（2012年）等。从规范功能与规范目的上区分，上述立法可以分为三类：一是行政管理类立法，即为实现国家对相关事项的监管而设置，安全类立法基本上都属于此，《职业病防治法》有行政管理属性，《公共场所卫生管理条例》《突发公共卫生事件应急条例》《职业健康检查管理办法》《用人单位职业健康监护监督管理办法》都属于此类。二是促进型立法，指以提倡和促进某项事业发展为基本宗旨的专门立法形式①，《基本医疗卫生与健康促进法》《精神卫生法》属于此类。三是保护型立法，即以保护劳动者权利为主要目的，《职业病分类和目录》《职业病诊断与鉴定管理办法》属于此类。前两类立法类型都存在对劳动者的保护，但与保护型立法仍然存在较大的区别，前两者的保护目的以社会公众、公共安全与公共健康为出发点，强调对集体的保护而非对个体的保护，对劳动者的保

---

① 江国华，童丽.反思、拨正与建构：促进型立法之法理阐释［J］.华侨大学学报（哲学社会科学版），2021（5）：102.

护仅是其应有之义,而非刻意为之;其更强调对行政机关的赋权及规范,而较为忽视个体权利的实现与救济。基本劳动标准法中的职业安全健康条款与第一类立法的协调路径是,将其保护性一般规则纳入基本劳动标准法条款,而保留其行政管理法的属性与体系。两者相互关系类似于《中华人民共和国消费者权益保护法》与各种产品质量法以及相关安全法的关系。第二类促进型立法的主要问题是法律约束力较差,执行力较弱,将其原则性、基准性规则吸收纳入基本劳动标准法,可以增强其法律约束力、执行力,更好发挥保护功能。其非原则性、非基准性规则与基本劳动标准法关系不大,可以独立存在。第三类保护型立法中,《职业病分类和目录》《职业病诊断与鉴定管理办法》主要属于具体的程序性规范,与基本劳动标准法条款不存在交集,无须考虑协调问题,可以独立存在。

(2)与行政组织、行政职权的调适。基本劳动标准法职业安全健康条款法律效力的实现,必然需依赖于行政机关等公权力。根据现行行政职能划分,职业安全健康条款必然牵涉应急行政主管部门、卫生行政主管部门。对此,第一,一部基本法律所规范的事务并不意味着只能由一个行政部门主管,多部门管辖系常态。例如,《职业病防治法》第九条规定,卫生行政部门、劳动保障行政部门负责职业病防治的监督管理工作,有关部门在各自的职责范围内负责职业病防治的有关监督管理工作。第二,基本劳动标准法主要涉及劳动领域事务,主要由劳动保障行政部门主管自无问题,但基本劳动标准法本质是劳动者保护法,而非劳动保障行政部门的管理法,并非天然地只能由劳动保障行政部门主管;从业务属性来说,职业安全健康事务亦属于劳动领域事务,只能是基于政府职能划分而归由其他行政部门主管,就业务本质而言,在基本劳动标准法中统一规定更加名正言顺。第三,不可否认的是,工会组织显然是基本劳动标准法规范内容的主要参与者,对于基本劳动标准法规范对象,仅仅由劳动保障行政部门介入,事实上亦不可行。在基本劳动标准法中设立职业安全健康条款,由多部门在独立主管的同时进行协同监管,并不与政府职能冲突,具有实践可行性。政府规制能力对企业安全法规执行程度有显著正向影响,事故问责力度与问责落实度对企业安全法规执行程度均有显著正向影响。①协同及联合监管更有利于实现劳动者职业安全健康权利，更有利于推进职业安全健康事业发展。

（3）基本劳动标准法中职业安全健康条款自身的调适。基本劳动标准法中职业安全健康条款应当涵盖基本的、通用性的职业安全健康条款，同时不应当重复设定，可以考虑从义务、权利、主体以及基本劳动标准法的职业安全健康条款与其他职业安全健康立法的关系四个方面进行规范：在义务条款方面，分别规定职业安全健康保护的国家义务、用人单位义务；在权利条款方面，分别规定劳动者的参与权、给付请求权、拒绝权、损害赔偿请求权；在主体方面，分别规定工会的权利与义务、涉及职业安全健康的跨部门执法与协调以及行业协会的功能；此外，是对其他职业安全健康立法的引致条款。

二、劳动者人格权保护的基本劳动标准规则设计

（一）基本劳动标准法设置劳动者人格权保护规则的必要性

《民法典》第四编人格权编被视为我国民事领域立法的重大制度创新，体现了《民法典》注重人的精神本性与精神追求的更深层次的人文关怀，印证了《民法典》以人为本的价值理念。②既然《民法典》第四编之人格权保护的内容适用于所有自然人，当然也就涵盖了劳动者，那么劳动者人格权在《民法典》之外是否还需要由基本劳动标准法特别保护？梳理当前《民法典》及相关法律中对劳动者人格权保护的不足之处，可以总结出在基本劳动标准法中专门设置劳动者人格

---

① 冉斌，陈明．政府规制能力对农民工职业安全的影响机制［J］．东北大学学报（社会科学版），2019，21（3）：261．

② 湖南高院．"民法典来了！"人格权首次独立成编，究竟给"人"带来了什么？［EB/OL］．（2020-06-12）［2023-12-24］．https://mp.weixin.qq.com/s?__biz=MzA5MTYxNTkzOQ==&mid=2650825867&idx=1&sn=54ec91b0ecd6125a781afe84eae2197e&chksm=8b8d6327bcfaea31b682a7fbb860183369498b8624b78034c05b304032e4016a61601106eaa6&scene=4#wechat_redirect．

权保护规则的必要性。

1.《民法典》人格权编的调整原型无法完全适配劳动关系

自 20 世纪以来，泰勒主张通过提高人机运作的速度和效率增加生产，所以企业应当将人当作机器，并且强制工人们听上司指令做事，按时完成生产进度安排。即使人群关系理论更加注重员工的人格以及员工的民主参与，但由于企业领导者的行为方式都是建立在对人性的某种假设基础之上的，所以他们仍然会有意无意地根据自己对人类行为的某种设想来管理下属。①

在这样一种以管理和被管理为主要特征的法律关系中，一方面，劳动者与民法所调整的孤独冷漠的人是不同的。《民法典》人格权编的基础是日常没有任何交往合作关系的主体，而处在被管理者地位的劳动者，其人格权更容易通过用人单位的控制、监督和惩戒遭受侵害，例如基于职场地位不平等带来的职场性骚扰等。另一方面，用人单位对劳动者的管理也是其维持生产的权利内涵，《民法典》的调整原型并不包括对用人单位用工管理权与劳动者人格权之间的平衡与协调。因而，对于劳动者人格权的保护需要由基本劳动标准法予以弥补。

此外，在《民法典》调整的法律关系模型中，侵害公民人格权仅承担民事责任而不用承担行政责任，即人力资源社会保障行政部门无法在民法体系中介入，对用人单位侵害劳动者人格权的行为进行监察。

2.《中华人民共和国就业促进法》无法涵盖所有工作阶段的歧视规制

"平等就业权是劳动者依法享有的一项基本权利，既具有社会权利的属性，亦具有民法上的私权属性，劳动者享有平等就业权是其人格独立和意志自由的表现，侵害平等就业权在民法领域侵害的是一般人格权的核心内容——人格尊严，人格尊严重要的方面就是要求平等对待，就业歧视往往会使人产生一种严重的受侮辱感，对人的精神健康甚至身体健康造成损害。"②

---

① 杜安·P.舒尔茨，悉尼·埃伦·舒尔茨.工业与组织心理学：心理学与现代社会的工作[M].10版.上海：上海人民出版社，2014：173-174.
② 最高人民法院.指导案例185号：闫佳琳诉浙江喜来登度假村有限公司平等就业权纠纷案[EB/OL].(2022-07-06)[2023-12-24]. https://www.court.gov.cn/shenpan/xiangqing/364691.html.

平等对待和反对就业歧视作为人格权保护的制度也应规定于基本劳动标准法中。《中华人民共和国就业促进法》（简称《就业促进法》）虽然设置了反就业歧视的条款，但是上述条款以促进入职和提供平等就业机会为出发点，针对的是入职阶段的歧视。但是，劳动者在所有工作阶段被平等对待的基本权利不仅仅在入职阶段，还包括劳动关系存续期间以及劳动关系解除时。因此，基本劳动标准法应定位于反就业歧视的一般性法律，涵盖入职歧视、就业中歧视、解除歧视等，同时应规定完整的就业歧视认定规则和责任承担规则。

3. 实现体面劳动理念的需要

"对劳动者劳动的尊重，根本上是对作为人的劳动者人格的尊重。"① 体面劳动要求对劳动者劳动的尊重除保障劳动者获得稳定收入的权利、被平等地对待、在安全的环境下工作外，还包括保障劳动者能够有尊严地劳动，并且能够从劳动中感受到自信和愉悦，从而"使人人都有通过勤奋劳动实现自身发展的机会"②。因此，基本劳动标准法应当设置保护劳动者人格尊严的专门条款，以实现劳动者的体面劳动。

（二）民法对劳动者人格权保护的不足之处

通过对现有法律规范的梳理可以发现，劳动者人格权保护以《民法典》作为体系基础，以《中华人民共和国个人信息保护法》（简称《个人信息保护法》）、《就业促进法》、《中华人民共和国妇女权益保障法》（简称《妇女权益保障法》）等单行法规在劳动者隐私保护、平等就业等领域形成专门规定。但是上述法律规范在劳动者人格权保护方面依然存在不足，需要通过基本劳动标准法予以弥补。

《民法典》第四编的人格权属于每个自然人享有的私权，劳动者自然也享有《民法典》所保护的自然人所享有的人格权。但是随着数字化时代的到来，用工

---

① 徐强. 体面劳动：从理念到践行［N/OL］. 光明日报，2015-03-24［2023-12-24］. https://epaper.gmw.cn/gmrb/html/2015-03/24/nw.D110000gmrb_20150324_2-11.htm.
② 习近平. 高举中国特色社会主义伟大旗帜　为全面建设社会主义现代化国家而团结奋斗——在中国共产党第二十次全国代表大会上的报告［EB/OL］.（2022-10-25）［2023-12-24］. https://www.gov.cn/xinwen/2022-10/25/content_5721685.htm.

管理的科技化、网络化手段不断提升，劳动者人格权遭受危害的可能性大幅增加，私法的救济显现出不足之处，因而有必要通过基本劳动标准法规予以保护。[1]

1. 劳动者生命健康权——《民法典》难以界定用人单位在远程用工管理中的救助义务

根据《民法典》第一千零五条，用人单位在劳动者因工作造成生命权、身体权和健康权受到侵害或者处于其他危难情形时，负有法定的救助义务并且应当及时施救。可见，从民法的角度而言，劳动者生命健康权在工作场所这样一个特殊场景下，需要特别强调用人单位的救助义务。这与《劳动法》第三条以及第六章用人单位应当保护劳动者生命健康权的义务完全一致，故而在现有法律体系下劳动者的生命健康权本就是基本劳动标准法保护的对象，不过，数字化时代用人单位保护劳动者生命健康权的方式、手段以及救助义务都发生了变化。

数字化时代劳动者工作时间和私生活时间的界限越来越模糊，劳动者持续处于一种待命状态和精神紧张的状态，劳动者遭受精神病痛的风险增加。[2]故而，数字化时代用人单位对劳动者的救助义务由于工作时间界限的模糊也难以认定。在远程办公的场景中，用人单位的救助义务不仅在工作场所，也延伸到了工作场所以外。这使得用人单位无法在传统工作场所以外的地方及时发现劳动者是否处于受到侵害或者其他危害情形当中，此时，用人单位的救助义务难以通过《民法典》的规定予以界定。

2.《民法典》调整框架下劳动者提供证据困难

（1）劳动者的名誉权——用人单位影响劳动者的后续就业难以被证明。《民法典》第一千零二十四条明确，民事主体的名誉是对民事主体的品德、声望、才能、信用等的社会评价。司法实践中，用人单位对于离职劳动者可能会进行影响劳动者后续就业的社会评价[3]，也可能会在不特定的人群中进行传播，造成劳动

---

[1] 黄程贯.劳动基准法之公法性质与私法转化[M]//黄程贯.黄程贯教授论文集：劳动与劳动法.台北：元照出版有限公司，2022：9.

[2] 多伊普勒.数字化与劳动法：互联网、劳动4.0和众包工作[M].6版.王建斌，娄宇，等译.北京：中国政法大学出版社，2022：90.

[3] 参见民事判决书（2019）粤03民终24099号.

者社会评价的降低。①在调研中，部分用人单位也表示会通过劳动者的前用人单位或者背景调查公司了解劳动者的工作表现、绩效评估等信息。在《民法典》调整的法律关系模型中，劳动者应当就原用人单位损害其名誉权进而影响其就业的事实提供证据予以证明，但是劳动者实际上很难收集原用人单位是否曾经发布过社会评价，也难以证明后续用人单位不予录用的决定是否与原用人单位的社会评价存在因果关系。

（2）平等就业——劳动者依据民事诉讼证明规则难以证明就业歧视行为。就业歧视行为作为一种特殊的侵权行为，由劳动者按照一般举证责任提供证据来证明用人单位的主观过错存在难度，胜诉困难。②数字化时代，也出现了新型的就业歧视。例如，在意大利首例算法歧视案件中，各大平台算法对外卖骑手所设计的严格等级奖励机制及惩罚机制，并不考虑骑手自身的因素（如是否为残疾人）及派送延误的各种原因。③同样，劳动者很难在"黑箱"里的算法中，找到证明用人单位实施就业歧视行为的证据。

3. 以保护民事权利为核心的民法难以实现对用人单位用工管理权的限制

（1）劳动者的荣誉权——民法难以调整用人单位的奖惩权。用人单位对劳动者荣誉权的保护，既包括对劳动者的荣誉奖励也包括不得任意撤销对劳动者的奖励。在《企业职工奖惩条例》被废止后，用人单位对劳动者给予荣誉奖励，通常会体现在双方的约定或者用人单位的规章制度中，并非一项法定义务。

与奖励相对应，用人单位还有惩戒权。允许雇主对违反其命令和指示的行为进行制裁，由于遵守雇主的命令和指示是雇员的合同义务，当雇主必须通过新命令和指示迅速调整其活动以适应不可预测的需要时，通过执行内部规则使合法制

---

① 参见民事判决书（2019）琼01民终5565号。
② 王哲，朱京安. 我国就业歧视立法规制的现实隐忧与优化路径：从概念重塑到立法因应 [J]. 西安电子科技大学学报（社会科学版），2016, 26 (6)：143；喻术红. 反就业歧视法律问题之比较研究 [J]. 中国法学，2005 (1)：135.
③ 罗智敏. 算法歧视的司法审查：意大利户户送有限责任公司算法歧视案评析 [J]. 交大法学，2021 (2)：193.

裁违约而非终止合同成为可能，惩戒权执行进一步强化了指挥与监督的"控制"特征。① 鉴于此，用人单位撤销已经颁发给劳动者的荣誉称号的权利来源是惩戒权，即用人单位的用工管理权。民法侧重对用人单位自由行使用工管理权的保护，而劳动法侧重对用人单位用工管理权的限制。因此，劳动者荣誉权的保护实质上是对用人单位行使惩戒权的一种限制。

（2）劳动者的隐私权与个人信息——《民法典》没有解决用人单位基于用工管理权的知情权限制问题。随着数字化时代的到来，劳动管理的智能化是用人单位维持生产经营秩序、提高劳动生产率的必然要求和现实选择，但也容易侵害劳动者的隐私权，因此需要正确认识和平衡处理用人单位智能化劳动管理与劳动者隐私权之间的关系。②

如果以劳动者是否在从事工作为划分标准，劳动者的隐私权既包括劳动者在工作时间的隐私，也包括劳动者的私生活安宁。有学者认为，劳动者隐私权具有如下特征：一是隐私权的载体是信息；二是该信息在工作时间和工作场所内获取；三是该信息以电子或其他方式记录；四是能够单独或者与其他信息结合识别特定劳动者身份或者反映特定劳动者活动情况的；五是该信息与劳动合同内容无关；六是作为隐私的信息，劳动者并不希望被他人知悉。③ 除此之外，劳动者的隐私还应当包括其保持自身私生活安宁与平静，以及逃避快节奏生活的喧嚣与烦躁的权利。④

与之相反，知情权的意义在于维持对自身之外世界的知晓，时刻与外界保持密切的联系与交流，只有这样才能融入日益变化的世界中。正因为隐私权与知情权这两种权利具有完全相反的价值取向，因此二者之间发生冲突也就不可避

---

① 肖竹.劳动关系从属性认定标准的理论解释与体系构成[J].法学，2021（2）：164.
② 田思路.智能化劳动管理与劳动者隐私权的法律保护[J].湖湘论坛，2019，32（2）：17.
③ 田思路.智能化劳动管理与劳动者隐私权的法律保护[J].湖湘论坛，2019，32（2）：18.
④ 王凤民.隐私权与知情权的冲突与协调：以劳动者人身权保护为视角[J].长白学刊，2007（4）：2.

免。①这种冲突在劳动者与用人单位之间直接体现在《劳动合同法》第八条，该条既赋予用人单位了解劳动者基本情况的权利，也将知情信息的范围限定在"与劳动合同直接相关"的内容。用人单位的知情权来源于其对劳动者的监督和管理，因此当劳动者隐私权与用人单位的监管权发生冲突时，用人单位监管权的使用必须符合比例原则。②

《民法典》第一千零三十三条明确了数字化时代公民私生活安宁被侵扰的可能手段，包括电话、短信、即时通信工具、电子邮件、传单等方式。劳动领域的新问题是，数字化时代用人单位在劳动者离开工作场所或在工作时间以外更容易通过上述手段要求劳动者工作时，可能会侵扰劳动者的私人生活安宁。工作场所和劳动者住所、工作时间和休闲时间的界限越发模糊甚至重合，"工作的边界逐渐消失"使得劳动者几乎需要一直"保持工作状态"。③科技的发展使得工作有了更广泛的定义，不再局限于传统意义上的工作场所内。④用人单位对于劳动者在居家办公或远程办公时管理权的延伸，使得劳动者在这种情况下不享有合理的可期待隐私权。在实践调研中，以绩效为导向的考核方式使得劳动者在休息时间不得不工作。在服务行业中，用人单位认为员工可以在非工作时间不接电话，可以自主选择工作与否，但是如果客户有投诉或者业绩达不到，那么用人单位管理者可能会对其有一定的处罚。随着工作时间的模糊，用人单位对劳动者私生活的影响不断增强，此时劳动者的主张既可以是加班费，也可以是用人单位侵扰其私生活安宁的损害赔偿。

用人单位基于对劳动力资源的配置调度，以及在履行照顾义务和承担社会责任的过程中，不可避免地要处理劳动者的个人信息。⑤数据收集的侵权风险主要

---

① 王凤民. 隐私权与知情权的冲突与协调：以劳动者人身权保护为视角[J]. 长白学刊, 2007（4）：2.

② 王健. 社交媒体中劳动者隐私权的法律保护：基于欧盟与我国司法实践的比较研究[J]. 华中科技大学学报（社会科学版）, 2019, 33（4）：123.

③ 多伊普勒. 数字化与劳动法：互联网、劳动4.0和众包工作[M]. 6版. 王建斌, 娄宇, 等译. 北京：中国政法大学出版社, 2022：70.

④ 斯普拉格. 从泰勒制到"全视监狱"：工作场所中对雇员监视的扩张[M]. 韩林平, 译// 张民安. 侵扰他人安宁的隐私侵权：家庭成员间、工作场所、公共场所、新闻媒体及监所狱警的侵扰侵权. 广州：中山大学出版社, 2012：243.

⑤ 王倩. 作为劳动基准的个人信息保护[J]. 中外法学, 2022, 34（1）：187.

是用人单位在着手收集数据之前以及收集数据的过程中，可能存在的算法技术的运行结果对劳动者产生不利影响的风险。①

考虑到用人单位在用人管理中对劳动者个人信息处理的必要性，根据《民法典》第一千零三十六条，如果用人单位在劳动者同意的范围内合理处理其个人信息，则不承担民事责任。我国《个人信息保护法》第十三条所规定的"按照依法制定的劳动规章制度和依法签订的集体合同实施人力资源管理所必需"也为用人单位基于用工管理权处理劳动者个人信息提供了正当性基础。对于如何界定"实施人力资源管理所必需"尚未有明确的规定。因此，实践中用人单位虽然对于处理劳动者的个人信息也心存忌惮，但是由于规章制度的内容最终取决于用人单位，集体合同制度仍存在诸多不足，本条也可能为用人单位处理劳动者个人信息开了方便之门。②结合劳动关系的特殊性，劳动法应当对劳动者的"知情同意"权作出更多的明确性规定。

综上所述，对用人单位知情权的限制并非民法的主要任务，而应当是侧重保护劳动者权益的劳动法法律规范来实现。

4. 职场性骚扰与职场霸凌——《民法典》未明确用人单位未尽防治义务的行政责任

对于职场性骚扰的防治，主要有两种立法模式：其一是职场保护主义，即将不受性骚扰界定为劳动者的权利，通过强调两性平等而在两性平等法、劳动就业法、反歧视法、妇女权益保障法等劳动法制度中对性骚扰进行禁止性规定，并对用人单位在职场性骚扰中科以雇主责任；其二是私权保护主义，即将不受性骚扰界定为自然人的民事权利，通过强调人格尊严而在民事权利制度、侵权责任制度等民法制度中对性骚扰进行私法规制，并对性骚扰行为人科以个人责任。③可以

---

① 汤晓莹.职场监视5.0下劳动者个人数据保护的困境与出路[J].北京社会科学，2021（9）：90.
② 谢增毅.职场个人信息处理的规制重点：基于劳动关系的不同阶段[J].法学，2021（10）：175.
③ 王毅纯.民法典人格权编对性骚扰的规制路径与规则设计[J].河南社会科学，2019，27（7）：50.

达成共识的是，我国首部真正意义上的反性骚扰立法是 2005 年修正的《妇女权益保障法》。[①] 因此我国反性骚扰立法始于职场保护主义。

用人单位之所以应当承担职场性骚扰发生的预防义务，是因为职场是劳动者服从雇主的指挥命令提供劳动力的场所，所以雇主必须采取雇佣管理上的必要措施以预防性骚扰的发生。[②] 事实上，《民法典》第一千零一十条也突出强调了对职业场所性骚扰的规制作用并强化用人单位责任。[③] 司法实践中，强化用人单位的预防和处理义务，具体体现在管理人员的管理行为上。用人单位的管理人员对被性骚扰员工的投诉，应采取合理措施进行处置。管理人员未采取合理措施或者存在纵容性骚扰行为、干扰对性骚扰行为调查等情形的，用人单位有权以管理人员未尽岗位职责，严重违反规章制度为由解除劳动合同。[④]

《关于消除劳动世界中的暴力和骚扰的公约》的重要贡献之一，在于明确了职场可能存在的精神暴力情形——"劳动世界中的暴力影响到人的心理、生理和性健康，人的尊严"。职场霸凌目前并没有被我国法律明确规定，但是实践中遭受职场霸凌的人并不在少数。职场霸凌行为通常表现为无端指责谩骂、同事的排挤与孤立、言语上的威胁、当众侮辱、恶意中伤、性骚扰、上级利用职权对属下员工进行报复性的调岗（跨地区）、降职降薪、惩罚性罚款、扣发工资奖金、打压施压劝退、不公平对待等行为，这些行为对于劳动者的心理和生理健康都会带来不良影响，极大损害了劳动者的人格尊严。但是对于职场霸凌行为，劳动者的维权案例却十分少见，一方面是因为维权获得的赔偿与成本不成正比，另一方面劳动者进行维权的过程，也是对伤害事件的再次演绎，可能会对其造成二次精神

---

① 2005 年修正的《妇女权益保障法》第四十条明确规定："禁止对妇女实施性骚扰。受害妇女有权向单位和有关机关投诉。"

② 田思路. 日本职场性骚扰的法律规制 [J]. 日本研究，2010（2）：115.

③ 卢杰锋. 职场性骚扰的用人单位责任：从《民法典》第 1010 条展开 [J]. 妇女研究论丛，2020（5）：90.

④ 最高人民法院. 指导案例 181 号：郑某诉霍尼韦尔自动化控制（中国）有限公司劳动合同纠纷案 [EB/OL].（2022–07–06）. https://www.court.gov.cn/shenpan/xiangqing/364651.html.

和心理伤害。①

但是，用人单位未尽到职场性骚扰防治义务仅承担民事责任则缩小了劳动者的救济途径。虽然《劳动保障监察条例》并没有将职场性骚扰防治义务纳入劳动保障监察的范围，但是根据《妇女权益保障法》第四十九条，就业中的性别歧视行为被纳入劳动保障监察范围。②从维护劳动者平等就业的角度而言，用人单位防治性骚扰、职场霸凌的义务并非仅仅是一项民法上的义务，也应当被纳入人力资源社会保障行政部门的监察范畴。

综上所述，民法对于劳动者人格权保护不足之处主要体现为：数字化时代用人单位在远程用工管理中的救助义务难以界定，劳动者提供证据困难，以保护民事权利为核心的民法难以实现对用人单位用工管理权的限制，《民法典》未明确用人单位未尽防治义务的行政责任。

（三）基本劳动标准法保护劳动者人格权的具体规则设计

为回应上述问题，基本劳动标准法应在《民法典》人格权编所设立的体系框架基础上，结合劳动关系的特殊性对人格权的各项内容进行具体的规则设计。

1. 劳动者生命健康权保护

在传统基本劳动标准法保护劳动者生命健康权的基础上，未来基本劳动标准立法还应当着重考虑在绩效导向之下，以工作结果代替工作时间来衡量劳动者工作效果时，劳动者因"随时工作""随时待命"造成的生理健康和心理健康问题。因为数字设备在工作场所的广泛应用，对劳动者的工作时间和休息休假、工作中的身心健康和安全等基本权利都会产生不利影响。③这一基本劳动标准保护可能与工作时间、劳动者的私生活安宁保护发生交叉。从强化用人单位救助义

---

① 中国青年报. 一些年轻人正在沉默中经受职场霸凌[EB/OL].（2020-09-25）[2023-11-19]. http://www.xinhuanet.com/politics/2020-09/25/c_1126537786.htm.

② 《妇女权益保障法》第四十九条：人力资源和社会保障部门应当将招聘、录取、晋职、晋级、评聘专业技术职称和职务、培训、辞退等过程中的性别歧视行为纳入劳动保障监察范围。

③ 葛家欣. 数字时代劳动者离线权保障：欧盟经验与中国路径[J]. 北京航空航天大学学报（社会科学版），2022，35（5）：6.

务的角度而言，基本劳动标准法应当在工作时间部分，通过限定工作时间的规则实现保护劳动者生命健康权的目的，不能以牺牲劳动者身体健康为代价完成工作。①

在基本劳动标准法中，应当强调用人单位在工作场所负有保护劳动者生命健康权的义务。对处于危险境况中的劳动者应当承担救助的义务。同时，应当将远程工作、居家工作的劳动者纳入保护范畴并作特殊的规则设计，应当通过在线工时管理系统与工时制度协同确保劳动者的休息时间，以保障劳动者的生理健康和心理健康。

2. 劳动者名誉权保护

从现有的司法案例来看，劳动者认为用人单位侵害其名誉权的可能会表现为，劳动者离开原用人单位，认为原用人单位发布的信息损害了劳动者的社会评价，并且该社会评价可能会影响到其再次就业。②例如，用人单位在解除劳动合同后至劳动服务保障机构以"劳动者过错"办理退工手续，就是作出了对劳动者不客观的负面评价，侵犯了其名誉权并造成严重影响其再就业的后果。③劳动者与用人单位存在未结案劳动争议时，前雇主与后雇主评论劳动者，致使后雇主对劳动者的评价降低、人品存疑，并且直接拒绝了与劳动者的面试沟通。④

法院在认定用人单位是否侵害劳动者名誉权时，除按照《民法典》审查侵害名誉权的构成要件外，对于"是否造成不良社会评价"的认定也需要考虑这种评价是否会影响劳动者的后续就业。如果劳动者无法证明或者提供的证据不足以证明其未被新用人单位录取与前用人单位所作评价存在必然联系，或者如无该干扰因素，劳动者必然能够被新用人单位录取，则前用人单位不构成对劳动者名誉权的损害。

基本劳动标准法应当规范用人单位对劳动者进行评价的行为，用人单位不得

---

① ErfK-Preis，§611 BGB Rn 643.
② 参见民事判决书（2019）粤03民终24099号、（2018）苏02民终5233号。
③ 参见民事判决书（2018）苏02民终5233号。
④ 参见民事判决书（2019）粤03民终24099号。

向劳动者的后续用人单位发布影响劳动者名誉权的信息，也不得在用人单位内部发布影响劳动者名誉权的信息。

3. 劳动者荣誉权的保护

基本劳动标准法对劳动者荣誉权的保护侧重的是对用人单位惩戒权的限制，主要规制的对象是用人单位不当行使惩戒权，撤销已经授予劳动者的荣誉称号或奖励。实践中，如果劳动者因为违反用人单位规章制度或者没有按照约定履行劳动合同时，用人单位有可能行使惩戒权对劳动者进行处罚，撤销已经授予劳动者的荣誉称号或奖励。

基本劳动标准法对用人单位撤销劳动者荣誉称号或奖励的限制，应当首先明确用人单位撤销行为的合法性与合理性，即用人单位撤销劳动者荣誉称号或奖励的事由应当由法律规定。其次，用人单位撤销劳动者荣誉称号或奖励的行为应当符合法定程序，由于该行为是对劳动者的一种惩戒，因此撤销荣誉称号或奖励应当通知工会并听取劳动者对撤销事由的解释和说明。最后，针对荣誉称号或奖励被违法撤销的情形，应当为劳动者提供有效的救济措施。

4. 劳动者隐私权与个人信息保护

（1）增强对劳动者私生活安宁的保障。随着工作生活与家庭生活的融合，加上先进技术的支持，雇主以前所未有的强度对雇员展开的不间断监视得以实现。与工作有关的可期待的隐私权范围正逐渐缩小，且这样的趋势正在不断蔓延至雇员在传统工作场所以外的生活。即使立法者想要扩大对雇员隐私权的保护范围，法律仍总是会倾向于尊重雇主合法的商业利益。[①] 因此，基本劳动标准法在设定保障劳动者隐私权的规则时，需要平衡用人单位的商业利益与劳动者的人格尊严。

劳动者"离线权"的引入是保护劳动者私生活安宁的一种重要途径。主要涵盖以下要素：一是非工作时间的"离线"；二是"离线"即"断连"，劳动者可关

---

① 斯普拉格. 从泰勒制到"全视监狱"：工作场所中对雇员监视的扩张 [M]. 韩林平，译 // 张民安. 侵扰他人安宁的隐私侵权：家庭成员间、工作场所、公共场所、新闻媒体及监所狱警的侵扰侵权. 广州：中山大学出版社，2012：249.

闭数字通信设备或面对用人单位的工作指令不予回复；三是劳动者不因行使该权利而处于不利地位。① 从实践调研的情况来看劳动者为了完成工作任务可能仍然会接受违反工作时间规则的工作任务，造成工作时间法律规则的实施困难。故而基本劳动标准法应当通过设置保障劳动者私生活安宁的规则强化用人单位保障劳动者人格权的义务，从而促进工作时间规则的实施。

在考虑用人单位的商业利益时，强制性的离线权保护可能也会无法应对突发的工作量增大的特殊情况，② 此时基本劳动标准法应发挥对用人单位利益和劳动者私生活安宁的平衡作用，基本劳动标准法在坚持劳动者私生活安宁不受打扰原则的同时，也不应放弃通过用人单位和劳动者集体协商的方式来确定离线的时间规则以及应对突发状况的对策。

（2）比例原则在处理劳动者个人信息时的体现。在已有的立法例中，英国的劳动基准法包含了劳动者的个人信息保护制度。③ 当然，也有观点主张个人数据受保护权的本质是基于其公民身份的信息自决权④，是一种宪法权利。用人单位获取劳动者个人信息的途径和渠道也越来越多样化，社交媒体监控、劳动者在社交媒体的言论等方面的监控手段也越来越简便。司法实践中，用人单位可以通过多种途径获得劳动者在社交媒体的言论，例如微博、朋友圈等，并会因劳动者在社交媒体发布不当言论而解除劳动合同。⑤

用人单位法律上的正当利益与其采取的措施对劳动者个人信息的影响程度

---

① 葛家欣．数字时代劳动者离线权保障：欧盟经验与中国路径［J］．北京航空航天大学学报（社会科学版），2022，35（5）：3+7.
② 大众汽车公司自2011年8月起实行一项规定：工作日晚上6:15至早上7:00和周末，公司服务器不可访问；办公用的手机也只可用于打电话，从而约4 000名被集体合同覆盖的雇员在这些时段内无法发送电子邮件，也无法在线工作。大众汽车公司的这一规定平衡了工作与生活，已被广泛接受。不过这一规定也招致批评：总会发生某段时间的工作量非常大的情况，雇员此时可能并不想在下午6:15结束工作；非要强制其下班只会增加第二天的工作压力。多伊普勒．数字化与劳动法：互联网、劳动4.0和众包工作［M］．6版．王建斌，娄宇，等译．北京：中国政法大学出版社，2022：76.
③ 闫冬．英国劳动基准立法［J］．中国劳动，2012（12）：33.
④ 戴激涛．作为宪法权利的个人数据受保护权［J］．人权，2021（5）：123.
⑤ 参见民事判决书（2014）海民初字第9493号、民事判决书（2018）京02民终970号民事判决书。

是否符合比例成为职场个人信息保护的一个核心问题。对此,许多国家都将比例原则,即雇主正当利益和雇员权利受到侵扰的程度合乎比例,平衡雇主正当利益与雇员隐私和个人信息权利,作为职场个人信息保护的一项重要原则。[1]当涉及隐私的个人信息与雇主的监管权发生冲突时,必须采用一种合比例的方式。也就是说,雇主的监管权的使用在社交媒体中虽然不能被阻止,但是必须符合比例原则。[2]用人单位对劳动者在非职场空间下个人数据的收集与处理行为应受到严格限制,除非存在例外情形。即使在这些例外情形中,用人单位可以收集和处理劳动者个人数据,但在手段上也需要符合比例原则。[3]

在我国,《民法典》与《个人信息保护法》体系中对信息处理规定的"合法、正当、必要"三原则及其具体规定也已吸收了比例原则的核心内容,目的限制原则就已经涵盖了比例原则中适当性及必要性的主要部分。在劳动者个人信息处理行为的正当性、必要性判断中,比例原则的适用应充分考虑到劳动者与用人单位之间的人身依附性。[4]

(3)劳动者平等就业权保护的一般规则。在我国的反就业歧视规范体系中,主要由《中华人民共和国宪法》(简称《宪法》)、《劳动法》、《就业促进法》等综合性基础法律规范和《妇女权益保障法》、《中华人民共和国残疾人保障法》(简称《残疾人保障法》)等针对特殊群体的特别法律构成。从司法救济的角度来看,《民事案件案由规定》将"平等就业权纠纷"归属于"一般人格权纠纷"的案由体系中。由此可见,我国将平等就业权的保护作为人格权和人格尊严保护的一项重要内容。

基本劳动标准法对劳动者平等就业权保护的规则设计应当主要考虑如下4个

---

[1] 谢增毅.职场个人信息处理的规制重点:基于劳动关系的不同阶段[J].法学,2021(10):169.

[2] 王健.社交媒体中劳动者隐私权的法律保护:基于欧盟与我国司法实践的比较研究[J].华中科技大学学报(社会科学版),2019,33(4):123.

[3] 汤晓莹.职场监视5.0下劳动者个人数据保护的困境与出路[J].北京社会科学,2021(9):94.

[4] 吴文芳.劳动者个人信息处理中同意的适用与限制[J].中国法学,2022(1):239-240.

问题。

一是在基本劳动标准法当中应当构建认定就业歧视的构成要件及法律责任。这部分内容应当首先考虑与未来《就业促进法》的修订以及反就业歧视专门立法的协调。因此，基本劳动标准法应当对就业歧视构成要件作原则性或者援引性立法的规则设计。

二是以禁止性规范构造的形式明确就业歧视的事由和具体行为表现。采用列举式的立法技术，一方面避免因过于抽象的概念式表述给司法机关和执法部门带来理解和适用的困难①，另一方面沿用《就业促进法》中的"等"字开放性列举方法，通过判断劳动者个人特质与"工作内在要求"是否"有必然联系"②来认定就业歧视行为，以解决诸如算法歧视等数字化时代的隐性歧视问题。除列举歧视的事由外，还可以借鉴《妇女权益保障法》第四十三条明确列举禁止性行为的立法方式，列举构成就业歧视的具体行为表现。

三是通过设置"推定构成歧视行为"条款、"不构成歧视"条款以及"劳动者承担初步举证责任"条款来实现降低劳动者证明难度、为劳动者平等就业权提供实质保护的目的。

四是吸纳《就业促进法》《妇女权益保障法》中关于反就业歧视的救济途径，通过激活劳动保障监察部门对就业歧视的监察职能和公益诉讼制度的引入，拓宽劳动者平等就业权的行政救济途径和司法救济途径。

（4）强化用人单位防治职场性骚扰与职场霸凌的义务。工作场所性骚扰的防治早在2012年国务院颁布的《女职工劳动保护特别规定》中就有所规定。民法的作用侧重为劳动者在遭受性骚扰之后提供私法救济的请求权基础，基本劳动标准法的作用在于强化用人单位或用工主体构建性骚扰防治的机制来保护劳动者人格权的义务，并通过人力资源社会保障行政部门的事前介入对职场性骚扰和职场

---

① 阎天.重思中国反就业歧视法的当代兴起[J].中外法学，2012，24（3）：563.
② 最高人民法院在指导案例185号中指出，用人单位基于劳动者的性别、户籍、身份、地域、年龄、外貌、民族、种族、宗教等与"工作内在要求"没有必然联系的"先赋因素"进行选择，后者构成为法律禁止的不合理就业歧视。

霸凌行为进行防治。

  基本劳动标准法还应当回应用人单位与遭受职场性骚扰和职场霸凌劳动者的证明责任分配。为了能够实现实体公正与程序正义，有学者认为对于特殊侵权行为应当采取举证责任倒置规则。但是，在职场性骚扰案件中实行"举证责任倒置"不仅不利于案件事实的查明，也不利于实现实体公正和程序正义，而且会使被告陷入不利境地。由于在"举证责任倒置"下被告证明性骚扰不存在的难度较大，甚至可能远大于原告证明性骚扰存在的难度。[①]因而有学者建议：一方面，对性骚扰争议不能适用"举证责任倒置"，要求骚扰者自证清白是有失公允的，因此仍须坚持"谁主张，谁举证"的原则；另一方面，不能因证据来自用人单位内部就否定其证明力，这是由职场性骚扰的特殊环境所决定的。[②]

[①] 卢杰锋.职场性骚扰案件证明问题研究［J］.妇女研究论丛，2019（5）：84.
[②] 王天玉.言辞型职场性骚扰的司法裁判逻辑［J］.妇女研究论丛，2020（5）：68.

第六章

用人单位惩戒制度

用人单位惩戒制度是多年来我国理论和实务界多有讨论，但始终未形成有力学说和实践共识的问题。理论研究中存在着肯定说和否定说两种学说，肯定说关于用人单位惩戒的正当性基础又形成固有权说、契约说、定型化契约说、集体合意说、法规范说、维护企业秩序说等不同观点。[①] 从实践来看，用人单位惩戒的行使非常普遍，甚至最具争议的罚款措施却被认为是最有效的惩戒措施[②]，但立法在该问题上却呈现空白或对立的格局：中央层面的立法中当下并无用人单位惩戒的任何规则；地方性立法中是否允许用人单位惩戒存在对立的立法例。例如，仅在广东一省，《广东省劳动保障监察条例》和《深圳经济特区和谐劳动关系促进条例》就作出了截然

---

① 王全兴.劳动法 [M].4版.北京：法律出版社，2017：291-292；谢增毅.用人单位惩戒权的法理基础与法律规制 [J].比较法研究，2016（1）：2；黄越钦.劳动法新论 [M].黄鼎佑增修.台北：翰芦图书出版有限公司，2015：301-303；董文军.我国惩戒处分法律规制问题研究 [J].当代法学，2010，24（3）：120；刘文华，王文珍，许斌，等.专家热议：劳动纪律和惩戒制度 [J].中国劳动，2008（9）：6；王小凯，徐道稳.企业罚款惩戒之第三条道路：平衡劳资双方利益的民主共决 [J].中国劳动，2015（4）：58-61；汪银涛.企业惩戒权法律规制之反思 [J].河南财经政法大学学报，2021，36（2）：83.

② 刘文华，王文珍，许斌，等.专家热议：劳动纪律和惩戒制度 [J].中国劳动，2008（9）：12.

不同的规定。^① 在基本劳动标准法的制定过程中，围绕基本劳动标准法如何规定用人单位惩戒制度再次发生意见分歧。理论和实务观点之所以存在如此差异，很大程度上源于人们在用人单位惩戒正当性基础认识上的困境：劳动关系通过合同建立，是一种个体之间的交易关系，惩戒却在生产组织体中运行，管理者行使着一种权力。从劳动合同到组织体之间的鸿沟让用人单位惩戒无法得到自恰解释，进而也无法按照法教义学的逻辑从该正当性基础上推演出规范层面的命题。正当性基础论证的脆弱以及从该基础到规范的断裂成为我国用人单位惩戒制度发展的硬伤，也是制约该制度发展的根本所在。有鉴于此，本书将首先探究用人单位惩戒的正当性基础这一根本问题，并据此揭示从个别劳动关系中的指示权到集体劳动法层面组织权的基本原理，在此基础上完成对我国用人单位惩戒内容及行使规则的建构。

一、用人单位惩戒的正当性基础：交易抑或组织体？

（一）分歧的学说及其实质立场

如上所述，关于用人单位惩戒的正当性基础，存在非常不同的学说。但这些纷繁的学说在总体上可以分为两个视角三类理论：公法视角的授权理论、私法视角的合同理论、私法视角的组织体理论。公法视角的授权理论以法规范说为代表，认为"惩戒不是平等主体之一方对他方的私力制裁，而是基于国家授权的一种存在于经营体的司法权"^②。该理论需要克服国家为何要介入用人单位内部管理

---

① 《广东省劳动保障监察条例》第五十条规定，"用人单位的规章制度规定了罚款内容，或者其扣减工资的规定没有法律、法规依据的，由人力资源社会保障行政部门责令改正，给予警告"。而《深圳经济特区和谐劳动关系促进条例》第十六条则规定，"用人单位依照规章制度对劳动者实施经济处分的，单项和当月累计处分金额不得超过该劳动者当月工资的百分之三十，且对同一违纪行为不得重复处分"。

② 王全兴．劳动法［M］．4版．北京：法律出版社．2018：292；黄越钦．劳动法新论［M］．黄鼎佑增修．台北：翰芦图书出版有限公司，2015：301-303.

以及公权力为何可以授予私人行使等理论难题。在市场经济条件下，上述问题几乎无法解决。授权理论更多是计划体制之下将用人单位秩序理解为国家秩序的制度安排①；在推行劳动力市场配置的国家，这种理论以及基于该理论的实践大都会被放弃。我国在《劳动合同法》实施后废止了1982年制定的直接由国家规定奖惩的《企业职工奖惩条例》，正是这一思路的体现。在市场经济条件下，用人单位惩戒作为劳动者和用人单位之间的权利义务安排，只能在私法视角展开；目前国内外学者立足市场经济而提出的相关学说本质上都可以归入组织体理论和合同理论之中。契约说和定型化契约说都主张"企业罚的正当性基础存在于合同中"②，只不过定型化契约说进一步认为作为惩戒基础的是定型化契约（即格式合同）③。这类学说都从违约责任角度讨论用人单位惩戒的结构④，例如将罚款理解为违约金⑤。日本等国的主流学说持这种观点，认为"雇主惩戒限建立在劳动合同基础上"⑥。不同于合同理论，固有权说、集体合意说、维护企业秩序说在根本上都是将企业作为一个组织体来理解，并从组织体权利的角度论证惩戒权的基础。对此，固有权说认为"企业者乃为共同目的而组织之活动团体，基于组织体制度之形成，当然即具有统治力"⑦。集体合意说也是如此，"用人单位惩戒的基础在于社会自治，该社会自治就像在社团中通过章程一样，在此通过工厂协议或团体协议使得像章程一样确立的用人单位惩戒秩序得以正当化"⑧。维护企业秩序说也以企业作为一个组织体为讨论前提，"雇主秩序性惩戒的法律基础是劳动者对工

---

① RÜTHERS B. Arbeitsrecht und politisches System [M]. Athenäum Fischer Taschenbuch Verlag, 1973: 96.
② RICHARDI. Betriebsverfassungsgesetz [M]. 13. Auflage, Verlag C. H. Beck, 2012: 1315.
③ 董文军. 我国惩戒处分法律规制问题研究 [J]. 当代法学, 2010, 24（3）: 118-123.
④ LUHMANN U. Betriebsjustiz und Rechtsstaat [M]. Verlagsgesellschaft Recht und Wirtschaft MBH, 1975: 105ff.
⑤ BAUR. Betriebsjustiz [J]. JZ, 1965: 165.
⑥ GAMILLSCHEG F. Kollektives Arbeitsrecht [M]. Band 2, Verlag C. H. Beck, S.892；荒木尚志. 日本劳动法 [M]. 李坤刚, 牛志奎, 译. 北京: 北京大学出版社, 2010: 116.
⑦ 黄越钦. 劳动法新论 [M]. 黄鼎佑增修. 台北: 翰芦图书出版有限公司, 2015: 301.
⑧ RICHARDI. Betriebsverfassungsgesetz [M]. 13.Auflage, Verlag C. H. Beck, 2012: 1314; Bericht zur lage der Nation 1972, BT-Drucks. Ⅵ/3080, S.159.

厂秩序的服从，该服从与其加入这个生活领域相联系"①。上述三种学说的差异仅在于组织体是如何生成的：存在着先在的组织体（固有权说、维护企业秩序说）还是通过集体合意生成了组织体（集体合意说）。组织体理论是德国用人单位惩戒的主流观点，德国联邦劳动法院认为"企业惩戒是自治的企业联合领域中企业伙伴自治权力的产物"②。

综上所述，在市场经济条件下的实践和理论中，用人单位惩戒正当性基础形成了合同理论和组织体理论二元对立的格局，各种不同的学说都沿着这两个理论方向在展开，只是两种理论的不同变种而已。因此，必须回归两种理论及其根本所在才能深入开展讨论。

（二）交易抑或组织体？

在根本上，上述两种理论及其存在的问题涉及对劳动者和用人单位之间关系的不同认识。劳动关系通过劳动合同建立，是劳动者承担提供依附性劳动义务，用人单位承担报酬支付及保护和照顾义务的双方法律关系，这都是其交易性的一面或者说个体性的一面；但现代生产却是一种有组织生产，劳动关系需要在充满秩序的生产组织中完成，这是其组织体的一面或者集体性的一面。③ 交易性面向与组织性面向是劳动关系协调的制度设计中始终需要面对的问题，在用人单位惩戒问题上也是如此。着眼于前者，则会坚持合同理论，并为如下问题所困惑。其一，从制度目的来看，"违约金首先服务于个别劳动法上给付义务的履行"④。或者说"违约金是为了保障债权性合同的履行，债权人省却了经常非常困难的损害证明以及在特定情况下可以对非物质损害予以赔偿"⑤。但用人单位惩戒的目的却不是填补个别劳动关系中用人单位遭受的损害，而是实现

---

① NIKISCH A. Arbeitsrecht [M]. Band 3, 2.Auflage, 1966: 417.
② RICHARDI. Betriebsverfassungsgesetz [M]. 13.Auflage, Verlag C. H. Beck, 2012: 1315.
③ 关于该问题的深入讨论，参见沈建峰.去组织体化用工及其当事人确定与责任承担[J].政治与法律，2022（8）：2-15.
④ FITTING. Betriebsverfassungsgesetz [M]. 27.Auflage, Verlag Franz Vahlen, 2014: 1361.
⑤ MEYER CORDING, Betriebsstrafe und Vereinsstrafe im Rechtsstaat [J]. NJW, 1966: 227.

企业生产秩序的维护。① 其二，从实施机制来看，"该惩罚不像违约金那样在出现特定事件时就发生了，而是由雇主或为此设立的专门机构来实施，它也不必然是由劳动者支付一定数额的金钱或给付，警告、训斥是更常见、更典型的惩罚"②。如果着眼于后者，则会主张组织体理论，认为用人单位惩戒源于生产组织体，"企业惩戒的法律基础是由企业创设的人法，将其惩戒解释为合同法中的债权性因素是很难令人满意的"③。但该理论同样存在两方面需要解释的问题。其一，在法律技术上，该生产组织体如何形成？也即通过劳动合同的订立如何在劳动者之间以及劳动者和用人单位之间形成一个组织体？其二，将劳动者融入组织体中，并通过用人单位惩戒形成成员和管理者的关系，在思想方法上重建了一种私人间的服从关系，这与当代劳动关系以及一般法律思想的发展背道而驰。"根据当今正确的观点，劳动关系不再是一种支配关系或管理关系。雇主、工厂以及工厂共同体并非凌驾于劳动者之上。劳动者和雇主之间更多是完全平等的债权性关系，从该关系中无法推导出支配权。"④ 而承认企业是组织体，并据此承认用人单位的惩戒，"就走上了一条危险的道路：必然从合同性的平等主体者的合作走向了群体法上的隶属，进而背离劳动关系作为合同关系，走向了对我们的私法来说异质的权力关系"⑤。从组织体理论论证用人单位惩戒也因而备受批评，我国台湾地区的学者黄程贯甚至称其为"封建余孽与残渣"⑥。

（三）交易基础上的自治控制

基于以上论述，可以认为，从劳动关系本身的特殊结构出发，如果仅坚持交

---

① HUECK A, NIPPERDEY H C. Lehrbuch des Arbeitsrechts [M]. Band 2, 2.Halbband, Verlag Franz Vahlen GmbH, 1970: 1378.
② NIKISCH A. Arbeitsrecht [M]. Band 3, 2. Auflage, J. C. B. Mohr, 1966: 417; GAMILLSCHEG F. Kollektives Arbeitsrecht [M]. Band 2, Verlag C. H. Beck, S883.
③ MEYER-CORDING. Betriebsstrafe und Vereinsstrafe im Rechtsstaat [J]. NJW, 1966: 226.
④ NEUMANN. Die Rechtsgrundlage von Betriebsstrafenordnungen [J]. RdA, 1968: 252.
⑤ SÖLLNER A. Anmerkung [J]. JZ, 1966: 804.
⑥ 黄程贯. 企业惩戒权 [J]. 台湾社会研究季刊, 1989 (3)、(4): 33.

易性或者组织体中的任何一面均始终无法解决上述二者必然存在的逻辑和理念问题。要在根本上解决上述问题，需要一种将劳动关系调整中的交易性和组织体的一面结合起来的理论。对此，国内已有学者进行了尝试，提出"惩戒权源于劳动合同，主要说明惩戒权的权力来源；而自治权力主要描述了惩戒权的表现形式和实施方式，后者和前者为表里关系，并不矛盾"①。具体而言，"惩戒权是从劳动关系和劳动合同本身引申出来的雇主应有的权利，既是雇主'固有'的权利，同时，这种权利也是建立在'契约'基础之上的"②。但同时"由于雇主的惩戒内容大都通过雇主和雇员的集体协议或者规章制度（工作规则）体现出来……而集体（团体）协议或规章制度往往具有适用于超出单个劳动者的'法规'的普遍效力，加上集体（团体）协议和规章制度的制定往往需要较高的民主参与度，惩戒权也被视为企业团体自治权力"③。简而言之，也就是惩戒是基于合同的用人单位权利，但用人单位惩戒的行使需要通过用人单位规章或集体协议进行，所以它又是自治的。这一将合同与组织体结合的思考为进一步考虑用人单位惩戒提供了启示，但也存在需要进一步解决的问题。其一，"惩戒权是雇主实现其领导、指挥、管理雇员的重要手段和重要内容"④，是建立在合同基础上的指示权的特别表现形式。但按照指示权的一般理论⑤，指示权是确定劳动合同给付内容的权利，如果违反了指示只会产生劳动合同不履行的效果，当事人应承担的是违反劳动合同的法律责任，而无法直接产生惩戒的问题。从指示权到惩戒权尚需要一个法律上的机制。其二，如果惩戒是指示的特殊表现形式，则按照指示权的逻辑，惩戒就是由用人单位单方行使的。引入集体合同、用人单位规章的必要性和正当性就成为问题，仅仅能做一种合理性论证：它们是惩戒合理性控制的手段。一旦这样，没有用人单位规章，没有集体合同约定等但惩戒合理时，就依然可以惩戒，用人单位规章等变得可有可无。这不利于惩戒的规范化，而惩戒的规范化是惩戒制度

---

① 谢增毅. 用人单位惩戒权的法理基础与法律规制 [J]. 比较法研究，2016（1）：1-14.
②③④ 谢增毅. 用人单位惩戒权的法理基础与法律规制 [J]. 比较法研究，2016（1）：3.
⑤ 沈建峰. 论用人单位指示权及其私法构造 [J]. 环球法律评论，2021，43（2）：54.

设计的一般要求①，也不符合我国立法实际。在我国，一般认为惩戒是违反劳动纪律的法律后果，而劳动纪律被置于用人单位规章之中。因此，在上述研究基础上，依然需要进一步打通合同和组织体之间的通道，解决用人单位惩戒的正当性问题。在此，将可以看到用人单位指示权集体化的逻辑。

（四）指示权的集体化与生产组织体的形成

如上所述，仅仅有建立在劳动合同基础上的用人单位指示权并不足以支撑用人单位惩戒的正当性。但用人单位指示权却为生产组织体的形成提供了前提：用人单位指示权给用人单位提供了将通过单个合同获得的根据自己意志使用劳动力的可能性，通过指示权行使最终在事实层面形成了生产组织体或经营共同体，这种组织体也被称为企业（Betrieb）。"经营共同体是一种包含雇主和所有工厂成员的社会群体""涉及一种事实上的，通过用工自动出现的共同体"。②但该事实上存在的组织体如何进行法律定性并产生相应法律效果却需要进一步解释：其形成不同于传统的社团，不是私人自由结社的结果，不能适用社团的规则，劳动者在签订劳动合同时根本不会存在与其他劳动者和用人单位形成团体的意思；也不同于公组织，它不是国家公权力安排的结果，不适用公权力机关的规则，市场经济条件下，国家不会安排企业的生产组织问题；它是用人单位对基于劳动合同而享有的指示权进行组织的结果，因此需要一种特殊的法律上的安排，解释基于用人单位单个指示权而事实上出现的生产组织体如何成为法律上可以生成规范和进行惩戒的组织体。这一点需要从指示权集体化的角度展开。

在生产组织体形成后，劳动给付出现了集体化现象，劳动者的劳动给付不再是在劳动者和用人单位之间，而是在组织体中完成的，劳动者的劳动行为不仅影响劳动者和用人单位的利益，还影响其他劳动者的利益。"任何单个的劳动关系

---

① 台湾劳动法学会. 劳动基准法释义：施行20年之回顾与展望 [M]. 台北：新学林出版股份有限公司，2009：422.

② WIEDEMANN. Das Arbeitsverhältnis als Austausch-und Gemeinschaftsverhältnis [M]. Verlag C. F. Müller, 1966: 40.

都已经加入集体性的利益组合中了。劳动者不是单独面对用人单位,其他同事也与其休戚相关。如果他少干活了,其他人就得补上;如果他'溜号'了,其他人必须替他顶上。"[1] 与这种劳动给付集体化相匹配,企业内部的秩序和行为指引也应进行集体化转型:企业中生产的组织不再是对单个劳动者一一指示而是以抽象规范的形式进行;组织权限的内容不只是劳动合同内容的具体化,与劳动给付相关,构成其他劳动者给付环境的劳动者行为也属于被安排的对象;在指示权集体化转型背景下,生产秩序将会出现,保障秩序的惩戒也会出现。但以上所述只是一种社会现象并不是法律上的构造,法学研究应区分事实上的现象和规范层面的构造。[2] 从法律上如何理解这种组织权限,在缺乏传统社团中建立组织体的意思作为基础的背景下,一种可能的思路是继续按照上述合同理论的逻辑展开,再次回归到指示权本身,认为集体化行使的指示权(组织权)本质上依然是指示权。按照指示权的逻辑,则用人单位是组织权的享有者,是秩序的生成者,单方享有惩戒权。这样一来,用人单位惩戒的基础就回到了合同上,惩戒被视为违约的后果。从形式上看,在这种思路中,合同所包含的劳动者同意为惩戒提供了正当性基础,但基于劳动关系的特殊结构,这种合意更多是空洞的,"所谓的合同约定完全是一个拟制"[3]。从效果来看,这种思路将合意置于很高位置,名义上保护劳动者,实际上会导致劳动者利益落空。即使是上述通过集体参与限制用人单位指示权的思路也未能改变这种格局:基于惩戒的合同基础,依然是用人单位享有惩戒权,工会等劳动者代表组织的介入,只是对上述权限进行合理性控制。这些思路均没看到指示权集体化转型带来的质变,也未看到劳动者保护的实与名的差异。

与上述思路不同,本书认为,生产组织体固然是因用人单位指示权行使而在事实上产生的,但用人单位单个指示权却无法自动成为生产过程中管理生产组

---

[1] ADOMEIT K. Gesellschaftsrechtliche Elemente im Arbeitsverhältnis [M]. Walter de Gruyter, 1986: 10.

[2] LUHMANN U. Betriebsjustiz und Rechtsstaat [M]. Verlagsgesellschaft Recht und Wirtschaft MBH, 1975: 82f.

[3] NIKISCH A. Arbeitsrecht [M]. Band 3, 2.Auflage, J. C. B. Mohr, 1966: 417; GAMILLSCHEG F. Kollektives Arbeitsrecht [M]. Band 2, Verlag C. H. Beck, S.883.

织体的权限（组织权限）。按照指示权的逻辑，其需要到达和受领才会发生效力，其功能限于确定单个劳动给付内容。要实现上述无须单个受领的抽象指示，到超越劳动合同内容确定的秩序生成，让指示权成为一种组织权，在根本上需要一种从个体意志走向集体意志的机制。从劳动法的整个制度思路来看，这种机制就是劳动者一方利益代表的参与，"工厂是一种社会机构，在该机构中雇主和工厂委员会在法律所规定的相互配合中创设着他们的权利和他们的工厂秩序"[①]。具体而言，通过利益代表的参与实现了劳动者一方对用人单位意志的知悉，也实现了基于劳动者利益对用人单位意志的控制，这种控制在合意制定用人单位规章的国家或者通过集体合同规定管理权限的情况下属于强控制，在征求劳动者一方利益代表意志后制定用人单位规章的国家属于弱控制。在上述参与的基础上，代表用人单位和劳动者共同意志的规则进一步被公示将产出规范效力，对所有劳动者具有约束力，具有秩序功能，进而需要惩戒予以保障。总体而言，通过劳动者一方的集体参与，个别劳动法层面上的指示权成为集体劳动法层面上的组织权；用人单位单方行使的指示权成为与劳动者一方代表共同行使的组织权。在此，劳动者一方的集体参与不再是用人单位单独享有的指示权的合理性控制因素，而是组织权产生的必要条件。这种参与使得事实上存在的生产组织，成为法律上能够形成规则和秩序的共同体，用人单位规章、劳动纪律以及惩戒均由此而生。这种共同体的运行以及其规则生成以用人单位和劳动者代表的共同意思参与为基础，因此是一种自治共同体；相对于国家安排而言，其也同时表达了企业自治的理念。可以将上述解释用人单位惩戒正当性基础的学说称为企业自治理论。

二、用人单位惩戒的定性与设置要求

企业自治理论解释了生产组织体生成的基本逻辑和用人单位惩戒的正当性基

---

① MEYER CORDING. Betriebsstrafe und Vereinsstrafe im Rechtsstaat [J]. NJW, 1966: 226.

础，成为用人单位惩戒构建的起点，根据该理论也可以进一步理顺用人单位惩戒制度建构中的各种问题。

（一）用人单位惩戒的定性：自治罚

在企业自治理论中，劳动者和用人单位构成了作为自治共同体的生产组织体，自治共同体的参与者共同形成秩序和用人单位惩戒规则，用人单位惩戒是保障生产组织体秩序的措施，"服务于企业秩序的落实"[①]。在具体定性上，"它是实施企业秩序的强制措施，是维护自治秩序的纪律行为。也就是说，企业罚是与社团罚类似的自治的章程罚"[②]。按照上述逻辑，用人单位惩戒是一种维护企业这一自治共同体内部秩序的自治罚。据此，用人单位惩戒的制度设计具有如下特点。

其一，用人单位惩戒的目的在于教育违纪劳动者并预防违反秩序的行为。"惩罚是一种制裁，其产生以过错为前提并且服务于特别预防及一般预防。"[③]遵循惩罚的这一一般逻辑，一方面，用人单位惩戒所要实现的是教育违反秩序的劳动者，避免未来再违反纪律；同时也警示其他劳动者避免从事类似违反秩序的行为。"企业罚的目的是防止此后该劳动者或者其他劳动者发生类似的不当行为，而不是着眼于过去的损失。"[④]另一方面，惩罚的程度应当与劳动者违反秩序的过错程度相关联，"罚的额度实质性地受到过错的类型和程度影响"[⑤]。过错越重则惩罚越重。从这一角度来看，"用人单位惩戒和违约金有着根本性的区别。违约金

---

① FITTING. Betriebsverfassungsgesetz [M]. 27.Auflage, Verlag Franz Vahlen, 2014: 1361; HUECK A, NIPPERDEY H C. Lehrbuch des Arbeitsrechts [M]. Band 2, 2. Halbband, Verlag Franz Vahlen GmbH, 1970: 1378; NEUMANN. Die Rechtsgrundlage von Betriebsstrafenordnungen [J]. RdA, 1968: 252.

② HUECK A, NIPPERDEY H C. Lehrbuch des Arbeitsrechts [M]. Band 2, 2. Halbband, Verlag Franz Vahlen GmbH, 1970: 1378; LÖWISCHE M. Vertragstrafe und Betriebsstrafe im Arbeitsrecht [J]. Jus, 1979: 261; NEUMANN. Die Rechtsgrundlage von Betriebsstrafenordnungen [J]. RdA, 1968: 252.

③⑤ SCHÄFER C. Strafe und Prävention im Bürgerlichen Recht [J]. AcP, 2002: 405.

④ Erfurter Kommentar zum Arbeitsrecht, Kania [M]. 10.Auflage, Verlag, 2010: 1155.

涉及用人单位和劳动者的关系，是为了保障劳动合同履行"①。违约责任的首要目的在于填补用人单位的损失，其责任范围取决于违约带来的损失大小，与当事人的过错原则上没有关系。"违约金具有填补功能，而企业罚首要的是教育功能。"②

其二，从利益角度看，企业秩序背后是企业利益，用人单位惩戒服务于企业利益。需要注意的是，根据企业自治理论，企业利益并不完全等同于用人单位利益。企业自治共同体是劳动者和用人单位共同构成的组织体，二者在合作生产过程中获得利益并最终分享利益，企业利益涵盖用人单位利益和劳动者利益两个方面。作为维持企业秩序的惩戒，"不仅是为了企业领导者的利益，也是为了员工本身应该被关注的利益"③。通过惩戒的行使，保障劳动者在生产中符合生产秩序的行为，以便生产正常开展，最终实现用人单位和劳动者的利益。这种利益结构决定了用人单位惩戒如果是金钱罚，罚金不应当进入用人单位账户，而应服务于劳动者和用人单位的共同利益，这其实也是很多国家中企业罚款的基本制度要求。④这一利益目标一方面将用人单位惩戒和违约责任相区分，同时也将用人单位惩戒与维护公共利益和国家利益的刑罚相区分，故此"企业罚的追究并不能排除国家刑罚，二者处于不同层面。二者的竞合存在并不违反因为一个行为根据一般刑罚典只能给一次处罚的原则"⑤。

其三，用人单位惩戒需要追究，而不是当然发生。和所有处罚一样，并不是违反秩序的行为发生时处罚就自动发生了，处罚的发生需要有专门设立的机构进行追究⑥，并且这种追究不具有强制性，追究机构享有在规则范围内根据具体情况进行裁量的空间（适当原则）。⑦这一现象一方面与违约责任形成了明显差异，

---

① GAMILLSCHEG F. Kollektives Arbeitsrecht [M]. Band 2, Verlag C. H. Beck, S.883.
② LÖWISCHE M. Vertragstrafe und Betriebsstrafe im Arbeitsrecht [J]. Jus, 1979：261.
③ HUECK A, NIPPERDEY H C. Lehrbuch des Arbeitsrechts [M]. Band 2, 2. Halbband, Verlag Franz Vahlen GmbH, 1970：1377.
④ GAMILLSCHEG F. Kollektives Arbeitsrecht [M]. Band 2, Verlag C. H. Beck, S.884.
⑤ FITTING. Betriebsverfassungsgesetz [M]. 27.Auflage, Verlag Franz Vahlen, 2014：1362.
⑥ NIKISCH A. Arbeitsrecht [M]. Band 3, 2.Auflage, J. C.B. Mohr, 1966：417; GAMILLSCHEG F. Kollektives Arbeitsrecht [M]. Band 2, Verlag C. H.Beck, S.883.
⑦ FITTING. Betriebsverfassungsgesetz [M]. 27.Auflage, Verlag Franz Vahlen, 2014：1363.

另一方面对用人单位惩戒而言，惩戒机构的设置以及惩戒的合理性控制成为实施惩戒过程中非常重要的问题。

（二）用人单位惩戒的规则载体：用人单位规章与集体合同

作为一种惩戒制度，用人单位惩戒应有明确的规范依据，这样才能避免惩戒的恣意。但对于用人单位惩戒的规则载体，也即通过怎样的规则来规定用人单位惩戒，存在不同的意见。一种意见认为，惩戒应通过劳动合同来规定，但也不排除通过用人单位规章或者团体协议规定的可能性。这种观点以我国台湾地区学者黄程贯教授为代表，他认为"于劳工有违反劳动契约之劳务给付义务的行为时，雇主应得以警告、申戒等作为制裁之方式，盖此时系雇主基于契约之债权人地位所固有之权限，本无须经由团体协议或经营协议、工作规则之订定或征得劳工、劳工团体之同意；惟若雇主将其权限委由团体协议、经营协议或工作规则加以订定，或雇主自我设限为须事先或事后征得劳工团体或劳工同意者亦无不可"[1]。也有德国学者持相同立场，认为"企业惩戒的追究需要一个在团体协议、工厂协议或者劳动合同中的权利基础"[2]。

另外一种意见则认为，惩戒规则应由用人单位规章来规定，这也是我国大陆学界比较主流的观点[3]。但对于与惩戒有关的劳动纪律如何规定却存在不同观点，有学者认为"劳动纪律与惩戒应当属于劳动规章制度的相关内容"[4]。也有学者主张，纪律可以规定在合同或者用人单位规章中，但惩戒必须规定在用人单位规章中。"与劳动纪律相关的内容既可以通过规章制度的渠道来规定，也可以通过劳动合同的路径来约定。但不同的渠道要遵守不同的游戏规则。如果选择规章制度的方式，可以经由惩戒措施来保障劳动纪律的实施；如选择劳动合同的方式，劳动纪律实际上变成了工作要求，只能通过劳动合同的变更、解除来保障

---

[1] 黄程贯.企业惩戒权[J].台湾社会研究季刊，1989（3）、（4）：47.
[2] ZÖLLNER W, LORITZ K G, HERGENRÖDER W. Arbeitsrecht [M]. C. H.Beck, 2015：295.
[3] 王全兴.劳动法[M].北京：法律出版社.2018：292.
[4] 丁建安，张秋华.企业惩戒权的法律规制[J].社会科学战线，2013（10）：190-196.

实施。"①

本书认为,在协调劳动关系的多元制度,如劳动合同、集体合同、用人单位规章、国家立法等中,哪种制度可以规定惩戒规则在根本上依然取决于对惩戒正当性基础的认识。如果认为惩戒权的正当性基础是劳动合同,则最直接和自洽的就是认为惩戒规则应包含在劳动合同中,用人单位规章等仅仅是落实合同权利的路径。但如上文所述,合同理论并未看到用人单位指示权集体化转型的内在逻辑。按照本书提出的企业自治理论,则用人单位惩戒权必须通过一种集体性的劳动关系协调机制来表达。这种机制首先是用人单位规章,用人单位规章是企业内部组织生产的法律工具,是最传统的秩序形成手段,根据我国《劳动合同法》第四条的规定以及司法解释的规定,其也是在劳动者一方集体参与下才能发生效力的制度,自然可以规定用人单位惩戒;《劳动合同法》也明确将劳动纪律纳入用人单位规章的规定对象之中。需要讨论的是集体合同能否成为用人单位惩戒的规范基础。"集体合同是劳动者代表和用人单位代表依法通过集体协商缔结的关于劳动报酬、劳动条件等事项的书面协议。"②在其他国家的劳动法理论中,工厂规范以及工厂组织规范属于集体合同可以规定的内容,这类规范即涉及企业劳动组织运行等的规范③;我国学者也认为"劳动关系运行规则条款"属于集体合同可以规定的条款④。而从制度结构来看,集体合同也是通过劳动者一方集体利益代表参与而形成的劳动者与用人单位的行为规则,符合上述企业自治理论提出的通过劳动者一方集体参与实现用人单位指示权集体化行使的要求。因此,集体合同可以成为用人单位惩戒的规则基础。在我国,更特别的是,集体合同采纳的是企业集体合同为主的模式,也即一个企业中的工会

---

① 刘文华,王文珍,许斌,等.专家热议:劳动纪律和惩戒制度[J].中国劳动,2008(9):8.
② 《劳动与社会保障法学》编写组.劳动与社会保障法学[M].北京:高等教育出版社,2017:139.
③ 瓦尔特曼.德国劳动法[M].沈建峰,译.北京:法律出版社,2014:427.
④ 《劳动与社会保障法学》编写组.劳动与社会保障法学[M].北京:高等教育出版社,2017:142.

或者劳动者代表，代表本企业劳动者与用人单位签订集体合同，这导致其也非常适合规定一个企业中的惩戒规则。从实证法来看，我国《集体合同规定》已将劳动纪律作为集体合同可以规定的内容。根据以上论述，如下观点是值得赞同的："企业罚只有在其实现通过团体协议或工厂协议一般性的规定时，才可以有效做出"①。

需要进一步解释的是，在一些国家或者地区的立法中，法律对用人单位惩戒权也会作出规定。这是否意味着国家立法也可以成为惩戒的规则来源？本书认为，仅从企业秩序是私人之间秩序的角度看，国家立法似乎并无介入并规定用人单位惩戒的必要性，国家立法不应成为惩戒的权利基础。但国家立法完全可能从保护劳动者利益角度，按照基本劳动标准法的立法技术②，对企业通过自治制定惩戒规则的权利作出限制，这才是国家立法规定用人单位惩戒制度的目的。申言之，国家立法不是授权惩戒，不可以成为惩戒的权利基础，但国家立法可以限制惩戒和排除侵害劳动者权益的惩戒，其是限制性的规则，而不是权源性的规则。我国基本劳动标准法也应发挥这样的功能，例如对惩戒措施中罚款的额度，如同日本《劳动基准法》第91条那样作出规定，一次罚款不得超过劳动者半天的工作收入。

（三）用人单位惩戒的对象

从用人单位惩戒保障企业秩序的功能出发，惩戒的对象应限于违反企业秩序的行为。"企业罚是劳动者违反集体性工厂秩序时的一种惩戒。它与劳动者违反劳动合同时发生的雇主个别劳动法上的制裁是相区分的。"③

首先，可以惩戒的原则上是影响劳动过程中劳动组织和劳动管理的秩序行

---

① HUECK A, NIPPERDEY H C. Lehrbuch des Arbeitsrechts [M]. Band 2, 2.Halbband, Verlag Franz Vahlen GmbH, 1970: 1378.
② 沈建峰. 劳动基准法的范畴、规范结构与私法效力 [J]. 法学研究, 2021, 43 (2): 80.
③ FITTING. Betriebsverfassungsgesetz [M]. 27.Auflage, Verlag Franz Vahlen, 2014: 1361; NEUMANN. Die Rechtsgrundlage von Betriebsstrafenordnungen [J]. RdA, 1968: 252; RICHARDI. Betriebsverfassungsgesetz [M]. 13.Auflage, Verlag C. H.Beck, 2012: 1316.

为，包括涉及企业生产秩序的行为以及与其他劳动者相处的行为。① 这种行为一般发生在工作时间和工作地点，但又不完全限于此；工作时间和工作地点外的与业务执行相关的行为也属于劳动组织和管理的对象，因此可以成为惩戒对象。工作场所和工作时间外的与业务无关的行为，属于劳动者的个人行为，原则上不可以成为惩戒的对象，即使劳动者的行为违反了公法性的秩序规范或者公共道德也不能引发用人单位惩戒，而应由公权力或者其他方式来惩戒；但是，作为例外的例外，当这些行为损害了企业的商业信誉或影响了企业的经营活动等时，也可以例外地将这些行为纳入惩戒对象中。②

其次，劳动者基于劳动合同而对用人单位承担的义务，不处于惩戒的保障之下。对此，有学者认为，用人单位惩戒"敦促劳动者切实履行其劳动给付义务、附随义务，进而维护企业的生产经营秩序、财产安全和其他合法权益"③，将劳动者履行劳动给付义务和附随义务等个别劳动关系中的行为义务也纳入惩戒保障之中；甚至有学者基于合同理论，仅将违反合同义务的行为纳入惩戒之下，主张"涉及劳动契约义务违反时，始有实施企业惩罚制度之制裁措施的正当性与合法性"④。本书认为，一般性的劳动给付义务应通过违反劳动合同的责任予以保障，是个别劳动关系法应解决的问题，用人单位惩戒不针对这种违反劳动合同义务的行为，其所针对的是秩序行为。通过企业惩戒规则所惩罚的是劳动者对集体企业秩序的违反，违反劳动合同中的义务，只能诉诸个别劳动法上的惩戒机制。可能出现的现象是，劳动者违反合同义务的行为同时构成侵害企业秩序的行为，从维护用人单位履行利益和维护企业利益的角度看，此时可以同时出现用人单位惩戒和劳动合同违约责任的运用。⑤

---

① KIENAPFEL, DIETHELM. Betriebskriminalität und Betriebsstrafe [J]. JZ, 1965：601.
② 田思路，贾秀芬. 日本劳动法研究 [M]. 北京：中国社会科学出版社.2013：140；魏千峰. 雇主行使惩戒权之对象 [M] // 台北大学法律学院劳动法研究中心. 劳动法精选判决评释. 台北：元照出版有限公司，2013：125.
③ 丁建安，张秋华. 企业惩戒权的法律规制 [J]. 社会科学战线，2013 (10)：191；谢增毅. 用人单位惩戒权的法理基础与法律规制 [J]. 比较法研究，2016 (1)：6.
④ 黄程贯. 企业惩戒权 [J]. 台湾社会研究季刊，1989 (3)、(4)：9.
⑤ FITTING. Betriebsverfassungsgesetz [M]. 27.Auflage，Verlag Franz Vahlen，2014：1363.

（四）用人单位惩戒的具体措施

对用人单位惩戒的具体措施的讨论，首先需要明确的是，尽管《企业职工奖惩条例》（2008年废止）中规定的惩戒形态，包括警告、记过、记大过、降级、撤职、留用察看以及开除等在很多文献中被提及作为讨论惩戒措施的参照，但其并不能作为当下讨论的出发点：这些惩戒措施完全是基于国家管制以及体制管理而设置的，其与市场经济条件下企业自主设置的惩戒措施有本质性区别。市场经济条件下用人单位惩戒包含哪些措施，当前存在着比较大的观点差异。[①] 本书认为，由于劳动纪律以及惩戒事由都通过用人单位规章和集体合同等自主创设，尽管有些是习惯中常见的惩戒形态："通常的企业罚是口头训斥、书面警告或训斥以及罚款"[②]，但惩戒的形态和名称应具有开放性，"企业司法可以动用哪些惩罚，属于企业自治的问题"[③]。所有用人单位针对劳动者违反生产秩序等行为而采取的对劳动者不利的措施都属于惩戒措施的范畴。[④] 在此背景下，用人单位惩戒措施的研究不应拘泥于某种特定方式或者名称，而应从惩戒措施的实质内容出发提出惩戒措施设置的界限和要求。

立足企业自治这一正当性基础，从用人单位惩戒是为了维护生产组织体的秩序，由市场主体通过共同意思建立的自治罚这一基本定性出发，用人单位惩戒措施的设置应遵循如下规则。

其一，惩戒作为一种生产组织体的自治行为，其设置遵循自由权行使的一般规则，受到国家法律的限制。[⑤] 这主要表现为两个方面：一方面，国家法律保留

---

① 谢增毅.用人单位惩戒权的法理基础与法律规制［J］.比较法研究，2016（1）：7；丁建安，张秋华.企业惩戒权的法律规制［J］.社会科学战线，2013（10）：193-195；汪银涛.企业惩戒权法律规制之反思［J］.河南财经政法大学学报，2021，36（2）：88-89.
② GAMILLSCHEG F. Kollektives Arbeitsrecht［M］. Band 2，Verlag C. H. Beck，2008：884.
③ HERSCHEL. Betriebsbussen［M］. Carl Heymanns Verlag，1967：57.
④ 丁建安，张秋华.企业惩戒权的法律规制［J］.社会科学战线，2013（10）：193-195；类似观点参见汪银涛.企业惩戒权法律规制之反思［J］.河南财经政法大学学报，2021，36（2）：88.
⑤ HERSCHEL. Betriebsbussen［M］. Carl Heymanns Verlag，1967：58.

的权力，组织体不可以行使。因此，涉及劳动者政治权利的剥夺、限制人身自由的强制措施和处罚不可以成为用人单位惩戒措施，例如限制劳动者人身自由，禁止劳动者参加各种选举等都不可以成为用人单位惩戒措施。另一方面，国家立法限制私权介入的领域或者规定的劳动者法定权益，不可以通过用人单位惩戒措施剥夺。因此，不可以因为劳动者违反劳动纪律的行为而剥夺劳动者享受带薪休假的权利[1]、周休日的权利、加班费的权利等；不可以因为劳动者违反劳动纪律而对劳动者名誉等人格权进行贬损，也不得设置有侮辱性的惩戒措施[2]。基于这一原因，将对劳动者违纪行为的斥责、处分予以公开的行为在一些国家的理论和实践中是禁止的。[3]需要特别讨论的是对荣誉权的剥夺作为一种惩戒措施的可能性。根据我国《民法典》的规定和民法学的理论，荣誉权属于人格权[4]，"是民事主体对自己所获得的荣誉及其利益所享有的保持、支配的权利"[5]。似乎荣誉权也内在于人本身，具有不可剥夺性。但荣誉权和其他人格权却有很大差异，荣誉是后天授予的，"是国家和社会对在社会生产生活中作出突出贡献或者有突出表现的民事主体所给予的积极的正式评价"[6]，所以荣誉可以撤销或者剥夺[7]。获得荣誉的劳动者如果在事后发生了违反劳动纪律的行为，导致形成和授予的荣誉相反的评价，则可以撤销荣誉。"授予荣誉的主体可以是政府，也可以是单位，还可以是社会组织。"[8]在荣誉是由用人单位授予的情况下，可以将撤销荣誉作为一种违反

---

[1] 沈建峰. 劳动法上休假的法学构造与谱系 [J]. 法学，2021（10）：154.
[2] FITTING. Betriebsverfassungsgesetz [M]. 27.Auflage，Verlag Franz Vahlen，2014：1363.
[3] RICHARDI. Betriebsverfassungsgesetz [M]. 13.Auflage，Verlag C. H. Beck，2012：1321.
[4] 黄薇. 中华人民共和国民法典人格权编解读 [M]. 北京：中国法制出版社，2020：189；最高人民法院民法典贯彻实施工作领导小组. 中华人民共和国民法典人格权编理解与适用 [M]. 北京：人民法院出版社，2020：330.
[5] 黄薇. 中华人民共和国民法典人格权编解读 [M]. 北京：中国法制出版社，2020：188；最高人民法院民法典贯彻实施工作领导小组. 中华人民共和国民法典人格权编理解与适用 [M]. 北京：人民法院出版社，2020：329.
[6] 最高人民法院民法典贯彻实施工作领导小组. 民法典人格权编理解与适用 [M]. 北京：人民法院出版社，2020：188.
[7] 最高人民法院民法典贯彻实施工作领导小组. 民法典人格权编理解与适用 [M]. 北京：人民法院出版社，2020：331.
[8] 黄薇. 中华人民共和国民法典人格权编解读 [M]. 北京：中国法制出版社，2020：188.

劳动纪律的惩戒措施，成为惩戒措施不得剥夺人格权的例外。

其二，作为建立在自治基础上的组织体中的惩戒，用人单位惩戒措施的创设可以参照适用社团罚的规则。这种参照适用意味着社团罚的一些措施也可以作为用人单位惩戒措施，但又需要根据用人单位惩戒的特殊属性进行必要修正。这是因为一方面二者都是为了维护组织体的运行而通过自治形成的惩戒，因此具有类似之处，社团罚中警告、训诫、罚款、禁止使用特定设施等措施均可以作为用人单位惩戒措施；但另一方面社团罚建立在成员加入社团、同意章程这些个体自治行为基础上①，而用人单位惩戒则缺乏这种个体选择的意思，同时用人单位惩戒作为指示权集体化的结果还受到其他劳动关系协调机制的限制，因此并不是所有社团罚规则均可以类推成为用人单位惩戒措施，其设置要顾及生产组织体并非自愿加入的这一特点。

其三，用人单位惩戒权的设置应遵循劳动关系协调机制的内在逻辑。这主要涉及调岗、调薪、解除劳动合同等直接影响劳动合同内容和存续的措施可否作为惩戒措施的问题。如上所述，用人单位惩戒是用人单位指示权集体化的结果，以用人单位规章以及集体合同作为规则基础。因此，惩戒措施的设置受到用人单位指示权集体化的原理，用人单位规章和集体合同自身调整能力以及劳动合同与用人单位规章、集体合同关系的限制。具体而言，首先，作为用人单位指示权集体化结果，惩戒权本身不能超越用人单位指示权的权能范围，由于用人单位通过指示权单方不能降薪、调岗、解除劳动关系，所以惩戒也不应当具有此类效力。其次，作为惩戒规则的载体，用人单位规章和集体合同本身并不能改变劳动合同的内容，规定调岗、降薪以及解除劳动合同。就集体合同而言，从现行法的规定和上述制度目的来看，劳动合同与集体合同不一致，按照有利原则解决二者的冲突，通过集体合同变更劳动合同，只能变好而不能变差，如果无法通过集体合同减损劳动合同项下的权利，自然也无法通过集体合同设置降薪、调岗、解除等措施。就用人单位规章而言，现行法基本也是遵循了有利原则，规定二者冲突时劳

---

① 梅迪库斯. 德国民法总论［M］. 邵建东, 译. 北京：法律出版社, 2000：838.

动者享有选择权,因此它依然是一个只可以将劳动条件变好而不能变差的机制,无法规定惩戒性的降薪、调岗、解除等。这一结论实际上也是由集体机制本身作为保护性机制的功能定位所决定的。需要解释的是,《劳动合同法》将严重违反用人单位规章作为劳动合同解除事由。但本书认为这并不意味着解除是一种违反劳动纪律的惩戒措施。因为从《劳动合同法》的逻辑来看,不是用人单位规章规定了解除事由,而是《劳动合同法》将严重违反用人单位规章作为解除事由,违反规章能否解除需要根据《劳动合同法》的规定来判断,而不是由用人单位规章自身直接规定。劳动合同解除作为个别劳动法上的现象有其自身逻辑,"解雇不可以规定为用人单位惩戒"其实也是一些国家理论和实践的立场。[①]正确认识指示权、劳动合同、集体合同、用人单位规章的内在机理,则降薪、调岗、惩戒性解除都不可以成为用人单位惩戒权的措施。

综上所述,尽管惩戒措施具有开放性,但用人单位惩戒措施的设置要遵循自治权行使的逻辑、组织体处罚的逻辑以及劳动关系协调机制的内在逻辑。在上述三重要求之下,可以成为用人单位惩戒措施的就只包括警告、训诫、罚款、限制使用公共设施、剥夺本单位授予的荣誉等。

三、用人单位惩戒的实施与控制

企业自治基础上的自治罚定性以及上述具体制度设计也决定了用人单位惩戒权行使的特殊要求。这些特殊要求从程序控制的角度再次展现了用人单位惩戒集体机制的一面。

(一)用人单位惩戒实施的主体

我国学者多认为惩戒权是用人单位依法享有的权利。[②]但从历史发展和法律

---

① KRAFT. Sanktionen im Arbeitsverhältnis [J]. NZA, 1989: 777.
② 王全兴. 劳动法 [M]. 4版. 北京:法律出版社, 2008: 247.

比较角度来看,"企业罚可以由雇主、独立的第三方、工厂法院或者工厂委员会实施"①。在当前,关于用人单位惩戒权行使的主体存在着三种具有代表性的模式。其一,雇主享有惩戒权。例如美国,"只要与工会达成的协议没有限制,工厂惩戒权就保留于雇主手中"②。其二,雇主享有惩戒权,但惩戒规则由雇主和劳动者利益代表共同制定。例如法国,"企业司法是雇主组织权的部分。它涉及由 L122-34 规定的第二项工厂秩序的内容"③。但根据《法国劳动法典》L122-33 条以下的规定,工厂秩序的生效必须经咨询劳动者代表机构,否则其就是无效的。④其三,惩戒规则的制定和惩戒权的行使都应经劳动者利益代表的参与决定。比较典型的是德国,"有参与决定义务的不仅仅是企业罚规则,而且包括个案中企业罚的实施"⑤。

从用人单位享有组织生产的权利角度来看,似乎用人单位单独享有惩戒权具有其合理性;而且在实践操作中,惩戒确实需要一个具体主体来追究才能启动。但如上文所述,用人单位惩戒的目的是维护企业秩序,维护的利益不仅是用人单位利益,还有劳动者利益,而且不适当的用人单位惩戒还可能侵害劳动者权益,因此用人单位惩戒的行使应当有劳动者一方的参与。在"追究启动 + 劳动者一方参与"这一总体格局下,惩戒的实施可能以劳动者一方参与的不同强度展开。劳动者一方强参与模式,也即德国式的劳动者和用人单位共决方式,由用人单位提起惩戒,但实施惩戒应当经过劳动者利益代表同意。在这种模式中,为了便于合规惩戒,也有学者认为,"成立一个由工厂委员会和雇主对等参与的委员会也是符合目的的"⑥。劳动者弱参与模式,即用人单位提起惩戒,征求劳动者一方意见

---

① NEUMANN. Die Rechtsgrundlage von Betriebsstrafenordnungen [J]. RdA, 1968: 254.
② GAMILLSCHEG F. Kollektives Arbeitsrecht [M]. Band 2, Verlag C. H.Beck, 2008: 891.
③ GAMILLSCHEG F. Kollektives Arbeitsrecht [M]. Band 2, Verlag C. H.Beck, 2008: 888.
④ GAMILLSCHEG F. Kollektives Arbeitsrecht [M]. Band 2, Verlag C. H.Beck, 2008: 880.
⑤ LÖWISCE M. Arbeitsrecht [M]. 8.Auflage, Werner Verlag, 2007: 155; GAMILLSCHEG F. Kollektives Arbeitsrecht [M]. Band 2, Verlag C. H.Beck, 2008: 885; RICHARDI. Betriebsverfassungsgesetz [M]. 13.Auflage, Verlag C. H.Beck, 2012: 1315; KRAFT A. Sanktionen im Arbeitsverhältnis [J]. NZA, 1989: 783.
⑥ FITTING. Betriebsverfassungsgesetz [M]. 27.Auflage, Verlag Franz Vahlen, 2014: 1363.

作出决定，但劳动者一方的反对意见并不影响惩戒决定的作出。从我国目前劳动者参与制度，包括企业民主管理制度发展的总体状况来看，由用人单位提起惩戒并听取劳动者一方利益代表——工会的意见最终作出决定应当是符合当下实际的共同实施惩戒的制度模式。

（二）用人单位惩戒实施的程序要求

合理的程序是结果正当的保证，用人单位惩戒的实施应遵守必要的程序。按照企业自治的思路，劳动基准性的法律可以为用人单位惩戒权行使设定底线性程序要求，用人单位惩戒权行使的具体程序依然需要当事人自主安排。这种自主安排，从形式来看，应体现在用人单位规章或集体合同等惩戒规则中，实现程序的清晰，防止惩戒权的恣意。从内容来看，规范化的程序设计应遵守法治国家原则[①]，尤其是程序正当原则。由于惩戒实施在一定程度上是一种企业内部行政现象，其程序正当的标准可以参照行政程序正当的标准结合用人单位惩戒的特殊性形成。借鉴其他国家经验，合法妥当的惩戒程序应包含如下内容：其一，惩戒主体适格，也就是满足本书提到的共同行使惩戒权的要求。其二，保障听取劳动者意见的权利，给劳动者以及其代理人听取惩戒理由、措施以及申辩的机会。其三，处理意见书面化并阐明处理理由。由于有通过纠纷解决程序审查惩戒合法性和合理性的必要性，并为了保证惩戒的确定性，惩戒结果及其理由应当明确并书面记载。其四，一事不再罚。对劳动者的同一违反劳动纪律的行为不得重复处罚。不得重复处罚是指处理完后再次进行处罚，而不是同时进行两种以上的处罚，例如警告加罚款。从我国当前实践来看，违反一事不再罚是司法机关认定惩戒违法的最重要理由。[②]其五，惩戒权的行使应受到时效限制。作为一种经过行使就能给劳动者带来不利益的制

[①] FITTING. Betriebsverfassungsgesetz [M]. 27.Auflage，Verlag Franz Vahlen，2014：1363.

[②] 参见山东省济南市中级人民法院（2021）鲁01民终8838号、华海财产保险股份有限公司山东分公司、汪永涛劳动合同纠纷民事二审民事判决书、北京市第二中级人民法院（2018）京02民终4198号、广发银行股份有限公司北京分行与杨波劳动争议二审民事判决书。

度，处罚应当在合理期限内作出，以保护劳动者的权益，也维护企业秩序的和平。

（三）用人单位惩戒的司法控制与救济

因用人单位惩戒而发生的争议是否纳入劳动争议处理机制之下，在我国曾是备受争议的问题；《劳动合同法》实施前后，绝大多数法院并不受理因用人单位惩戒而引发的争议。除《中华人民共和国劳动争议调解仲裁法》（简称《劳动争议调解仲裁法》）未明确将其列入劳动争议处理范畴这一实证法上的理由外，其主要原因在于或者将用人单位惩戒理解为内部管理行为或者认为其类似于行政管理行为，因此认为裁判机关不应介入。[①]我国台湾地区法院也有持类似观点的裁判，认为法院和行政机关都不应介入用人单位惩戒权行使[②]。大陆地区的学者们尽管有主张应将惩戒争议纳入劳动争议受案范围的，但更多是从违纪行为是一种违约行为，或者惩戒行为导致劳动关系的解除、工资的降低等侵害个别劳动关系中权利的角度展开论证[③]。我国当前司法实践也基本是从罚款等措施导致劳动者工资减少或者拖欠角度对此进行处理。[④]但如本书所述，用人单位惩戒是一种自治罚而不是违约责任，用人单位惩戒是违反劳动纪律这一集体劳动法规则的责任而不是违反劳动合同的责任，而且用人单位惩戒措施中的警告、训诫、限制使用公共设施等并不能发生个别劳动关系中的直接效果。因此，从违反劳动合同等角度论证其救济是不充分的。回归用人单位惩戒作为一种自治罚的本质，其实施涉及劳动者个体、用人单位和劳动者集体的利益，因其实施而引发的争议属于实

---

① 黄昆，王全兴，孙瑞玺.惩戒争议应纳入劳动争议受案范围［J］.中国劳动，2008（4）：48-51.

② 黄程贯.个别劳动法［M］.台北：元照出版有限公司，2021：381.

③ 黄昆，王全兴，孙瑞玺.惩戒争议应纳入劳动争议受案范围［J］.中国劳动，2008（4）：50.

④ 参见四川省高级人民法院（2020）川民再217号民事判决书、四川佰腾科技有限公司、吕典全劳动争议再审民事判决书、重庆市高级人民法院（2014）渝高法民提字第00108号；北京万恩化学制品有限公司重庆分公司与吴凯劳动争议再审民事判决书等。

施用人单位规章以及集体合同发生的争议,是权利争议的一种形态①,因此应将其纳入劳动争议处理体制中。针对惩戒措施劳动者可提起该惩戒合法性的确认之诉,也可提起撤销相关惩戒措施的形成之诉。②

纳入劳动争议处理体制后,裁审机关首先应对用人单位惩戒的合法性进行审查。对此国内学者也多有研究,提出惩戒的合法性应满足规则明确、公平合理、程序正当的要求③;也有学者更具体地提出惩戒应遵循如下标准:惩戒主体尽量中立化,惩戒决定必须以严格的纪律考核为基础,必须贯彻个人责任原则,惩戒必须以明文化的惩戒事由、惩戒条件、惩戒措施为限,以及符合时效原则④。而从其他国家的情况来看,德国联邦劳动法院对合法惩戒提出的要求是:"1. 惩戒规则必须有效作出并公示;2. 在惩戒规则中对惩戒的前提构成要件以及所允许的惩戒措施进行了规定;3. 规定符合法治国家、秩序原则的程序并得到了遵守;4. 保障了法律上的听证以及代理;5. 在追究单个惩罚时也启动了工厂委员会的共决。"⑤结合上述观点,本书认为用人单位惩戒的合法性审查应从如下三个方面展开:其一,劳动纪律及其惩戒措施符合法律规定,当事人自主设置的惩戒规则必须事先依法作出并公示,惩戒的前提构成要件和惩戒后果明确,内容不违反、超出法律的规定和限度,包括罚款不超过法定限额,不具有歧视性等;其二,惩戒实施程序符合法律以及用人单位规章等的规定,在惩戒程序中查明了相关的违纪

---

① 沈建峰. 劳动争议中利益争议的范畴及处理 [J]. 法学,2015(6):151-160;沈建峰. 论履行集体合同争议的处理:兼论集体劳动法中个体利益与集体利益的平衡 [J]. 比较法研究,2018(4):103-116.
② 黄程贯. 个别劳动法 [M]. 台北:元照出版有限公司,2021:381-384.
③ 谢增毅. 用人单位惩戒权的法理基础与法律规制 [J]. 比较法研究,2016(1):12-13.
④ 丁建安,张秋华. 企业惩戒权的法律规制 [J]. 社会科学战线,2013(10):195.
⑤ BAG12.9.1967 E 20,79. 联邦议会在相关的报告中,对允许企业进行惩戒的条件设置如下:"(1)企业罚的威胁在行为之前就一般性地存在;(2)企业罚的程序由雇主和工厂委员会共同推动,该程序必须按照规定、以符合法治国家的方式进行;(3)为涉事劳动者提供了法律上表达意见的机会,并允许代理;(4)罚款的额度不超过半天报酬,在特别严重的情况下不超过1天的报酬,可以使用企业中或共同使用的福利设施;只有在花费上述意义等价物时,才允许剥脱自愿给予的社会给付作为制裁;(5)处罚不具有歧视色彩;(6)必须保障法院事后的全面审查。" Vgl. Bericht zur lage der Nation 1972,BT-Drucks. Ⅵ/3080,S.159.

事实，并依据该事实作出了最终惩戒决定；其三，惩戒机构符合法律规定，这种机构可以是用人单位规章或者集体合同规定的劳动者和用人单位共同设立的机构，如果没有该机构，则应是用人单位提出并听取工会或者其他劳动者代表的意见。

相对于用人单位惩戒权行使的合法性审查，更重要的是合理性审查。这是因为从维护企业自治角度来看，立法一般不会对用人单位惩戒的内容作细致规定，往往仅从基本劳动标准法的角度对其内容作底线性的限制；而从程序角度来看，尽管按照企业自治的逻辑，劳动者一方代表的介入是有效作出惩戒规则和具体惩戒决定的必要条件，但当下我国民主管理发育的状态决定了劳动者一方代表的介入属于一种弱介入，惩戒决定的作出无须劳动者一方代表同意。按照通过集体程序能控制用人单位惩戒合理性则通过集体程序控制，否则就应引入公权力控制的逻辑[1]，裁判机关对用人单位惩戒进行合理性审查有其必要性。用人单位惩戒合理性审查应从惩戒规范的合理性审查与具体惩戒措施合理性审查两个层面展开。对这种类似于行政处罚的行为合理性的审查首先要遵循比例原则，平等对待原则也有其适用空间。[2]此外，诚信等社会主义核心价值观也应当得到运用。但具体的合理性审查却需要根据用人单位情况以及个案的情况进行综合判断，无法形成刚性的标准。

---

[1] 沈建峰.论用人单位劳动规章的制定模式与效力控制：基于对德国、日本和我国台湾地区的比较分析[J].比较法研究，2016（1）：25.

[2] 黄程贯.个别劳动法[M].台北：元照出版有限公司，2021：389；台湾劳动法学会.劳动基准法释义：施行20年之回顾与展望[M].台北：新学林出版股份有限公司，2009：425.

第七章

特殊群体的基本劳动标准保护制度

一、特殊群体基本劳动标准保护的基本逻辑与立法体系

(一) 特殊群体基本劳动标准保护的基本逻辑

特殊就业群体是因特殊原因而在就业竞争过程中处于不利地位的人员的总称。这些人或者文化、技能条件较差,或者刚从学校毕业后尚无就业经历和技能,或者人到中年而无一技之长傍身,或者来自经济落后地区,等等。在特定的历史时期,也会因为政策、体制改革等原因产生特殊就业群体。伴随着我国高等教育的蓬勃开展,大量的高校学生成为"劳动预备役"。主观上较浅的社会经验和客观上相关法律法规的缺位使得在校实习生也成了一种特殊就业群体,其实习过程中的劳动权益亟待通过制度加以保障。在这些特殊就业群体中,女职工、残疾人劳动者、学生相关劳动者和高龄劳动者等(本书中统称为特殊群体),是各个国家和不同历史时期普遍存在的劳动与就业不利群体,在成为各国重点扶持对象的同时,也急需劳动法尤其是基本劳动标准法领域的特别保护制度。

特殊群体基本劳动标准保护直接关系到特殊群体的生存权、发展权和健康权等基本人权，其核心意旨是现代社会对人的尊严和体面的无差别保护和捍卫，是对基本人权的尊重，也是不断进步的社会文明对发展成果人人共享、时代红利惠及人人的基本要求。在现代化的法治语境下，特殊群体作为每一社会中都客观存在的、不可或缺的一部分，他们有权平等地参与到社会生活中。在这种共识下，特殊群体的社会保障政策出台并不断完善与健全，同时外延至反歧视领域。简而言之，特殊群体基本劳动标准保护制度是国家实现生存权等基本人权的平等保护的现实要求，是在保障人权、保护劳动者权益力度普遍加强趋势下，在基本劳动标准这一领域内的表现和落实归根到底是一种反歧视性质的特殊保护，体现的是公平和正义的理念。

在我国，基本劳动标准法是劳动法体系的重要组成部分，是有关劳动报酬和劳动条件最低标准的法律规范的总称。底线性是基本劳动标准法的特点之一，也就是说基本劳动标准法具有保障劳动者权益的底线功能[①]。对于特殊群体而言，因其生理的或社会的因素而在劳动就业过程中处于不利地位，在一定程度上属于社会弱势群体。"权利贫困"属于社会弱势群体的重要特征。[②]"社会弱势群体的法学解释，即由于社会条件和个人能力等方面存在障碍而无法实现其基本权利，需要国家帮助和社会支持以实现其基本权利的群体。"[③] 劳动关系的从属性是劳动法律关系的重要特征，而从社会法的角度来看，社会法的法理理念是"实质公平"，法律原则是"倾斜保护"，属于公法、私法之外的第三法域。[④] 这从现实层面上要求特殊群体基本劳动标准保护更需要一套遵循事实、客观可行的基本逻辑，国家除建立普遍适用的原则和制度规范外，还应当对某一阶段的特殊问题作

---

① 沈建峰.劳动基准法的范畴、规范结构与私法效力[J].法学研究，2021，43（2）：76-94.

② 陈红梅.对高校实习生法律身份的新认识：兼谈实习生劳动权益的保护[J].江淮论坛，2010（2）：111-116+123.

③ 钱大军，王哲.法学意义上的社会弱势群体概念[J].当代法学，2004（3）：46-53.

④ 谭泓.《劳动合同法》的争鸣、探索与推动[J].中国劳动关系学院学报，2022，36（1）：41-49.

出特殊规定。因此，特殊群体基本劳动标准保护制度成为基本劳动标准立法必不可少的内容，应切实保障特殊群体生存的基本底线不被逾越。

具体而言，特殊群体基本劳动标准保护制度应当紧紧围绕着适用对象的特殊性和制度内容的特殊性而展开。从主体要求来看，特殊群体基本劳动标准保护制度适用且只适用于法定的、特殊的劳动群体，如女职工、残疾人劳动者、未成年人、"学生工"等；从具体内容来看，特殊群体基本劳动标准保护制度的内容必然紧贴造成特殊群体不利劳动地位的身体结构、生理构造等原因，有针对性地使用法律手段弥补特殊群体不利于就业的不足，保障特殊群体公平劳动就业，落实基本劳动标准立法保障生存权的宗旨。基本劳动标准立法的全过程都紧扣着劳动法领域的核心价值追求，即法律帮助社会成员达成平等的手段是对侵犯弱者的强者行为进行制约和制裁，从而完成弱者自身不能与强者达成的平等或者平衡的社会目标。人类社会的法律从根本上说就是弱者的法律，"法律关切的是竞争制度下的不幸的受害者，而不是那些获得利益的幸运儿"[①]。

截至 2020 年，城镇单位女性就业人员为 6 779.4 万人。[②] 截至 2022 年，中国有超过 8 500 万的残疾人，涉及 2.6 亿家庭人口[③]，特殊群体劳动就业中的基础保障需求在我国可见一斑。立法者在制定基本劳动标准法时需要考虑特殊群体保护规则的适用原则与范围，更要综合衡量基本劳动标准立法旨意与特殊群体不利地位间的矛盾。具体而言又表现为特殊群体应遵循"原则适用劳动法，例外不适用"的规则。同时，特殊群体劳动基准保护与政策歧视、既有制度的更新与基本劳动标准法的协调也需要得到落实。

目前，我国基本劳动标准的内容，如工作时间与休息休假、工资、劳动与安全卫生，分布在《劳动法》《劳动合同法》等法律法规中。而女职工、残疾人劳

---

① 奥利弗. 法律和经济 [M]. 张嵎青，译. 武汉：武汉大学出版社，1986：32.
② 国家统计局.《中国妇女发展纲要（2011—2020 年）》终期统计监测报告 [EB/OL]. (2021-12-21) [2022-06-04]. https://www.gov.cn/xinwen/2021-12/21/content_5663667.htm.
③ 最高人民法院. 最高法、中国残联发布残疾人权益保护十大典型案例　聚焦残疾人"衣食住行"保障残疾人平等权益 [EB/OL]. (2021-12-02) [2022-06-05]. http://www.court.gov.cn/zixun/xiangqing/334611.html.

动者等特殊群体的立法保护则分布在《妇女权益保障法》《残疾人保障法》以及行政法规和地方性法规中。因此，在特殊群体基本劳动标准立法时应充分采用国内外双向比对、国内立法横纵关切的办法。

（二）立法体系

就立法体系而言，在特殊群体基本劳动标准立法中，应以特殊群体的主体作为主要分类进行体系化编纂，进行相关立法的整合和协调。在其他国家劳动立法中，特殊群体基本劳动标准保护制度多见于劳动法、基本劳动标准法、社会福利服务法中。这些立法普遍遵循着先进行一般规定，再就特殊群体进行特设分编立法的模式。日本的《劳动基准法》、韩国的《劳动基准法》多按总则、劳动合同、工资、工作时间和休息时间的立法体例编纂，设有女性和未成年人保护篇章，并在其中对就业禁止、休息休假等内容依照一般规定的立法思路进行特别规定。

需要关注的是各国劳动法或基本劳动标准立法中，往往对因工致残劳动者的维权救济进行了规定，而对残疾人劳动者的基本劳动标准保护并未进行体系化规定，更不论及单独明确成编。我国残疾人群体数量庞大，残疾人劳动者通过劳动就业维系生命的需求不容小觑，必须根据我国的实际需求对数量庞大的残疾人劳动者群体的劳动报酬与休息休假等基本劳动标准作出规范化保护。根据特殊群体的主体划分不同，特殊群体基本劳动标准保护制度主要包括以下四个部分。

其一，女职工保护。本部分调整的对象是用人单位与单位内女职工的劳动关系及劳动合同中涉及基本劳动标准的具体内容，包括但不限于劳动报酬、休息休假、劳动安全卫生、劳动条件保护等。本部分重点内容包括女职工禁忌从事劳动有关规定，女职工工作条件、工资保护、调岗便利、休息休假，"四期"女职工特殊保护，法律监督与违法责任等。

其二，残疾人劳动者保护。本部分调整的对象是残疾人劳动者在劳动就业过程中与用人单位和就业服务组织建立的劳动关系及劳动合同中涉及基本劳动标准的具体内容，包括但不限于劳动报酬、休息休假、劳动安全卫生、劳动条件保护等。本部分旨在保障残疾人劳动者在劳动就业过程的基本劳动权利，从残疾人劳动者的身体构造与实际劳动能力出发，保障残疾人劳动者的生存权和发展权。本部分重点内容包括残疾人劳动者合理便利需求设计、无障碍工作环境，专项劳动培训，劳动报酬、劳动定额、劳动安全保护有关规定，法律监督和违法责任等。

其三，未成年人保护。本部分调整的对象是未满18周岁的未成年人，包括14周岁以下儿童的特殊基本劳动标准问题，主要包括14周岁以下童工的禁止使用规则及其例外，16周岁以下未成年人使用的限制性和保障性规则，18周岁以下未成年劳动者特殊用工保护规则以及与上述规则相匹配的法律责任。本部分规制的重点在于：一是童工保护问题上，落实我国加入的国际劳工公约的路径和方法；二是未成年劳动者的特殊权益以及实现机制；三是以14周岁、16周岁和18周岁为年龄界限的差异化规则设计；四是违反未成年劳动者保护规则的法律责任。

其四，"学生工"保护。本部分调整的对象是在教育行政部门注册的在校学生的以提前适应工作为目的的顶岗实习、以建立稳定劳动关系为目的的毕业实习等相关劳动中的特别劳动关系。以课堂教学为目的的实习、以勤工俭学为目的实习中的"学生工"部分基础性劳动权益也可以参照本部分进行保障。此外，需要密切关注企业新型学徒的基本劳动标准相关的权益保障。本部分重点内容包括学生实习禁止性情形，学生实习劳动条件、工作时间和休息休假，实习单位基本义务，法律监督和违法责任等。

其五，高龄劳动者保护。本部分调整的对象是50周岁至65周岁从事劳动法域范围内的从属性劳动的劳动者。本部分重点内容包括明确高龄劳动者的劳动者资格，设计反就业年龄歧视条款保障高龄劳动者平等就业权的实现，以及适合高龄劳动者特点的工时制度、解雇保护制度、就业促进制度等。另外，本部分内容设计需要兼顾高龄劳动者特殊保护的成本和效益，充分考虑运用法律技术进行妥善表达。

目前在国内法层面，基本劳动标准主要规定在《劳动法》第四章（工作时间和休息休假)、第五章(工资)、第六章(劳动安全卫生)、第七章(女职工和未成年工特殊保护)。在内容上,现有法律规范内容主要涉及工作时间和休息休假、工资、劳动安全卫生、女职工和未成年工特殊保护等方面。根据特殊群体法律适用原则,即原则适用劳动法,基于具体情形予以适用特别保护的规则。尽管在日本和韩国的立法中,劳动合同法被置于基本劳动标准法中,但这种立法体例源于民法典对雇佣合同已有规定,基本劳动标准法主要规定劳动合同制度中的强制性规则的思路。我国《民法典》没有规定雇佣合同,《劳动合同法》已经有单独立法,因此应保持《劳动合同法》的独立地位。劳动合同形式、经济补偿、无固定期限合同强制订立等其他国家和地区放置在基本劳动标准法中的制度,因其与劳动合同的密切关系,应保留在《劳动合同法》中。但该法中拖欠工资的保障规则(第三十条第二款)、强令冒险作业规则(第三十二条)、违反基本劳动标准的法律责任规则(第八十五条),从体系来看,应置于基本劳动标准法中,该法通过后删除《劳动合同法》的相关条文。

在特殊群体基本劳动标准权益保护立法研究过程中,基本劳动标准法与《妇女权益保障法》《残疾人保障法》等法律,前者从性别、身体特殊状况等出发进行主体保护,后者从法律关系的特殊属性出发进行保护,二者必然发生交集,因此必须理顺二者的关系。就基本劳动标准法与其他专门性法律的关系而言,可以在一定程度上参考《劳动合同法》这一专门立法的发展过程和背后的逻辑,即匹配社会现实发展需求,有针对性地更新显然滞后的规定。有学者在劳动合同专门立法的伊始指出,起草制定《劳动合同法》主要有两方面的原因:一方面是劳动关系出现了许多新的形式,如"灵活就业",灵活就业者在劳动报酬、劳动保护、劳动时间、劳动强度以及劳动者应有的福利和社会保险方面,都更容易受到损害;另一方面是《劳动法》中关于劳动合同的一些条款已显滞后或者过时。[①]

必须明确这些特殊群体保护的法律相对于劳动法具有其独立性,避免将大

---

① 黎建飞.社会变革中的中国劳动合同立法[J].法学家,2009(6):80-91+156.

量涉及这些特殊群体保护的一般性规则纳入基本劳动标准法中。但同时往往这些特殊群体保护的法律相对比较原则，多具有宣示意义。基于这种立法现状，关于劳动关系中的这些特殊群体的特殊保护规则，应在基本劳动标准法中作出规范性的、具体的规定。

在新时代，劳动者的人格权益是基本劳动标准法中应当具有的内容，特殊群体人格权保护也会成为我国基本劳动标准法的亮点，平等对待和反就业歧视作为人格权保护的制度也应规定于基本劳动标准法中。这样一来基本劳动标准法的内容与现行《就业促进法》反就业歧视的内容将发生交叉，二者关系应当理顺。基本劳动标准法应定位于反就业歧视的一般性法律，涵盖入职歧视、就业中歧视、解除歧视等，同时应规定完整的就业歧视认定规则和责任承担规则。而《就业促进法》则主要涵盖针对入职歧视的特别规定，同时当前《就业促进法》中关于责任的规定并不完整，只是规定"依法"追究责任，其适用应转引基本劳动标准法的规定。

因此，基本劳动标准立法是劳动法领域内部为应对不断发展的社会关系，协调新出现的劳动纠纷而作出的内部发展和前进。简而言之，基本劳动标准法与劳动法是部分与整体的关系，基本劳动标准法是劳动法的子法，是在劳动法的立法精神和立法原则指导下作出的专门性立法。基本劳动标准法是立法机关对基本劳动标准有关的劳动报酬、休息休假、劳动安全卫生与劳动条件保护等方面作出的，在劳动法原则指导下进一步明确具体的、可行的规范。对特殊群体基本劳动标准保护进行的立法工作，应当在《劳动法》和《劳动合同法》等部门法的基础上，根据特殊群体的具体特点，分编分节地对基本劳动标准法域内的劳动报酬、休息休假、劳动安全卫生、劳动条件保护等作出规定。劳动法律具有很强的社会政策色彩，而社会政策往往具有较强的时效性和地域性，同时基于精细化立法以及精准调整的理念，基本劳动标准法的规则全部纳入一部法律中也很难实现。因此，基本劳动标准法中关于特殊群体权益保护的部分，必须遵循如下原则，处理好该法与各种下位阶法的关系：其一，涉及基本权利和基本规则并且比较成熟的内容应规定在基本劳动标准法中，涉及基本权利和基本规则，但不成熟的内容应授权通过行政法规来规定；其二，操作性比较强，涉及当事人权利形式具体规则的内容可以保留给行政法规来规定；其三，具有较强时效性和地域差异的问题应明确由地方性法规和部颁规章来规定。

二、女职工基本劳动标准保护

（一）女职工基本劳动标准保护的基础

"女职工"一般是指全体女性劳动者，既包括女性脑力劳动者，又包括女性体力劳动者。女职工特殊保护是世界各国劳动法和劳动保护工作的一个重要组成部分，女职工本身的特点决定了应当在法律上给予女职工特殊的劳动保护。我国《劳动法》中所指的女职工包括所有从事体力劳动和脑力劳动的已婚、未婚的女性职工。女职工由于其生理特点，往往在劳动中遇到一些特殊的困难，同时她们还肩负着生育和抚育婴幼儿的重要责任，如果在劳动中对于女职工的这些特点不予注意，不加以保护，不仅会影响女职工本身的安全和健康，而且可能会影响到下一代的成长和发展。结婚、生育是妇女的基本权利，任何人不得以任何理由剥夺或者变相剥夺，因此，立法应当重视对结婚、怀孕阶段女职工劳动权利的保护。

在生理构造方面，女性在一生中要经历"四期"，即经期、孕期、产期和哺乳期这几个特殊的生理时期。在经期时，女性常常会感到疲倦，神经紧张，情绪波动也较大，虽然仍能继续参加生产劳动，但体力与智力的发挥却受到了相当的影响。女性怀孕后，会出现一系列的生理反应，如呼吸加快、行动不便、生理性贫血等，怀孕后期常常需要离开工作岗位，只能休息或干一些极轻便的活。哺乳期的女性既要照看婴儿，又要康复身体。因此，在生理构造的特殊要求下，女职工的特别保护制度根据特定阶段女性特殊的生理需求，设置了经期、孕期、产期和哺乳期的特别保护规定。

在劳动能力方面，由于其身体结构和生理结构方面的特点，女性的负载能力、基础代谢能力、从事体力劳动的能力以及对劳动环境的适应能力往往稍逊于男性，特别是在面对有毒、紧张、恶劣的工作条件时，女性更容易感到不适。因此，在女职工特别保护制度中，规定了女职工禁止从事的劳动范围，以避免女职工劳动安全事故的出现。

在特殊群体基本劳动标准立法的过程中，女职工保护的有关制度设计是其必不可少的组成部分。女性的劳动权益不仅包括女性与男性所平等享有的劳动权益，还包括女性基于特殊生理机能所单独享有的劳动权益。①当前在法律层面，对于女职工的劳动保护乃至基本劳动标准保护已相对完善，女职工的基本劳动标准制度在一定程度上可以为残疾人劳动者基本劳动标准制度设计提供经验。

（二）女职工基本劳动标准保护的国内法律规范体系

对于女职工的权益保障，我国采用的是专门立法模式。除《宪法》《劳动法》《劳动合同法》中的一般性规定外，《妇女权益保障法》《女职工劳动保护特别规定》等法律法规构成了女职工权益保障的坚实法律基础。同时，我国在1980年成为联合国《消除对妇女一切形式歧视公约》的缔约国，应遵守该公约义务并逐步将其中符合我国法治需求的有关经验纳入国内立法。②此外，在女职工基本劳动标准保护立法过程中，应当借鉴域外法经验，综合考虑我国相关中央层面的法律法规和地方立法尤其是经济发达地区立法的先进经验。

1.《劳动法》中的禁止就业性别歧视规范

基本劳动标准法的立法目的是通过规定劳动条件最低标准，保护劳动者合法权益。《劳动法》是目前我国劳动关系领域的基础性法律。基本劳动标准法中关于女职工的特别保护规定应吸纳并革新《劳动法》的相关条文，在该法通

---

① 《妇女权益保障法》第四十七条："用人单位应当根据妇女的特点，依法保护妇女在工作和劳动时的安全、健康以及休息的权利。妇女在经期、孕期、产期、哺乳期受特殊保护。"

② 联合国《消除对妇女一切形式歧视公约》第11条第2款规定："缔约各国为使妇女不致因为结婚或生育而受歧视，又为保障其有效的工作权利起见，应采取适当措施：（a）禁止以怀孕或产假为理由予以解雇，以及以婚姻状况为理由予以解雇的歧视，违反规定者得受处分；（b）实施带薪产假或具有同等社会福利的产假，不丧失原有工作、年资或社会津贴；（c）鼓励提供必要的辅助性社会服务，特别是通过促进建立和发展托儿设施系统，使父母得以兼顾家庭义务和工作责任并参与公共事务；（d）对于怀孕期间从事确实有害于健康的工作的妇女，给予特别保护。"

过后明确废止《劳动法》中的这些条文，以避免未来法律适用过程中两法关系不清。

第一，确立平等就业权。《劳动法》"总则"部分第三条明确了劳动者享有"平等就业"的权利，这从正面规定了劳动者有不受歧视的权利。第二，禁止歧视行为。在《劳动法》第二章"促进就业"中，第十二条规定了歧视的具体情形，包括民族、种族、性别、宗教信仰四种。该条文从行为人的角度明确了《劳动法》禁止的就业歧视类型，并采用了封闭列举的立法模式。第十三条重申了妇女的平等就业权，禁止基于性别的就业歧视行为。

2. 女职工特别保护规定中的权利确认和禁止性规范

根据立法目的，能够准确地理解现存法律规范背后蕴含的立法者的主观追求，剖析该法律文件的价值取向，确定贯彻实施该项法律规范时的准确含义。正如美国各法院解释美国宪法的首要原则时所明确宣告的："宪法解释的首要规则是贯彻制宪者的意图和目的。"[①] 比较《妇女权益保障法》和《女职工劳动保护特别规定》的立法目的，前者第一条指出"为了保障妇女的合法权益，促进男女平等和妇女全面发展，充分发挥妇女在全面建设社会主义现代化国家中的作用"，而后者第一条的立法目的则进一步缩小范围，表述为"为了减少和解决女职工在劳动中因生理特点造成的特殊困难，保护女职工健康"。

不难发现，《妇女权益保障法》是保障妇女权益的专门性立法，是我国全面、综合、专门维护妇女权益的基本法。[②] 而《女职工劳动保护特别规定》作为现行的行政法规，其条款更为具体细致，司法适用性更强，是妇女权益法律保障体系的重要组成部分，重点关注并解决女职工劳动权益尤其是因生理特点造成的权益困局。举例论之，在女职工生理期特别保护问题中，《妇女权益保障法》通过延续"不适合妇女从事的工作和劳动"的历史经验，在国家、用人单位和女职工三者间设立"基本权利冲突之三角关系"[③]，《劳动法》第六十条亦采用与其相同的

---

① 安修. 美国宪法判例与解释[M]. 黎建飞, 译. 北京：中国政法大学出版社, 1999：68.
② 信春鹰. 中华人民共和国妇女权益保障法释义[M]. 北京：法律出版社, 2005：1.
③ 法治斌, 董保城. 宪法新论[M]. 台北：元照出版有限公司, 2004：199.

三角关系,并将生理期禁忌劳动范围具体规定为"高处、低温、冷水作业和国家规定的第三级体力劳动强度的劳动",由国家履行基本权利保护义务。[①]

(三)制度设计和执行过程中的重难点

1. 规范体系内法律和法规、中央和地方、整体和部分的协调性有待加强

在基本劳动标准保护领域,女职工特别保护规范仍存有分布零散、效力不足的问题。《劳动法》中对于女职工的保护原则和具体规定受限于法律文本的滞后性而难以对复杂的、新出现的具体问题作出解释;《女职工劳动保护特别规定》在性质上属于行政法规,在法律效力和规范能力上具有"先天性"的不足。

同一个社会关系可以适用效力等级各不相同的多个法律规范,由于这些不同的法律规范对同一社会关系的规范可能并不完全一致甚至互相冲突,因此适用不同的法律规范所产生的法律后果也不尽相同,导致法适用上的冲突。同时,具体保护的规定散见于法律、行政法规、部门规章中,也为特定问题的法律解释和法律救济增添了一些障碍。此外,要充分考虑通过法律技术来平衡地区经济发展水平差异导致的司法资源等差异,广泛吸取江浙沪等经济发达地区的有益经验,落实好中央法规在地方法治土壤上的落地生根。

2. 女职工基本劳动标准保护应当优先、重点解决的问题

随着我国政策的革新和社会的发展,许多新的社会问题诸如"三孩""四期"女职工劳动权益保护更加受到关注,原有的立法在协调新出现的矛盾时不免出现捉襟见肘的情形。法律的生命在于执行,在法律的设计过程中法律执行的本土环境需要得到关注,女职工基本劳动标准保护必须充分考虑我国现阶段的劳动力市场和经济发展水平,避免超前立法。因此,在基本劳动标准领域积极探寻专门立法的趋势下,设置女职工基本劳动标准保护部分,通过现有法律法规的汇编、整理和革新,在全新的基本劳动标准法中落实对女职工劳动权益中涉及基本劳动标准的具体保护,是劳动法体系自身发展完善、推进劳动法法典化进程的重要环节。

---

① 陈海萍. 女职工生理期受特殊保护的立法选择[J]. 法学,2022(7):40-55.

三、残疾人劳动者基本劳动标准保护

(一)残疾人劳动者基本劳动标准保护的基础

残疾人是一个数量众多、特性突出、特别需要帮助的社会群体。① 根据世界卫生组织和国际残疾人奥林匹克委员会截至 2021 年的统计数据,残疾人占世界人口的比例约 15.3%,全球残疾人总数超过 10 亿人。有些国家残疾人口所占比例估计高达 20%,因此,如果算上亲属,就有 50% 的人口受到残疾的不利影响。② 残疾人劳动者是指在心理、生理、人体结构上,某种组织、功能丧失或者不正常,全部或者部分丧失以正常方式进行劳动活动的群体。③ 残疾人因不同种类、不同程度的生理缺陷而在整个劳动就业过程中处于极不利的地位。残疾人就业难、难就业已经是包括我国在内的世界各国的共同困境,而进入劳动就业过程中的残疾人职工的生存与发展权利又因多种不利因素而难以得到保障。失业率高、工作岗位较差、工作待遇较低、休息休假制度不完善等困局在一定程度上源于残疾人基本劳动标准立法的缺位。

就残疾人劳动者基本劳动标准保护而言,我国已经形成了以《残疾人保障法》为引领,《残疾人就业条例》为重要内容的法律制度框架,同时,我国也支持并认真执行联合国《关于残疾人的世界行动纲领》,参与制定《残疾人机会均等标准规则》。④ 同时需要关注到的是,应当区分残疾人劳动者社会融合就业与残疾人专门就业,区分适用情形进行基本劳动标准制度设计,发挥好比例原则在基本劳动标准法立法中的指导价值,避免出现因过度保护而导致脱节和边缘化现象。同时,应协调好残疾人权益特别保护制度与其余部门法的衔接工作,这是基

---

① 参见《中共中央、国务院关于促进残疾人事业发展的意见》(2008 年 3 月 28 日)。
② 黎建飞.残障人法教程[M].北京:中国人民大学出版社,2016:1.
③ 残疾人的界定详见《残疾人保障法》第二条。
④ 李静,等.依法治国背景下的残疾人保障法制建设[N/OL].中国劳动保障报.2015-1-6. http://www.chinajob.gov.cn/EmploymentServices/content/2015-01/06/content_1025959.htm.

本劳动标准法作为劳动法体系重要基础组成部分的应有之义。县级以上人民政府和残疾人劳动者所在单位应当各司其职、依法作为。县级以上人民政府应当推进残疾人劳动者无障碍工作环境建设，落实侵犯残疾人劳动者基本劳动标准权益有关监督机制和违法责任等。用人单位应当根据残疾人劳动者的生理、心理特点，为残疾人劳动者提供合理的劳动保护，并根据实际需要，使劳动场所、劳动设备和生活设施达到适合残疾人劳动者通行和使用的条件。残疾人基本劳动标准法律制度保护，原则上应适用劳动法，基于比例原则的价值导向对残疾人劳动者的工作时长、工资待遇、劳动安全卫生方面作出进一步细化的规定。在落实残疾人劳动就业保护的同时推进残疾人社会融合稳步向前，以公平共生的理念取代孤立特例的偏见。

（二）残疾人劳动者基本劳动标准保护的法律规范体系

国内关于残疾人基本劳动标准保护建设尚未单独立法，多以政策为基础的原则性规定散见于《残疾人保障法》《残疾人就业条例》中。总结残疾人劳动者劳动安全卫生和劳动安全保护建设的法制体系，我国在法律层面形成了以《残疾人保障法》为基础依据，以《中华人民共和国老年人权益保障法》《中华人民共和国公共文化服务保障法》《中华人民共和国公共图书馆法》《中华人民共和国建筑法》《中华人民共和国防震减灾法》《中华人民共和国道路交通安全法》等作为细分领域补充的立法格局，无障碍环境立法为残疾人劳动者顺利劳动、安全劳动、健康劳动提供了法治保障。

而相较于女职工特殊保护的相对完善的法律体系，残疾人劳动者的劳动权益或基本劳动标准方面的基本权益尚未建立起完整的框架，形成切实可行的规定。在广泛的、共识性的倡导性规范的基础上更进一步，具体就残疾人劳动者工作合理便利和无障碍工作环境，劳动技能专项培训，劳动报酬、劳动定额、休息休假和劳动安全保障等基本劳动标准领域的具体问题作出具体规范，真实回应残疾人劳动者的切实诉求，是现阶段残疾人劳动者基本劳动标准立法工作的应有之义。

(三)基本劳动标准法与《残疾人保障法》的衔接

残疾人劳动者基本劳动标准立法的基本目的是减少因残疾导致的就业不利地位及随之产生的"生存与发展"脱节的影响。而在规范保护其工资、工时等基准外,该群体特殊条件所决定的立法一般逻辑应当是通过规范和完善工作环境建设、加强劳动过程中的保护,以尽可能地消弭其因"残疾"而获得合法合规的基本劳动标准待遇的障碍,减少因"残疾"增加进一步残疾的风险和可能。

《残疾人保障法》第七章第五十三条规定,"无障碍设施的建设和改造,应当符合残疾人的实际需要"。从该条的立法目的足以判断对于无障碍环境立法,尤其是残疾人劳动者劳动环境规范立法,"符合残疾人的实际需要"这一立法目的是需要得到重点关注的,同时也成为证明上述一般逻辑合理性的有力参考。在这一视角内,无障碍环境立法则是击穿阻碍、营造基本劳动标准保护健康环境的有效武器。

2008年,全国人大常委会对《残疾人保障法》作出了大幅度的修订,其中涉及无障碍环境方面由之前的一条变成了单列一章,增强了法律的明确性和可执行性。该章共有七条(第五十二至五十八条),除总括性的规定外,其余六条分别对无障碍设施的建设和改造、信息交流无障碍、为残疾人提供无障碍服务、为残疾人选举提供便利、无障碍辅助设备的研制和开发、导盲犬出入公共场所作出了规定。相比于1990年的规定,修订后的《残疾人保障法》对物质环境的无障碍作出了更加科学和细化的规定,并首次对信息交流无障碍作出了初步的规定。

《残疾人保障法》在层阶上属于全国人大常委会的立法,基本劳动标准法颁布施行后,与该法具有相同的法律效力,在适用中两法发生法条竞合时,应当遵循"新法优于旧法,特殊法优于一般法"的法律适用规则。

(四)制度设计和执行过程中的重难点

1. 劳动场所中无障碍设施建设的完善

劳动场所的无障碍设施配备、工作条件建设不仅关系到残疾人劳动者在能力上能否参与到劳动中,更关系着他们能否安全、健康地参与劳动。劳动场所的无障碍设施建设是残疾人劳动者劳动安全保障的重要抓手和基础。在党的十八大以后,全国系统性开展无障碍设施建设的市县区数量呈增长趋势,截至2020年,全国系统性开展无障碍设施建设的市县区数量达到1 753个。[①]但是我国无障碍环境建设更多地解决了"有"的问题,而没有解决"好"的问题,尤其是用人单位内部劳动场所的无障碍设施建设情况。工业和信息化部数据显示,截至2021年年末,全国企业的数量达到4 842万户,增长1.7倍,其中99%以上都是中小企业。所以,要对残疾人劳动者集中就业单位、有一定比例残疾人劳动者就业单位进行区分,通过法律技术对以中小企业为主的、民营企业居多的用人单位内部的无障碍劳动条件建设作出具体、可行的规范设计,达成法律整体规范与地方具体情况,成本、目的与效率的统一。

值得指出的是,相较于2012年8月施行的《无障碍环境建设条例》,2023年6月28日通过的《中华人民共和国无障碍环境建设法》(简称《无障碍环境建设法》)第二十条规定"残疾人集中就业单位应当按照有关标准和要求,建设和改造无障碍设施。国家鼓励和支持用人单位开展就业场所无障碍设施建设和改造,为残疾人职工提供必要的劳动条件和便利",更明确了就业场所的无障碍环境要求,以及倡导用人单位提供便利。在残疾人劳动者基本劳动标准保护制度设计中,应当深化聚焦残疾人特别需求,在劳动用工领域集中体现残疾人劳动者有关基本劳动标准权益的专门性保障,协调好与其他残疾人有关专门立法及劳动者保护一般立法的关系,例如在基本劳动标准立法过程中进一步明确和落实国家和用人单位在劳动场所建立、完善以及监管无障碍设施过程中的义务分担和机制体制。

2. 完善残疾人劳动者歧视具体标准的确认机制和监管体系

用人单位在就业和职业方面不得对残疾人实行不平等的差别待遇,对残疾人的就业保护,不仅应当覆盖平等就业机会,还应当覆盖就业活动和职业活动的

---

① 凌元.无障碍环境蓝皮书:中国无障碍环境发展报告(2021)[M].北京:社会科学文献出版社,2021.

全过程。具体而言，在招聘、雇用、晋升、培训等就业方面，在报酬、福利、休假、雇用期限、雇用条件等职业方面，以及持续雇用的整个阶段，不应对残疾人实行不平等的差别待遇。残疾人劳动者基本劳动标准有关权益显然囊括在内，甚至应获得进一步的特别保护。

但是，一是囿于残疾人权益保障规范多来源于政策性文件，二是我国各地经济水平和残疾人劳动者客观基础不一，现行法多流于原则性规定而缺少统一的、可行的、具体的标准，并存有配套监督和审查机制的缺位。所以对于残疾人劳动者基本劳动标准保护制度而言，有必要完善从原则性规定到具体性规范再到监督机制和违法责任的协作、配套，要高度重视立法与法律解释间的配合效果。

四、未成年人的基本劳动标准保护

未成年人作为一个法律概念，通常以年龄为界定标准。我国《民法典》和《中华人民共和国未成年人保护法》（简称《未成年人保护法》）均以是否年满18周岁作为区分成年人与未成年人的标准。儿童的概念通行于教育学、心理学等领域。联合国《儿童权利公约》规定，"儿童系指18岁以下的任何人，除非对其适用之法律规定成年年龄低于18岁"。我国是《儿童权利公约》的缔约国。因此，在该部分，儿童与未成年人同义。[①] 作为宪法所明确界定的特定群体，未成年人的合法权益应受到专门保护，对其劳动保护亦然。

（一）未成年人基本劳动标准保护的理论基础

根据《民法典》的规定，16周岁以上的未成年人，以自己的劳动收入为主要生活来源的，视为完全民事行为能力人。可见，我国法律允许已满16周岁的未成年人成为劳动法意义上的劳动者。这也促使我国的法律体系产生一个法律概

---

① 基于儿童与未成年人同义，该部分根据表述习惯所使用的"儿童劳动""儿童从业"等词，可同义替换为"未成年人劳动""未成年人从业"等。

念"未成年工",特指已满 16 周岁的未成年劳动者。

另根据《劳动法》和《未成年人保护法》,除国家另有规定外,不得招用未满 16 周岁的未成年人。可见,未满 16 周岁的未成年人,在通常情况下禁止成为劳动者。但是,未满 16 周岁的未成年人,不仅在国家规定的文艺、体育和特种工艺单位从事劳动,还在其他经济、文化等领域从事劳动,尽管这类劳动并不使双方构成劳动法上的劳动关系。随着经济社会的发展,尤其是信息和数字技术的发展,在网络直播、电子游戏等领域常有儿童参与。由此,法律对未成年人的劳动保护,主要分为三部分:一是对未成年工(即已满 16 周岁的未成年劳动者)的保护;二是通常情况下的禁止使用童工规定(即禁止招用未满 16 周岁的未成年人);三是对未满 16 周岁的未成年人从事劳动的保护,包括对在豁免使用童工的特定行业中从业的未成年人的保护,如未成年演艺人员、未成年运动员等,以及对在特定行业之外从业的未成年人的保护。

上述归结有赖于澄清童工劳动、儿童劳动、儿童从业的区别。[①] 不同国家和地区对童工劳动的界定有所不同。国际劳工组织围绕童工保护制定了一系列公约和建议书,并把禁止童工劳动列为其成员国必须遵守的四项基本原则之一。[②] 我国是国际劳工组织的成员国。我国《劳动法》规定禁止用人单位招用未满 16 周岁的未成年人,国务院颁行的《禁止使用童工规定》作出同样规定,均体现了对儿童的保护和对上述公约责任的落实。根据《禁止使用童工规定》,招用不满 16 周岁的未成年人是使用童工,应该禁止。该规定界定了我国现有法律体系下童工劳动的定义。但法律并非一律禁止儿童从事劳动。有研究认为,儿童劳动是指"儿童从事有利于其全面发展,不影响其入学接受教育,便于其积累生活经验,能够提高其劳动技能,无危险性且方便其融入社会并能成为社会合格成员的劳动"[③]。本书认为,可从三个层面理解儿童劳动:广义的儿童劳动包括童工劳动在

---

① 杨敬之.美国童模法律保护及其启示:兼评新修订的《未成年人保护法》[J].预防青少年犯罪研究,2021(1):77-85+36.
② 林燕玲.国际劳工标准:女工和童工保护[J].中国劳动,2012(3):34.
③ 鲁运庚,张美.百年来国内关于解决童工劳动问题研究的学术史论[J].中州学刊,2018(5):123.

内；中义的儿童劳动不包括被禁止的童工劳动；狭义的儿童劳动则既不包括童工劳动，也不包括儿童从业者的劳动，仅指利于儿童全面发展、积累生活经验和技能且没有经济报酬的劳动，或者虽有少量经济报酬，但该报酬主要以奖励或补助为目的。狭义的儿童劳动，应区别于儿童从业者的劳动。例如学校组织未成年学生从事义务植树活动，作为劳动教育的一部分，是合理的儿童劳动，不属于使用童工，法律并不禁止。对此，《禁止使用童工规定》第十三条第二款亦有明确规定。[①]儿童从业，是指儿童在法律不禁止的行业领域中，通过劳动获取经济报酬的活动。国际劳工公约对儿童劳动作出了豁免规定，这些豁免规定中的儿童劳动便可视为儿童从业的一部分，但绝非全部。比如儿童从事文艺表演，各国法律一般不禁止。我国《劳动法》第十五条和《禁止使用童工规定》第十三条也有类似规定。可见，"儿童劳动和童工劳动是两种不同类型的劳动"。[②]童工劳动被法律禁止，而中义上的儿童劳动，可以理解为儿童从业，应受到法律的严格规范。需要强调的是，这里的"从业"，并非局限于形成劳动法上的劳动关系，还应包括以给付劳动为内容的多种关系，乃至包括真人秀节目、网络直播等商业性活动中的儿童"参与"行为。遗憾的是，对于从业意义上的儿童劳动的保护，未得到应有重视，相关法律规范尚不完备。此外，未成年人的基本劳动标准保护，还涉及对未成年学生的保护。未成年学生在社会上兼职的，虽不构成"未成年工"，但仍有必要对其进行劳动保护。未成年学生在职业技术类学校就读的，学校在设置相关课程，安排实习实践活动时，应保护其合法权益。未成年学生的劳动保护，具体参见关于"学生工"基本劳动标准规则设计部分。

本书认为，应当反思未成年人劳动保护的"二分框架"，从实际需要出发，对未成年人劳动进行全面、综合保护，即对于未形成劳动关系的未成年人劳动，基于其主体尚未成年的特定身份，亦应受到基本劳动标准保护。

---

① 《禁止使用童工规定》第十三条第二款规定："学校、其他教育机构以及职业培训机构按照国家有关规定组织不满16周岁的未成年人进行不影响其人身安全和身心健康的教育实践劳动、职业技能培训劳动，不属于使用童工。"

② 鲁运庚，张美.百年来国内关于解决童工劳动问题研究的学术史论[J].中州学刊，2018（5）：123.

（二）我国现有法律规范

就保护未成年工而言，1994年12月9日劳动部公布的《未成年工特殊保护规定》第二条专门规定，"未成年工是指年满十六周岁，未满十八周岁的劳动者"，并基于未成年工的生长发育特点，作出特殊保护规定。该部门规章是未成年工基本劳动标准保护的直接规范。就禁止使用童工而言，1991年4月15日，国务院发布《禁止使用童工规定》，并于2002年10月1日公布了新的《禁止使用童工规定》，规定"不得招用不满16周岁的未成年人"，即不得使用童工。该行政法规是禁止使用童工的直接规范。

然而，对于未满16周岁的未成年人在特定行业劳动的，其劳动保护规范却不清晰。《劳动法》第十五条第二款规定："文艺、体育和特种工艺单位招用未满十六周岁的未成年人，必须遵守国家有关规定，并保障其接受义务教育的权利。"这里的"有关规定"尚不明确。其实，2009年修正的《劳动法》在第十五条规定，文艺、体育和特种工艺单位招用未满16周岁的未成年人，必须依照国家有关规定，履行审批手续，并保障其接受义务教育的权利。但该法在2018年修正时，将"履行审批手续"的规定删除了。事实上，早在2002年国务院发布《关于取消第一批行政审批项目的决定》，便取消了上述审批，取消依据是《禁止使用童工规定》。而《禁止使用童工规定》第十三条规定，"文艺、体育单位招用不满16周岁的专业文艺工作者、运动员的办法，由国务院劳动保障行政部门会同国务院文化、体育行政部门制定"。遗憾的是，相关办法并未出台。可见，未满16周岁的未成年人在法律允许的特定行业劳动的，其劳动保护规范阙如。司法实践中，未成年演艺人员与相关文娱公司、未成年运动员与相关体育公司之间因履行合同产生的纠纷时有发生。其中，未成年运动员与其接受训练、代表参赛并签署了"合作协议"的体育公司之间的法律关系尚有争议。尽管法院在司法实践中作出了一些探索，但对未成年演艺人员和未成年运动员合法权益的保护，尤其是对上述人员的劳动保护，尚待法律规范的完善。①

---

① 参见2023年6月21日最高人民法院发布的八起涉体育纠纷民事典型案例之三："未成年运动员劳动关系的认定——雷某与某体育公司合同纠纷案"。

此外，未成年人还在更为广泛的经济、文化领域从业。有大量参与影视剧拍摄的儿童演艺人员，并非专业文艺工作者，并不与剧组或相关演艺组织者签订劳动合同。童模、网红儿童、电子游戏的儿童玩家、电竞运动选手等现象，都引发人们对数字时代新型儿童从业的思考，有人甚至将这些现象中的儿童称为数字时代的"童工"。在这些新的劳动样态中，相关儿童往往容易受到经济剥削和权益侵害。这对完善儿童劳动保护的法律体系提出挑战。

对于职业技术类学校就读的未成年学生的基本劳动标准保护，2021年12月，教育部等部门联合印发的《职业学校学生实习管理规定》指出，实习单位应遵守国家关于工作时间和休息休假的规定，除特殊需要外，不得安排学生加班和上夜班等特定情形的实习。①

总体上看，在现有相关法律规范中，规章层级以上的规范存在制定时间早、内容有待更新完善、授权条款并未落实等问题；新近的规范在具体制度上进行了开创性探索，为立法提供了有效经验，但其实施情况有待实践检验。需要指出的是，我国当前的立法模式是"《劳动法》概括性规定＋行政法规、规章专门规定"，相关法律规范主要为"最低劳动年龄规则＋禁止使用童工及其例外"。这一模式尚未涵盖所有的未成年人劳动，同时相关劳动标准亦不全面，尤其对于在禁止使用童工豁免的特定领域中从事劳动的未成年人，即被文艺、体育和特种工艺单位招用的未满16周岁未成年人的劳动保护规范阙如。

（三）基本劳动标准法与相关法律的衔接

未成年人的基本劳动标准保护，紧要问题是实现对所有从业的未成年人的保护，在完善对劳动关系中未成年工和特定行业从业的未成年人的保护外，关键是保护在非劳动关系中劳动的未成年人。核心问题是构建具体的保护机制，对未成

---

① 《职业学校学生实习管理规定》第十七条："除相关专业和实习岗位有特殊要求，并事先报上级主管部门备案的实习安排外，实习单位应遵守国家关于工作时间和休息休假的规定，并不得以下情形：（一）安排学生从事高空、井下、放射性、有毒、易燃易爆，以及其他具有较高安全风险的实习；（二）安排学生在休息日、法定节假日实习；（三）安排学生加班和上夜班。"

年人劳动保护进行全面考量。基本劳动标准法应充分考虑上述情况，做好与相关法律的衔接工作。

1. 与其他劳动法律规范的衔接

《劳动法》《禁止使用童工规定》以及《未成年工特殊保护规定》等劳动法律规范，旨在劳动关系框架下保护儿童劳动，即保护特定行业从业的未成年人劳动、禁止使用童工以及保护未成年工。鉴于《劳动法》第十五条的"有关规定"并不明确，且有关职能部门并未完成《禁止使用童工规定》第十三条授权规范的义务，基本劳动标准法应填补上述法律规范空白，明确在特定行业从业的未成年人的基本劳动标准保护。同时，基本劳动标准法应在提炼未成年人劳动保护基本原则的基础上，构建以未成年人劳动备案制度、工时（时长、时段和时期）、休息休假、劳动限制、劳动照护、工作现场保护、教育保障和安全教育等为基本内容的规范体系。

《未成年工特殊保护规定》虽是专门规范，但公布时间较早，基本劳动标准法应根据当前经济社会发展现状，尤其针对未成年工就业较多的服务业（如餐饮业）以及加工行业等，规定概括性保护条款，并通过授权规范的方式，要求国务院及其相关职能部门等行政立法主体完善专门规范。国务院应根据基本劳动标准法修改《未成年工特殊保护规定》，完善对未成年工的专门保护。

2. 与其他社会法律规范的衔接

基本劳动标准法还应与以《未成年人保护法》为主干的儿童权益保护相关法律规范衔接，保护非劳动关系中的未成年人劳动。《未成年人保护法》第六十一条对未成年人劳动进行规范，其中规定对未成年工"应当执行国家在工种、劳动时间、劳动强度和保护措施等方面的规定，不得安排其从事过重、有毒、有害等危害未成年人身心健康的劳动或者危险作业"，另在第四款规定，"任何组织或者个人不得组织未成年人进行危害其身心健康的表演等活动""未成年人参与演出、节目制作等活动，活动组织方应当根据国家有关规定，保障未成年人合法权益"。该条对未成年人参与演出、节目制作等活动的规范，可视为对非劳动关系领域中儿童劳动的概括性保护，但其中的"国家有关规定"还有待具体规范的细化，例如现场保护专员机制、法治与德育通识教育以及心理辅导等具体保护机制等。

五、"学生工"基本劳动标准规则设计

（一）背景及问题的提出

随着经济社会日新月异的发展，我国劳动用工形式呈现出多样态、多形式的趋势。学生群体在教学活动、实践活动中参与各种形式的劳动，建立起劳动关系或其他法律关系，随即产生法律问题，需要依法保护其安全体面劳动。初步界定学生相关劳动者的主体身份是"学生工"基本劳动标准规则设计的起点。在教育行政部门注册的在校学生的实习分为以课堂教学为目的的实习、以勤工俭学为目的的实习、以提前适应工作为目的的顶岗实习、以建立稳定劳动关系为目的的毕业实习。以提前适应工作为目的的顶岗实习属于特别劳动关系；以建立稳定劳动关系为目的的毕业实习符合劳动关系法律特征，应认定双方成立劳动关系，应该受到基本劳动标准法的保护；以课堂教学为目的的实习以及以勤工俭学为目的的实习一般不认定为劳动关系，但其参与劳动过程中的基本权益可以通过非典型用工模式进行保护，尤其是对其工作时间、工资待遇和休息休假等涉及基本生存权的基准设计。

当"学生""劳动""工作""操作"等不同词汇加诸在同一主体身上，由此导致的劳动风险和产生的职业伤害也同时降临在同一主体身上。在学生成为用人单位的廉价甚至免费劳动力的同时，还产生了《劳动法》上难以解决的问题。[①] 在法律视角下，"学生工"广泛存在带来双赢局势后仍然存在着大量的风险隐患，无故拖欠工资、劳动安全事故缺乏救济等问题层出不穷。囿于我国现阶段缺乏对"学生工"法律主体地位的规定，目前难以界定其相关法律地位和具体权益，而通过相关立法保护其劳动权益尤其是基本劳动标准权益起着基础性的作用。高校

---

① 黎建飞.高校毕业生就业中的法律问题[J].河南省政法管理干部学院学报，2007（2）：100-107.

学生参与实习实践，其享有的实习权利属于受教育权①，是指学生在实习学习过程中应享有的受教育权和在实习工作劳动过程中享有的人身与财产的权利总和。②

有学者指出，高校实习生属于制度性弱势群体。③在实际生活中，实习生本该享有的劳动权益，例如取得劳动报酬的权利、休息休假的权利、获得劳动安全卫生保护的权利、享受社会保险和福利的权利往往受损。④必须认识到"学生工"的劳动安全等基本劳动权益保障正处于无法可依、制度缺失的困局中。实习时期的大学生处于管理的"真空"阶段，缺少统一的规定和程序，学生一旦出现工伤、薪酬等纠纷问题时，学校、学生、实习单位都将处于尴尬境遇。⑤

（二）"学生工"劳动权益保护的政策

2007年6月26日，由教育部、财政部制定的《中等职业学校学生实习管理办法》（简称《管理办法》）发布并生效。作为较早期的保护实习学生合法权益的部门规范性文件，该办法在解释了学生实习的内涵，划分了学校和实习单位的组织管理义务外，也对实习学生实习过程中的实习条件和实习劳动环境作出了规定。

《管理办法》第五条规定，"不得安排一年级学生到企业等单位顶岗实习；不得安排学生从事高空、井下、放射性、高毒、易燃易爆、国家规定的第四级体力劳动强度以及其他具有安全隐患的实习劳动；不得安排学生到酒吧、夜总会、歌厅、洗浴中心等营业性娱乐场所实习；不得安排学生每天顶岗实习超过8小时；不得通过中介机构代理组织、安排和管理实习工作"。第八条规定，"实习单位应向实习学生支付合理的实习报酬。学校和实习单位不得扣发或拖欠学生的实习报

---

① 李文康.高校学生实习权探析与立法研究[J].西南农业大学学报（社会科学版），2011，9（12）：59-63.
② 黄芳，范兰德.职业院校学生实习权侵权问题研究[J].现代教育科学，2011（3）：72-74.
③ 陈红梅.对高校实习生法律身份的新认识：兼谈实习生劳动权益的保护[J].江淮论坛，2010（2）：111-116+123.
④ 王晓慧.实习大学生劳动权益保护的研究[J].中国劳动关系学院学报，2017，31（2）：61-66.
⑤ 陶书中，王佳利.大学生实习期间权益保障问题研究[J].中国青年研究，2006（11）：64-66.

酬"。尽管《管理办法》中涉及基本劳动标准保护的内容相对零散，且尚不具有体系性，但这是"学生工"基本劳动标准保护的早期规定，也为后续的有关立法规范提供了经验借鉴。

2016年4月11日，由教育部、财政部、人力资源社会保障部、安全监管总局、中国保监会五部门制定的《职业学校学生实习管理规定》（简称《管理规定》）发布并生效。应当看到在基本劳动标准保护方面，《管理规定》进一步明确了实习单位有遵守国家关于工作时间和休息休假有关规定的义务。《管理规定》第十六条还参照女职工劳动保护立法中禁止从事的劳动范围的立法体例，对实习学生这一特殊群体，规定用人单位不得安排其从事较高安全风险的实习工作、不得安排在法定节假日实习、不得安排加班和夜班，有效地保护了实习学生的休息休假权和获得劳动安全保障的权利。

同时，在2007年《管理办法》的基础上，《管理规定》解释了认识实习、跟岗实习和顶岗实习的具体内涵和差异。在细分实习类型的前提下，对实习学生的工作量、工作强度和劳动报酬作出了细化规定。而在劳动安全保护方面，《管理规定》第五章"安全职责"也对职业学校和实习单位应承担的安全保障义务进行了分配，并通过加强安全监督检查、健全生产安全责任制、开展安全知识教育等办法，积极落实实习学生的劳动安全保护工作。《管理规定》对规范管理职业学校学生实习工作发挥了重要作用。

2019年7月10日，教育部发布《关于加强和规范普通本科高校实习管理工作的意见》（简称《意见》），就规范普通高等学校在校生实习教学提出了若干规范要求。《意见》明确指出应加强实习组织管理并强化实习组织保障。"做好学生权益保障。高校和实习企业要为学生提供必要的条件及安全健康的环境，不得安排学生到娱乐性场所实习，不得违规向学生收取费用，不得扣押学生财物和证件。实习前，高校应当为学生购买实习责任险或人身伤害意外险。"[①] 同时，还对

---

① 教育部.教育部关于加强和规范普通本科高校实习管理工作的意见［EB/OL］.（2019-07-12）［2022-10-10］.http://www.moe.gov.cn/srcsite/A08/s7056/201907/t20190724_392130.html.

明晰各方权利义务、加强学生教育管理、健全工作责任体系、加强实习基地建设等方面作出了进一步说明。

2021年12月31日，教育部、工业和信息化部、财政部、人力资源社会保障部、应急管理部、国资委、市场监管总局和中国银保监会发布了修订后的《职业学校学生实习管理规定》。该文件在保留2016年《管理规定》中有关基本劳动标准保护的规定外，还特别指出了学生实习的本质是教学活动，为"学生工"特别保护制度设计提供了原点性的法理依据。

此外，《最高人民法院关于为稳定就业提供司法服务和保障的意见》提出，要妥善认定涉就业见习用工法律关系，维护高校毕业生合法就业权益。当前，对"学生工"劳动权益的整体性制度保护仍然有待完善。从法律主体的认定上看，现行认定路径可以追溯到1995年劳动部印发的《关于贯彻执行〈中华人民共和国劳动法〉若干问题的意见》第十二条，但仅指向的是在校生利用业余时间勤工助学的行为，勤工助学或实习以获取社会经验为目的，不领取工资或仅领取低于工资标准的实习补贴，均不视为劳动关系。这不仅与社会现实发展产生的兼具复杂性和特殊性的学生相关劳动工作情形不符，也不能满足依法保护其劳动权益的法律诉求。从法律位阶上看，不论是《管理办法》还是《管理规定》都停留在部门规范性文件的层级，对于实习学生的法律保护效力有待依托上位法予以加强。同时，在地方各级政府的立法中，多见就《管理规定》的转发通知，而缺少符合本土法治需求的规定，这也不利于各地实习学生劳动权益的实际保护。

（三）制度设计和执行过程中的重难点

1. 界定"学生工"的法律地位①

"学生工"基本劳动标准规则设计首先需要明确主体的法律地位及属性。如前所述，在教育行政部门注册的在校学生的实习分为以课堂教学为目的的实习、

---

① 徐银香，张兄武．"责任共担"视野下大学生实习权益法律保障体系的构建[J]．高等工程教育研究，2016（1）：92-96+102．

以勤工俭学为目的的实习、以提前适应工作为目的的顶岗实习、以建立稳定劳动关系为目的的毕业实习。"学生工"基本劳动标准权益保护中认定劳动关系的标准和保护劳动权益的路径具有差异，应当在立法中进行差别化处理。此外，企业新型学徒作为在实践中出现的新样态，其在劳动关系中劳动基本标准相关的权益保障，应当适用基本劳动标准法的特别规定。大学生实习过程中存在三重法律关系，即学校与实习学生之间、学校与实习单位之间以及实习单位与实习学生之间的法律关系。在这三重法律关系中，学校与实习学生之间、学校与实习单位之间的关系相对比较明确。学生到实习单位进行实习时并没改变学校与其之间原有的法律关系，学校与实习学生之间仍是教育管理与服务的双重法律关系。

以课堂教学为目的的实习不产生劳动关系，不应当直接通过基本劳动标准特别保护规定调整，但可以根据现实参照适用。在校生参加实习是为了积累实践经验，不是以实习劳动作为自己谋生的基本手段。用人单位没有法定义务和意思表示向实习生提供和正式员工相同或等同的待遇，这就决定了对于用人单位而言，实习生与单位的正式员工有着本质的区别。在校实习生在实习期间虽然应服从实习单位的实习管理，但是对实习单位并不具有依附和从属性，反倒在身份归属上仍然依附于供其完成学业的学校。因此在校生在实习期间与用人单位建立的不是劳动关系，在身份上也不能认定为劳动者。但是，由于实习学生在用人单位劳动场所进行劳动实践，用人单位应当对其劳动安全、劳动条件保护、基本休息休假和劳动报酬根据约定进行责任承担。在这个维度中，可以参考《职业学校学生实习管理规定》第十五至二十条中有关基本劳动标准保护的规定。

以提前适应工作为目的的顶岗实习属于特别劳动关系，以建立稳定劳动关系为目的的毕业实习符合劳动关系法律特征，应认定双方成立劳动关系，应该受到基本劳动标准法的保护。随着司法技术的发展，北京、上海、苏州等地的法院在相关司法实践中指出，劳动部发布的《关于贯彻执行〈中华人民共和国劳动法〉

若干问题的意见》规定"在校生利用业余时间勤工助学"不属于劳动法律调整范围，但并未否定在校生的劳动主体资格。在"学生工"法律地位的确认过程中，应在立法中明确区分以完成教学实践任务为目的还是以实现相对稳定性就业为目的的在校生实习，着重考察入职、劳动管理、薪资发放等实际情况，综合认定双方之间是否存在劳动关系。

2. 有必要在规则的适用与执行方面完善监管、惩罚和救济制度

从救济的角度来看，应当建立健全实习劳动安全监察管理制度。人力资源社会保障行政部门依法对实习单位进行监督管理，纠正、处罚实习中的违法行为，受理实习中的申诉和纠纷等。有必要建立实习侵权、事故责任追究制度。对于在实习中侵害学生合法权益，如使用暴力、威胁、监禁或非法限制人身自由等手段强迫学生劳动的，以及严重失职造成实习事故的企业、学校相关责任人，应根据情节的严重程度追究其行政责任和刑事责任。

在学生实习有关特别劳动关系中，"学生工"属于弱势群体，有必要为其建立和规范申诉制度。教育行政部门及有关主管部门应当建立起学生实习管理工作协调机制[①]，全方位、全阶段地保护实习学生劳动权益。要加强用人单位违法侵犯实习学生基本劳动标准权益的法律责任规范，对于违反学生实习禁止性情形有关规定的，违反劳动安全、工时和休假的禁止性规定的，人力资源社会保障行政部门应当依法处置。确保违法责任落实到具体责任主体，依法要求学校、实习单位提高责任承担意识，对于违法行为要求违法必究。[②]

---

① 《职业学校学生实习管理规定》第四十二条："教育部门会同有关部门建立职业学校学生实习管理工作协调落实机制。有关部门根据部门职责加强日常监管，并结合教育督导、治安管理、安全生产检查、职业卫生监督检查、劳动保障监察、工商执法等，采取'双随机、一公开'方式，联合开展监督检查，对支持职业学校实习工作成效显著的实习单位，按照国家有关规定予以激励和政策支持，对违规行为依法依规严肃处理。"

② 《职业学校学生实习管理规定》第四十六条："对违反本规定组织学生实习的职业学校，由职业学校主管部门依法责令改正。拒不改正或者管理混乱，造成严重后果、恶劣影响的，应当对学校依据《中华人民共和国教育法》《中华人民共和国职业教育法》给予相应处罚，对直接负责的主管人员和其他直接责任人依照有关规定给予处分。因工作失误造成重大事故的，应当依法依规对相关责任人追究责任。"

六、高龄劳动者的劳动基准保护

（一）高龄劳动者的范畴

高龄劳动者在国外多被称为"older worker"，顾名思义即指达到一定年龄的劳动者。但此处的"龄"并不应指称退休年龄，因此，高龄劳动者的年龄界限应当与退休年龄区分开来。高龄劳动者亦被称为老年劳动者、老年工人、成熟工人、接近退休人员等。而根据国际劳工组织1980年通过的《老年工人建议书》（也有译为《高龄劳动者建议书》）的规定，高龄劳动者是指所有那些因年龄增大在就业和职业方面面临困难的劳动者。该定义指明了界定高龄劳动者的两个主要标准：一是"高龄"；二是面临就业和职业困难。但该建议书并未指明高龄劳动者的具体年龄标准，而是建议成员国根据各自的国情加以确定。

目前，高龄劳动者范围的界定多出现在有就业年龄歧视立法和高龄劳动者就业促进立法的国家。例如，国际劳工组织针对OECD（经济合作与发展组织）成员国高龄劳动力的研究，是以55~64岁作为讨论的范畴。美国《就业年龄歧视法》规定，禁止对40岁以上的高龄劳动者进行基于年龄的就业歧视。英国《禁止年龄歧视法》则只规定禁止基于年龄对65岁以下的劳动者进行歧视，并无年龄下限的规定。日本《高龄劳动者就业安定法》与英国做法一样，只规定了高龄劳动者的年龄上限为65岁，没有规定年龄下限。德国《促进高龄劳动者就业机会法》的调整对象为50岁以上的劳动者。韩国《禁止雇佣中的年龄歧视和高龄者就业促进法》确定的高龄劳动者的范围也是50岁以上。我国台湾地区《高龄化社会劳动政策白皮书》（2008年）将45~65岁劳动者界定为中高龄者，将65岁以上劳动者界定为高龄者。

由此可见，各国家和地区关于高龄劳动者外延的确定并不一致，因此，武断地确定某一个或者某个范围的年龄作为分界标准似乎并不恰当。但"在构建法学理论、表达法学观点的学术活动中，如果不能准确和合理地使用各种概念和术语，也会引起思想交流的障碍和理论的混乱"①。对此，可以考虑总结高龄劳动者年龄要素之外的更多的特征，为符合各国国情的高龄劳动者范围的确定提供帮助。高龄劳动者往往具有以下特征：其一，一般而言，各国的劳动者在达到一定年龄之后，其就业率就开始逐渐下降，综合各国的有关调查数据，大体上这个年龄段为45岁以上。其二，高龄劳动者大都受教育程度低，难以适应新技术和新知识的要求，容易出现生理健康问题，并且由于社会偏见等原因而在寻找工作、就业待遇、职业培训、工作条件以及解雇等方面遭遇困难，成为就业市场上的弱势群体。其三，高龄劳动者往往面临比较沉重的家庭负担和工作压力。其四，高龄劳动者容易失业，一旦失业则容易陷入经济、生理、心理上的困境。在经济上整个家庭可能陷入困境，在生理上易出现失眠、疲劳、高血压、头痛、食欲改变等问题，心理上则易出现愤怒、沮丧、焦虑、困惑、害怕、强烈的挫败感等不良情绪。②

综上，我国立法并没有关于"高龄劳动者"的年龄界定。《中华人民共和国老年人权益保障法》规定的"老年人"为60周岁以上者，劳动法学界通常以退休年龄为界限，将继续就业的人员称为"超龄劳动者"。可见，一般意义上的高龄劳动者的界定与我国关于老年人的界定方法类似，即不考虑劳动者个人其他因素，将年龄设定为范围界分的唯一标准。有的学者在借鉴日本法相关概念的基础上，将高龄劳动者界定为"已经达到法定退休年龄，但是依然留在劳动力市场，具有相应的劳动能力，能够进行一定的职业劳动，其劳动自由等劳动权利应当依法受到保护的特殊劳动者群体"③。本书认为，高龄劳动者范围的确定应当与达到或超过退休年龄的"超龄劳动者"区别开来，换言之，高龄劳动者的外延是涵盖"超龄劳动者"，且年龄范围更广的老年人群体。原因在于，一方面"4050"人员就业困难的现象表明我国劳动者遭遇就业歧视，面临就业困境的年龄起点并

---

① 张文显.法理学[M].北京：法律出版社，2007：25.
② 张霞，刘勇，张小军.我国弱势劳动者群体的就业积极行动制度研究：积极促进我国弱势劳动者群体就业的制度思考[M].成都：西南交通大学出版社，2015：151.
③ 李冰.高龄劳动者权益保障问题研究[D].长春：吉林大学，2012.

非始于退休年龄；另一方面，需要得到特殊保护的劳动者既不应该起始于同时也不应当终止于退休年龄，如果进一步从提高职业技能、促进就业的角度来看，高龄劳动者的就业促进和劳动权益保护应当贯穿退休年龄前后。对此需要特别说明的是，有持不同意见的观点提出，按照我国现行立法的规定，达到退休年龄的劳动者将不再具备劳动者资格，不能适用劳动法的倾斜保护。本书认为，基本劳动标准法的适用对象与现行劳动法应当有所区分，即对于不适用劳动法倾斜保护的劳动者并不意味着同时排除适用基本劳动标准法的调整。原因在于，基本劳动标准法应当是立足于为在劳务交换关系中处于弱势地位的、需要获得法律特殊保护以实现自身生存权的所有劳动者提供基本保护的法律文件，因此，高龄劳动者特殊保护法律制度当然应当囊括超过退休年龄但仍然从事从属性劳动的那部分高龄劳动者。但同时，也应当基于我国现阶段及未来劳动力人口的数量与结构发展变化，我国基本养老保险基金的现实状况，平衡高龄劳动者劳动用工的安全与灵活的重要性，以及高龄劳动者群体内部差异性的客观存在，对于高龄劳动者的基本劳动标准保护坚持尊重差异化，实现分层保护的核心原则。具体而言，对高龄劳动者适用基本劳动标准法一般规则的范围进行年龄上限的规定，但高龄劳动者特殊保护规则可以参照适用于突破年龄上限的高龄劳动者。因此，基本劳动标准立法中高龄劳动者的范畴应当通过一般规则的适用范围和特殊保护规则的适用范围分层分类确定。

其中，对于基本劳动标准立法一般规则适用范围内高龄劳动者年龄上限的确定仍需围绕面临就业和职业困难这一特征进行。根据近几年的《中国劳动统计年鉴》数据，可以发现一个共同的特点："年龄越大文化程度越低，特别是在'未上过学'和'小学教育'指标上，年龄越大比例越高；在大学教育背景上，年龄越大比例越低。女性高龄劳动者教育背景差于同龄男性。"[①] 另外，根据按就业身份、性别分的就业人员年龄构成的统计结果，可以发现在雇员、雇主身份上，50

---

① 喻术红．老龄化背景下的高龄劳动者就业促进问题［J］．武汉大学学报（哲学社会科学版），2017，70（5）：30–41．

岁以上的劳动者的比例普遍低于 25~49 岁年龄区间的劳动者，同时 50 岁以上女性劳动者的比例又低于同龄男性。由此可见，50 岁是劳动者面临就业困难的年龄节点，而 50 岁以上的女性劳动者则面临就业年龄与就业性别的双重歧视。在地方性法规中，《重庆市就业促进条例》《山东省就业促进条例》将男性 50 周岁以上、女性 40 周岁以上的失业人员视为需要就业援助人员。另外，考虑到我国现行立法确立的退休年龄以及当前关于延迟退休年龄的讨论，再结合我国实际人口预期寿命、劳动力供给状况、养老金保障水平等因素，以 65 周岁作为基本劳动标准法一般规则适用范围内高龄劳动者群体的年龄上限较为稳妥和契合实际。50 周岁至 65 周岁的劳动者可以同时适用基本劳动标准法的一般规则和高龄劳动者特殊保护规则。65 周岁以上的高龄劳动者不再适用基本劳动标准法的一般规则，但可以参照适用高龄劳动者的特殊保护规则。通过如此分类分层保护的方式，既可以解决所有高龄劳动者均可能面临的就业年龄歧视，工作岗位、就业条件与劳动保护的特殊需求，工时与工资制度的灵活安排等问题，同时，又可以防止因泛化基本劳动标准保护的适用范围造成高龄劳动者内部不平等及过度的倾斜性保护造成高龄劳动者用工的灵活性缺失及就业年龄歧视状况的进一步恶化。

（二）基本劳动标准法中增加高龄劳动者特殊保护的必要性

2019 年 11 月，中共中央、国务院印发《国家积极应对人口老龄化中长期规划》，强调"积极应对人口老龄化""改善人口老龄化背景下的劳动力有效供给""推进人力资源开发利用，实现更高质量和更加充分就业，确保积极应对人口老龄化的人力资源总量足、素质高"。2021 年《中华人民共和国国民经济和社会发展第十四个五年规划和 2035 年远景目标纲要》提出"实施积极应对人口老龄化国家战略"，同年《"十四五"国家老龄事业发展和养老服务体系规划》出台，"推动老龄事业发展"愈加频繁地出现在中央和地方的各项政策文件中。这不仅有利于在微观层面促进老年人积极参与社会发展、共享发展成果，更有利于在宏观层面促进我国劳动力市场的健康发展，维护劳动关系乃至整个社会的和谐稳定发展。国家统计局数据显示，截至 2021 年末我国 60 周岁及以上人口 26 736

万人，占全国人口的 18.9%，其中 65 周岁及以上人口 20 056 万人，占全国人口的 14.2%，处于中等老龄化社会，但相比于 2021 年 5 月公布的第七次全国人口普查数据 13.5%，提高了 0.7 个百分点，我国老龄化社会进程之快可见一斑。在我国老龄化社会深度发展与人口出生率持续低迷的背景下，可以预见的是未来高龄劳动者在整个劳动力市场的占比将不断攀升，面对这一日渐庞大的劳动者群体，"国家应当以积极作为的方式履行保护义务，既有劳动行政部门的主动执法监督，也包括司法及仲裁提供便捷的救济渠道。保护义务要求国家有效实施法定劳动保护标准，实现立法所追求的劳动秩序"[①]。基本劳动标准法不仅应当给予其一般劳动者应有的基本保障，更应当针对其自身特点提供特殊劳动保护，在实现高龄劳动者劳动权益回归的同时为未来老年劳动力资源开发提供法律支持。

根据《劳动合同法》第四十四条、《劳动合同法实施条例》第二十一条和《最高人民法院关于审理劳动争议案件适用法律问题的解释（一）》第三十二条，在司法实践中达到退休年龄的就业人员将不再适用劳动法律的调整，即不具备劳动法上劳动者的资格。但上述立法将退休再就业高龄劳动者排除在劳动法适用范围之外，以保护适龄劳动者的就业机会，维持劳动力市场的良性发展的目的，在很大程度上并没有实现。"相关法律规范内容的不清晰、不一致导致司法机关一定程度上的选择适法和恣意，甚至同一司法机关在不同的案件中会根据需要选择适用上述法律。从法治国家的角度来看，这并不是正常的现象。我们有必要重新分析上述条文之间的关系。"[②] 可见，诸多问题都到了不得不解决和面对的时刻。其一，高龄劳动者劳动权益保障缺位。高龄劳动者因为年龄的原因在与适龄劳动者从事同质化职业劳动的情况下却无法获得劳动法的倾斜保护，在职业伤害赔偿、休息权、劳动报酬权等方面均不同程度地面临救济无门的情况。其二，客观上带来的高龄劳动者就业优势，造成与适龄劳动者的不平等竞争。没有了劳动者的身份，用人单位雇用退休再就业人员将不需要继续为其缴纳社会保险费用，同

---

① 王天玉.劳动法分类调整模式的宪法依据 [J].当代法学，2018，32（2）：112-122.
② 沈建峰.论退休年龄的功能转型与劳动关系存续 [J].中国劳动，2017（7）：30-34.

时，一部分退休再就业人员还可以获得养老金与劳务报酬的双重收入，从而引发退休再就业人员为提高自身竞争优势而恶意降低劳动报酬的道德风险，影响适龄劳动者的平等就业及劳动力市场的正常运行。其三，提前退休大量存在。为获得养老金与劳动报酬的双重收入，部分高龄劳动者选择提前退休，在领取养老金的同时进行再次就业以获取劳动报酬。如此一来，一方面加大了国家养老保险基金的支付压力，另一方面不容忽视的是个别退休再就业人员为获得就业机会恶意降低劳动报酬诉求，扰乱劳动力市场的正常运行。"根据'法无禁止即可为'的基本原则，只要超龄职工具有劳动能力，在用人单位正常工作，就完全符合劳动者的要件，就应当认定为劳动法上合格劳动者。"[①] 因此，将高龄劳动者纳入基本劳动标准法的规制与保护范围不仅是其劳动权益保护本身的需要，更是回应新时期我国劳动力人口结构新变化的必然选择。

虽然基本劳动标准法应当更多地以普适性的劳动保护为立法内容，但作为特殊劳动者群体的女职工、未成年人、残疾人劳动者以及高龄劳动者自身的特殊性，需要基本劳动标准法给予必要的特殊保护。并且需要格外注意的是，特殊保护制度的设计要在坚持安全与效率的核心原则下，实现用人单位员工管理与劳动者权益保障之间的平衡，兼顾用工成本与经济收益的合理分配。就高龄劳动者特殊保护而言，对于高龄劳动者的就业权保障不仅要对用人单位课以不得进行就业年龄歧视的义务，同时也要增加国家针对高龄劳动者的就业补贴、职业介绍和技能培训等政策。对于高龄劳动者的解雇保护问题，既要限制用人单位单方解雇高龄劳动者的法定情形，同时也要扩大劳动合同订立时期限选择的自由度，防止出现矫枉过正，打击用人单位雇用高龄劳动者的积极性。由此可见，在基本劳动标准法坚持以实质正义为导向确认高龄劳动者的法律身份的同时亦要明确其权益保护的边界，运用倾斜保护手段的同时亦不能忽略基本劳动标准法分层治理、差异化保护的制度需求。

---

① 涂永前，蒙瑞，温军旗.超龄劳动者用工法律关系的认定：基于刘某诉某餐饮分公司劳动争议案的研究 [J].中国人力资源开发，2018, 35（7）: 117-122+156.

(三)高龄劳动者的就业权与反就业年龄歧视

高龄劳动者由于身体条件、学习能力、技能更新速度等因素往往处于就业弱势地位,因此,在将所有的高龄劳动者纳入基本劳动标准法适用范围后,其在获得劳动法倾斜保护的同时也将失去原有的就业优势,此时,在基本劳动标准法中增加就业权保障和反就业年龄歧视立法成为保障高龄劳动者就业权以及其他劳动权益的关键所在。不过,立法中要坚持统筹兼顾全面就业政策,应照顾到所有年龄组,在确保就业问题不会从一个年龄组转移到另一个年龄组的前提下,合理设置高龄劳动者就业权保护措施。

首先,应对高龄劳动者的平等就业权予以明确。"对于文明群体中的任一成员,所以能够施用一种权力以反其意志而不失为正当,唯一目的只是要防止对他人的伤害。任何人的行为,只有涉及他人的那部分才须对社会负责,在仅涉及本人的那部分,他的独立性在权利上则是绝对的。对于本人自己,对于他自己的身和心,个人乃是最高主权者。"[①] 对此应当改变现行立法中将退休年龄或者领取养老金作为劳动合同终止的条件,否认不建立劳动关系的规定。在反就业歧视规定中增列年龄为禁止就业歧视项目,从而为高龄劳动者特殊保护章节中明确提出就业权保障提供配套立法,并保持法律选择的一致性。但就业权保障不能通过强制用人单位雇用高龄劳动者尤其是临近退休年龄的高龄劳动者的方式实现,而应当通过补贴或奖励制度,降低高龄劳动者雇佣成本等方式进行正向激励。例如,可以考虑设置高龄劳动者雇佣税收优惠或贷款优惠,改革现行工龄工资制度,使劳动者的工资水平更多地与岗位和绩效挂钩而不是与劳动者的工龄挂钩,以改变目前用工成本随着劳动者年龄增长而相应增加的局面。

其次,增加用人单位反就业年龄歧视义务性规定。禁止就业年龄歧视是国际法和国内法在促进高龄劳动者就业方面的共同要求。国际劳工组织的《老年工人建议书》就明确要求成员国在其立法及有关的实践方面,采取措施,防止对高

---

① 密尔.论自由[M].程崇华,译.北京:商务印书馆,1959:10.

龄劳动者的就业和职业歧视，确保高龄劳动者享有平等的机会与待遇。"我国现行法律法规虽未明确规定禁止歧视老年人再就业，但根据各种法律蕴含的立法目的与精神，老年人再就业是平等和反歧视原则在劳动领域的内在要求，具有正当性。"① 具体到基本劳动标准法中对用人单位反就业年龄歧视的义务规定可考虑在就业权保护内容同条规定，设置为第二款内容，做原则性规定，在与高龄劳动者劳动争议的裁审程序中增加用人单位的举证责任，以证明其行为具有合法的理由，措施是为达到目的而采取的适当的、必要的和合乎比例的，不存在基于年龄的就业歧视。对遭受就业年龄歧视者的权利救济，可通过在法律责任章节设置用人单位的责任，由受歧视者依据该规定和具体的争议焦点所涉及的劳动法律规定通过劳动争议处理程序予以解决。

最后，增加高龄劳动者就业促进规定。无论是未来延迟退休政策的实施还是基本劳动标准法中增加高龄劳动者特殊保护的内容，与之相伴而生的一个突出的问题将是如何促进高龄劳动者就业。对此，可考虑从三个方面着手。其一，提高高龄劳动者的就业能力。通过工资补贴或社会保险费减免的方式鼓励用人单位安排高龄劳动者参加培训，同时政府也应当积极设立公共性质机构或者通过购买第三方服务的方式开展专门针对高龄劳动者的继续教育和专业技能培训。其二，促进高龄劳动者的就业机会。对此，可以通过建立合理的就业激励制度，对雇用失业高龄劳动者的用人单位给予一定的工资补贴或税费减免。通过建立专门针对高龄劳动者的公共就业服务中心，为其提供就业介绍和推荐服务。其三，改善高龄劳动者的就业条件和就业环境。根据高龄劳动者的特别需求，建立岗位轮换制度和工作任务适量制度，适用灵活的工时制度，提供安全卫生的工作环境，并设置高龄劳动者定期健康检查制度。其四，提高高龄劳动者的就业意愿。可借鉴韩国的高龄劳动者就业补贴、德国的工资保障津贴制度，对达到一定年龄的高龄劳动者进行就业补偿，同时削减高龄劳动者的失业保险待遇，鼓励高龄劳动者积极寻找工作。

---

① 徐智华，吕晨凯. 积极老龄化背景下的老年人再就业权利法律保护路径研究［J］. 河南财经政法大学学报，2021，36（2）：63-72.

（四）退休制度——退休年龄内涵的重新定位与退休制度设计

1. 退休年龄问题

在人口老龄化深度发展、人口出生率低迷、养老保险基金支付压力与日俱增的时代背景下，延迟退休年龄成为我国与世界范围内处于不同人口老龄化程度国家的共同选择。党的十八届三中全会通过的《关于全面深化改革若干重大问题的决定》中即明确提出研究制定渐进式延迟退休年龄政策，因退休制度的改革关系到退休成本在国家、用人单位和劳动者三者之间的合理分配问题，需要同时满足成熟的政治、经济、社会条件，改革难度可见一斑。对此，可考虑借由基本劳动标准立法的契机，对其中与高龄劳动者保护密切相关的重点问题进行局部改革，理顺退休年龄、退休、养老金领取三者之间的关系，实现劳动权与养老金权益的分离。

我国社会保险法和劳动法中均有关于退休年龄的规定。最早出现在1951年颁布的《中华人民共和国劳动保险条例》中，其后在1978年国务院颁发的《关于工人退休、退职的暂行办法》和《关于安置老弱病残干部的暂行办法》两个文件中规定了退休条件，进一步明确了退休年龄作为劳动者退出劳动领域进入退休阶段的条件，从而确立了退休年龄作为"停止工作年龄"的功能。2008年实施的《劳动合同法实施条例》第二十一条进一步强化了退休年龄的这一功能，亦成为退休人员不能再从事职业劳动的直接法律依据。根据2008年实施的《社会保险法》，达到法定退休年龄是参保人员领取基本养老金的条件之一，从而确立了退休年龄作为"领取养老金年龄"的功能。由此可见，在我国退休年龄内涵为劳动者达到这一年龄后必须停止工作并在符合相关条件的情况下开始领取养老金，领取养老金与停止工作应当同步，退休具有突出的制度刚性，不容选择。因此，在我国退休年龄具有"停止工作"和"领取养老金"的双重内涵。我国退休年龄的双重内涵是当时特有的经济结构和法律制度发展的必然结果，也是适应当时就业模式的合理选择。但随着我国市场经济体制改革的深化和劳动用工形态的多元化发展，在退休再就业人员身上逐渐出现了"退出劳动力市场"与"领取养老金"的分离。由于养老金的领取还需要满足一定的缴费年限和办理退休手续等条件，许多未能领取养老金的劳动者退出了劳动力市场，同时也有很多领取了养老金的劳动者仍停留在劳动力市场，享受着养老金与再就业劳动报酬的双重收入。这一变化导致老年贫困，老年劳动者权益保障缺位与退休再就业人员获得不正当竞争优势并存的矛盾局面。面对如此困境，可以发现"退休年龄作为退休的条件之一，与退休无论在内涵还是外延上均存在根本的不同。而享受养老保险待遇作为退休行为的结果之一，与退休年龄也不存在一一对应的关系。因此，退休年龄并不能代替退休或享受养老保险去实现终止劳动合同、启动退休状态的制度功能"①。因此，在基本劳动标准立法中厘清两种视角退休的内涵，分离退休制度与养老保险制度混同适用的模糊边界，将退休再就业高龄劳动者纳入劳动法规制范围，是未来进行退休制度改革，有效推行延迟退休政策的法律保障。

具体而言，其一，要解决的即是退休年龄内涵的混同使用。"退出劳动力市场"与"领取养老金"的功能应当通过设计不同的年龄节点分而治之。在德国，"劳动法上并不存在法定年龄界限。养老保险法上的'年龄界限'（《社会法典》第6卷第35页以下）确定的是，在养老保险法规定的其他条件都具备时，在哪个年龄可以向保险人请求支付养老金"②。在日本劳动法中，法定的退休年龄具有劳动基准色彩。也即，企业设置的劳动关系因年龄而终止的时间不得早于法定退休年龄，但是到达该年龄后，如果当事人愿意则劳动关系会继续存续，法律并不强制终止劳动关系③。因此，可以借鉴大多数国家的做法，回归退休年龄作为"退出劳动力市场年龄"的单一功能，增设领取养老金年龄，为将达到退休年龄的高龄劳动者纳入基本劳动标准法适用范围提供制度可能。其二，构建退休年龄与养老金领取之间的关联，实现弹性退休的制度目的。在加入精算调节因子的基础上

---

① 李娜. 退休再就业人员工伤损害赔偿的困境与出路 [J]. 中国人力资源开发，2020，37（3）：115-128.
② 瓦尔特曼. 德国劳动法 [M]. 沈建峰，译. 北京：法律出版社，2014.
③ NISHITANI S. Vergleichende Einführung in das japanische Arbeitsrecht [M]. Carl Heymanns Verlag KG, 2003：314.

通过减额发放、全额发放和增额发放的方式，为选择不同年龄节点领取养老金的劳动者设置不同比例的养老金标准。

此外，对于基本劳动标准法中退休制度的内容构造，还应当积极推行退休年龄的性别、身份均等化。我国现行退休年龄的设置不仅存在男女性别差异，还存在干部与工人的身份差别，很显然这一做法与现阶段我国市场经济深度发展，养老保险全国统筹基本完成的客观现状不再相符。因此，在基本劳动标准法退休制度中要打破退休年龄在性别与身份上的差异化设置，实现劳动者退休年龄均等化。

2. 退休制度设计

基本劳动标准法中增加退休制度的内容具有重要的意义。一方面，退休制度改革与高龄劳动者特殊保护制度构建密切相关。无论是退休年龄内涵的重新定位抑或退休类型的重新设计，均关系到高龄劳动者能否适用基本劳动标准法关于高龄劳动者的特殊劳动保护，以及享受何种程度与层次的保护问题。举例来说，如果以退休年龄为依据将退休分为法定退休、提前退休与延迟退休三种类型，那么基本劳动标准法在确定高龄劳动者年龄上限时就需要与退休制度保持必要的一致性，如此不仅可以实现与退休制度的有效衔接和配合，同时还可以为退休制度的贯彻实施提供法律保障。另一方面，我国延迟退休政策的有效实施需要退休制度、养老制度与就业制度的有效配合。延迟退休意味着劳动者需要工作更长的年限，那么用人单位是否愿意提供良好的就业机会、工资待遇和劳动安全卫生条件就显得尤为重要。因此，延迟退休政策的实施不能是单打独斗、单一动作，还需要积极的劳动力市场政策推动高龄劳动者的就业积极性，需要劳动立法明确要求用人单位不得存在就业年龄歧视行为，建立多层次多渠道的就业补贴、补助和奖励体系，降低用人单位成本，鼓励其雇用高龄劳动者。

具体而言，提高退休年龄的养老金支付激励主要包括高龄劳动者继续工作阶段和劳动者 65 岁退休后两个阶段的激励问题。其中需要在基本劳动标准法中明确的是前一个阶段。就继续工作阶段的激励支付问题，基本设计思路是通过劳动收入和在职养老金的双重支付，激励 60 岁以上的劳动者继续工作到 65 岁。在适当降低 60~64 岁退休人员养老金替代率的同时，给予继续工作的高龄劳动者一定比例的在职养老金，不过这一养老金比例应当低于同龄退休者的养老金替代率，但要保证继续工作的工资和在职养老金收入之和明显高于直接退休的收入。当然，在基本劳动标准法中只需明确这一规制思路，具体的养老金支付比例可以在其他相关立法中进一步明确。对于劳动力市场配套就业促进政策的问题，要通过严格执行高龄劳动者特殊保护法律规定同时实施必要的补贴奖励措施，鼓励企业为高龄劳动者提供较为体面友好的工作机会和工作环境。我国劳动力市场的二元特征明显，高龄劳动者就业促进的难点主要在中小企业和私有企业。这些企业甚至不愿意雇用年龄超过 40 岁的劳动者，更勿言高龄劳动者。因此，在延迟退休年龄的同时，必须配套实施积极的高龄劳动力市场政策，并通过法律的手段将其中的权利义务明确化、责任化。一方面，要明确企业雇用高龄劳动者的法律义务和政策责任；另一方面，给予企业尤其是中小企业高龄劳动者雇佣补贴、工作环境改善补贴、雇用高龄劳动者优秀企业奖励等补助和荣誉，激励和约束企业认真执行相关的退休政策。

第八章

特殊用工关系的基本劳动标准适用

一、远程工作劳动者的基本劳动标准保护

(一)远程工作的界定

在数字化时代,远程工作标志着工作时空的重要变革。远程办公是数字化技术在经济活动中的发展所带来的劳动合同特定执行方式,主要包括在家办公、异地办公和移动办公等模式。①

德国于 2016 年 11 月 30 日施行的《关于工作场所的条例》第 2 条第 7 款对"远程工作岗位"作出了定义:它必须是"雇员私人场所中由雇主设置的电脑屏幕类工作岗位"。此外还须满足一系列前提条件:必须明确约定每周工作时间及工作场地的使用时间;雇主及雇员必须通过签订劳动合同或其他协议明确远程工作的其他条件;雇主必须提供及安装远程工作岗位所必需的设备,包括家具、劳动工具及电信装置。因此,如果只有办公桌属于雇员或雇员使用自己的办公设备,也不构成法律意义上的远程工作岗位。故德国的立法并不承认普通

---

① 朱晓峰.数字时代劳动者权利保护论[J].浙江大学学报(人文社会科学版),2020,50(1):41.

的家庭工作为远程工作。①《法国劳动法典》第 L1222-9 条：远程工作指雇员在自愿基础上借助信息和通信技术完成本应在雇主场所完成的工作的任何工作组织形式。

远程工作的近似概念为"家庭工作"，国际劳工组织 1996 年通过的第 177 号公约——《家庭工作公约》第 1 条规定，"家庭工作"是指可以被称为家庭工作者的人，为了获得报酬，在雇主工作场所以外自主选择在其家中或其他场所完成工作。不论谁提供设备、材料或其他投入，该工作都能够满足雇主特定的生产和服务要求。② 当前远程工作与家庭工作的场景会发生重合。

我国目前并没有针对远程工作的法律定义，但是远程工作的核心特点主要体现在工作地点的灵活性，不仅仅是居家工作。此外，远程工作的完成必须使用信息通信技术或者互联网才能够实现。③ 所以，本书尝试将远程工作定义为：通过网络信息技术在用人单位工作场所以外的不固定地点完成工作任务的一种提供劳动给付的形式。

（二）当前远程工作存在的主要问题

1. 远程工作劳动者无法实现与传统劳动者的平等对待

劳动立法可能会加剧远程工作劳动者的脆弱性，加剧远程工作劳动者和传统劳动者在权利和待遇方面的不平等。这实际上是劳动法的退步，因为在数字化的背景下，它并没有满足以实现劳动者利益为主要诉求的数字化移动办公的人性化与自由的需求。④

2. 工作时间难以认定

当远程工作的工作场所在劳动者家中时，工作时间与劳动者的私人时间就

---

① 多伊普勒. 数字化与劳动法：互联网、劳动 4.0 和众包工作［M］. 6 版. 王建斌，娄宇，等译. 北京：中国政法大学出版社，2022：221-222.
② C177-Home Work Convention, 1996（No.177）.
③ 谢增毅. 远程工作的立法理念与制度建构［J］. 中国法学，2021（1）：260.
④ 朱晓峰. 数字时代劳动者权利保护论［J］. 浙江大学学报（人文社会科学版），2020，50（1）：42.

难以切割。一方面，用人单位很难通过传统的监督方式记录劳动者的工作时间。另一方面，工作场所和劳动者住所之间、工作时间和休闲时间的界限越发模糊，"工作的边界逐渐消失"，几乎需要一直处于"保持工作状态"。[1] 科技的发展使得工作有了更广泛的定义，不再局限于传统意义上的工作场所内。[2]

对于实行不定时工作制与综合计算工时工作制的劳动者而言，虽然工作时间出现了弹性，但是工作地点仍然处于用人单位的控制与指挥之下。而远程工作，用人单位不仅对工作时间难以控制，对工作地点也极易丧失控制权限，远程工作的员工可以自主选择工作地点，这是与不定时工作制及综合计算工时工作制相区别的典型特征之一。[3] 所以远程工作的工作时间不能直接适用不定时工作制与综合计算工时工作制。

3. 劳动者职业安全风险增大

数字化时代劳动者工作时间和私生活时间的界限越来越模糊，劳动者持续处于一种待命状态和精神紧张的状态，劳动者遭受精神病痛的风险增加。[4] 工作场所的移动特点使得劳动者面临的工作安全风险具有不确定性，而这种不确定的风险主要来自外部的、非用人单位内部工作场所设施的风险。用人单位难以及时发现和消除这些外部不确定的安全风险。[5]

在家办公的远程工作劳动者，由于长期使用电子化通信设备，容易发生与久坐相关的职业疾病，诸如颈部、肩部、腰部、手部等身体部位出现肌肉和骨骼问题，与电子显示屏幕相关的眼部疾病等问题。[6] 同样，远程工作劳动者缺乏与

---

[1] 多伊普勒.数字化与劳动法：互联网、劳动4.0和众包工作 [M].6版.王建斌，娄宇，等译.北京：中国政法大学出版社，2022：70.

[2] 斯普拉格.从泰勒制到"全视监狱"：工作场所中对雇员监视的扩张 [M].韩林平，译//张民安.侵扰他人安宁的隐私侵权：家庭成员、工作场所、公共场所、新闻媒体及监所狱警的侵扰侵权.广州：中山大学出版社，2012：243.

[3] 张颖慧.远程工作形态下新型劳动关系的法律保护 [J].法商研究，2017，34（6）：85.

[4] 多伊普勒.数字化与劳动法：互联网、劳动4.0和众包工作 [M].6版.王建斌，娄宇，等译.北京：中国政法大学出版社，2022：90.

[5] 班小辉.远程工作形态下职业安全保护制度的困境与因应 [J].甘肃政法学院学报，2019（5）：150.

[6] 班小辉.远程工作形态下职业安全保护制度的困境与因应 [J].甘肃政法学院学报，2019（5）：152.

其他劳动者在现实中交流与沟通的机会，在面对工作压力时，更易产生抑郁的问题。①

4. 劳动者的隐私和信息安全存在风险

远程工作状态下，用人单位对劳动者工作过程的监督、工作成果的验收均需要通过互联网实现，可能会侵犯劳动者的私人生活空间。为了强化对远程工作劳动者的监督，部分用人单位会采取冗余、复杂化的管理方式，如日行多次视频例会、不必要的日常动态汇报、电子软件实时监管、采集定位信息式考勤等。②

（三）远程工作劳动者的基本劳动标准法保护

1. 远程工作的方式遵从双方的意思自治

以制定法的形式在办公地点自主选择权方面为劳动者带来更多选项的可能性微乎其微，应优先考虑劳动者与用人单位之间的协议以及用人单位内部的协定在远程办公权实现中的价值。③总体看来，远程工作并非一种常态化的工作方式，因而采用远程工作方式应当通过双方协商一致确定。

雇主不可单方面行使指示权要求雇员远程工作，因为这相当于雇主单方变更了劳动合同的内容。④雇员并没有享有采用远程工作方式的法律上的请求权，但对于雇员尤其是特殊雇员的请求，雇主负有适当考虑义务和说明义务，这体现了雇主对特殊雇员的照顾义务。在劳动法中直接规定当出现疫情等不可抗力情形时，雇主可单方使用远程工作，有利于事先明确双方的权利义务，避免紧急情形下的协商过程，有利于应对紧急情况。⑤

---

① 班小辉. 远程工作形态下职业安全保护制度的困境与因应 [J]. 甘肃政法学院学报, 2019（5）: 152.
② 田思路, 童文娟. 远程劳动者权益保护探究：以网络平台主播和居家办公形式为例 [J]. 中国人力资源开发, 2020, 37（6）: 22.
③ 朱晓峰. 数字时代劳动者权利保护论 [J]. 浙江大学学报（人文社会科学版）, 2020, 50（1）: 43.
④ 多伊普勒. 数字化与劳动法：互联网、劳动4.0和众包工作 [M]. 6版. 王建斌, 娄宇, 等译. 北京：中国政法大学出版社, 2022: 222.
⑤ 谢增毅. 远程工作的立法理念与制度建构 [J]. 中国法学, 2021（1）: 260.

2. 远程工作劳动者享有与其他用工方式下的劳动者一样的基本劳动标准权益

远程工作的方式可以优先通过个别劳动合同、集体合同或规章制度来确定，双方协商确定的是工作地点和工作方式，并不影响劳动者享受基本劳动标准权益，即劳动者的基本劳动标准权益并不以工作地点和工作方式的差异有所不同。远程工作劳动者不应因其特殊性和灵活性而受到歧视或者权利受到减损。因此，劳动法的一般规则都可以适用于远程工作。①

域外国家和地区积极推动远程劳动立法，强调法律政策制定实施过程中的政府责任，给予远程工作劳动者与一般劳动者同样适用劳动法律的平等权利。②《法国劳动法典》第 L1222-9 条第 3 款明文规定，"远程工作雇员与在雇主场所工作的雇员享有同等的权利"。《波兰劳动法典》第 67-15 条也明文规定，不得对远程工人实施歧视：远程工人与相同或类似岗位的工人相比，在建立或终止劳动关系、劳动条件、晋升以及旨在提高职业水平的培训机会方面，不得受到不利的待遇。

3. 对远程工作劳动者的特殊保护

（1）用人单位应当引入技术措施记录在线工作时间。既然远程工作这种特殊的工作方式遵循双方当事人的意思自治，那么双方也应当在劳动合同中明确约定工作的时间。如果劳动者和用人单位对远程工作时间没有约定或约定不明，那么劳动者可以考虑通过电子方式记录工作时间，作为计算工资的依据，用人单位应当为劳动者提供有效记录工作时间的技术设备。用人单位有义务明确提供计算工作时间的方法和规则，并在双方发生纠纷时就工作时间的具体时长承担证明责任。因此，远程工作劳动者的工作时间应当以劳动合同确认工作时间总额，劳动者在工作时间总额内享有灵活安排的权利。此种方式既可保障劳动者工作时间的灵活性，又可保障用人单位对工作时间的总体把握及控制权限。③基本劳动标准法对远程工作劳动者工作时间的保护，一方面可以援引工时制度的基本规则，另

---

① 谢增毅. 远程工作的立法理念与制度建构 [J]. 中国法学, 2021（1）: 260.
② 田思路. 远程劳动的制度发展及法律适用 [J]. 法学, 2020（5）: 68.
③ 张颖慧. 远程工作形态下新型劳动关系的法律保护 [J]. 法商研究, 2017, 34（6）: 87.

一方面在引入记录工作时间的技术设备时应当符合本法引入技术设备时的民主程序。

（2）通过合理安排工作量实现远程工作劳动者职业安全的保障。有学者建议，针对远程工作劳动者的安全风险预防应当从职业安全培训、提供符合安全标准的生产设备、制定不至于引发安全事故风险的工作规则方面进行。① 对于居家办公的远程工作劳动者而言，长期利用电子设备办公造成的身体伤害是基本劳动标准法着重考虑的因素。对此，用人单位对居家办公的远程工作劳动者的工作量安排应和普通劳动者相同，确保劳动者不因其远程工作而承担过重的工作量，从而导致工作时间过长。②

（3）明确用人单位对远程工作劳动者的监管范围。远程工作的最大特点是用人单位需要通过在线技术设备实现对远程工作劳动者的管理，并且用人单位对这些技术设备的依赖程度大大增加。为实现对远程工作劳动者隐私和个人信息的特别保护，应当在援引劳动者人格权部分对劳动者隐私和个人信息保护规则的基础上，针对远程工作劳动者设置特别规则。例如，采取让劳动者定期提交安全简报的形式了解家庭工作区安全情况，确保其符合职业安全与健康标准，但应尽可能不侵犯私域空间。③ 为保证远程工作劳动者的私生活安宁，德国学者提出了"拒绝联系权"概念，以确保远程工作劳动者于工作时间以外，免受上司或同事的干扰。④ 用人单位在远程工作场景中对劳动者个人信息的处理应当更为严格，用人单位收集劳动者信息应遵循非用工关系需要不收集的原则，用人单位收集劳动者个人信息的方式和信息类型，必须明确告知劳动者并且经劳动者同意，而不得以"一揽子协议"的形式概括同意。

---

① 班小辉.远程工作形态下职业安全保护制度的困境与因应［J］.甘肃政法学院学报，2019（5）：154.
② 谢增毅.远程工作的立法理念与制度建构［J］.中国法学，2021（1）：264.
③ 田思路，童文娟.远程劳动者权益保护探究：以网络平台主播和居家办公形式为例［J］.中国人力资源开发，2020，37（6）：25.
④ 田思路.远程劳动的制度发展及法律适用［J］.法学，2020（5）：70.

二、工作与生活空间的再切割：
离线权必要吗？

（一）生活场所与工作场所的混同趋势

网络时代带来的用工最直接的变化就是生活场所与工作场所的混同。通信技术的发展，导致一方面给劳动者带来了机会，劳动者可以在工作时间从事其他工作，另一方面也是更重要的，给用人单位带来了三种在传统工作场所外支配劳动者的可能性。其一，在劳动者离开工作场所后依然可以接到工作指令或者完成工作。在德国，"根据德国工会联合会的调查，2016年有22%的劳动者经常被期望通过电子邮件或者电话的形式在非工作时间随叫随到。由于持续的可及性，这些劳动者中的37%最终无偿地完成了额外工作"[1]。其二，劳动者的主要工作场所就是生活场所，主要就是远程工作的情况。其三，整个劳动的过程就是在互联网空间完成。"作为一个'社会行动空间'，信息空间创造了一个新的可能性空间，用于将劳动对象和工作设备都是可数字化信息和信息系统的所有工作整合到一个'新的生产空间'中……无论他们的具体工作地点在哪里，人们都可以在工作过程中进行实时合作……"[2] 主要就是平台用工的情况。也有学者将上述情况统称去界限化，"劳动时间和劳动地点作为区分职业空间和私人空间的传统参数的消除"[3]。对于远程工作和平台用工，本书已有专门章节讨论，本部分主要讨论劳动者离开工作场所后依然可以接受工作指令以及完成工作的情况。

离开工作场所后继续被联系和安排工作是数字时代越来越普遍的情况。"休息时间工作以及实际上随时可以被联系上尽管涉及的不是大部分劳动者，但是也

---

[1] 朱晓峰.数字时代劳动者权益保护论[J].浙江大学学报（人文社会科学版），2020(1)：46.

[2] 施韦姆勒，韦德.一切皆在掌控之中？：数字时代的劳动政策和劳动法[R].弗里德里希·艾伯特基金会，2019：26.

[3] KRAUSE R. Digitalisierung der Arbeitswelt-Herausforderungen und Regelngsbedarf [M]. Verlag C. H.Beck，Muenchen，2017：18.

不是极少的少数,以至于认为有些言过其实或者认为可以不了了之。另外,数据显示涉及该问题的劳动者数量在(逐渐)增加。"[①] 而从当事人预期的角度来看,"越来越多的从业人员面临着包括在常规工作时间和地点之外也对工作相关要求具有可及性和可支配性的期待,这可以借助数字工作设备得以落实"[②]。所以未来离开工作场所后被继续支配和联系应当是越来越普遍的现象。以至于有学者不无怀疑地提出,"对数字移民来说,随着工业革命才出现的工作生活和私人生活相区分的社会模型还能继续多久?"[③] 劳动者离开工作场所后被继续支配和联系的现象可以被称为继续可及,"继续可及是指,在正常工作时间之外的时间虽然没有约定或者被安排正常呼叫待命,但劳动者可以具体地预见,其会被领导、同事或者客户通过电话或者互联网因工作上的事务而联系,并被期待立即或者马上得到回应(在线支配)"[④]。在继续可及的情况下,工作时间、场所和生活时间、场所之间的界限因为技术手段而被打破,传统的工时计算、考勤管理的制度将面临挑战,通过工时限制所要实现的劳动者保护也面临新的问题。"通过智能手机和互联网而引发的可及性问题,很少在于通过新媒体在根本上创设了在正常劳动时间之外可及于劳动者的可能性,而在于劳动者负担的强度。该强度取决于可及时间段的频次、长度、数量以及积极使用的频次、持续时长、状况,但也取决于可及的可预见的计划。"[⑤] 这也是网络时代基本劳动标准法面临的最大的挑战。

(二)离线权或者不可及权必要吗?

针对上述问题,国内外理论界讨论最多的解决方案是引入离线权或者不可及

[①] KRAUSE R. Digitalisierung der Arbeitswelt-Herausforderungen und Regelngsbedarf [M]. Verlag C. H.Beck,Muenchen,2017:30.

[②] 施韦姆勒,韦德.一切皆在掌控之中?:数字时代的劳动政策和劳动法 [R]. 弗里德里希·艾伯特基金会,2019:11.

[③] KRAUSE R. Digitalisierung der Arbeitswelt-Herausforderungen und Regelngsbedarf [M]. Verlag C. H.Beck,Muenchen,2017:43.

[④] KRAUSE R. Digitalisierung der Arbeitswelt-Herausforderungen und Regelngsbedarf [M]. Verlag C. H.Beck,Muenchen,2017:37.

[⑤] KRAUSE R. Digitalisierung der Arbeitswelt-Herausforderungen und Regelngsbedarf [M]. Verlag C. H.Beck,Muenchen,2017:39.

权，认为"立法上应明确劳动者享有不回应权"①，甚至更明确地提出离线权应纳入劳动基准的范畴②。其中，所谓离线权是指"劳动者在下班时间内有权拒绝因网络通信而产生的额外的加班工作，以此来保障劳动者回归正常私人生活，享受法定休息休假的权利"③。而不可及权的"核心诉求是：一方面，应保障劳动者享有在工作时间之外没有电子联系和工作指示或者至少在非工作时间不做出回应的权利；另一方面，必须确保劳动者不会因不可及性的愿望而导致其自身在法律上的不利"④。从以上学者的界定来看，两个概念的差异更多来自法国法学和德国法学不同的表达方式以及资料梳理的不同；其表达的核心思想有共同之处，也即劳动者在非工作时间以直接方式拒绝或者间接方式拒绝（不回应）通过数据方式进行联系，并不因此遭受不利益的权利。

如果离线权或者不可及权的内容仅仅是劳动者拒绝在下班后通过数据方式进行联系并不因此遭受不利益的权利，则在根本上该权利并无太大的意义。从我国法律规定来看，根据《劳动法》第四十一条，用人单位由于生产经营需要，经与工会和劳动者协商后可以延长工作时间。劳动者在工作时间之外并无工作的义务。如果这样，在下班后，劳动者自然可以拒绝用人单位的联系以及工作安排，除非根据诚信原则有紧急需要处理的事务。另外，《民法典》第一千零三十三条规定，"除法律另有规定或者权利人明确同意外，任何组织或者个人不得实施下列行为：（一）以电话、短信、即时通讯工具、电子邮件、传单等方式侵扰他人的私人生活安宁"。据此，除非劳动者同意，否则下班后原则上用人单位并不能随意通过数据系统等联系劳动者。从其他国家学者的论述来看，也是如此。"除以允许的方式作出或者约定的呼叫待命外，雇主并无权利对工作时间之外的劳动

---

① 朱晓峰．数字时代劳动者权益保护论［J］．浙江大学学报（人文社会科学版），2020（1）：48．

② 周湖勇，钱伟．互联网时代劳动者离线权保障探究［J］．温州大学学报（社会科学版），2018，31（5）：8．

③ 周湖勇，钱伟．互联网时代劳动者离线权保障探究［J］．温州大学学报（社会科学版），2018，31（5）：3．

④ 朱晓峰．数字时代劳动者权益保护论［J］．浙江大学学报（人文社会科学版），2020（1）：47．

者提出要求。结果是,劳动者并无义务在正常工作时间之外,尤其是晚上或者周日和节日保持持续的接收状态。事实上在此仅仅涉及保障劳动者免遭来自雇主领域的不请自来的打扰,并使得其在不用工作的时间根本不用处于可能不得已而从事劳务性工作的状态。追溯不可及权理念的核心,它涉及很少令人怀疑的原则:合同一方当事人只可以向另一方当事人主张所约定的给付,此外还存在尊重另一方私人领域并且不通过不间断地要求其所没有负担的额外给付而烦扰他的照顾义务。"①

(三)离线权的再设计

必须聚焦工作时间结束后用人单位继续利用信息技术手段联系劳动者这一问题,在现有规则的基础上讨论解决问题的方案。因为现行法并未规定下班后劳动者工作的义务,而且《民法典》规定了不得利用信息技术打扰的权利,在此规则前提下,劳动者此处需要的并不是拒绝接收信息或者拒绝工作的权利。考虑到劳动关系中劳动者拒绝的难题,包括结构性的力量失衡和通过格式劳动条款让劳动者形式上同意的可能性,此处需要引入新的基本劳动标准规则:其一,用人单位除非出现法定事由,否则原则上不得向劳动者发送工作信息;其二,在用人单位发送的情况下,让劳动者获得利益补偿的可能性。当下的问题是"继续可及性的特征在于,不同于呼叫待命,其未在形式上达成合意,而是慢慢地被使用,在一个灰色地带被实际上的期待所推动"②。本书认为,如果真要承认离线权或者不可及权,则上述内容才应当是该权利的应然内容,也即离线权以劳动者不被联系以及联系后的用人单位补偿义务为基本内容。对此,国内也有学者从不被联系的权利角度分析离线权。"对于集体协商不发达的国家,在法律上规定离线权,并要求雇主和雇员就雇员'不受联系'的权利作出具体安排则具有较大意义。"③ 作为

---

① KRAUSE R. Digitalisierung der Arbeitswelt–Herausforderungen und Regelngsbedarf [M]. Verlag C. H. Beck, Muenchen, 2017:53.
② KRAUSE R. Digitalisierung der Arbeitswelt–Herausforderungen und Regelngsbedarf [M]. Verlag C. H. Beck, Muenchen, 2017:37.
③ 谢增毅. 远程工作的立法理念与制度建构 [J]. 中国法学, 2021 (1):263.

基本劳动标准的上述离线权具有如下具体内容和法律效果。其一，除非有特定的正当性理由，否则用人单位承担不联系劳动者的义务，劳动者享有不被联系的权利。用人单位应采取技术性措施等避免在非工作时间向劳动者发送工作信息。其二，用人单位违反上述义务向劳动者发送工作信息的，应视为劳动者进入加班状态，根据信息的内容决定加班时间长度。其三，离线权的规定属于效力性强制性规定，当事人违反上述规则作出的约定无效；如果劳动者实际上已经履行了上述约定或者用人单位基于法定的正当性原因而约定了排除离线权，则劳动者进入形成呼叫待命状态，根据用人单位利用这种呼叫待命的实际，其可以进一步转化为值班。"通过现代通信设备持续可及本身应被归为呼叫待命的特殊变种。如果劳动者通过电话、互联网继续被使用或者一个生产过程被远程常态监管；如果一个呼叫待命实际上转换成了从工厂领域转移到家庭或移动办公室的临时工作岗位，则在这些情况下其才可以定性为值班。"①其四，离线权规则属于具有公法效力的强行法，由劳动保障监察部门保障实施，在用人单位违反离线权规则的情况下，劳动保障监察部门可以对其进行行政处罚。

三、平台用工中的基本劳动标准规则

在数字时代平台经济发展过程中，平台劳动者劳动保障权益的维护问题为各方所关注。对此，人们聚焦的问题是劳动者和平台之间法律关系的性质是什么，他们之间是否可以建立劳动关系。②但实际上作为该问题的"前问题"是劳动者和谁之间存在法律关系。在相关实证调查中，人们一再发现的问题是"平台企业

---

① KRAUSE R. Digitalisierung der Arbeitswelt-Herausforderungen und Regelngsbedarf [M]. Verlag C. H.Beck, Muenchen, 2017: 38.
② 沈建峰.数字时代劳动法的危机与用工关系法律调整的方法革新[J].法制与社会发展，2022, 28（2）: 123; 常凯.平台企业用工关系的性质特点及其法律规制[J].中国法律评论，2021（4）: 31-42; 阎天.平台用工规制的历史逻辑：以劳动关系的从属性理论为视点[J].中国法律评论，2021（4）: 43-50; 汤闳淼.平台劳动者参加社会养老保险的规范建构[J].法学，2021（9）: 175.

正在将外卖员的人力成本和用工风险向外剥离，通过一系列表面的法律安排以及配合其中的配送商、众包服务公司和灵活用工平台，将外卖员的劳动关系一步步打碎"。①因此，确定新就业形态劳动者与谁存在法律关系是一个比认定其法律关系的性质更基础性的问题。其他国家学者在研究众包这种典型的新就业形态用工时也提出，"只是将众包工人宣布为劳动者，而不能确定谁真正是雇主一方的义务承担者，则调试劳动者的概念是没什么意义的"②。实际上，我国相关部门在制定《关于维护新就业形态劳动者劳动保障权益的指导意见》时，对该问题已经有所关注，规定"对采取外包等其他合作用工方式，劳动者权益受到损害的，平台企业依法承担相应责任"。为此，平台劳动者劳动保障权益保护涉及两个层面的问题：其一，用工主体和责任主体确定；其二，基于平台用工特点进行劳动保障权益安排。从基本劳动标准法是国家规定的保护劳动者权益的强行法的角度看，这两个问题都是基本劳动标准法应规定的问题。

（一）平台用工作为去组织体化用工

因为技术和人力资源管理原因而进行的用工过程和用工主体拆分以及由此引发的用工主体及其法律责任认定困难，并非数字化用工特有的问题，而是所有时代用工关系选择都会面临的问题，也有一套经济学理论作为选择支撑。但在劳动法学研究中，以劳动关系为基点的理论却忽视了"前问题"，甚至在一定程度上"一个劳动者受雇于一个用人单位"的思维模型还束缚了该"前问题"的解决。有鉴于此，应回归用工过程和用工主体拆分引发的用工主体和责任确定困境这一问题，发现该问题形成的根源及解决该问题的一般原理。由于如下文所述，用工过程和用工主体拆分导致的结果是用工组织的解体，为了术语规范，本书将其统

---

① 工人日报.劳动关系认定越来越难，外卖员的雇主去哪儿了？[EB/OL].（2021-09-25）[2022-01-15]. http://www.chinanews.com.cn/m/sh/2021/09-25/9573319.shtml?ivk_sa=1023197a.

② Frank Bayreuther, Arbeitswelt 4.0–Muss der Arbeitnehmerbegriff angepasst werden?, S.23, 1.Auflage, Redaktionsschluss: 2.Mai 2019, Sächsisches Staatsministerium für Wirtschaft, Arbeit und Verkehr, https://publikationen.sachsen.de/bdb/artikel/33300.

称"去组织体化用工"。

1. 劳动力资源配置的机制及其法律治理逻辑

解决新就业形态用工中主体和责任确定的难题，包括理解其他去组织体化用工的现象，不应以劳动法为原点，管窥劳动力市场，而应从市场经济法律体系的角度来反思用工关系的法律协调制度。在承认人力资本也是一种市场要素时[①]，就已经为从市场经济、劳动力资源配置的角度来认识用工关系问题提供了前提。

（1）市场交易与组织体作为人力资源配置的两种机制。理解去组织体化用工的密码在于经济学理论中的市场交易和组织体作为两种资源配置机制的理论。在市场经济条件下，资源配置的方式不只是市场交易，而是市场交易和组织体两种形态，具体而言，"在企业之外价格决定生产，这是通过一系列市场交易来协调。在企业之内，市场交易被取消，伴随着交易的复杂的市场结构被企业家所替代，企业家指挥生产"[②]。劳动力资源的配置也遵循这一制度经济学的基本原理，劳动关系用工和非劳动关系用工分别代表了通过组织体和市场交易配置人力资源的两种不同方式。[③]

劳动关系用工是一种组织体用工。尽管劳动合同是市场配置劳动力资源的方式，通过劳动合同建立劳动关系[④]，但通常情况下劳动合同对工作时间、地点以及内容等并不能做完全确定的约定，而需要用人单位行使指示权在劳动合同履行过程中确定[⑤]。正是指示权成为用人单位组织单个劳动者进入生产过程形成用工组织体的法律工具，从而实现了从市场配置资源到组织体生产的一跃：指挥是雇主与雇员这种法律关系的本质[⑥]，通过指挥组织体得以建立。具体而言，通过用

---

① 中共中央 国务院关于构建更加完善的要素市场化配置体制机制的意见 [EB/OL]. (2020-03-30) [2022-01-15]. http://www.gov.cn/zhengce/2020-04/09/content_5500622.htm.
② 科斯. 企业、市场与法律 [M]. 盛洪, 陈郁, 译校. 上海：格致出版社, 2014：42.
③ KOCHER E. Crowdworking: Ein neuer Typus von Beschäftigungsverhältnissen? Eine Rekonstruktion der Grenzen des Arbeitsrechts zwischen Markt und Organisation [J]. Hensel/Schönefeld/Kocher/Schwarz/Koch, Selbststöndige Unselbstständigkeit, Nomos, 2019：173-213.
④ 沈建峰. 论劳动合同在劳动关系协调中的地位 [J]. 法学, 2016 (9)：82.
⑤ 沈建峰. 论用人单位指示权及其私法构造 [J]. 环球法律评论, 2021, 43 (2)：39.
⑥ 科斯. 企业、市场与法律 [M]. 盛洪, 陈郁, 译校. 上海：格致出版社, 2014：30.

人单位指示权的行使，劳动者加入用人单位组织（组织从属性），遵守用人单位规章并听从用人单位指挥（人格从属性），成为用人单位生产组织体的构成部分。交易止于企业之外，企业之内是用人单位的指挥、组织，劳动者的服从、隶属，这就是劳动关系组织性的一面。劳动关系组织性的一面实际上也成为解释集体劳动法等劳动法核心制度的重要依据。"因为进入他人决定的劳动组织中，所以不承担孤立的劳动给付，而是在与其他劳动者的联系中劳动，这一点构成了个人自治完全不充分而要通过集体性的群体自治进行补充的实质性理由。"①和劳动关系用工相比，非劳动关系用工不存在组织从属、人格从属这些特征，劳动者不加入用人单位组织、不服从用人单位的指示。用工的过程以及当事人之间的权利和义务完全通过协商一致等合意机制来确定，价格变动决定资源流向。②而从市场经济角度看，合意或者合同只是市场交易的法律形式。因此，非劳动关系形态的用工是交易性用工机制。

总而言之，从资源配置的角度看，劳动关系（组织）和非劳动关系（交易）这两种相区分的用工方式，代表了组织体和市场交易两种协调劳动力资源的机制，对二者的调整与治理也遵循完全不同的法律逻辑。

（2）治理市场交易与组织体的法律逻辑。交易性用工和组织体用工奠定了理解劳动力资源法律协调制度差异及其内部逻辑的市场经济基础。"组织协调机制的传统特点是层级和合作；市场的协调机制是平等和竞争。"③对调整市场交易的法律机制而言，其经济目标在于保障市场依托个体的经济理性通过价格机制实现资源的优化配置，为实现该经济目标，其制度设计的要点是保障市场公开透明、契约自由以及平等竞争，强调主体独立、意思自治及责任自负，这一目标通过传

---

① Münchener Handbuch zum Arbeitsrecht，Band 1：Individualarbeitsrecht I4.Auflage 2018，§ 3 Gegenstand und Leitprinzipien des Arbeitsrechts，Fischinger，Rn.28.
② 科斯.企业、市场与法律 [M].盛洪，陈郁，译校.上海：格致出版社，2014：31.
③ KOCHER E. Crowdworking：Ein neuer Typus von Beschäftigungsverhältnissen？Eine Rekonstruktion der Grenzen des Arbeitsrechts zwischen Markt und Organisation [J]. Hensel/Schönefeld/Kocher/Schwarz/Koch，Selbstständige Unselbstständigkeit，Nomos，2019：173-213.

统民事法律和竞争法来实现；对规范组织协调机制的法律而言，其一方面要保证组织体中层级结构的存续和运转，另一方面要保障组织体中服从和隶属者的权益，是服从和保护的法律，团体主义的思想渗透其中。在传统中，上述区分在一定程度上划定了整个法律制度内部结构上的"楚河汉界"，人们也因此将私的法律区分为组织法和行为法，两类法律在不同理念指引下运行：行为法是平等与竞争的法律；组织法是服从和保护的法律。

上述两种法律机制具体落实到劳动力资源配置上，则"经济上自主的工作托付给了经济法上的调整机制，也就是一方面合同自由，另一方面保护市场透明和平等竞争"①。与这种主体平等、合同自由相匹配，不具有从属性的非劳动关系用工强调当事人的主体独立和责任自负。与此不同，涉及劳动关系的法律，其一方面要规定用人单位享有指示权限，劳动者承担服从命令、听从指挥的义务，以保证生产组织的存续和运转，另一方面需要通过保护性的法律（基本劳动标准法）②以及参与管理、集体合同等机制保护劳动者的权益。在用人单位享有指示和组织生产权限的前提下，其也承担用工过程中的风险，对劳动者在工作过程中遭受的不利益承担责任。据此，作为传统劳动法研究起点的劳动关系用工和非劳动关系用工的区分，也是在区分人们是用交易法的理念还是用组织法的理念完成对相关用工关系的法律协调；在传统劳动法清晰切割劳动关系和非劳动关系的理论和制度现实基础上，也可以认为交易法和组织法的理念也是清晰贯彻于不同用工关系协调的制度之中。

2. 去组织体化用工的趋势及其问题

上述两种人力资源配置的机制在所有时代都并存着。英国学者梅茵所描述的从身份到契约的运动③以及现代学者所提出的重回身份的趋势④，也同样适用于用

---

① KOCHER E. Crowdworking：Ein neuer Typus von Beschäftigungsverhältnissen？Eine Rekonstruktion der Grenzen des Arbeitsrechts zwischen Markt und Organisation [J]. Hensel/Schönefeld/Kocher/Schwarz/Koch, Selbstständige Unselbstständigkeit, Nomos, 2019：173-213.

② 沈建峰.劳动基准法的范畴、规范结构与私法效力 [J].法学研究, 2021, 43（2）：76-94.

③ 梅茵.古代法 [M].沈景一, 译.北京：商务印书馆, 1959：97.

④ 星野英一.私法中的人 [M].王闯, 译.北京：中国法制出版社, 2004：74.

工市场的法律调整,劳动法的历史在一定程度上是一种重建用工组织法的历史。①当下用工关系协调中,人们所谈的去劳动关系化趋势,却是一种去组织化趋势。

(1)去组织体化用工的动力与趋势。如上所述,去组织体化用工不只是数字时代用工特有的现象,而是由来已久;是组织体用工还是交易用工在根本上是个市场判断问题。"市场的运行是有成本的,通过形成一个组织,并允许某个权威(一个企业家)来支配资源,就能节约某些市场运行成本。"② 这是企业或者生产组织体存在的经济根源。反过来,当市场交易运行的成本低于组织体运行成本时,经营者会选择市场交易而非通过组织体生产。将这一原理用于人力资源的配置,则其可以解释经营者是通过与劳动者建立劳动关系,让劳动者加入用人单位组织来用工,还是通过市场交易以直接获取劳动或结果方式来用工这两种不同的可能及二者的功能替代关系:建立劳动关系,让劳动者加入用工单位组织的优势是获得了稳定的劳动力以及根据经营需要对劳动者进行管理、指示和组织的权利,与此相应也应承担劳动者的保护义务,如劳动关系解除受到解雇保护的限制、提供必要的社会保护等;非劳动关系的交易方式用工充分灵活并承担较少社会保护义务,但却无法稳定地对劳动力提供者进行组织和管理。上述利益和不利益的比较权衡会直接影响经营者的用工方式选择。当以组织体方式进行经营的成本和收益优于通过市场交易获取劳动的成本和收益时,经营者就会与劳动者建立劳动关系,反过来则会将相关的经营通过外包、加盟等方式交由他人完成,自己获取结果即可。或者不要求劳动者加入自己的组织,而是以一对一的交易来获取每一个劳动或者劳动结果。

从受经济规律约束角度看,经营者对用工方式的选择并非任意的,而是受到生产条件和人力资源管理能力的限制。故此,"任何重大技术/(管理)转型均会带来就业结构的深刻变化"③。工业化时代,"随着科学管理系统的引进,泰

---

① REICHOLD H. Betriebsverfassung als Sozialprivatrecht [M]. C. H. Beck,1995:327ff.
② 科斯. 企业、市场与法律[M].盛洪,陈郁,译校.上海:格致出版社,2014:33.
③ 道格林,德格里斯,波谢.平台经济与劳动立法国际趋势[M].涂伟,译.北京:中国工人出版社,2020:225.

勒想要控制工人的行为，从而使自己能够制定一项招聘政策，用非技术工人取代熟练工甚至工会会员"[1]。这种生产技术就需要严格的生产组织，而满足这种生产组织需要的只能是劳动关系用工。所以，工业时代是以劳动关系用工为中心的时代，也是以组织体用工为中心的时代。这一点不仅体现为大部分劳动力提供者都是劳动关系中的劳动者，而且也体现在企业规模的扩张上，巨型化的实体企业是这个时代的特征，甚至是骄傲，大量劳动者都是这些巨型企业流水线上的"螺丝钉"。

但在组织体用工发展的同时，一种去组织体化用工的逆流已经在潺潺流淌。在通过组织体对生产过程和劳动者进行控制的同时匹配保护义务，进而导致成本增加的前提下，当生产技术能够达到不通过过程控制而实现结果控制的要求时，就没有必要一定形成巨型企业并将所有劳动者"钉"在流程线上实现有组织生产；或者当人力资源管理手段能够实现不通过流水线也能控制劳动过程时，去组织体化用工也会发展。现代生产技术和人力资源管理技术满足了上述要求。"到20世纪末，由市场而非管理层级协调的网络企业理论不断出现，打造了全球价值链，并且普及了外部服务供应这一做法。合同外包、价值链、子公司协调等，这些都属于管理策略，而且都带来同一个社会后果，即工作地点的原子化。他们正在重新设计分工制度，这次划分的是哪些工作需要在企业内部完成，哪些可以托付给市场解决。除了作为公司盈利核心的经营活动，其他一切运营活动都可以外包出去。"[2] 以德国为例，根据欧洲经济研究中心受德国劳动和社会部委托于2017年完成的调查，"通过运用承揽合同而使用外部劳动力是一个广泛存在的现象，大概90%的德国企业都是承揽合同的委托人"[3]。

---

[1] 道格林，德格里斯，波谢.平台经济与劳动立法国际趋势[M].涂伟，译.北京：中国工人出版社，2020：14.

[2] 道格林，德格里斯，波谢.平台经济与劳动立法国际趋势[M].涂伟，译.北京：中国工人出版社，2020：22.

[3] Zentrum für Europäische Wirtschafts forschung GmbH（ZEW），Verbreitung, Nutzung und mögliche Probleme von Werkverträgen, https://www.bmas.de/DE/Service/Publikationen/Forschungsberichte/fb495-verbreitung-nutzung-moegliche-probleme-von-werkvertraegen.html, S.276.

信息技术的发展进一步助力了这种趋势。"随着信息通信技术的不断使用，无论是从空间还是时间角度看，企业有组织的模块化会越来越导致其精细区分的结构。在该发展过程中，生产链条越来越少地受到工厂限制，散见于各地的组织单位通过时间上限定的、以信息技术为媒介的合作构成生产链条。法律上独立的企业或者作为营利中心偶尔独立的企业部分或者单个劳动者通常都可以作为受托人以及承揽或者雇佣合同的当事人。"①总体上来看，信息技术一方面更加有利于不将劳动者组织进入企业而实现对其劳动行为的控制，另一方面有利于未处于同一时空的生产单位之间的协调和配合，这些均会导致生产组织的解体。而通过平台以众包形式最终实现的在全社会范围内对劳动力的组合以及对企业这种生产组织体的替代，只是上述信息时代去组织体化趋势发展的"高级"形态。

（2）去组织体化用工的形态。笼统地说，去组织体化用工是生产组织用工向市场交易用工的转化，"企业这一雇员加入其中并在其中持续性完成其活动的稳定空间和组织上的统一体被侵蚀了"②。尽管当下讨论该问题时人们更多考虑的是去劳动关系化的平台用工等问题，但实际上去组织体化用工却首先开始于组织体自身的解构，"创设片段化（模块企业）及网状的结构"③。在此基础上出现的安排是：业务的解构，将能够模块化或者进行结果控制的生产环节外包给第三方企业；或者自体的解构，直接在模块化生产单位基础上成立独立企业。解构之后，通过市场交易也即合同形式获得该第三方企业或者独立企业的劳动成果。我国《劳动合同法》运行过程中出现的劳务外包或者项目公司、分公司签订劳动合同现象就是这种思路的体现；平台用工过程中，平台企业解构为信息商、支付商、物流商、人力资源商等也是这种组织体自身解构的表现形态。在企业组织体解构的同时，劳动组织体也在解构，"固定的、层级建构的劳动结构解体为大量领域，并为不断变动的团队中目标导向的合作劳动形式所代替"④。劳动者不再

---

① Drucksache 13/1 1004，S.55.
②③④ KRAUSE R. Digitalisierung der Arbeitswelt-Herausforderungen und Regelngsbedarf [M]. Verlag C. H.Beck [M]. Muenchen，2017：19.

加入本已经解构的用人单位的组织体中，以服从命令、听从指挥的方式劳动，而成为劳动组织之外的劳动力提供者，出现通常所称的去劳动关系化的现象。企业组织体的解构与劳动组织体的解构两方面因素结合的经典形态就是众包用工：平台以中介者的身份出现，需求者将本应在企业内部完成的任务肢解成标准化的单元，通过平台外包给大量自由的单个劳动力提供者。在此过程中，平台出于管理的需要，也为了规避法律上可能的责任，将自身又进一步肢解为信息发布平台、支付平台、人力资源管理平台等。整个用工的组织过程都分子化了，最终的结果是劳动者不仅不知道他的法律关系是什么，更重要的是不知道他的交易相对人是谁。

（3）去组织体化用工的后果与治理难题。去组织体化用工的后果有三。其一，用人单位的碎片化。"普遍来看，目前存在一个雇主责任碎片化的趋势，雇主的责任由多名个人或多个企业共担。与责任碎片化同时出现的，还有合同义务的逐渐稀释与消失，乃至于当前意义下的雇主一词已经不再适用。劳动者们发现，自己面前是一个无雇主的黑洞。"[1] 用人单位碎片化导致合同当事人不清晰，也导致经营者和劳动力提供者身份混同：从用人单位中解构或者拆分出来的劳动者可以成为独立的劳动力提供者，也可能成为经营者（劳动者经营者化）。目前，针对我国平台用工领域出现的个体工商户是要鼓励注册还是防止滥用两种矛盾的政策反映的就是这种发展趋势引发的问题。其二，用工关系的交易化。越来越多的生产过程表现为通过合同获取所需要的劳动力或者成果，而无须建立组织体。"如今的公司已经成为协调控制中心，非常灵活地运用各种资源，通过劳务合同控制着遍布全世界的分包商链条、加盟店、自由职业者、众包工人和子公司生产商品和服务。从这个角度看，工人们的身份已经不再是企业自己的技师、司机或者操作员，而是来自外部的服务提供者。"[2] 其三，技术控制的强化。上述两

---

[1] 道格林，德格里斯，波谢.平台经济与劳动立法国际趋势[M].涂伟，译.北京：中国工人出版社，2020：49.
[2] 道格林，德格里斯，波谢.平台经济与劳动立法国际趋势[M].涂伟，译.北京：中国工人出版社，2020：22.

种后果结合,从形式上呈现出一个无数碎片化的小组织或者个体劳动力提供者通过自由竞争而实现劳动力供给的格局。但实际上,去组织体化的用工绝非一种无组织的用工;现代生产一定是一种合作生产,组织体可以解构,但是生产的有组织性却不会变化。当下的趋势是去组织体化的同时,组织性却在更大的范围内得到了加强。这种组织性主要通过合同或者技术手段,尤其是现代信息技术来实现。

关于去组织体化的上述后果引发的制度难题,无论是治理交易还是治理组织体的法律逻辑对此均存在不适。首先,以组织体化用工为基本制度前提的劳动法律无法应对去组织体化用工引发的问题。在此,经常出现的是无法找到承担责任的组织体,或者即使找到了,当事人之间的权利和义务配置模式也不符合组织体用工的特点。以限制用人单位组织生产权力为后果的工资、工时等劳动基准制度会因为多雇主、不考勤、计件制等陷入适用困境;以企业为单位开展的企业民主管理也无法按照既有模式开展,"企业作为劳动者一方对雇主一方的决策进行制度性影响的社会基础的中心地位被削弱了"[1];当劳动者已经通过组织体解构转化为独立的经营者时,在其之中推行集体协商,让经营者形成统一的价格标准,可能将出现一种价格联盟。总体上来说,在数字时代"如果企业合作和沟通过程越来越多地转向数据网络、由技术推介和部分地不同期发生,那么这种'解散企业'的倾向也将威胁到工作领域里传统的劳动法规制平台、社会经验、冲突解决和调解"[2]。

其次,完全的协调交易用工的制度也存在适用困境。从形式上看,去组织体化就是走向交易式用工,但为了实现生产的有序,这种用工中又有着极强的组织性控制,而非完全靠价格机制在配置资源。如果遵循交易和竞争的理念,就应当通过法律制度消除所有合同性选择控制,保证主体的自由和平等;肢解平台企

---

[1] KRAUSE R. Digitalisierung der Arbeitswelt–Herausforderungen und Regelngsbedarf [M]. Verlag C. H.Beck, Muenchen, 2017: 19.
[2] 施韦姆勒,韦德. 一切皆在掌控之中?:数字时代的劳动政策和劳动法 [R]. 弗里德里希·艾伯特基金会,2019: 26.

业，防止形成垄断，妨碍竞争。但一旦进行这样的制度安排，数字时代的生产将无法存续，平台通过大数据整合资源的能力将会削弱。我国在治理新就业形态的过程中，从市场竞争角度做的制度安排，也更多是透明和公开[①]，而不是消除合同性控制或者肢解平台。所以去组织体化用工的治理既不是原来充分市场竞争时的法律体系能完成的，也不是充分组织化的劳动用工制度就能完成的。因此需要一种协调无组织体的有组织用工的法律制度。这种制度在一定程度上是上述组织体用工和交易用工的思路和制度的融合；这种制度的要点，除了纠结当事人之间的法律关系属性，更重要的是针对组织体解构的现实，明确当事人之间用工关系的主体，并根据通过合同或者技术控制的实际状况明确相关主体的责任承担。就该问题的解决而言，形式上无组织体（交易的一面）但实质上存在组织性控制（不完全自主和独立的一面）的用工关系特征为我们指明了解题方向和依据。

（二）平台用工的当事人与责任主体确定

用工关系当事人的确定解决以劳动力使用为内容的法律关系发生在哪个当事人或哪些当事人之间的问题，但不考虑这种使用劳动力的法律关系性质是劳动关系、劳务关系还是其他。在市场经济条件下，从交易的面向出发，按照意思自治、责任自负的法则，每个人都只能给自己设定权利义务，因自己的行为而承担责任，私人自治原则"强调私人相互间的法律关系取决于个人的自由意思"[②]。因此，除法律有明确规定的情况外，法律关系原则上应通过当事人的行为而建立，探究法律关系当事人，原则上就是探究行为人。如果法律关系通过合同等法律行为建立，则就是探究意思表示人。对用工关系来说也是如此，但运用该理论之前需要首先澄清一个劳动法学理论中广为流传的误解。

---

① 国家发展改革委等部门关于推动平台经济规范健康持续发展的若干意见[EB/OL]. (2022-01-18)[2022-02-01]. https://www.ndrc.gov.cn/xxgk/zcfb/tz/202201/t20220119_1312326.html?state=123&code=&state=123.

② 王利明. 民法总则研究[M]. 北京：中国人民大学出版社，2003：110.

1. 意思还是事实：一个误解

按照意思表示的内容及其当事人判断法律关系当事人的观点，在劳动用工领域首先面临所谓"事实优先理论"的挑战。"事实优先原则是各国判断劳动关系存在与否时普遍适用的原则……事实优先原则要求在判断是否存在劳动关系时应优先以执行劳动和支付报酬的事实为指导，而不考虑当事人达成明示合意的合同名称与合同条款……"①这是否意味着上述按照意思表示内容及其当事人判断用工关系当事人标准的失灵？本书认为，事实优先理论和按照意思表示判断法律关系当事人及其内容并不存在实质性冲突，二者的冲突更多是一种误解。这是因为，首先，事实优先理论并不是认为用工关系性质以及当事人的判断不用考虑当事人的意思表示——作为需要亲自履行的法律关系，用工关系的建立如果不考虑当事人的意思，就可能成为一种强迫劳动的制度。事实优先理论所强调的是实际履行行为和明示的意思表示冲突时，以实际履行行为为准判断法律关系性质。但实际上，实际履行行为从来不是简单的事实，而是本身承载着当事人真实意思的事实。与其说事实优先不如说真实意思优先。这恰好是法律行为制度的题中应有之义。其次，法律行为属性的判断从来不是事实问题而是法律判断问题。当事人只可以决定意思表示的内容，但不能决定因该意思表示形成的法律关系的性质。"私法自治性法律行为建构的形式和可能内容都是通过法律秩序确定的……当事人只可以建构得到法律秩序承认的法律关系，对于私法自治性建构而言，法律秩序包含着行为类型和由其建构的法律关系类型限制。"②在其他法律关系的认定上如此，在用工关系的认定上也是如此。所以事实优先并非劳动法领域的所谓特殊规则，而是传统法律行为理论在用工关系领域中的具体运用。但事实优先理论的启示是，由于用工关系本身系继续性合同的特点，在合同履行过程中，更容易发生当事人通过行为变更原合同约定内容的现象，在法律关系的性质、内容和当事

---

① 陈靖远.事实优先原则的理论展开与司法适用：劳动法理论中的一个经典问题[J]. 法学家，2021（2）：72.

② FLUME W. Allgemeiner Teil des Bürgerlichen Rechts, Zweiter Band, Das Rechtsgeschäft [M]. 4.Auflage, Springer-Verlag, 1992：2.

人确定上更应当关注履行过程中当事人真实的通过履行行为而表现出来的意思，而不能囿于法律关系建立时当事人的静态约定。

综上所述，用工关系的性质及其当事人的认定依然应着眼于探究当事人真实意思表示，但这种意思表示可能通过明示的表示行为表达，也可能通过具体的履行行为体现，在明示的意思和实际履行所表现的意思冲突时，应按照实际履行体现出来的真实意思依法判断法律关系的当事人及其性质。以意思标准判断用工关系当事人及其内容，除可以与传统法律行为理论实现衔接外，更重要的是为解决去组织体化用工背景下用工行为拆分时的主体确定问题提供了准据。

2. 决定用工关系当事人的考量因素

用工关系当事人的探究应以当事人真实意思表示为依据。在组织体将劳务外包的情况下，外包合同及劳动者与承包公司签订的劳动合同中，劳动者为承包单位工作的意思表示将确定法律关系存在于承包单位和劳动者之间。在平台用工情况下，如果平台注册的条款明确平台就是用工关系当事人，则原则上可以将平台确定为当事人。但正如事实优先原则所说明的那样，实践中的问题是，在平台用工或外包用工情况下，一方面合同条款都是格式条款，另一方面当事人言行不一致普遍发生。如仅依靠合同条款，则平台或外（发）包公司只要一个条款就可以将自己排除出当事人之外而成为局外的第三方。这既不符合当事人的真实意思，也可能侵害当事人权益。因此，当事人身份的探究不能停留于表面的表示行为而应深入个案中当事人通过行为等表达出的真实意愿。以平台这种经典的去组织体化用工形式为例，"是否所缔结的合同是平台本身承担义务，首先要根据规范的、客观的对其表示行为的解释而决定"[1]。平台与劳动力提供者建立法律关系的基本标准是："一个正直的意思表示的接受者根据客观的标准能够形成如下印象：平台有意与其建立法律行为上的约束。"[2] 对于如何判断规范的、客观的意思表示，

---

[1] ENGERT A. Digitale Plattformen [J]. AcP, 2018 (218): 313.

[2] Frank Bayreuther, Arbeitswelt 4.0–Muss der Arbeitnehmerbegriff angepasst werden?, S.21, 1.Auflage, Redaktionsschluss: 2.Mai 2019, Sächsisches Staatsministerium für Wirtschaft, Arbeit und Verkehr, https://publikationen.sachsen.de/bdb/artikel/33300.

德国学者弗兰克·拜罗伊特在给德国劳动和社会部以及黑森州政府的两份报告中的梳理是值得借鉴的。① 他认为，在明确的意思表示之外，如果出现如下情况，则可以认为劳动力提供者与平台之间存在用工关系：其一，平台没有明示自己代理人或中介的身份，或者不公开自己背后的实际用工主体；其二，平台运营者的经营模式、网站首页的公告、公开场合的展示以及平台的交易条件等表明平台和劳动力提供者之间存在用工关系；其三，平台实质性地获取以及行使了用工主体的权利，例如它对劳动力提供者进行预选、约定合同框架及合同格式条款、对用工价格进行确定、排他地或者主要承担当事人之间的沟通、对质量进行监督、对等级进行确定、对工作进行拆分、对当事人的交易进行结算；其四，在极端情况下，法律的规避和权利滥用也足以导致直接认定平台和劳动力提供者之间存在用工关系。

3. 复数用人单位的引入

除上述运用传统真意探求的思路寻找法律关系当事人外，在数字时代通过去组织体化实现用人单位碎片化，但碎片化的用人单位又被组织起来，存在各种内在意思和外在管理行为的关联和协作的背景下，引入复数用人单位的制度有其必要性和合理性。在此首先需要突破的是我国劳动法的传统观念：一个劳动者只能与一个用人单位建立劳动关系。就此问题，近年来理论和实务界已经迈出了突破的步伐：双重劳动关系的理论开始被讨论和接受。② 但当前讨论的只是一个劳动者与两个（及以上）用人单位存在时间上切割的两个（或多个）劳动关系。从时间作为劳动给付计量单位的角度看，这种双重劳动关系对既有制度并无实质性突

---

① Frank Bayreuther, Arbeitswelt 4.0–Muss der Arbeitnehmerbegriff angepasst werden？, S.21, 1.Auflage, Redaktionsschluss: 2.Mai 2019, Sächsisches Staatsministerium für Wirtschaft, Arbeit und Verkehr, https://publikationen.sachsen.de/bdb/artikel/33300; Bayreuther, Sicherung einer fairen Vergütung und eines angemessenen sozialen Schutzes von (Solo-) Selbständigen, Crowdworkern und anderen Plattformbeschäftigten, ISSN 0174-499, https://www.bmas.de/SharedDocs/Downloads/DE/Publikationen/Forschungsberichte/fb508-sicherung-einer-fairen-verguetung-und-eines-angemessenen-sozialen-schutzes-von-solo-selbstaendigen.html, S.44.

② 曹艳春. 劳动合同法确立双重劳动关系之肯定论［J］. 政法论丛，2006（2）：66.

破。"劳动者不可能同时属于两个用人单位"这一观念在劳动法学的理论中依然根深蒂固，并影响了对其他用工关系的理解。但从用工关系也是一种基于合同而产生的债的关系的角度出发①，并无理由禁止用工关系，包括劳动关系中用人单位一方出现多个主体，形成单一用工关系但多个用工主体的格局。实际上，从其他国家的实践和理论发展来看②，多雇主的同一劳动关系是早已广为接受的制度。

按照多雇主劳动关系的理论和实践，"如同在劳动者一方一样（群组劳动），在雇主一方也可以是多个自然人、法人以及法律上独立的合伙参加到一个劳动关系中"③。在认定存在同一劳动关系的前提下，多个雇主就用工义务及报酬支付义务构成了连带债务人。④对于同一劳动关系认定的前提，理论界一般只是抽象地提出，"如果劳动者与两个雇主之间法律上的关联禁止对该关系分别处理，则出现了同一劳动关系。特别是当基于两个合意内容上的建构或者事实上的实施，可以认为二者是相互依存和共存亡的，则可以认为存在同一劳动关系"⑤。或者"具有决定意义的是，根据合同缔结者的观念，劳动者和雇主们的合意只应共同发生效力并共同履行，也就是说其构成了总体法律行为的一部分"⑥。从德国联邦劳动法院的判决来看，"承认同一劳动关系的前提不是雇主之间存在特定的——尤其是合伙——法律关系，经营共同工厂，或者共同缔结了劳动合同。必要的更应该是劳动者与这些单个雇主之间的劳动合同关系在法律上的关联，该关联禁止将这种关系在法律上分开处理。这一法律上的关联可以通过解释当事人的合同目的，

---

① 沈建峰. 劳动法作为特别私法 《民法典》制定背景下的劳动法定位 [J]. 中外法学，2017, 29（6）：1596.
② 法国的情况参见田思路. 外国劳动法学 [M]. 北京：北京大学出版社，2019：27；德国的情况参见 PREIS. Arbeitsrecht, Individualarbeitsrecht [M]. 5.Auflage, Verlag Dr. Otto Schmidt KG, 2017：26；ErfK/Preis, §611a, 2018, Rn.191；HWK/Thüsing, §611, 2014, Rn.125；ZÖLLNER W, LORITZ K G, HERGENRÖDER W. Arbeitsrecht [M]. C. H. Beck, 2015：54.
③ BAG 27.März 1981-7 AZR 523-78；持同样裁判观点的判决，参见 BAG 15.Dezember 2011-8 AZR 692-10；BAG 19.4.2012-2AZR186-11.
④ ErfK/Preis, §611a, 2018, Rn.191；Vgl. auch HWK/Thüsing, §611, 2014, Rn.125.
⑤ ZÖLLNER W, LORITZ K G, HERGENRÖDER W. Arbeitsrecht[M].C.H.Beck, 2015：54.
⑥ PREIS. Arbeitsrecht, Individualarbeitsrecht Lehrbuch für Studium und Praxis [M]. 5.Auflage, Otto Schmidt, 2017：26.

但也可以通过强制法律上的评价而得出"①。从裁判的具体实践来看，多个雇主相互处于特定法律关系中，处于一个目标共同体中或者处于统一领导下，追求共同利益或相互依赖以及雇主对劳动者与其他雇主缔结或履行合同事实上的影响都是认定上述"法律上的关联"的因素。

复数用人单位理论为去组织体化用工过程中当事人的确定提供了新的选择可能，也可以解决用工关系非此即彼带来的困境。根据去组织体化用工的特点，在用人单位将自己（自体解构）或者业务（业务解构）进行拆分，同时又对拆分后的业务或者单位通过合同或者技术等方式进行实际控制，共同完成对劳动者的用工管理时，也即各用工过程参与者在平台等的协调下，形式上独立，实际上相互依赖，为了完成生产组织和经营协同行为时，可以考虑认定劳动者和不同用人单位之间建立共同用工关系或者劳动关系（也即上述同一劳动关系）。针对众包用工的情况，已有学者提出"如果众包人和众包工受到合同约束，平台在该合同中仅仅作为其他合同当事人参与进来，则此时在需方就出现了多数债权人和债务人"②。

4. 非用工关系当事人的责任承担

在上述用工关系主体确定的基础上，为解决去组织体化用工的问题，还应引入非用工关系当事人的责任承担制度。非用工关系当事人的责任承担是指，根据以上规则确定不是用工关系双方当事人的主体，对用工关系当事人遭受的不利益承担责任。从本书研究目的来看，主要是指对劳动力提供者承担责任。尽管从结果看，和上述确定用工关系当事人一样，其也是确定有人对劳动者承担责任，但这与上述作为用工主体的当事人承担责任有着本质的区别，制度设计也不相同，在一定情况下还存在责任承担人向用工主体的追偿问题。按照市

---

① Vgl. BAG 27.März 1981-7 AZR 523-78.

② Bayreuther, Sicherung einer fairen Vergütung und eines angemessenen sozialen Schutzes von（Solo-）Selbständigen, Crowdworkern und anderen Plattformbeschäftigten, ISSN 0174-499，https：//www.bmas.de/SharedDocs/Downloads/DE/Publikationen/Forschungsberichte/fb508-sicherung-einer-fairen-verguetung-und-eines-angemessenen-sozialen-schutzes-von-solo-selbstaendigen.html，S.46.

场法则，原则上所有市场主体都意思自治、责任自负，通过自己的行为进入法律关系并承担其中的权利和义务。因此，尽管让非用工主体承担责任的立法和学术观点并不罕见：在我国现行法中，个人承包经营者违反《劳动合同法》规定招用劳动者，给劳动者造成损害的，发包的组织与个人承包经营者承担连带赔偿责任；在平台用工情况下，学者们主张"不论是哪种情况（作为中介还是用工关系当事人——作者注），都不能阻止立法者将全部或部分雇主义务施加给平台"[1]。但毫无疑问让未进入用工关系的当事人承担责任必须有特别的理由。从现有关于他人责任承担机制的讨论来看[2]，让不是法律关系当事人的人承担责任无外乎三个可能性：行为、分险（利益）、便利。考虑到非用工关系当事人与用工关系当事人之间可能的不同关系，其责任也可能从上述三个方面展开。

（1）非用工关系当事人对自己行为的责任。如上文所述，去组织体化用工是一种无组织体但有组织的用工。为了实现生产的有组织性，典型的情况是用工关系之外的第三人通过合同、技术等介入当事人之间的法律关系，或者进行了干预。因介入而产生的责任，是因自己的行为而产生的责任，在本质上符合市场经济意思自治和责任自负的基本原则，因此也是较容易被接受的非用工关系当事人承担责任的事由。例如，就平台用工这种典型的去组织体化用工而言，有学者提出"能够将责任和风险归入的特别责任关系之前提是中介不再限于介绍和中立地位，而是就被要求介绍的给付和（或）合同而言，承担了积极的角色，或者从一个谨慎经济参与者的角度来看，必然会积极行为"[3]。学者们为欧盟起草的《网络平台中介指令讨论稿》规定，平台运营商对供应商不履约的责任关键的标准

---

[1] 道格林，德格里斯，波谢. 平台经济与劳动立法国际趋势［M］. 涂伟，译. 北京：中国工人出版社，2020：48.

[2] 尹飞. 为他人行为侵权责任之归责基础［J］. 法学研究，2009，31（5）：38-43；汪华亮. 基于合同关系的替代责任：一个法律经济学视角［J］. 法商研究，2015，32（1）：65.

[3] KOCHER E. Crowdworking：Ein neuer Typus von Beschäftigungsverhältnissen? Eine Rekonstruktion der Grenzen des Arbeitsrechts zwischen Markt und Organisation［J］. Hensel/Schönefeld/Kocher/Schwarz/Koch, Selbstständige Unselbstständigkeit，Nomos，2019：173-213.

是，客户是否能够合理地信赖对供应商具有优先支配影响力的平台运营商。①该讨论稿第18条第1款规定，"如果客户能够合理地信赖平台运营商对供应商具有支配性的影响力，平台经营者就不履行供应商－客户合同与供应商承担连带责任"。

对于非用工主体怎样的行为构成上述积极行为或者具有支配性影响力的行为，上述讨论稿的作者们提出的如下考量因素是值得借鉴的：①供应商－客户合同完全通过该平台提供的设施缔结；②平台运营商可以扣留客户根据供应商－客户合同进行的付款；③供应商－客户合同的条款基本上由平台运营商确定；④客户支付的价格由平台运营商确定；⑤平台运营商提供统一的商标图像；⑥营销的重点是平台运营商而不是供应商；⑦平台运营商承诺监测供应商的行为。②当存在如上指标时，用工关系当事人的自由意志已经受到平台控制，平台自应承担该法律关系中的相应责任。与上述讨论稿认为此时非用工关系当事人应当承担连带责任不同，本书认为此时应根据该非用工关系当事人产生支配性影响力的方式和程度，由其承担按份责任；同时这种按份责任是其自身行为的责任，不存在追偿问题。

需要关注的是，在非用工关系当事人对用工关系双方法律关系的内容有上述实质性影响时，一种类似于劳务派遣的法律关系结构开始形成。欧盟的理论和实践中因此出现一种参照适用劳务派遣法的规则要求第三方承担责任的思路。针对平台用工，"欧盟委员会要求去审查，派遣工指令（2018/104/EC）在多大程度上可以适用于特定的在线平台，并认为许多不只是中介的在线平台在结构上与劳务派遣结构雷同（三方合同关系：派遣工/平台劳动者、派遣机构/平台、用工

---

① Research group on the Law of Digital Services, Discussion Draft of a Directive on Online Intermediary Platforms, EuCML, Issue 4/2016, P.165.
② 参见 Research group on the Law of Digital Services, Discussion Draft of a Directive on Online Intermediary Platforms, EuCML, Issue 4/2016, P.168. 类似的观点参见 KOCHER E. Crowdworking: Ein neuer Typus von Beschäftigungsverhältnissen? Eine Rekonstruktion der Grenzen des Arbeitsrechts zwischen Markt und Organisation [J]. Hensel/Schönefeld/Kocher/Schwarz/Koch, Selbstständige Unselbstständigkeit, Nomos, 2019: 173–213.

单位/顾客)"①。德国也有学者提出,在平台是合同当事人时,可将一些(跨境)劳务派遣的规则,如委托人承担最低工资等运用于该用工主体之间②,产生非用工主体的连带责任。从我国现行《劳动合同法》的规定来看,非用工主体介入用工主体之间与劳务派遣有类似之处,但在制度前提上依然有很大差异。因此,与其类推适用,不如直接按照前文所述规则要求第三人承担责任。

需要与上述非用工关系当事人因自己介入用工关系的行为而承担责任区分的,是非用工关系当事人基于自己与用工关系当事人的合同而承担责任的情况。如果非用工关系当事人对用工关系当事人的筛选等享有权利,而在筛选时没有尽到必要义务或者未能提供真实情况,其也应对用工关系当事人承担责任。例如,在平台用工的情况下,在德国,"如果众包人是合同当事人,可以基于《民法典》第311条第2款、第241条第2款、第249条(所谓的物的管理人责任)以及651b条第1款第2句的类推等建立平台的共同(部分)责任,因为平台经常要求完全特别程度的信赖并对委托双方合同的订立享有特别的自身利益"③。在我国,根据《民法典》第三编第二十三章"委托合同"或第二十六章"中介合同"的有关规定,平台也可能对劳动者承担未尽到委托合同或中介合同中义务的责任。但需要注意的是,这是一种对自己的不妥当行为基于其与用工关系当事人之间的中介合同或委托合同而承担的违约责任或者缔约过失责任,并非上述基于

---

① Europäisches Parlament, Europäische Agenda für die kollaborative Wirtschaft, [2017/2003 (INI)], Rn.46.

② Bayreuther, Sicherung einer fairen Vergütung und eines angemessenen sozialen Schutzes von (Solo-) Selbständigen, Crowdworkern und anderen Plattformbeschäftigten, ISSN 0174-499, https://www.bmas.de/SharedDocs/Downloads/DE/Publikationen/Forschungsberichte/fb508-sicherung-einer-fairen-verguetung-und-eines-angemessenen-sozialen-schutzes-von-solo-selbstaendigen.html, S.46.Vgl. auch Frank Bayreuther, Arbeitswelt 4.0–Muss der Arbeitnehmberbegriff angepasst werden? S.22, 1.Auflage, Redaktionsschluss: 2.Mai 2019, Sächsisches Staatsministerium für Wirtschaft, Arbeit und Verkehr, https://publikationen.sachsen.de/bdb/artikel/33300.

③ Frank Bayreuther, Arbeitswelt 4.0–Muss der Arbeitnehmberbegriff angepasst werden?, S.21, 1.Auflage, Redaktionsschluss: 2.Mai 2019, Sächsisches Staatsministerium für Wirtschaft, Arbeit und Verkehr, https://publikationen.sachsen.de/bdb/artikel/33300.

正常的管理行为而承担的责任。

（2）基于非用工关系当事人的分险功能而由其承担责任。民法上的责任是一种利益和风险转移机制。在特定情况下，让特定人承担责任不是因为他的行为或者他存在过错，而是因为他有能力将该风险通过保险机制或者价格机制转嫁出去。这是无过错责任存在的非常重要的原因。[①] 在去组织体化用工的情况下，如果非用工关系当事人基于自身的优势能够将不利益带来的风险转嫁出去，避免其他没有风险转嫁能力的主体遭受"灭顶之灾"，则出于社会政策考虑，可以由具有转嫁能力的主体承担责任，这就成为大企业、平台等非用工关系当事人承担责任的根源。

作为一种分险机制下的责任承担，该制度设计应遵循如下要点。其一，其以非用工关系当事人具有分险能力为前提，这种分险能力主要体现为通过微小的价格调整就可以将不利益分散于大量客户群体间。所以，该当事人必须进行大量交易，存在大量合同相对人。众包用工的情况尤其符合这一条件。其二，其分散的必须是必要风险，而不是用工关系当事人遭受的所有不利益。从分险的目的是防止当事人遭受"灭顶之灾"、生存受到影响的角度来看，可以分散的风险只能是影响用工关系当事人最低生存利益的风险，所以，非用工关系当事人的责任以承担最低工资水平的保障为限度。基于同样的思路，有德国学者认为，通过中介平台用工的情况下，平台不是用工关系当事人时，平台责任限于最低工资保障。[②] 其三，其分险机制带来的负担必须和同一行业其他用工方式的主体承担的不利益相均衡。因为要通过价格机制来分险，非用工关系当事人提供的产品价格自然会提高，在决定分险额度时，必须保证此后的价格与同一行业其他方式经营的主体提供产品的价格相当，否则将会给该经营模式带来毁灭性的后果或者必然将导致法律的规避。

---

① 王泽鉴. 侵权行为 [M]. 北京：北京大学出版社，2010：544.
② Frank Bayreuther, Arbeitswelt 4.0–Muss der Arbeitnehmerbegriff angepasst werden？, S.21, 1.Auflage, Redaktionsschluss: 2.Mai 2019, Sächsisches Staatsministerium für Wirtschaft, Arbeit und Verkehr, https：//publikationen.sachsen.de/bdb/artikel/33300.

（3）基于法律上的便利而由非用工关系当事人承担责任。效率本身也是法律的价值。在极端情况下，出于效率考虑，法律也会让不是法律关系当事人的主体承担责任。在去组织体化用工领域，也就是基于法律上的便利而由非用工关系当事人承担责任。在我国现行法中，针对转包、分包这种去组织体化用工，《保障农民工工资支付条例》第三十条、第三十一条设置的"施工总承包单位先行清偿""总包代发工资制度"在一定程度上也包含着这种思路。①回到去组织体化用工的平台用工，"众包工人并不总能清楚地识别平台背后的企业；也因此不能总是确切地说，需方的两个参与者中哪一个才是主要行使指示权的人"②。在此背景下，尽管从规则角度看，法律关系的当事人是清晰的，但对劳动力提供者来说却存在识别和主张上的困境。为了便于劳动力提供者主张权利，也是考虑劳动力提供者的弱势地位，学者们的如下建议是可取的："针对这些远程的当事人实现权利存在系统性的困难，平台的共同责任可以对此予以补救，因为平台对双方来说都是更近的、更了解的、无论如何也容易抓到的。"③这样一来，以效率为导向，就建立了一种非用工关系当事人的责任。

在具体制度设计上，由于这种责任是一种出于效率和便利考虑而由用工关系当事人之外的主体承担的责任，从责任目的出发，它应当是一种连带责任，这样才真正能够便利权利人主张权利；但同时它在根本上并非责任承担人自己的责任，因此在承担人承担完责任后，可以继续向用工关系中的义务人进行追偿，所以它是一种不真正的连带责任。考虑到追偿本身容易导致重复诉讼，这种基于效率和便利而设计的非用工关系当事人责任，仅限于实际用工主体不明确等特别的情况。只要平台等非用工主体能够明确实际用工主体的身份，则原则上可以免于承担这种责任。它是一种极端例外情况下的责任承担。

① 赵大程，张义全.保障农民工工资支付条例释义[M].北京：中国民主法制出版社，2020：101-106.
② Frank Bayreuther, Arbeitswelt 4.0-Muss der Arbeitnehmerbegriff angepasst werden？, S.22, 1.Auflage, Redaktionsschluss：2.Mai 2019, Sächsisches Staatsministerium für Wirtschaft, Arbeit und Verkehr, https://publikationen.sachsen.de/bdb/artikel/33300.
③ ENGERT A. Digitale Plattformen[J].AcP, 2018（218）：316.

（三）不完全劳动关系的定性及其法律适用

长期以来我国劳动法律制度的诟病在于采取了"非黑即白""全有全无"的制度模式，也即符合劳动关系认定标准的构成劳动关系，劳动法的规则全部予以适用，对劳动者进行全面保护；不符合劳动关系认定标准的构成民事关系，劳动法的规则都不能适用，劳动力提供者得不到劳动法的任何保护。在多年讨论的基础上，为了解决新就业形态劳动者劳动权益保障问题，2021年人力资源社会保障部等八部门发布的《关于维护新就业形态劳动者劳动保障权益的指导意见》（以下简称《意见》）在劳动关系和民事用工之外，引入了"不完全符合确立劳动关系情形但企业对劳动者进行劳动管理"的用工形态（本书简称不完全劳动关系），为维护新就业形态劳动者劳动权益设计了一个新的框架，在一定程度上也指明了未来发展方向。根据该框架，在平台用工情况下，当事人之间符合劳动关系情形的适用劳动法的规定，构成民商关系的适用民商法的规定，但是对不完全确立劳动关系情形的用工则没有明确的表述，只是提出"合理确定企业与劳动者的权利义务"。一般认为，不完全符合确立劳动关系情形用工的引入，在政策层面打破了上述"全有全无"的模式，意味着一些劳动法的规则可以适用于该种用工关系类型。但是该政策要求如何落地和实现？也即如何将一些劳动法的规则适用于不完全劳动关系？这一问题的回答在根本上取决于对不完全劳动关系的定性。有鉴于此，本部分以不完全劳动关系的定性为出发点，讨论其法律制度设计和法律适用问题。

1. 不完全劳动关系作为方法论

（1）不完全劳动关系不是可以用构成要件描述的用工关系形态。在对政策引入的不完全劳动关系进行理论解读过程中，最具形象意义的是被称为新就业形态用工关系调整的"三分法"或者用工关系的"一分为三"。[①] 关于该"三"，最简

---

① 王天玉. 平台用工的"劳动三分法"治理模式 [J]. 中国法学, 2023（2）: 266; 方长春. "第三类劳动"及其权益保障: 问题与挑战 [J]. 人民论坛·学术前沿, 2022（8）: 58; 陆海娜, 陈以恒. 社会权利视角下的平台经济"第三类劳动者"保护 [J]. 人权, 2020（1）: 114.

单的也是广为接受的逻辑是,其是与劳动关系、民事关系并列的一种用工关系,在制度和规范层面其也像劳动关系一样,可以用构成要件识别并赋予确定的法律后果,主张"为'第三类劳动'单独立法,建构独立的保障体系""形成'从属劳动-准从属劳动-独立劳动'三类劳动权益保障构成的完整的社会保障体系"①。上述思路不失清晰,而且政策性文件将不完全劳动关系与劳动关系和民事用工相并列的行文方式也给这种认识提供了支撑。在这种认识指引下,理论和实践中的一种思路就是寻求不完全劳动关系的认定标准,追求对不完全劳动关系进行构成要件建构并进而安排统一的法律后果。但不完全劳动关系是一个可以与劳动关系在制度构成上并列并可以用构成要件描述的用工关系形态吗?此疑惑在于:首先,在逻辑上,如果以一个标准来分类就只能形成两个类型,如果用两个标准来分类就会形成四个类型。故此,严格按照构成要件来区分,只会"一分为二"或者"一分为四",而不可能"一分为三"。其次,不完全劳动关系所涵盖的是"不完全符合确立劳动关系情形但企业对劳动者进行劳动管理"的用工现象,在逻辑上,如果以劳动关系认定标准②——"主体适格+人格依附、组织依附和经济依附"——为坐标进行否定性评价,其可以涵盖主体不适格引发的不符合劳动关系认定标准的用工关系、缺乏人格从属性的用工关系、缺乏组织从属性的用工关系、缺乏经济从属性的用工关系,从这个角度来看,其也不应是一种用工关系而是一类构成要件具有差异性的用工关系。最后,在行文逻辑上可以发现所谓的民事用工,也即"个人依托平台自主开展经营活动、从事自由职业等"就不是一种与劳动关系在技术方法上可以并列的用工方式,是一类民事关系而不是一种民事关系。个人自主经营的,和平台之间的关系可以是委托、承揽、劳务、服务等民事合同类型,故而不存在统一构成要件,也不存在统一的法律后果,对此文

---

① 方长春."第三类劳动"及其权益保障:问题与挑战[J].人民论坛·学术前沿,2022(8):57.
② 王全兴.劳动法[M].4版.北京:法律出版社,2017:36;郭捷,冯彦君,郑尚元,等.劳动法学[M].北京:高等教育出版社,2014:15;林嘉.劳动法的原理、体系与问题[M].北京:法律出版社,2016:95;冯彦君,张颖慧."劳动关系"判定标准的反思与重构[J].当代法学,2011,25(6):92-98.

件也只是说"按照民事法律调整双方的权利义务"。按照这一逻辑,不完全劳动关系也可能就不是一种用工关系而是一类用工关系,没有统一构成要件,也没有统一法律后果。

正确认识该问题必须正确区分事实和规范两个层面的问题。社会事实和法律关系并不具有必然的对应性。基于特定政策目标,政策可以将类似的社会事实放在一起讨论并分为不同的类别,但是这些不同类别的社会事实在法律制度层面上未必一定要建构为同样结构的法律关系。[①] 可能的选择是有些社会事实能构建成统一的构成要件和法律后果,则形成统一构成要件和法律后果;有些社会事实无法构建统一的构成要件和法律后果,但可以分类处理,则法律对此进行分类构建构成要件和法律后果;还有些社会事实领域无法或者被认为没必要构建构成要件和法律后果,则需要特别的法律技术解决对其调整的问题,如混合合同、无名合同的法律技术。用工关系法律调整也应遵循这一规律。对于劳动关系这种用工方式,经过长期的积累人们逐渐形成了相对稳定的认识,对其构建起了以"适格主体 + 依附性劳动"为核心的构成要件并赋予统一的法律后果;对于民事用工这种用工方式,基于当事人所关注和追求的利益不同以及行为方式差异,人们将其构建成了不同法律关系类型并赋予不同的法律后果;对于不完全劳动关系这种用工方式,采取哪种技术路径:统一构成要件?分类处理?还是其他特殊的技术路径?这取决于技术上的可能性和目的论上的必要性。

从解决问题的实践来看,平台用工的方式差异非常大,用工管理的模式也千差万别并不断创新,很难用统一的构成要件对其进行确定的限制。[②] 提炼明确的构成要件对不完全劳动关系进行限定,往往会导致新的僵化。故此,相对于纷繁复杂的用工世界,以构成要件方式建构的"一分为三"是远远不够的。就不完全劳动关系而言,从目的论的角度来看,其所要解决的是不符合劳动关系认定标

[①] 沈建峰.劳动关系作为法律关系:兼论劳动法学研究的范式转换[J].中国人力资源开发,2021,38(4):82.
[②] 肖竹.第三类劳动者的理论反思与替代路径[J].环球法律评论,2018,40(6):92.

准,又不是完全自由劳动的各种用工现象,是在纯而又纯的依附性劳动与纯而又纯的自由用工之间,引入了具有一定劳动管理又未满足劳动关系认定标准的用工关系类型,打破非此即彼的法律调整模式,应从这一目的出发进行制度路径选择。

(2)不完全劳动关系不同于类劳动关系。在关于不完全劳动关系的讨论中,经常被提及也经常被论证以支撑用工关系"一分为三"说法的,是以德国为代表的国家在劳动关系用工和民事劳务关系之外,还存在"类劳动关系"或"类劳动者"的概念。在很多论述中,所谓"一分为三"其实指的就是类劳动者的引入。[①]德国劳动法中的类劳动者是指不具有人格依附性,"因基于雇佣或者承揽合同主要为特定人工作而具有经济依附性和与劳动者类似的社会保护需要的人,该人亲自或主要不是靠自有劳动者的协作完成所承担的劳动给付"[②]。对类劳动者认定来说核心标准是经济依附性和社会保护需要,其中经济依附是指"雇员依赖于利用他的劳动力以及源于为合同伙伴工作获得的收入来保障其生存基础"[③]。社会保护需要则通过排除法来确定,"如果劳动者可以自主决定其劳动投入的范围和过程以及拥有大量收入机会或者其他保障其生存的收入,则排除社会保护需要"[④]。

与德国法上的类劳动者不同的是,在《意见》中,我国的不完全劳动关系采纳的是管理标准而不是经济依附性标准,也就是有劳动管理但不构成劳动关系的情形。从当前新就业形态用工的实践来看,是否收入来源比较单一并不是决定构成不完全劳动关系的考量因素。相反,现行政策明确要求"不得违法限制劳动者在多平台就业",在多平台就业情况下,相对于任何一个平台来说,劳动者都

[①] 娄宇.新就业形态人员的身份认定与劳动权益保障制度建设:基于比较法的研究[J].中国法律评论,2024(4):65.

[②] PREIS. Arbeitsrecht, Individualarbeitsrecht, Lehrbuch für Studium und Praxis [M]. 5.Auflage, Otto Schmidt, 2017:57.

[③] HROMADKA W, MASCHMANN F. Arbeitsrecht, Band 1, Individualarbeitsrecht [M]. 6.Auflage, Springer, 2015:61.

[④] PREIS. Arbeitsrecht, Individualarbeitsrecht, Lehrbuch für Studium und Praxis [M]. 5.Auflage, Otto Schmidt, 2017:58.

不具有经济上的依附性。从这一角度来看,不完全劳动关系与德国式的类劳动关系存在实质性制度差异。其涵盖的对象一方面比类劳动关系要宽,没有经济依附性的劳动力提供者也可能构成不完全劳动关系,另一方面要比类劳动关系窄,具有经济依附性的劳动力提供者,如果没有劳动管理的话,也不构成不完全劳动关系。因此,不能简单地将我国的不完全劳动关系与德国式类劳动关系等同[1],以其他国家的"经验"理解我国的政策。以经济依附性的类劳动关系改造我国的不完全劳动关系,则会导致大量政策希望保护的新就业形态劳动者无法纳入保护范围。

需要注意的是,尽管有上述范畴差异,德国劳动法上的类劳动者制度作为在劳动关系之外保护劳动力提供者的安排,其所采纳的一些法律技术却值得我们在解决新就业形态劳动者问题时予以思考:其一,独立劳动者如果出现了经济依附,无法充分开展市场竞争,则其也有法律保护的需要,形成在劳动关系和传统独立劳动者之外可以适用一些劳动法保护的特殊状态。其二,立法不对类劳动者进行确定构成要件式的建构,其范畴需要裁判者在个案中综合考量各种因素来确定。[2]在实践探索的过程中,一些成熟而典型的类劳动者,例如家内劳动者,被进行了专门立法。其三,类劳动者的一般法律效果通过个别劳动立法——赋予,作为例外存在。目前比较重要的仅有适用劳动法院法,带薪休假、集体协商等立法。特定类劳动者的权益通过特定类劳动者的专门立法明确。

(3) 不完全劳动关系作为类型方法的运用。以上分析可以说明,我国的不完全劳动关系不是一种可以用构成要件确定的用工关系,统一的构成要件或者分类式的构成要件在当前都无法完成。在此背景下,从其引入的目的出发,打破全有全无的模式,需要引入类型这种方法解释这种现象,并在混沌中实现有序。诚如平台用工所展示的那样,在这个领域用工方式非常多样化而且制度创新

---

[1] 本书认为,随着我国非标准劳动关系的建立,也可以采纳德国式的类劳动者范畴,但这需要以整个劳动法的制度完善作为前提。

[2] PREIS. Arbeitsrecht, Individualarbeitsrecht, Lehrbuch für Studium und Praxis [M]. uflage, Otto Schmidt, 2017: 58.

飞快。与这种多样化的用工方式和制度创新相比，法律的概念和规范永远是不充分的。"立法者通过一个法定的规制原型总是只能把握实践中具有或大或小覆盖范围的特定合同类型的通常情况，而不能全面调整所有（合同）变种的细节。当人们认为个案中的公正问题可以通过找到正确的法定合同原型（承揽、买卖等），并从这些规则中机械地导出裁决而解决时，其只是沉迷于幻象之中。"① 消解社会生活的多样性与法律规范以及概念的有限性之间紧张关系的方法之一就是类型方法。②

按照类型方法，在范畴形成上，一种法律关系或者范畴不是通过确定的构成要件或者要素，而是通过对常素的评估来确定。"作为其标志的特征至少部分是可以不同强度出现的，甚至在某种程度上可能会交替出现。具有决定性的是源自法定或合同约定规则的整体形象，该整体形象引致辨识出特定主导视角。"③ 通过常素评估出来的类型相互之间具有流动性，"类型概念如色卡上的颜色一样通过模糊边界互相交融"④。这种流动性为从一种类型向另外一种类型过渡提供了可能。"一个类型在其个别表现形式上可能具有不同特征，可能经历不同变换，甚至在极端情况下可能通过减少一个特征、极力强调另外一个特征或者接受一个新特征而转换成另外一个类型。"⑤ 以类型方法构建的范畴与生活具有极大的贴近性，但因此也有很大的不确定性。为了解决该问题，类型方法强调类型序列和标杆（里程碑），也就是将类型放置于序列中以认识各个类型的范畴本质。⑥ 通过与

---

① ESSER, WEYERS. Schuldrecht [M]. Band 2, Besonderer Teil, Teil Band1, C. F.Müller Verlag, 1998: 231.

② 关于劳动用工领域类型方法的一般讨论参见沈建峰.数字时代劳动法的危机与用工关系法律调整的方法革新［J］.法制与社会发展，2022，28（2）: 119-135.

③ LARENZ. Methodenlehre der Rechtswissenschaft [M]. 6.Auflage, Springer-Verlag, 1991: 303.

④ RADBRUCH G. Klassenbegriffe und Ordnungsbegriff in Rechtsdenken [J]. Winfried Hasssemar, Gastav RadbruchRechtsphilosophie, C. F.Müller, 1990: 61.

⑤ LARENZ. Lehrbuch des Schuldrecht [M]. Zweiter Band, 1.Halbband, 13.Auflage, C. H. Beck, 1096: 4; LARENZ. Methodenlehre der Rechtswissenschaft [M]. 6.Auflage, Springer-Verlag, 1991: 470.

⑥ LARENZ. Methodenlehre der Rechtswissenschaft [M]. 6.Auflage, Springer-Verlag, 1991: 472.

标杆的比对确定具体范畴的内涵,"在序列中,人们选取某种特别鲜明的、纯粹的或经典的现象,无论它是极端形式或者反过来是平均形式,以用其来评价其他现象"①。按照这种方法,"法律中规定的合同形式只是纯粹的合同形式,被理解为类型序列的终点"②"在法律规定的大部分特定合同关系的纯粹形式之间还可以按序列归入过渡形式"③。对类型方法而言,在法律效果上,标杆之外的范畴,尤其是类型过渡形式的法律适用需要采纳分解式、评价式、探究立法目的和事物本质式等方法,也就是通过其与标杆形态的法律构成和后果的比较,发现共同点,进而将标杆中符合该过渡形态本质的规则适用于其。

新就业形态领域的法律关系,劳动关系、民事关系、不完全劳动关系都是在类型序列中展开的现象。④典型劳动关系和典型民事用工作为标杆以构成要件的方式构建,形成调整劳动关系和民事独立劳动的规则群,而不完全劳动关系则是类型过渡的现象。对这种类型过渡现象,通过对典型形态包含规则的分解式、评价式、探究立法目的和事物本质式等方法来完成法律制度的构建和使用。

2. 不完全劳动关系法律制度设计的逻辑结构

按照类型方法,不完全劳动关系是类型序列中类型过渡的一种形态。对这种用工形态的法律调整主要是通过分解式、评价式、探究立法目的和事物本质式的规则发现,对既有的劳动法和民事法规则进行组合。从法律制度设计的角度来看,要使上述组合成为可能,应首先澄清这种规则设计的基本起点。

(1)不完全劳动关系规则设计和适用的出发点之争。对既有的劳动法和民事法规则进行组合,首先需要回答一个作为出发点的问题:不完全劳动关系在本质上应归入现行法中的劳动关系范畴还是非劳动关系范畴,或者其应当以劳动关系为起点还是以民事关系为起点进行制度设计。对该问题,当前理论和实践中存在

---

① RADBRUCH G. Klassenbegriffe und Ordnungsbegriff in Rechtsdenken [J]. Winfried Hasssemar, Gastav RadbruchRechtsphilosophie, C. F.Müller, 1990: 61.
② DETLEF L. Typus und Rechtsfindung [M]. Duncker&Humblot, 1971: 135.
③ DETLEF L. Typus und Rechtsfindung [M]. Duncker&Humblot, 1971: 147.
④ 沈建峰. 数字时代劳动法的危机与用工关系法律调整的方法革新 [J]. 法制与社会发展, 2022, 28 (2): 119–135.

两种对立的观点。一种观点认为，不完全劳动关系就是劳动关系。这种观点围绕不完全劳动关系中需要签订的协议展开讨论，提出："这个书面协议究竟是什么性质的合同，是劳动合同还是民事合同，文件没有明确界定。但结合上文，这是一种'企业对劳动者进行劳动管理'的合同，那当然是'劳动合同'，或者有关'劳动的合同'，而不可能是民事合同或者劳务合同，因为这两种合同都不是'企业对劳动者进行劳动管理'的合同。"[1] 而另外一种观点则持完全相反的意见，认为不完全劳动关系具有特殊民事劳务关系属性[2]，并以民事关系为基础讨论不完全劳动关系的法律适用，提出"民法做加法"的思路。[3]

这一问题的回答具有实体法和程序法两方面的意义。从实体法来看，这涉及论证义务的承担问题。如果在渐变序列中不完全劳动关系归于劳动关系范畴，则其原则上就应当适用劳动法的规定，只是因为存在一定特殊性因而需要例外处理，不适用劳动法需要专门论证；如果其原则上就不是劳动关系而是民事关系，则适用劳动法的规定就需要承担论证义务。这一立场之争对程序法适用更有价值。我国当前建立的是劳动争议和民事争议并行的争议处理体制。实体法可以进行法的组合适用，缓解采用某个出发点带来的极端化现象，但程序法却不存在混合适用问题。如果不完全劳动关系的出发点是民事关系，则其原则上不进入劳动争议处理体制，相反则其应进入劳动争议处理体制。

（2）不完全劳动关系在现行法中只能归入民事关系。本书认为，在现行法的框架下，不完全劳动关系不应属于劳动关系的范畴，不应以劳动关系为出发点进行制度设计和适用。其主要理由在于：其一，现行法建立的是一种严格的典型劳动关系和非劳动关系的规范模式，在这种模式中，典型劳动关系具有严格的构成要件，典型劳动关系之外的用工关系都被认为不是劳动关系而纳入民事关系之中。以该模式为出发点，则不论是主体还是依附性方面存在问题导致的"不完全符合确立劳动关系情形"，都将无法纳入劳动关系的范畴。不完全劳动关系在现

---

[1] 常凯.平台企业用工关系的性质特点及其法律规制［J］.中国法律评论，2021（4）：41.
[2] 吴勇.法政策学视阈下"不完全劳动关系"性质辨思［J］.云南社会科学，2023（5）：65.
[3] 王天玉.平台用工的"劳动三分法"治理模式［J］.中国法学，2023（2）：282.

行制度的体系中只能纳入民事关系范畴。其二,将不完全劳动关系纳入民事关系范畴也符合当前的政策立场。长期以来劳动领域裁判的一个基本思路是防止劳动关系扩大化。2022年发布的《最高人民法院关于为稳定就业提供司法服务和保障的意见》重申在新就业形态领域劳动关系要"依法审慎予以认定"。以劳动关系为起点对不完全劳动关系进行法律适用,意味着原则上其是劳动关系,但因为用工方式的特殊性排除一些规则的运用,这本质上已经是劳动关系扩大化了。其三,这一结论还得到现行政策用语和体例的支撑。在前文所述《意见》中不完全劳动关系被表述为"不完全符合确立劳动关系情形但企业对劳动者进行劳动管理"的用工方式,根据该表述不完全劳动关系在本质上是不符合劳动关系认定标准的。反过来有一定的劳动管理并不就能构成劳动关系,在民事用工中也可能出现劳动管理。另外,从上述《意见》的行文来看,其在第二部分列举了一些新就业形态劳动者应得到保障的劳动权益,对该类劳动者进行了赋权。如果不完全劳动关系的劳动者就是劳动关系的劳动者,则不应当是赋权模式,而应当是排除某些不适合数字时代用工实际的权利的技术。

在不完全劳动关系不符合劳动关系认定标准、不是劳动关系的前提下,其法律适用的逻辑是,作为一种民事关系,其中因为出现了劳动管理,根据管理的不同程度加载一定劳动法上的权利。这种例外性的每一项权利的加载都需要专门的论证。同时在程序法上,除非我国《劳动争议调解仲裁法》修正了适用范围,否则涉及不完全劳动关系的争议应直接进入民事诉讼程序。

(3)立法论:不完全劳动关系的再分类。在现行法的制度框架和裁判政策中不完全劳动关系不属于劳动关系。但是从立法论,尤其是本书关于基本劳动标准法的体系出发,不完全劳动关系的体系归入却可以进一步探讨。具体而言,不完全劳动关系是以劳动关系的认定标准为参照进行否定性评价,同时对民事用工关系通过"劳动管理"这一指标进行排除后形成的一种过渡性的用工形态。不满足劳动关系认定的任一要求都可能构成不完全劳动关系。而按照现行理论和实践,认定劳动关系的标准是"主体适格 + 人格依附、组织依附和经济依附"。在逻辑上,不完全劳动关系可以区分为因为主体不适格产生的不完全劳动关系,因为缺乏人格依附产生的不完全劳动关系，因为缺乏组织依附和经济依附产生的不完全劳动关系等。由于在劳动关系认定的所有标准中，人格依附是劳动法进行劳动保护的根本所在①，所以如果缺乏人格依附，则劳动关系的实质性基础就不存在了，此时尽管主体适格，存在组织依附和经济依附，但原则上也不能适用劳动法的规定，德国的类劳动者就是一种有经济依附但无人格依附进而原则上不能适用劳动法律的用工关系。②这种不完全劳动关系靠近典型民事关系的标杆，法律适用的逻辑是给自由用工的规则做加法，也即原则上适用民事法的规定，有法律规定或特殊保护需要时加载劳动权益。本书称这种不完全劳动关系为不具有人格依附性的不完全劳动关系或者真正的不完全劳动关系。反过来，如果人格依附性存在，但组织依附、经济依附和主体适格标准缺失，则劳动关系的本质性因素还在，不完全劳动关系靠近典型劳动关系的标杆，其法律规则设计和适用则是给劳动关系做减法，也即原则上适用劳动法的规定，有法律特殊规定或者豁免规则时免去适用特定劳动法规则。本书称这种不完全劳动关系为具有人格依附性的不完全劳动关系，或者不真正的不完全劳动关系。而从基本劳动标准法立法的角度来看，不真正的不完全劳动关系的规则主要就是特殊主体的基本劳动标准规则；而真正的不完全劳动关系才是平台用工基本劳动标准部分需要重点关注的问题。

3. 不完全劳动关系法律适用的规则类型

不完全劳动关系作为民事关系，当事人之间的权利和义务首先按照协议约定来处理，这一点无须赘述。对其法律适用需要讨论的是合同未约定、约定不明确以及约定的限制问题。按照上述关于不完全劳动关系的定性及其法律适用逻辑的分析，对不完全劳动关系可以适用民法中的保护性规则、劳动中人的保护的一般规则以及一些劳动法律上的保护规则。从立法论的角度来看，对民法中的保护性规则、劳动中人的保护的一般规则的适用主要是通过在基本劳动标准法中引入引致性规范来实

---

① 沈建峰.论劳动关系的法律属性：继续性债之关系的回归[J].环球法律评论，2023，45（4）：96.

② PREIS. Arbeitsrecht, Individualarbeitsrecht, Lehrbuch für Studium und Praxis [M]. 5.Auflage, Otto Schmidt, 2017：58.

现，而对劳动法的规则适用有的是引致性规范有的则需要进行专门的制度设计。

（1）民法中的保护性规则。劳动用工领域适用民事法的规则长期以来存在两方面障碍：其一，劳动者问题被认为是劳动法的问题。人们习惯于从劳动法中寻找劳动者保护的规则而不考虑市场经济的一般法律。其二，人们假设民事法是平等主体之间的法律，充满了自由和自治，不存在什么保护性规范。上述障碍导致新就业形态治理过程中民事法的功能经常被忽视。①但实际上，其一，民法是市场配置资源的基础性法律，"民法是民事领域的基础性、综合性法律，它规范各类民事主体的各类人身和财产关系，涉及社会和经济生活的方方面面，被称为社会生活的百科全书"②，市场配置劳动力资源的法律适用无法绕开民事法律而完成。其二，如前文所述，不完全劳动关系本身就是一个民事关系，对民事法的适用是其基本出发点。其三，随着民法社会化运动的进行③，现代民事法也包含弱者保护的规则。故此，就不完全劳动关系的法律适用而言，民事法中的如下规则群应得到适用，这些规则对于新就业形态劳动者权益维护意义重大。

首先，格式条款（合同）的规则。在新就业形态领域，劳动者与平台通过输入基本信息和不断点击确认按钮完成签约，这是一种非常典型的格式合同或者所谓的数字时代的"点击"合同现象。④因此，在新就业形态领域当事人之间首先需要考虑的是《民法典》第四百九十六、第四百九十七、第四百九十八条对格式合同设置的合理确定条款内容义务、提示说明义务以及无效规则和不利解释规则等的运用。在格式合同领域，不是劳动者点击确认，该规则就一定对劳动者具有约束力，而是必须经过格式条款规则的控制。⑤需要注意的是，近年来，人力资源和

---

① 沈建峰.数字经济协同治理与新就业形态劳动者维权［N］.中国社会科学报，2023-05-10.
② 王晨.关于《中华人民共和国民法典草案》的说明［N］.人民日报，2020-05-23.
③ 王全兴.《民法典》背景下劳动法与民法的关系［J］.中国法学，2023（3）：25；丁南.中国民法典与社会本位［J］.政法论丛，2020（4）：41.
④ 夏庆锋.网络合同格式条款提示说明义务的履行瑕疵与完善措施［J］.清华法学，2022，16（6）：118.
⑤ 其他国家学者对劳动法领域的格式合同问题有着相对丰富的讨论，例如 DÜTZ，THÜSING. Arbeitsrecht［M］. 23.Auflage，C. H.Beck，2018：139ff. 对此《德国民法典》第310条第4款作出了专门的规定。

社会保障部门加大了对新就业形态领域签约等行为的行政指导力度，制定了《新就业形态劳动者劳动合同和书面协议订立指引（试行）》等文件。这些协议指引作为主管部门征求各方意见、衡量各方利益后推荐使用的文本，应推定其内容具有合理性。在此前提下，在对格式合同条款进行合理性审查时，如"点击"订立的合同条款与人力资源社会保障部推荐使用的新就业形态劳动者劳动合同和书面协议不一致，可以考虑作为缺失合理性的初步证据，由平台企业等通过举证证明不一致的合理性。

其次，个人信息保护的规则。新就业形态用工的基本特点是通过互联网平台进行用工管理，其重要依托就是信息，通过对海量劳动者和消费者信息的处理，平台实现对劳动力资源的配置以及对劳动者行为的控制。在此技术前提下，从劳动者保护角度出发，也应考虑《个人信息保护法》的运用，限制平台超越必要限度对劳动者进行数据收集、数据处理，引入劳动者的拒绝自动化决策的权利。在平台企业违法收集、处理劳动者个人信息的情况下，除承担民事、行政责任外，基于该违法收集的信息而作出的用工管理决策也不应当具有法律的约束力。

最后，其他保护性规则。从1900年施行《德国民法典》开始，学者们就呼吁"在民法典中加入一滴社会的油"[1]，此后100多年内，民法的社会化是其发展的重要趋势。21世纪的民法典，"加大对弱势合同当事人一方的保护"[2]，这也是我国《民法典》制定时包含的重要思路，这些保护性规则应得到适用，尤其是《民法典》为数不多的涉及劳动用工的规则中的保护性规则，例如第一千一百九十一条。该条不问用工关系的属性，限制了劳动者承担责任的前提。明确劳动者在劳动过程中给他人带来损害的，用人单位承担完责任后，只有在劳动者存在故意或者重大过失时才可以追偿。[3]在平台用工领域该条对于平台劳动者权益维护具有重要意义。

---

[1] GIERKE. Die soziale Aufgabe des Privatrechts [M]. Verlag von Julius Springer, 1889: 13.
[2] 沈春耀. 关于《民法典各分编（草案）》的说明 [M]. //《民法典立法背景与观点全集》编写组. 民法典立法背景与观点全集. 北京：法律出版社，2020：24.
[3] 最高人民法院民法典贯彻实施工作领导小组. 中华人民共和国民法典侵权责任编理解与适用 [M]. 北京：人民法院出版社，2020：236.

（2）劳动中人的保护的一般规则。在现行法中，一些劳动中人的保护规则与劳动关系并没有联系，是为了社会秩序或者安全利益，涉及的是劳动场景或者劳动过程中人的保护的一般性规则。这些规则自然可以适用于不完全劳动关系的当事人之间。这类规则比较典型的就是《安全生产法》《职业病防治法》《就业促进法》以及特定主体的保护法和其他根据这些法律衍生出来的规则。对此，《安全生产法》第一条明确本法的目的之一是"保障人民群众生命和财产安全"，这就决定了其适用的对象和劳动关系没有必然联系。此外2021年该法修正后，在第四条第二款专门针对平台经济领域，明确"平台经济等新兴行业、领域的生产经营单位应当根据本行业、领域的特点，建立健全并落实全员安全生产责任制，加强从业人员安全生产教育和培训，履行本法和其他法律、法规规定的有关安全生产义务"。显然该法适用于平台用工关系有了更明确的法律依据。就《职业病防治法》而言，该法第二条第二款似乎是要将其适用范围限于劳动关系项下的当事人之间，但该法第八十六条规定，"本法第二条规定的用人单位以外的单位，产生职业病危害的，其职业病防治活动可以参照本法执行"。同样为突破劳动关系适用本法提供了依据。《就业促进法》解决的是就业过程中的问题，其适用从来不以劳动关系为前提。因此，该法规定的反就业歧视规则在不完全劳动关系领域应当得到适用。此外，《妇女权益保障法》等特殊群体劳动保护的法律也基于同样的逻辑可以适用于平台用工领域的所有用工关系。

需要特别讨论的是高温津贴的规则。长期以来，一种观点将高温津贴和劳动关系挂钩，认为其是劳动关系项下的权益，进而对不符合劳动关系情形的用工是否能够适用高温津贴规则存在不同意见。从高温津贴的制度依据《防暑降温措施管理办法》的规定来看，其是依据"《中华人民共和国职业病防治法》、《中华人民共和国安全生产法》、《中华人民共和国劳动法》、《中华人民共和国工会法》等有关法律、行政法规的规定"而制定，而这些法律中，《职业病防治法》《安全生产法》《中华人民共和国工会法》的适用均不以劳动关系为前提。故此，高温津贴的规则可以适用于不完全劳动关系之中。

（3）劳动法的相关规则。除上述民事法中的保护性规则和劳动中人的保护的一般规则外,从现行实证法的规定来看,更重要的是,不完全劳动关系尚可以适用一些劳动法的规则。这种适用有的是直接对现行法的引致,有的则需要针对性的规则安排。

1)对不完全劳动关系加载劳动法规则的一般要求。根据不完全劳动关系的定性,对其加载劳动法的规则,应遵循如下方面的基本要求。其一,拆分规则而加载。在法律制度设计过程中,需要探究不同不完全劳动关系的构成特点以及每个劳动法规则的立法目的和功能,作出符合特定不完全劳动关系特点的规范选择。从类型方法来看,类型本身就是一种包含有不同元素的范畴,拆分式法律适用是其基本的适用要求。"当人们遇到与立法者在规制相关合同类型本身时所预设的问题不同的问题时,总是需要问,如何根据相近的或上一级的规范整体所表现出来的基本判断来解决该问题。例如,(在一个案件中)不妨碍人们运用一个合同类型的时效规则,同时认为另一个合同类型的解除权却比较适合该案。"[1] 在很多情况下,"当一个合同总体来看属于法律规定的合同类型,但在个别方面却有与其强烈不同的特征,以至不能适用该相关规范时,则在个案中必须探寻,为此种类型的典型合同规定的规范是否适合本案中的合同"[2]。其二,遵循相似性比较的要求。在不完全劳动关系对劳动合同规则适用的过程中,需要探究个案中不完全劳动关系的事实构成与具体劳动合同法规则构成要件的相似性,在欠缺相似性时,相关规则将失去参照可能性。例如,比较新就业形态用工方式和传统劳动合同用工方式会发现,根据数字化管理的特征,平台用工的协议将体现为电子协议而不是传统的书面劳动合同规则,未签书面劳动合同的两倍工资规则在此就失去了适用前提条件;平台领域自由出入用工关系的用工方式排除预告解除规则的运用,也排除经济补偿制度适用的可能。其三,在不完全劳动关系的法律适用问题上尤其要注意的是,我国现行的劳动合同法规则是建立在工业化生产过程中的

---

[1] ESSER, WEYERS. Schuldrecht [M]. Band 2, Besonderer Teil, Teil Band1, C. F.Müller Verlag, 1998: 231.
[2] LARENZ. Lehrbuch des Schuldrecht [M]. Zweiter Band, 1.Halbband, 13.Auflage, C. H. Beck, 1996: 4.

标准劳动关系这一原型基础上的,而不完全劳动关系却是数字时代平台用工过程中的法律关系。平台用工劳动者自由上下线、自由出入用工关系、可以多平台同时工作、数字化管理等特征必然影响既有法律规则的运用,参照适用过程中,法律适用者将承担非常重的规范修正任务和论证任务。例如工时规则,平台自由上下线、按件取酬的用工方式就决定了不能简单适用既有的工时和加班费规则,而需要从保障休息的思路设置最长休息时间和工间休息规则,考虑通过集体机制等形成的劳动定额规则对加班规则的替代等。法定节假日劳动者的加班费制度也需要根据平台自由上下线的特点进行调整,一方面基于加班费补偿功能和防止过度用工功能应适用该规则,另一方面考虑到加班工资对加班的激励作用,在劳动者可以自由进入平台的情况下,如果市场需求不变,则激励加班会导致在岗劳动者工作机会下降,收入实际下降。

2)具有人格依附性的不完全劳动关系的规则设计。在用工关系满足了人格依附性劳动这一条件的情况下,也可能因为当事人主体不适格(例如劳动者达到退休年龄等)或者缺乏经济依附性等因素导致无法认定劳动关系,形成一种具有人格依附性的不完全劳动关系。由于人格依附性是劳动关系的根本性特征,传统劳动法的制度基本都是围绕人格依附性带来的社会和法律问题展开的。故此,当不完全劳动关系在人格依附性这个问题上与劳动关系相似时,劳动法的规则原则上均应适用于这种不完全劳动关系。在此前提下,还需要根据这种不完全劳动关系的特点对现行劳动合同的规则进行修正。这一修正除了要考虑平台用工的特殊性外,还需要考虑劳动者主体不适格或者不存在经济依附性等因素引发的特殊修正的必要性。这种修正主要体现在达到退休年龄的劳动者不能适用解雇保护规则;多平台就业或者兼职劳动等情况下缺乏经济依附性因此不能适用经济补偿规则等。这类不完全劳动关系在本书中主要涉及特殊主体的基本劳动标准问题。

3)不具有人格依附性的不完全劳动关系的参照适用。劳动法、劳动合同法的规则是以人格依附性劳动为中心建立起来的,在人格依附性缺失时,现行法中的劳动合同规则原则上不可以适用于不完全劳动关系。但需要注意的是,基于下述两方面的原因,在一定情况下法律规定的劳动合同的一些规则也可以例外适用于不完全劳动关系。其一，劳动法中的一些规则所要解决的不仅仅是人格依附性带来的劳动问题，还包括经济依附性或者其他劳动用工管理带来的问题。例如最低工资制度、工资支付的保障制度所要解决的就是劳动中的人的生存保障问题，承载着社会公共利益。该类劳动法规则应适用于不完全劳动关系。其二，按照现行通行的学说，人格依附性不仅存在有和无的问题，还有多和少的问题。[①] 特定情况下，用人单位对劳动者进行了劳动管理，但是这种劳动管理尚未达到人格依附性的"浓度"，故而不构成劳动关系，不能完全适用劳动法，但是这种存在一定管理意味着其也可以适用一些劳动合同的法律规则，只是这种情况下的劳动法规则运用需要进行非常细致和深入的论证。

四、人事关系的基本劳动标准适用

目前，我国人事关系的法律适用存在公法和私法规范适用二元化的问题。整体上看，虽然我国主要应采取以"公法调整为主、合同调整为辅"的方式解决该问题，但是，人事关系的公法属性也导致了人事制度改革对其的影响极大，尤其当前机关事业单位改革中事业单位工作人员聘用制仍处于改革的"深水区"，使得"公私法"二元区分仍无法满足人事关系法律适用的实际需求。在人事争议的具体事项中，也存在"公私交叉"的法律适用困境。归根溯源，人事关系中工作人员所属的机关、事业单位与劳动关系中用人单位存在性质上的差别，进而造就了其身份上的特殊性，必须从机关事业单位不同类型的角度对其工作人员的人事关系进行精细化界定，以划清"公法"型人事关系、"公私混合"型人事关系、"私法"型劳动关系。

因此，本部分希望以基本劳动标准法制定为契机，在不突破人事关系法律制度的前提下，对基本劳动标准进行适用。引入人事关系中国家公职人员兼劳动者

---

① 沈建峰.论劳动关系的实践界定：以中德司法机关的判决为考察重点[J].法律适用，2012（12）：92.

身份这一"特殊劳动者"概念，通过对机关和不同类型事业单位工作人员身份进行剖析，探讨哪些工作人员在该概念包含的范围以内，以更为准确地适用基本劳动标准，明确其在工时、工资等方面的基本劳动标准事项。

（一）人事关系中基本劳动标准的特殊性

传统人事关系脱胎于公务员管理制度，是一种公共事业及其工作人员之间的内部行政法律关系，其重点更多在于对人员编制的管理，而非调整社会经济层面的用工关系，这导致了人事关系对于基本劳动标准适用具有一定的排斥性。自2000年中央组织部和人事部发布《关于加快推进事业单位人事制度改革的意见》，要求所有事业单位与职工签订聘用合同后，聘用合同逐渐成为实现人事管理的重要法律手段，但是碍于聘用合同的性质在理论上仍存在争议，以及当前裁审实践仍未将聘用合同作为认定人事关系的核心标准，导致基本劳动标准难以通过聘用合同的形式得以落实。因此，需要结合当前政策文件和制度实践来剖析其特性。

一是人事关系中用工单位及其劳动者[①]的身份类型非常复杂，用工形式的市场化程度不一，难以针对每一类型单独进行劳动基准立法，因此，以"职工"作为主体身份的纽带，依情况适用基本劳动标准法的规定，寻求该领域内基本劳动标准的"最大公约数"。以教师群体为例，一方面，教师的主体身份界定非常复杂。如教育部于2021年11月发布的《中华人民共和国教师法（修订草案）（征求意见稿）》第十三条就明确规定了公办中小学教师作为国家公职人员的特别身份。因此，市场化的用工模式被更少地考虑到实际人事管理活动之中，造成在工资、工时、休假等基本劳动标准方面，公办中小学教师与高校教师存在本质的区别。另一方面，对于市场介入程度低的人事关系类型，人事关系管理应被视为内部行政行为，立法机关应保持一定的克制，即便是司法机关对其审查也存在争议。因此，应该考虑到人事关系的特性，在制定该领域基本劳动标准立法时，应

---

① 此处的"劳动者"特指广义上的劳动者，与狭义劳动法律关系中的劳动者相区别，类似于《事业单位人事管理条例》中的"事业单位工作人员"即"所在单位工作人员"的概念。

将"职务身份"转化为"职工身份",从用工单位劳动者作为公民的基础性社会权利的角度出发,适用基本劳动标准法中最低标准的基本法律。

二是并非所有人事争议均可纳入裁审范围,无论是2003年《最高人民法院关于人民法院审理事业单位人事争议案件若干问题的规定》还是2017年人力资源社会保障部发布的《劳动人事争议仲裁办案规则》,均未突破受理范围——仅限终止人事关系以及履行聘用合同发生的争议,后者甚至将前者"辞职、辞退"的合同解除情形变为"终止人事关系",反映出仲裁机构对于聘用合同是否可以由合同双方约定解除抱有审慎态度。同时,当前聘用合同管理相对混乱,且聘用合同未规定基本劳动标准相关条款及内容,导致一般情况下其争议不属于以上劳动人事争议裁审的范围,往往通过行政申诉制度和行政诉讼制度来解决该问题。

事实上,2014年公布实施的《事业单位人事管理条例》作为人事法律规定中位阶最高的法律规范,整体参照了《公务员法》的立法体例。该条例公布的同年,中央组织部、人力资源社会保障部发布了《事业单位工作人员申诉规定》,其第十一条第五项明确规定了"未按国家规定确定或者扣减工资福利待遇"这一申诉事项,这说明人事关系中的基本劳动标准应该是具有内部管理属性的行政法规范。

此外,《劳动合同法》第九十六条也仅规定了其作为人事管理立法的补充,而非优先适用,实体程序应当适用人事方面的法律规定,人事法律中没有规定的,才能适用《劳动法》的有关规定。基本劳动标准法既要突破劳动领域立法的限制,又要纳入不同人事类型的基本劳动标准,存在较大的立法难度。因此,在明确该法适用于人事关系的定位基础上,以职工基本劳动标准为视角来规定最低工资、工时、休假、职业安全卫生等劳动条件。

三是如何认定人事关系作为该领域基本劳动标准适用的前提,其认定本身具有较大的特殊性且存在一定的争议,分析在裁判文书网中收集的346份高校一审人事争议裁判文书可以发现,入编与否成为人事关系认定的重要标准。针对在编人员没有签订聘用合同是否认定事实人事关系这一问题,各地法院存在一定的争议,例如在某大学人事争议案中,法院经过调查认为双方虽未签订聘用合同,但主体及其从事的工作属于实质的人事关系,通过相关人事聘用法律进行规制。那么,是否可以判断人事关系在没有签订聘用合同情形下与劳动关系类似,存在事实的人事关系呢?答案是否定的,人事关系的发生取决于是否入编且服从人事管理,而入编与否并非由用工单位自主决定,一般需要向编制管理部门报批,属于纯粹的内部行政行为。

(二)基本劳动标准适用于人事关系的范围

基本劳动标准要适用于人事关系,首先面临的问题在于哪些群体属于人事关系范畴,以避免与劳动关系适用产生混淆。需要强调的是,"特殊劳动者"的导入并非意味着人事关系要进行劳动关系式的"私法"泛化,这是由于编制管理将人事关系与劳动关系进行了本质上的区分。从编制管理组织层面,中央机构编制委员会办公室作为研究拟定全国事业单位管理体制和机构改革的主管机构,其既是党中央的机构,又是国务院的机构。从编制管理立法层面,《中国共产党机构编制工作条例》《机构编制管理评估办法(试行)》,以及多地发布《事业单位机构编制管理办法》等,不同层级的立法文件被大量制定,编制管理政策法规前提性地决定了基本劳动标准法在该领域的适用范围:

1. 主体为行政管理类事业单位、社会公益类事业单位和社会团体工作人员

《劳动人事争议仲裁办案规则》第二条第二项至第五项规定了除劳动争议之外的其他争议事项,依次涵盖了实施公务员法的机关、事业单位、社会团体、军队文职人员用人单位与其工作人员之间因履行聘用合同发生的争议。但是,通过对比可以发现,仅在事业单位、社会团体所发生的争议中包括因人事关系终止这一情形。在国家机关和军队中,双方实际发生的关系对应的是《公务员法》和《中国人民解放军文职人员条例》调整的特殊职务关系,聘用合同作为一种公务员和军队文职人员实行分类管理的手段,两者在基本劳动标准法层面不存在社会经济属性,仲裁机构无权审定其用人关系的终止,因此将其进行排除,仅限于第三、第四项所指向的事业单位和社会团体。同时,并非所有类型的事业单位和社会团体均可以与工作人员形成人事关系,需要对其进行识别。

首先，虽然过去如铁路警察、港口警察等行政机关工作人员归口事业编制管理，但随着《地方各级人民政府机构设置和编制管理条例》出台，"地方各级人民政府行政机构应当使用行政编制，事业单位应当使用事业编制，不得混用、挤占、挪用……"因此，行政机关不应使用事业编制。虽然极个别地方行政机关仍存在用编不规范的现象，事实上在法律制度层面，应将机关工作人员这一类型进行排除。

其次，根据原人事部的规定，事业单位被划分为三种类型：第一种为行政管理类事业单位，具有公共管理职能，人员录用参照《公务员法》，按照行政机关进行管理；第二种为社会公益类事业单位，以实现社会公共利益为目的，仍保持最初的事业单位身份不变；第三种为企业类事业单位，实践中按照企业法人登记管理制度进行企业法人登记，如现已转制为企业的出版社。其中，第一类参照《公务员法》进行管理；第三类则适用《劳动合同法》；第二类社会公益类的事业单位工作人员的法律适用情况仍处于模糊状态，将在后文进一步界定。

最后，社会团体虽然普遍使用社团编制，但根据《人事争议处理规定》第二条，社团组织与工作人员之间因解除人事关系、履行聘用合同发生的争议适用该规定。同时，《上海市事业单位人事争议处理办法》等地方规范均有类似于"民办非企业单位、使用事业编制的社会团体……可以按照本办法执行"的规定，因此，其仍可被纳入人事关系的范畴之中。

2. 人事关系主体双方应签订聘用合同，存在编制管理的事实

在部分案件判决中，法院将事业单位或社会团体与在编工作人员不签订聘用合同的情形认定为人事关系，说明编制管理是人事关系认定的重要标识，这是由用人单位非营利性组织的公益性所决定的。因此，该领域基本劳动标准应只能适用于在编工作人员，但需要指出的是，在编工作人员并非一律适用基本劳动标准，其应签订聘用合同明确其聘用制的用工关系。人事关系与劳动关系不同，事实劳动关系的形成是基于用人单位和劳动者存在管理与被管理的关系，双方的这种关系是出于充分的意思表示，但是人事关系中编制管理要素并不是完全由双方意愿所决定，而是基于编制主管部门的内部审批行为所确定，其中，基本劳动标

准又与机构编制的财政经费、岗位设置、薪酬待遇密切关联,基本劳动标准法能否直接介入编制管理,成为与该领域党内法规相兼容的法律依据仍未有定数。因此,需要人事关系主体双方签订聘用合同,通过合同的方式来导入基本劳动标准法的具体规定。换言之,没有签订聘用合同的在编工作人员仍优先适用人事特别规定,签订聘用合同且在编的工作人员则属于基本劳动标准适用于人事关系的范围。

(三)现实基础:基本劳动标准法适用于人事争议的程序与实体之设计

1. 程序的适用:从行政申诉、行政诉讼转向人事争议处理

虽然如前文所述,基本劳动标准争议被排除在人事争议裁审的范围之外,一般通过行政申诉和行政诉讼程序解决。但事实上,《国务院办公厅转发人事部关于在事业单位试行人员聘用制度意见的通知》已明确聘用合同应包含"岗位工作条件""工资待遇"的必要条款。随着聘用合同管理的不断规范和细化,劳动基准将逐渐从内部规范转化为合同事项,从而进入劳动人事争议处理的受案范围之中。具体而言,通过推动聘用合同的订立与细化,将基本劳动标准争议逐步转化为履行聘用合同争议。根据《最高人民法院关于人民法院审理事业单位人事争议案件若干问题的规定》第一条,"事业单位与其工作人员之间因辞职、辞退及履行聘用合同所发生的争议,适用《中华人民共和国劳动法》的规定处理",同时《最高人民法院关于事业单位人事争议案件适用法律等问题的答复》指出,"适用《中华人民共和国劳动法》的规定处理"是指人民法院审理事业单位人事争议案件的程序运用《劳动法》的相关规定。因此,通过这一转变,将基本劳动标准争议纳入人事争议裁审的受案范围之内,并在程序上主要适用《劳动法》规定。

2. 实体的适用:原则上适用本法,以特别人事规定作为例外

首先,根据最高人民法院的上述规定,人事争议也可以适用《劳动法》规定,人民法院对事业单位人事争议案件的实体处理应当适用人事方面的法律规定,但涉及事业单位工作人员劳动权利的内容在人事法律中没有规定的,适用

《劳动法》的有关规定。目前，关于基本劳动标准的人事特别规定相对缺乏，依托聘用合同不断规范的进程，基本劳动标准法在现实层面能够起到重要的作用。考虑到未来在编制管理领域可能会出台与基本劳动标准相关的立法，为此应该明确以特别人事规定作为例外。从合理性来说，基本劳动标准的一些规则应适用于人事关系，符合保护"职工"权益的法治需求，也与该法最低基准的立法导向相吻合。

其次，在实体法适用层面，聘用制应该严格区分签订劳动合同和签订聘用合同两种情形。《劳动合同法》第九十六条规定："事业单位与实行聘用制的工作人员订立、履行、变更、解除或者终止劳动合同，法律、行政法规或者国务院另有规定的，依照其规定；未作规定的，依照本法有关规定执行。"该规定特别指出了实行聘用制签订劳动合同的这种特殊情形，需要特别分析的是此处"劳动合同"是否包括聘用合同。虽然，学理上有部分学者[①]（多集中于《事业单位人事管理条例》颁布之前）将聘用合同视为特殊的劳动合同，但是在立法上并不能将两者画等号。

《国务院办公厅转发人事部关于在事业单位试行人员聘用制度意见的通知》已明确指出，"事业单位与职工应当按照国家有关法律、政策和本意见的要求，在平等自愿、协商一致的基础上，通过签订聘用合同，明确聘用单位和受聘人员与工作有关的权利和义务"。事业单位实行聘用制，其与编制内人员签订的均是聘用合同，而签订劳动合同的只有工勤人员和编外招聘人员，因此，聘用合同和劳动合同归属于独立的两类合同，上述条例也并无提及依照《劳动法》《劳动合同法》等相关规定。因此，《劳动合同法》第九十六条规定应特指聘用制的工作人员签订劳动合同这一具体情形。

本书认为，《劳动合同法》第九十六条规定既有自指性条款又有转指性条款，"自指"是指没有其他人事规定时适用本法规定，"转指"是指有其他人事规定时，转适用特别规定。即便实质为聘用关系但合同形式为劳动合同，优先转指人事规

---

① 徐靖.高等学校"非升即走"聘用合同法律性质及其制度法治逻辑[J].中国法学，2020（5）：44-63.

定,如签订聘用合同作为公开招聘的必经程序,仍不得直接适用《劳动合同法》,扩大解释聘用合同的外延,此处自引更多的是一种补足条款。当前人事法律规定仅明确了聘用合同作为人事关系的形式要件,排除了适用劳动合同的可能。[①]

总之,编制管理是人事关系的重要分水岭,聘用合同作为其外化的重要表现,体现在基本劳动标准法的立法上,该法仅需对签订聘用合同的在编工作人员进行人事关系的特殊群体立法,签订劳动合同的工作人员归类到一般群体立法即可。针对该特殊群体基本劳动标准立法,应该弱化"职务""职称"身份,从"职工"的角度寻找已有的立法资源:当前《职工带薪年休假条例》第一条"为了维护职工休息休假权利,调动职工工作积极性,根据劳动法和公务员法,制定本条例"和《女职工劳动保护特别规定》第二条"中华人民共和国境内的国家机关、企业、事业单位、社会团体、个体经济组织以及其他社会组织等用人单位及其女职工,适用本规定",则可视为该特殊群体已有的基本劳动标准立法。

(四)基本劳动标准法在人事关系领域的适用建议

如前文所述,该领域基本劳动标准应以适用本法为原则,特别人事规定为例外,以"职工"身份来规定最低标准的劳动条件。从现行立法上看,在具体适用上,仍需进行以下特别安排。

1. 明确事业单位职工带薪年休假工作年限的计算方法

无论是《职工带薪年休假条例》第三条还是《机关事业单位工作人员带薪年休假实施办法》第二条及相关规定,均明确由工作年限来决定具体的年休假天数。与企业职工不同,事业单位职工工作年限的计算与辞职、辞退、行政处分、刑事处罚有着密切联系,需要明确工作年限的计算方式来确定对应的年休假时间。

2. 人事关系所特有的休假制度应由本法加以体现

由于现行立法已规定了事业单位所特有的带薪年休假制度,考虑到"特别基

---

① 姚荣.公立高校教师聘用合同的法律性质重审:基于控权论的立场[J].复旦教育论坛,2020,18(5):33-39.

准"优于"一般基准"且"从高不从低"的适用原则，基本劳动标准法应明确规定以下带薪年休假制度：一是探亲假规定，探亲假虽不属于法定假日、休息日，但其为《国务院关于职工探亲待遇的规定》明确的休假制度，故应在本法中进行特别规定；二是寒暑假规定，《企业职工带薪年休假实施办法》第七条规定"职工享受的寒暑假天数少于其年休假天数的，用人单位应当安排补足年休假天数"，由于寒暑假主要针对学校这一特定事业单位主体，因此可以视为人事关系所特有的带薪年休假制度，只要其高于一般最低标准，就应该在基本劳动标准法中得以体现。

此外，考虑到行政管理类事业单位、社会公益类事业单位的特殊性，其承担重要的公共职能，尤其是疫情防控时期，医院作为社会公益类事业单位难以实行带薪年休假制度。因此，可以参照《机关事业单位工作人员带薪年休假实施办法》进行立法，明确因紧急状态、突发事件以及法律、行政法规规定的其他情形，事业单位认为有必要，可以不安排工作人员休年休假，但应当根据工作人员应休未休的年休假天数，对其支付年休假工资报酬。年休假工资报酬的支付标准可参照《企业职工带薪年休假实施办法》第十条，即每应休未休 1 天，按照本人应休年休假当年日工资收入的 300% 支付，其中包含工作人员正常工作期间的工资收入。

3. 以本法确定一般人事工时规则，通过主管部门审批来设定特殊规则

我国《劳动法》第三十六条、《国务院关于职工工作时间的规定》及相关文件构建了劳动关系领域的标准工时制度，即劳动者每日工作时间不超过 8 小时；每周工作时间不超过 40 小时；每周至少休息 1 日。但是，《〈国务院关于职工工作时间的规定〉的实施办法》与《国家机关、事业单位贯彻〈国务院关于职工工作时间的规定〉的实施办法》的工时规则并不完全一致，例如后者未规定每周至少休息 1 日，而是在第三条中明确"星期六和星期日为周休息日"。

此外，考虑到行政管理类事业单位、社会公益类事业单位的公益属性，其延长工作时间应进行特别的设计。具体而言，参照《〈国务院关于职工工作时间的规定〉的实施办法》可以明确下列延长职工工作时间的情况：由于发生严重自然灾害、事故或其他灾害使人民的安全健康和国家财产遭到严重威胁需要紧急处理的；为完成国家紧急任务或完成上级安排的其他紧急任务的；法律、行政法规或者国务院其他规定中的其他情形。

对于以上规定所形成的一般人事工时规则应在本法中得以体现，同时在该标准的基础上，通过主管部门审批的形式来设定特殊规则。一方面，明确其非标准工时制度，对于监督、管理人员或责任制专业人员，以及从事监视性或间歇性工作等特殊性质、职责工作的人员，因工作性质或者职责限制，不能实行标准工时制度的，由国务院行业主管部门制定实施意见，报人力资源社会保障部门批准后可实行不定时工作制或综合计算工时工作制。另一方面，应考虑到事业单位的不同公益类型：行政管理类事业单位和一类公益事业单位倾向于适用《国家机关、事业单位贯彻〈国务院关于职工工作时间的规定〉的实施办法》以及其他人事规定；三类公益及自收自支的事业单位根据企业化管理情况，可选择适用不同的工时规则；二类公益事业单位的聘用制人员应该引入国家公职人员兼劳动者身份这一"特殊劳动者"概念，在充分考虑单位职工意愿的基础上，选择适用相应的劳动工时规则或人事工时规则。

第九章

基本劳动标准法的实施机制

一、基本劳动标准法实施制度及其关系

（一）行政执法在监督检查中的定位及设计

1. 以行政执法为主，工会法律监督、争议处理为辅的监督检查体系

考虑到基本劳动标准法公私法混合的规范模式，明确其以劳动保障监察行政部门、工会作为监督检查主体。根据国际劳工组织公约规定，劳动监察应该由政府机关监督管理。基本劳动标准法作为劳动强行法，在我国其最重要的监督检查主体应该为劳动保障监察机关。但是，考虑基本劳动标准法未采取德国式纯公法性基准法模式，其包含公法性劳动基准法、私法性劳动基准法和双重效力劳动基准法，后两者的加入必然导致其监督检查主体的扩大，即增加工会。因此，基本劳动标准法可考虑专章规定监督和检查的内容：一方面对劳动保障监察事项进行规定；另一方面，针对私法性和双重效力规范，规定工会法律监督。

基本劳动标准的执行作为职工与用人单位发生劳动争议的"高发区"，虽然《劳动法》《劳动合同法》《工资支付暂行规定》《最低工资规定》等法律法规均规定了基本劳动标准相关内容，但是当前用人单位执行情况却并不乐观：一是变相

执行最低工资标准的现象仍然存在,一些用人单位将本不属于最低工资标准范围内的社会保险费、加班费等,计入最低工资金额中,导致职工实际收入减少、企业最低工资合规风险得以规避的情况;二是通过制定企业内部规章,设定过于苛刻的劳动合同终止和解除条件、试用期录用条件等,以逃避劳动合同变更、解除规定的执行,侵害职工的工作权;三是制定具有诱惑性的工时制度,变相要求职工超时加班,侵害职工的休息权等。① 这些违反基本劳动标准的行为大都以"形式合法、实质违法"的方式存在,具有较强的隐蔽性、系统性和普遍性。为此,工会法律监督和劳动争议处理分别从企业内部和法律救济的角度,构建起"外部执法为主、内部监督为辅"和"公力救济为主、私力救济为辅"的监督检查体系。

2. 由行政执法主导监督检查计划制订,指引监督检查工作开展

结合我国宪法规定,国务院制定国民经济和社会发展计划的行政惯例,可考虑参考行政计划方式来达到此目的。具体而言,为避免劳动监察机构受到地方政府机关的政治压力及其他利害关系影响,国际劳工组织第81号公约《工商业劳动监察公约》第4条规定,在不抵触本国行政惯例的情形下,劳动监察工作应由中央机关监督管理。因此,在符合国家行政惯例情形下,劳动监察机构依其权力隶属机关的不同,可分为中央制、地方制与混合制。根据国际劳工组织的要求,我国主要采取混合制,监督检查计划可进行如下设计:国务院人力资源社会保障行政部门应每年定期制定和发布次年度基本劳动标准法监督检查计划。县级以上地方各级人民政府人力资源社会保障行政部门应依前款计划分别拟定监督检查计划,并向上一级人力资源社会保障行政部门备案,依该计划实施监督检查。

事实上,监督检查计划在我国已经有一定的实践基础,首先,在中央层面,人力资源社会保障部劳动保障监察局已将"拟定劳动保障监察事业中长期发展规划和劳动保障监察年度工作计划并组织实施"作为其首项行政职责。在地方层面,多地人力资源社会保障厅(局)已形成年度劳动保障监察执法计划的行政惯

---

① 姜永新. 劳动关系"法治体检"制度化建构的思考[J]. 中国工运,2021(7):52–54.

例。因此，由行政执法主导监督检查计划的制定，指引监督检查工作的开展这一设计具有一定的可行性。

3. 由基本劳动标准法授予劳动综合行政执法权，以保证监督检查刚性执法

在执法权限上，根据《劳动保障监察条例》的规定，基层劳动保障监察机构主要通过行政委托来获得专门性监察职权，其必须依赖于人力资源社会保障行政部门的逐项委托，否则不具备执法职权。一方面，这是劳动保障监察机构并不具备行政主体地位所决定的，其作出的行政决定必须以委托机关即人力资源社会保障行政部门的名义，且由人力资源社会保障行政部门作为行政诉讼中的适格被告。另一方面，随着国家机构精简、实现减员增效目标不断推进，直接增加机构编制存在现实的困难。

因此，劳动保障监察机构可以参照过去城管委托执法转向城市管理和综合执法的改革方案，整合跨部门的劳动行政执法资源，以基本劳动标准法赋予其劳动监察综合执法机构的行政主体地位。事实上，该方案不但在组织法层面有着积极意义，而且在行为法层面解决了迫在眉睫的执法问题。基本劳动标准法包含大量强制性、禁止性规范，需要借助行政处罚、行政强制手段，但是，部分监察职权如行政强制执行权等根据《中华人民共和国行政强制法》（简称《行政强制法》）的规定不得委托，使得劳动保障监察机构采取行政强制手段缺乏法律依据。基本劳动标准法如能采取概括性授权立法方式赋予劳动监察综合执法机构完整的行政职权，将从根本上解决以上问题。同时，结合《劳动保障监察条例》第四条规定，可以考虑在基本劳动标准法中明确"转授权条款"，即由人力资源社会保障行政部门为贯彻本法执行，直接授权专门的劳动保障监察机构[①]，作为综合执法行政授权的替补方案。

4. 运用责令改正手段，实现监督检查的柔性空间

基本劳动标准法作为劳动领域的强制性法律规范，将加大对企业合法用工的监察力度，但是，随着全球经济下行的影响，"构建和谐劳动关系面临的形势日

---

① 李德旺. 作为职权转移机制的行政授权[J]. 法学家，2023（3）：161-174+195-196.

趋复杂,随着对外开放的进一步扩大,对适应经济全球化条件下相关国际规则、健全劳动标准等提出了新的要求"①。一方面,随着我国人口红利逐步减弱,部分劳动密集型的企业通过低成本劳动力来获得竞争优势越发困难。另一方面,一些外资企业在国内减员增效,导致了劳动力市场供求关系更加复杂。这使得人力资源社会保障行政部门对于劳动违法行为的处理更为谨慎,基本劳动标准法难以实施,影响其立法的权威性。

当前实践中,劳动保障监察存在责令改正、行政处罚、行政强制、行政指导、行政奖励等多种执法手段。而劳动监察的适用情形主要限于基本劳动标准执法,即《劳动保障监察条例》所规定的主要针对用人单位违反劳动保障法律、法规和规章的行为。以上职责范围的限制,决定责令改正是作为柔性监察的主要手段,一方面,行政指导、行政奖励等执法手段未涉及用人单位的违法责任难以成为柔性监察的主力方式。②另一方面,行政处罚、行政强制均由《中华人民共和国行政处罚法》(简称《行政处罚法》)、《行政强制法》等刚性法律进行严格的程序性规范,难以容纳柔性执法的措施与内容。反观责令改正,作为一种特殊的执法手段,其既明确了用人单位行为的违法性,又为该行为的社会治理留下了制度的空间。事实上,以责令改正为主的柔性监察已取得了处理案件数量上的优势,并且发挥着重要的维护基本劳动标准的作用。

(二)行政执法与工会法律监督的关系协调

1. 工会法律监督范围应涵盖基本劳动标准的实施内容

形式上,工会法律监督的立法已涵盖法律、行政法规、部门规章、地方性法规、地方政府规章等多层次的法律规范。内容上既有劳动领域立法,也有其他领域立法以及地方试点跨领域立法等。

在国家立法中,《中华人民共和国工会法》(简称《工会法》)第六条、第

---

① 尹蔚民. 致力推进中国特色和谐劳动关系的构建[J]. 就业与保障,2015(5):8-9.
② 陈成. 劳动保障监察的柔性化发展及其在社会治理中的作用探析:以责令改正为例[J]. 中央民族大学学报(哲学社会科学版),2022,49(4):67-75.

二十一条、第二十五条,《劳动法》第八十八条,以及《劳动合同法》第七十八条均明确了工会的民主监督定位,赋予其提出意见、要求纠正、调查以及被告知的权利。在其他立法领域中,《安全生产法》第七条、《职业病防治法》第四条第三款、《社会保险法》第九条明确了工会在安全生产、职业病防治、社会保险领域,具有民主监督、依法维权、参与规章制度制定修改等职能。《保障农民工工资支付条例》第五十一条、《劳动保障监察条例》第七条则明确了工会在工资支付、劳动监察领域,要求用人单位改正违法行为、请求行政部门依法处理、提出劳动监察意见建议的权利。此外,《就业促进法》《妇女权益保障法》《职工带薪年休假条例》《工伤保险条例》《最低工资规定》等法律、法规、规章以及有关地方性法规、地方政府规章等也对工会开展劳动法律监督作出了相关规定。

2. 以"责令改正"作为行政执法和工会劳动法律监督的行为连接点

《工会法》作为工会劳动法律监督的特别法和上位法,一方面强调工会帮助、指导、代表职工与用人单位签订集体合同的合法性,做到程序合法、内容合法,对该工作提出了更高的法治要求。另一方面,将《保障农民工工资支付条例》中要求用人单位改正的权利升格为适用于工会劳动法律监督全领域、全过程的权利,"依法要求企业、事业单位、社会组织予以改正并承担责任"。

事实上,《工会法》第二十一条第四款对于工会劳动法律监督权利来源有着重要的意义。从法律依据上看,先要明确该条款是否具有行政授权的属性。从形式上看,其具有一定行政授权的色彩:首先,《工会法》在法律效力位阶上属于国家法律,其符合授权依据的形式要求;其次,工会作为工人阶级群众组织,其有资格成为被行政授权主体。

但是,从实质上看,该条款中"予以责令""予以改正"难以作为一项单独、完整的行政处罚权力被授予工会:一方面,该条款的"予以责令"并未包含"关闭"这一强制内容,显然不属于《行政处罚法》第九条新增的"责令关闭"种类;另一方面,结合《工会法》第二十三条"拒不改正的,工会可以提请当地人民政府依法作出处理",其应属于《行政处罚法》第二十八条规定的"责令当事人改正或者限期改正违法行为",此处的"责令"并未对违法行为产生实质意义上的法律作用即未新增或减损法律上的权利与义务，难以作为单独的行政权力授予工会，因此，该条款不宜视为行政授权的依据，工会"予以责令"的权利在立法上不应作为一项行政权力被看待。

值得关注的是，行政授权的障碍并不意味着工会劳动法律监督与劳动保障监察应保持"平行分离"的关系，相反该条款赋予两者更为"密切交融"的联系。虽然"责令"行为本身并不产生新的法律效果，但其除了作为行政处罚的前置程序，也作为拒不支付劳动报酬罪的前置程序即"经政府有关部门责令支付仍不支付"存在，产生启动追究用人单位行政责任和刑事责任的程序性作用。因此，在立法上，人力资源社会保障行政部门及有关部门的"责令"行为，应具有高度的及时性和合法性。《工会法》将工会"予以责令"权利提升至劳动法律监督整体层面，与劳动保障监察在立法上形成了良性的重合，赋能于工会，与人力资源社会保障行政部门及相关部门，持续推进更为健全的联动机制，形成资源整合上的监督合力，开创"协同治理"新局面。①

3. 工会劳动法律监督与行政监督的分工

工会劳动法律监督应侧重于基本劳动标准的内部监督，劳动行政执法则侧重于基本劳动标准的外部监察。《工会法》第六条第二款在工会"维护职工劳动权益"后面新增了"构建和谐劳动关系"职责，从立法上，明确了两者互为影响、互相增进的关系。在工会劳动法律监督领域，为形成"以监督促和谐，以和谐增维权"的良性循环，其应强调"刚柔并济，内外兼治"的监督模式。

一方面，要充分发挥工会内部监督的制度优势，突出预防、宣传、协商的服务理念，通过隐患排查、风险研判、预警发布、法治宣传、集体协商等"柔性"措施，预防和预警劳动关系矛盾的发生。

另一方面，要积极调动工会外部监督的协同机制，完善与劳动保障监察、劳动争议处理等"刚性"制度的衔接。首先，要善用"予以责令"的权利，明确用人单位行为的违法性，积极行使向有关地方人民政府或者有关部门的提请权利。

---

① 陈成. 劳动保障监察的柔性化发展及其在社会治理中的作用探析：以责令改正为例[J]. 中央民族大学学报（哲学社会科学版），2022，49（4）：67-75.

其次，要借助现有的三方机制、协同治理、"法院 + 工会"等制度，依法向地方执法司法部门提出监督意见，防止发生"找空隙、钻漏洞""形式主义"等现象，形成有法必依、执法必严、违法必究的社会治理局面。①

4. 构建基本劳动标准法多元实施路径

基本劳动标准法应探寻多方位、多角度的劳动标准实施与治理途径。工会劳动法律监督离不开与行政机关、司法机关、立法机关的通力合作，需要探寻更多跨部门、跨领域的监督治理途径。一是继续强化与人社等政府部门的联动合作，建立监察联动、制度对接等协同机制，形成监督合力，释放治理效能；二是推进情况通报制度，打通劳动法律监督的信息共享途径，利用劳动关系三方机制平台，及时通报劳动法律法规实施、工会予以责令等情况，提升监督效率；三是落实定期会商制度，多方探讨工会劳动法律监督工作的重点与方向，通过定期召开会议，提升监督方式、解决办法与劳动保障监察执法的衔接度，减少监督资源浪费；四是完善联合监察制度，对于社会影响重大、涉及职工人数较多、侵权行为严重的案件与事项，积极采取联合调查，共同施策，探寻多方位、多角度的治理模式。

二、行政执法在基本劳动标准法中的立法重点

（一）劳动者作为"行政相关人"主体概念的引入

目前，劳动者在劳动行政法律关系中处于何种主体地位存在理论上的"盲区"，过分强调把维护劳动者合法权益视作公法规范的单一执法目标，忽视了劳动者与基本劳动标准相关合法权益的利害关系，这将导致后续的行政救济程序与机制难以被调动。同时，劳动保障监察相较于其他执法领域存在较大的制度性差异，其执法手段和强度存在明显的灵活性与政策性。究其原因，在于劳动保障监

---

① 陈立峰. 新时代"枫桥经验"对工会参与社会治理的启示：基于绍兴市总工会实践的分析[J]. 中国劳动关系学院学报，2022，36（2）：115-124.

察与传统执法的利害关系判断存在本质的区别：传统行政法律关系发生于行政主体与行政相对人之间，主要以行政行为作为双方权利义务变动的连接点，行政决定导致行政相对人与行政相关人结果上的利益变动①；但是在劳动保障监察领域，虽然大多数行政处罚针对的是用人单位违法用工行为，但是劳动者作为该用工行为必不可少的一方当事人却难以在行政法律关系中找到准确的定位。

具体而言，基本劳动标准的行政执法最大的特点在于其执法目标与劳动者合法权益有着深度绑定，该领域行政执法在一定程度上突破了行政执法以维护公共利益、公共秩序为中心的传统，导致其法律关系中主观价值秩序和客观价值秩序的高度一致。这反映在人力资源社会保障行政部门与劳动者无论是在客观法规范还是主观法规范上都具有利害关系，不但不必探讨客观价值秩序②国家保护问题，也不需要通过诸如保护规范理论等途径进行解释③。这一特性的由来主要是《劳动保障监察条例》总则第一条直接将"劳动者的合法权益"这一具有私益价值的权益作为执法目标，这在传统执法领域中并不多见，最终形成了人力资源社会保障行政部门与劳动者在基本劳动标准执法中利害关系的特殊生成路径，如图9-1所示。

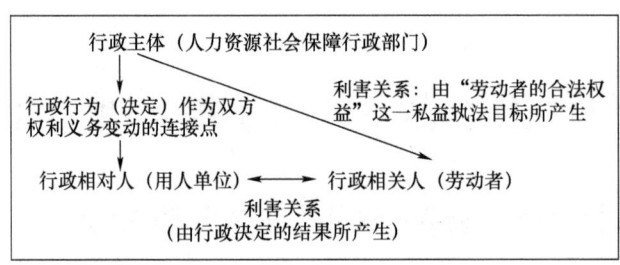

图9-1　人力资源社会保障行政部门与劳动者在基本劳动标准
执法中利害关系的生成路径图

---

①　章剑生.行政诉讼原告资格中"利害关系"的判断结构[J].中国法学，2019（4）：244-264.

②　李海平.基本权利的国家保护：从客观价值到主观权利[J].法学研究，2021，43（4）：39-54.

③　保护规范理论的解释是指通过注入价值判断等自然法实质性内容来克服过度关注形式合法性的不足，突出对个体权利的保障。在行政诉讼案件中，则需要法官在保护规范意旨下解读规范要素与事实影响。参见李蕊.保护规范理论实质解释不足的批判与重构[J].行政法学研究，2023（5）：136-144.

（二）解决行政执法裁量基准"清单化"的制度障碍

劳动者在基本劳动标准行政执法中的主体地位，使行政执法裁量基准存在弹性的空间：在立法上，《行政处罚法》第三十二条规定了可以对违法人员依法从轻或者减轻行政处罚的情形，包括受他人胁迫实施违法行为的、主动消除或者减轻违法行为危害后果的、配合行政机关有立功表现的等情形。在清单事项上，需要对具体的"情节要素"进行特殊规定，尤其是"违法行为危害后果"这一情节，不但涉及传统行政执法领域中对于公共利益和秩序侵害的结果，还应考虑劳动者个人合法权益让渡对"危害后果"认定的影响。

需要指出的是，当前基本劳动标准行政执法在行政裁量基准的"清单化"进程中存在一定的制度障碍。从总体制度上看，按照该进程，在中央层面，应将法律规范和国务院规范性文件中的行政解释，作为行政裁量幅度的决定"要素"，将其融入行政执法的事实"情节"之中；在地方层面，应当将国务院行政部门的解释和省级地方政府的解释作为裁量基准的次级"情节要素"来源，最终将一线执法人员的案件调查事实与说理部分作为裁量基准适用的"情节要素"载体，以形成一种更为细化的硬性规范，使得该行政处罚裁量基准被普遍适用。[①] 以上行政裁量动态体系对于提高基本劳动标准行政执法的规范性与可预测性具有关键作用。

但是，从具体制度如处罚事项上看，基本劳动标准行政执法有着极强的特殊性，导致该模式难以发挥其预期的效果，以"工资支付"处罚事项为例，《江苏省劳动保障轻微违法行为不予处罚清单（第一版）》规定不予处罚适用情形为"按要求将工资清单及时提供给劳动者"，而《广东省人力资源和社会保障厅行政执法减免责清单免处罚清单》则规定了三类情形，即"人力资源社会保障违法行为轻微并及时改正，没有造成危害后果""初次违法且危害后果轻微并及时改正的""当事人有证据足以证明没有主观过错的"。

---

① 王春业.论行政裁量基准的动态体系论优化［J］.政法论坛，2023，41（3）：41-54.

从规定可看出，两者违法情形即"情节要素"均为未记录劳动者工资清单、未将劳动者本人的工资清单提供给劳动者，处罚依据也均为各自省份的工资支付条例，即《江苏省工资支付条例》第五十四条第二款和《广东省工资支付条例》第五十四条第一项。但是，其裁量基准却出现了相互矛盾的规定。如前者考虑到2021年《行政处罚法》新修改的第三十三条第二款主观违法性条款①，后者则从客观违法情节进行规定。问题在于两者"情节要素"属于不同类型的构成要件，尤其是主观违法情节属于前者有后者无的情形，与《行政处罚法》第五条所体现的"公正原则"并不契合，导致劳动违法行为的行为违法公平性存疑。同时，行政执法面对用工平台跨区域性、劳动保障监察管辖相对模糊等问题，"清单式"行政裁量基准模式并不能很好地与劳动违法行为的行政处罚相匹配。因此，需要借助基本劳动标准法的立法改革，明确对于劳动者合法权益的"危害后果"认定标准，来解决当前行政执法裁量基准"清单化"的制度障碍。

（三）排除私法效力强行性规范的行政执法

如前文所述，行政诉讼法中"行政相关人"的概念导入基本劳动标准法，在一定程度上解决了劳动者在该领域劳动执法的法律地位问题。②《中华人民共和国行政诉讼法》第二十五条明确了"有利害关系的公民、法人或者其他组织"的原告资格，回应了行政相关人这一概念。

但是，由于劳动保障监察行政处罚的违法用工行为本身内嵌了大量劳动关系领域的非强制性规范③，导致了私法效力的强行性规范的产生，例如医疗期规则和探亲假规则，两者虽为强行性法律规定，但未规定违反规则的公法责任和行政救济程序，只规定了私人请求权④。假设用人单位违反以上规定，是否一定触

---

① 赵宏.行政处罚中的违法性认识［J］.中国法律评论，2023（1）：119-136.
② 关保英.行政相对人介入行政行为的法治保障［J］.法学，2018（12）：40-51.
③ 崔文星.民法典视野下强制性规范和公序良俗条款的适用规则［J］.法学杂志，2022，43（2）：120-135.
④ 沈建峰.劳动基准法的范畴、规范结构与私法效力［J］.法学研究，2021，43（2）：76-94.

发劳动执法程序，需要从劳动者作为行政相关人的利害关系角度进行分析。一方面，从劳动关系的角度出发，在私法效力的强行性规范下，应该承认私人请求权对于用工行为当罚性认定的优先性，如劳动者或职工作为享受医疗期和探亲假的权利主体，在其未积极主张或消极放弃的情况下，劳动执法主体则无法主动介入劳动关系，对该规则的实施情况进行监督检查。另一方面，从行政行为的角度上看，随着《行政处罚法》第三十三条对于不予处罚范围的完善，使得具备责任能力的当事人即便有违反行政管理秩序事实，也存在依法应当或者可以不予行政处罚的可能。就实质而言，没有客观或主观危害性的用工行为即便具备了违法性，也会导致当罚性的缺失。因此，对于私法效力强行性规范，劳动者或者职工不主张或者放弃权利的行为将直接阻碍"危害后果"的形成，使其归属于"不予处罚"的范围。

劳动保障监察与一般执法领域相比本身就存在强烈的社会法属性，尤其在适用私法效力强行性规范的情形下，对于劳动者与用人单位之间的利害关系，劳动执法主体难以采取类似"侵权关系"等终局性的判断，即劳动关系约定事项（不完全合同事项）本身的不确定性，使得行政相关人（劳动者）与行政相对人（用人单位）之间利害关系在行政法律层面是不明确的。即便该利害关系不在第一阶梯的"法律层面"利害关系，落在第二阶梯"事实上"或"约定上"利害关系①，也需要该利害关系具有利益上的确定性，尤其是劳动者与用人单位"短期利益存在冲突、长期利益趋向合作"的这种不确定状态，使得劳动保障监察执法受到私法效力强行性规范的影响，难以通过传统的执法模型进行调整。因此，基本劳动标准法立法需对私法效力强行性规范进行前置性识别，以排除对其进行不当的行政执法。

（四）明确责令改正的适用

责令改正在劳动保障监察机制的实践中具有重要的地位，但学界对其基本法

---

① 倪洪涛.论行政诉讼原告资格的"梯度性"结构［J］.法学评论，2022，40（3）：36-50.

律问题的研究仍相对匮乏。同样，法院对于劳动保障监察中责令改正的司法认定也存在一定的混乱。在东营君正妇婴用品有限公司诉东营市东营区人力资源和社会保障局案件（2018年）①中，法院认为，案中责令改正指令书应被视为行政执法的过程性文书，并非独立的行政决定，缺乏足够的可诉性。而庐江某门窗厂诉庐江县人力资源和社会保障局案（2014年）②则进行了一审和二审，合肥市法院、庐江县法院均组成合议庭审理此案，承认其可诉性。因此，仍需进一步厘清劳动保障监察中责令改正的法律内涵与法律效果。

责令改正作为责令性行政行为的一种，其是我国行政主体经常使用的执法手段，以履行公共管理职能，实现社会治理的目标。③在劳动保障监察领域，责令改正有广义和狭义之分，广义的责令改正是指劳动保障监察机关对机关事业单位、企业、社会团体、民办非企业等用人单位或组织违反劳动保障法律法规规章的行为，依职权责成其纠正违法的具体行政行为，其包括内部行政行为和外部行政行为。④例如，《社会保险费征缴暂行条例》第二十三条规定，劳动保障行政部门对缴费单位责令限期改正；《山东省人力资源市场条例》第四十三条规定，主管机关对公共人力资源服务机构责令限期改正，虽然两者均属广义的责令改正，但后者较前者有着明显的内部性。

狭义的责令改正，则是指劳动保障监察机关制止用人单位违法行为，消除由其产生的不法状态与法律效果的行政执法手段。⑤其仅包括外部行政行为，即仅针对用人单位作出的劳动违法行为，从而排除仅在劳动保障监察机关内发生法律

---

① 解巍，黄翠芳.浅谈不服《劳动保障监察限期改正指令书》的可诉性 [EB/OL]. （2019-06-19）[2023-07-21]. http://www.li-partners.com.cn/en/index.php? s=/sys/229. html.
② 找法网.庐江××门窗厂与庐江县人力资源和社会保障局社会保障行政确认一审行政判决书 [EB/OL].（2015-07-23）[2023-07-10]. https://www.findlaw.cn/wenshu/a_3606667.html.
③ 胡建淼，吴恩玉.行政主体责令承担民事责任的法律属性 [J]. 中国法学，2009（1）：77-87.
④ 王伟."责令改正"在劳动保障行政行为中的应用 [J]. 山东人力资源和社会保障，2017（Z1）：36-39.
⑤ 孙晋，杨军.《传染病防治法》行政责令的法律属性和效力 [J]. 武汉大学学报（哲学社会科学版），2020，73（3）：33-41.

效果的行政处分等行政行为。例如,《劳动法》第八十五条规定的对(用人单位)违反劳动法律、法规的行为有权制止并责令改正,为狭义的责令改正,也是本书所特指的行政行为。基本劳动标准法可以在立法层面界定责令改正对于用人单位行为违法性的确定效果和补救效果,理顺其与其他处罚手段的关系,以形成类型化的责令改正执法模型。

三、基本劳动标准法的工会法律监督

(一)工会监督基本劳动标准法实施的必要性

1. 工会参与社会治理创新的必然要求

党的二十大报告指出,要完善社会治理体系。健全共建共治共享的社会治理制度,提升社会治理效能。畅通和规范群众诉求表达、利益协调、权益保障通道。建设人人有责、人人尽责、人人享有的社会治理共同体。社会治理是国家治理的重要方面。国家治理体系和治理能力现代化是一项庞大的系统工程,涉及经济、政治、文化、社会、生态文明等各领域的制度安排、法律法规制定、体制机制、效能发挥等。在这一工作过程中,群团事业是党的事业的重要组成部分,党的群团工作是党治国理政的一项基础性工作。早在 2015 年 7 月,中共中央召开党的群团工作会议,整体推动群团组织改革,要求以工会、妇联、共青团为代表的各类群团组织激发自身活力,增强对于服务对象的联系、组织、动员能力,强化自身组织的"枢纽化"性质,与地方行政管理部门、社会组织、企事业单位发生联动,实现基层社会治理的共同参与。党的二十大报告指出,要深化工会、共青团、妇联等群团组织改革和建设,有效发挥桥梁纽带作用。中国工会是中国共产党领导的职工自愿结合的工人阶级群众组织,是党联系职工群众的桥梁和纽带,是国家政权的重要社会支柱。作为广大职工利益的代表者和维护者,工会负有"代表和组织职工参与国家和社会事务管理"的责任。因此,工会在参与社会治理创新和推进国家治理现代化中有着不可替代的地位,发挥着特殊的积极作用。

工会组织作为中国共产党领导的职工自愿结合的工人阶级群众组织，具有参与社会治理创新的必然性。在经济转轨和社会转型过程中，国家在尊重社会分工这一客观事实的前提下，充分发挥工会主导作用，但也非常重视对社会力量进行以组织化的功能团体为单元的重新整合，构建新的利益表达方式，新的利益传输、利益聚合和利益配置方式。基本劳动标准法直接关系到职工的切身利益和职工的获得感。相关数据表明，用人单位和劳动者之间的劳动争议主要类型是基本劳动标准的执行方面。当下一些企业存在违反工时制度变相加班现象，有些单位增加最低工资的构成变相低于最低工资标准，有些企业通过改变工资结构变相降低职工社会保险费的缴存标准，有些单位在招聘员工时存在隐性歧视问题等，这些违法违规行为大都具有隐蔽性和普遍性，个别职工难以抗衡和斗争，而工会法律监督具有组织性，能够在更大范围、更广层面上发现问题，督促解决问题，进而保护劳动者的合法权益，这也是工会组织参与社会治理创新的重要方式之一。

2. 工会维护职工合法权益基本职责的体现

《工会法》第六条规定，维护职工合法权益、竭诚服务职工群众是工会的基本职责。工会在维护全国人民总体利益的同时，代表和维护职工的合法权益。2023年10月9日中国工会十八大报告指出，未来五年工会的主要工作之一是用心用情做好维权服务工作，实现好、维护好、发展好职工群众根本利益。党的十八大以来，随着新一轮科技革命和产业变革不断深入，数字经济、共享经济等新业态蓬勃兴起，企业组织形式、管理模式、生产经营方式及用工方式等发生深刻变化，劳动关系的确立与运行、职工权益的维护和保障面临许多新情况新问题，要求工会组织把推动构建中国特色和谐劳动关系作为工作主线，及时研判劳动关系的新动向、新特征和新问题，积极化解劳动关系矛盾，组织动员职工积极参与社会治理，最大限度增加和谐因素、最大限度减少不和谐因素，构建企业与职工命运共同体，维护职工队伍团结统一与社会和谐稳定，在完善社会治理体制与提高社会治理水平中发挥工会的优势和作用。在当前条件下，只有积极推动源头治理劳动关系矛盾，参与劳动争议处理，开展工会劳动法律监督和法律援助工作，推进工会联系引导劳动关系领域社会组织工作，维护劳动关系领域政治安全，才能更好地维护职工合法权益、竭诚服务职工群众。

3. 工会行使法定权利的客观要求

工会监督基本劳动标准法实施，是工会行使法定权利的客观要求。《宪法》第二条明确规定："中华人民共和国的一切权力属于人民……人民依照法律规定，通过各种途径和形式，管理国家事务，管理经济和文化事业，管理社会事务。"宪法这一规定应该毫无疑问地成为中国工会代表广大职工参与国家事务管理和进行法律监督的最高法律依据。《工会法》《劳动法》《劳动合同法》等法律法规，都对工会组织和代表职工进行法律监督作了规定。如《劳动法》规定，各级工会依法维护劳动者的合法权益，对用人单位遵守劳动法律法规的情况进行监督。可见，开展劳动法律监督是法律赋予工会的权利，也是工会的性质、地位和任务决定其必须履行的一项职责。

4. 坚持全面依法治国，推进法治中国建设的应有之义

党的二十大报告指出，全面依法治国是国家治理的一场深刻革命，关系党执政兴国，关系人民幸福安康，关系党和国家长治久安。必须更好发挥法治固根本、稳预期、利长远的保障作用，在法治轨道上全面建设社会主义现代化国家。要全面推进科学立法、严格执法、公正司法、全民守法，全面推进国家各方面工作法治化。工会劳动法律监督是工会依法对劳动法律法规执行情况进行的有组织的群众监督，是我国劳动法律监督体系的重要组成部分，也是我国社会主义法治体系的重要组成部分。完整的法律规范一般包括行为模式和保障手段两个部分，而法律监督就是作为非常重要的保障手段存在的。因此，基本劳动标准法的立法体系中不可或缺的就是法律监督。

（二）工会劳动法律监督的成效与实施中的问题

1. 工会劳动法律监督的成效

（1）工会劳动法律监督的制度体系初建。工会劳动法律监督，是工会依法对劳动法律法规执行情况进行的有组织的群众监督，是我国劳动法律监督体系的重要组成部分。我国的工会劳动法律监督制度以《宪法》《劳动法》《工会法》为原

则规定，以《工会劳动法律监督办法》为直接依据，江西、山东、内蒙古、天津等13个地区颁布了当地的工会劳动法律监督条例，工会劳动法律监督的制度体系逐步完善。

（2）工会劳动法律监督组织和工会劳动法律监督员队伍不断发展壮大。有关资料显示，截至2021年底，全国各级工会建立劳动法律监督组织70余万个，工会劳动法律监督员超过140万名，工会劳动保障法律监督员近90万名。省、市、县三级工会劳动法律监督组织组建率均在60%以上。截至2020年底，江苏省工会劳动法律监督组织有9.4万余家，监督员近18.2万人。截至2022年7月，湖南省有12.9万多家基层工会，各级工会建立了6 526个工会劳动法律监督组织，有15 031名工会劳动法律监督员。

（3）工会劳动法律监督"一函两书"制度已见成效。《工会劳动法律监督提示函》《工会劳动法律监督意见书》和《工会劳动法律监督建议书》制度俗称"一函两书"制度。"一函两书"制度是工会行使劳动法律监督权的有效抓手，是工会实施劳动法律监督的有效形式，是充分发挥工会群众性优势和劳动监察行政性优势的有效载体。《工会劳动法律监督办法》将"一函两书"制度作为推进工会工作法治化建设、加强工会劳动法律监督的重要方式和平台，作了特别强调。近年来，全国总工会通过与最高人民法院、最高人民检察院联合发布通知，进一步强化了工会法律监督的效力。

2. 工会劳动法律监督制度运行中存在的问题

各地的工会劳动法律监督组织不断健全、监督员队伍不断壮大，工会劳动法律监督的方式方法也在不断探索中，对工会劳动法律监督工作的开展起到很好的推动作用，工会劳动法律监督工作取得了较大成效。在整个工会劳动法律监督体系中，基层工会尤其是企业工会的劳动法律监督工作最为核心同时也相对比较薄弱，还有很多需要加强和改进的地方。

（1）各方思想认识有待进一步提高。企业方应该正确对待工会劳动法律监督组织。工会劳动法律监督委员会不是来找企业麻烦的，它通过检查、督促和保障企业依法用工，能够促进企业劳动关系的和谐运行。因此，企业方要放下戒备，对企业工会劳动法律监督委员会的建议提供支持。部分企业工会工作人员对工会劳动法律监督在保障职工权益方面的重要作用认识不足，不敢对劳动违法问题较真碰硬，部分人员工作积极性主动性不够等问题也在一定程度上存在。

（2）工会劳动法律监督组织建设各地发展不平衡。以江苏省和内蒙古自治区为例，2020年度江苏省工会劳动法律监督工作情况白皮书显示，徐州市各乡镇（街道）工会、局（公司）工会、园区工会劳动法律监督委员会组建率达到100%，会员25人以上的企业工会也都设立劳动法律监督委员会或者监督小组；常州市总工会推动在职工人数较少的小微企业工会设立监督员，并加入区域性工会劳动法律监督组织，全市新建工会劳动法律监督组织400余家，工会劳动法律监督组织组建率超95%。而内蒙古自治区工会劳动法律监督组织组建率只有31.8%[①]，基层工会监督组织建设难度较大，外资企业、民营企业和小微企业工会的监督组织建设推进缓慢。

（3）基层工会劳动法律监督组织覆盖率还有待提高。从调查情况来看，有的企业工会会员人数远超25人，却没有设立工会组织和工会劳动法律监督组织，更不用说一些会员人数少于25人的小微企业，基本未建工会且更不可能设立劳动法律监督员。在设立监督组织的企业里，有的配备专职监督员，有的配备兼职工作人员，还有的企业，尽管监督组织的机构、人员、牌子都到位，但却没有真正开展工作，履行监督职能不够，监督作用没有得到有效发挥。

（4）工会劳动法律监督机制还有待完善。具体体现在如下方面。第一，企业工会劳动法律监督组织独立性弱。监督组织独立于被监督对象是监督能够发挥作用的重要前提条件。目前基层工会劳动法律监督组织受基层工会与企业关系的制约，独立性较弱，无法也无力与企业形成抗衡机制。因此，基层工会劳动法律监督组织无法主动进行监督，更不可能实现随时随地监督企业执行劳动法律法规具体情况的动态监管。第二，工会劳动法律监督员作用发挥弱。工会劳动法律监督

---

① 内蒙古自治区总工会调研组.创新工会劳动法律监督的实践与建议[J].中国工运，2019（12）：65.

员队伍目前还存在人员少、力量弱等问题,加之现有监督员基本上以兼职为主,大多数工会劳动法律监督员同时也是企业职工,在身份、人力、财力等方面都受制、依赖于企业,在实施劳动法律监督中扮演了十分尴尬的角色,这些因素直接导致工会劳动法律监督的不力和缺失,很多劳动违法案件只能通过上级工会和劳动监察部门进行查处。第三,工会劳动法律监督效果弱。工会劳动法律监督缺乏必要的执法手段。工会不像劳动保障监察等政府部门那样具有执法资格,对劳动法律的监督没有强制性,对发现的问题只能提出意见和建议,因此,监督成效很难得到体现。同时,部分企业对于正常的工会劳动法律监督工作不予配合,甚至在一定程度上加以阻碍。上述这些,导致工会劳动法律监督效果弱化。

(5)工会劳动法律监督与劳动保障监察的关系还需进一步理顺。工会劳动法律监督和劳动保障监察是我国劳动法律监督体系的重要组成部分。工会劳动法律监督属于群众监督,具有健全的组织基础和广泛的群众基础。而劳动保障监察属于行政执法,具有法定性、行政性、专业性、强制性等特征。《工会劳动法律监督办法》第九条①规定了工会对用人单位监督的13项事项。《劳动保障监察条例》第十一条②规定了劳动保障监察的9项事项。两相对比,工会劳动法律监督和劳动保障监察事项具有超高的重叠性。在贯彻实施劳动法律法规的过程中,由

---

① 《工会劳动法律监督办法》第九条:"工会对用人单位的下列情况实施监督:(一)执行国家有关就业规定的情况;(二)执行国家有关订立、履行、变更、解除劳动合同规定的情况;(三)开展集体协商,签订和履行集体合同的情况;(四)执行国家有关工作时间、休息、休假规定的情况;(五)执行国家有关工资报酬规定的情况;(六)执行国家有关各项劳动安全卫生及伤亡事故和职业病处理规定的情况;(七)执行国家有关女职工和未成年工特殊保护规定的情况;(八)执行国家有关职业培训和职业技能考核规定的情况;(九)执行国家有关职工保险、福利待遇规定的情况;(十)执行国家有关支持劳动者参加和组织工会规定的情况;(十一)执行企事业单位民主管理有关规定的情况;(十二)制定、修改劳动规章制度或者决定重大事项的情况;(十三)法律法规规定的其他劳动法律监督事项。"

② 《劳动保障监察条例》第十一条规定:"劳动保障行政部门对下列事项实施劳动保障监察:(一)用人单位制定内部劳动保障规章制度的情况;(二)用人单位与劳动者订立劳动合同的情况;(三)用人单位遵守禁止使用童工规定的情况;(四)用人单位遵守女职工和未成年工特殊劳动保护规定的情况;(五)用人单位遵守工作时间和休息休假规定的情况;(六)用人单位支付劳动者工资和执行最低工资标准的情况;(七)用人单位参加各项社会保险和缴纳社会保险费的情况;(八)职业介绍机构、职业技能培训机构和职业技能考核鉴定机构遵守国家有关职业介绍、职业技能培训和职业技能考核鉴定的规定的情况;(九)法律、法规规定的其他劳动保障监察事项。"

于工会劳动法律监督和行政部门所进行的劳动保障监察在监督目标、监督形式和监督对象上具有一致性，并且工会劳动法律监督的广泛性与劳动保障监察力量的有限性、劳动保障监察制度的强制性与工会劳动法律监督的权威性不足之间具有明显的互补性，因此劳动法律监督与劳动保障监察之间应该互相支持、相互协调、密切配合，形成优势互补的工作格局，实现劳动关系的法治化。[①]实践中，因为工会劳动法律监督和劳动保障监察事项的高重叠性，两者的合作、配合和优势互补并没有完全实现，甚至出现了互相推诿的现象。

3. 工会劳动法律监督制度存在的问题

从制度建设和制度完善的角度来看，我国工会法律监督制度需要从如下方面进行完善。其一，工会劳动法律监督组织建设需加强，工会劳动法律监督员的法律保护缺失。工会组织和工会劳动法律监督组织是工会开展劳动法律监督的前提和基础，工会劳动法律监督员是工会开展劳动法律监督的关键因素。《工会劳动法律监督办法》中对于监督组织和工会劳动法律监督员的任职资格进行了规定，但缺少对于工会劳动法律监督员的法律保护的规定。工会劳动法律监督员囿于自己的兼职身份以及与企业之间千丝万缕的联系，很难毫无后顾之忧地行使监督权。其二，工会劳动法律监督体系不完备。工会劳动法律监督具有民主性和群众性，因此，工会劳动法律监督应该涵盖基本劳动标准法的生成、实施、争议处理全流程。目前《工会劳动法律监督办法》中的工会劳动法律监督仅体现在对于劳动法律法规实施情况的监督，缺少对于基本劳动标准法的源头参与和具体劳动标准生成的监督，也缺少争议发生后的事后监督。其三，工会劳动法律监督手段对工会劳动法律监督权保障不足。《工会劳动法律监督办法》中工会劳动法律监督的手段包括提出意见和建议、受理投诉、开展调查、协商处理，以及向用人单位发出工会劳动法律监督书面意见和提请地方工会向同级人民政府有关主管部门发出书面建议，即《工会劳动法律监督意见书》和《工会劳动法律监督建议书》。

[①] 李佩瑶，杨思斌. 和谐劳动关系构建下工会劳动法律监督的创新 [J]. 中国劳动关系学院学报，2016，30（2）：14.

这些监督手段体现在中华全国总工会的规范性文件中，法律威慑力不足，很难保障工会劳动法律监督权的落实。其四，工会劳动法律监督责任体系不完善。《工会劳动法律监督办法》第五章"监督保障"中，对于工会开展劳动法律监督活动所需经费进行了保障，对于工会劳动法律监督员履职进行了经济上的保障及在履职过程中权益受损的权益维护。但目前没有规定如果用人单位阻挠或变相阻挠工会开展劳动法律监督需要承担何种责任，也没有明确规定行政部门阻碍工会监督的法律责任，同时也没有明确工会监督不作为或拒绝监督的法律责任等。

（三）工会监督基本劳动标准法实施的路径和方式

1. 加强工会劳动法律监督的组织建设

这主要涉及两方面的内容。其一，强化工会组织的组建。工会劳动法律监督要依托各级工会尤其是基层工会加以开展，因此针对当前基层工会组建率有待提升的情况，应该按照"哪里有职工，哪里就有工会"的原则，加强工会组织的组建工作。同时，各级工会还需要不断创新工会组建模式，加强重点行业和重点领域，比如农民工和平台用工的工会组建工作。充分利用互联网技术，提高网上建会的比率，最大限度地将职工组织到工会中来。依托企业工会进一步加大小微企业工会劳动法律监督组织建设力度，把监督的"触角"向小微企业延伸，让劳动法律监督工作覆盖到更多的企业和职工。其二，加大基层工会劳动法律监督组织的组建力度，提高监督员的业务素质。加强基层工会劳动法律监督组织的组建工作，是做好基层工会劳动法律监督工作的前提条件，只有组织保证、人员力量配备齐全，才有可能做好监督工作。工会劳动法律监督员是工会劳动法律监督的具体执行者，其素质高低直接影响着工会劳动法律监督的效果。因此，工会应着力加强工会劳动法律监督员队伍建设。一方面是对现有的工会劳动法律监督员的培训和继续教育。加强对工会劳动法律监督员的岗前培训，采用集中授课和课后讨论、定期和不定期的培训等方式提高工会劳动法律监督员的业务素质。另一方面，要加强对工会劳动法律监督员的保护。工会劳动法律监督员任期未满时不得随意调动其工作。因工作需要调动时，应当征得本级工会劳动法律监督委员会的同意。工会劳动法律监督员自任职之日起，其劳动合同期限自动延长，延长期限相当于其任职期间。非专职工会劳动法律监督员自任职之日起，其劳动合同期限自动延长至任期期满。但是，任职期间个人严重过失或者达到法定退休年龄的除外。同时，工会可以聘请人大代表、政协委员、专家学者、社会人士等作为本级工会劳动法律监督委员会顾问，也可以通过聘请律师、购买服务等方式为工会劳动法律监督委员会提供法律服务，形成一支专兼职结合的工会劳动法律监督员队伍。

2. 工会参与基本劳动标准法的生成

参与立法是工会的法定职责，是工会宏观参与、源头参与的重要内容，是工会维护职工合法权益、竭诚服务职工群众的有效途径。《工会法》第三十四条第一款规定，国家机关在组织起草或者修改直接涉及职工切身利益的法律、法规、规章时，应当听取工会意见。基本劳动标准法直接关系到职工的切身利益和职工的获得感。因此，工会监督基本劳动标准法实施的最首要的手段是参与基本劳动标准法的生成。工会参与基本劳动标准法的生成要以习近平新时代中国特色社会主义思想为指导，深入贯彻落实习近平总书记关于工人阶级和工会工作的重要论述精神，坚持以职工为中心的工作导向，就基本劳动标准法中涉及职工切身利益的内容，以参与基本劳动标准法（草案）的起草工作、充分调动工会上下和工会内外力量，针对基本劳动标准法（草案）提出意见建议等方式代表职工利益，表达工会的主张。

3. 工会监督基本劳动标准法的实施

（1）常态化的事前监督。常态化的事前监督与基层工会日常工作相结合。主要开展如下方面的工作。其一，加强基本劳动标准法的普法宣传。在保留传统宣传模式的基础上，充分利用新媒体和网络技术，不断创新普法宣传的手段和模式，引导企业遵守相关规定，不断提高劳动者的法律意识和维权能力。其二，加强源头参与机制。基层工会应当建立完善并充分利用职工代表大会（或职工大会）制度，组织职工讨论企业发展规划、分配制度和规章制度，充分行使职工参与民主管理权利；通过平等协商和集体合同制度，就涉及职工切身利益的问题与企业及时沟通商讨,介入集体合同的讨论、签订、履行,通过集体合同、工资协商明确企业的社会责任,规范工资正常增长机制,保证职工工资与企业效益同步增长;参与审查劳动合同,确保劳动合同合法合规、公平合理;做好职工董事和职工监事的提名,将懂法律会监督的优秀职工选举进入董事会和监事会。其三,健全日常监督机制。基层工会日常监督工作的加强,首先包括协助企业行政建立职工名册,做好信息管理和工资支付记录,加强劳动合同变更、履行的管理,做好劳动法律监督的基础性工作;其次是做好劳动法律监督的规划工作,就监督检查的时间、形式、重点内容等事项在每年的计划中进行统筹安排。

(2)多途径的事中监督。工会的事中监督,尤其应关注如下途径。其一,接诉即办。应当畅通职工反映问题、表达诉求的渠道,接到职工举报申诉或发现企业有违反基本劳动标准法的情况,应当及时与企业管理方交涉,调查了解情况,提出解决方案并做好案件处理反馈工作。其二,建立重大事项报告机制。基层工会在日常工作中如果发现企业存在严重违反基本劳动标准法、侵害职工权益的行为,或者劳动关系存在重大隐患、容易引发群体性事件时,及时向上级工会和地方政府部门报告,构建上级工会与基层工会联动监督的格局。基层工会劳动法律监督组织要切实担当起第一知情人、第一报告人、第一监督人的责任。上级工会要深入企业指导工作,为基层排忧解难,实现工会监督的上下互动。其三,明确"一函两书"制度是工会劳动法律监督的重要方式。在基本劳动标准法中明确规定《工会劳动法律监督提示函》《工会劳动法律监督意见书》和《工会劳动法律监督建议书》是工会监督用人单位遵守基本劳动标准法情况的具体方式和义务。这一规定可以解决许多基层工会因缺少强制性法律依据和保障而出现"不敢发一函两书、不会发一函两书"问题。具体而言,当用人单位出现违法行为时,工会劳动法律监督员有权对劳动条件和员工的安全保障进行独立鉴定,有权参加生产事故和职业病调查,有权从用人单位获得有关劳动条件和劳动保护的状况信息以及所有生产事故和职业病信息;在直接威胁员工生命和健康的情形下,向用人单位提出中止工作的要求,必要时向用人单位发出《工会劳动法律监督意见书》。用人单位接到意见书后应在七日内加以处理并及时向工会告知。如果用人单位未对违法行为进行纠正,县级以上地方总工会有权向同级政府人力资源社会保障行政部门发出《工会劳动法律监督建议书》。人力资源社会保障行政部门在接到建议书之日起七日内按照实际情况决定是否立案处理,并且向工会进行反馈和情况说明。其四,工会对具体劳动标准的生成发挥监督作用。包括参与最低工资标准的生成,参与拟定劳动保护方面的国家标准和行业标准,对安全生产工作进行监督等。其五,借助智慧工会建设,创新工会劳动法律监督的方式。借助工会系统数字化改革的优势,重点打造"互联网+工会"监督模式。将监督触角延伸到广大会员,让职工实时"掌"握监督工作动态,实现工会工作一屏联动、一网融合。

(3)以法律服务为主的事后监督。根据劳动关系和相关矛盾的性质与规律,立足国情,结合工会的应有职能、角色规范,可发现"做实做强做优工会的法律服务"是推动工会改革的最佳方案和抓手;代表、表达和维护职工的正当权益,是工会法律事务、法律服务的核心,也是全社会落实"共享"发展理念、促进分配正义的基本方法之一。① 对于涉基本劳动标准产生的劳动争议,工会应主动代表职工跟企业交涉、协调,尽量通过协商、调解等相对比较柔性的方式解决劳动争议。如果不能通过协商、调解的方式解决争议,工会要为职工提供法律援助,支持或代表劳动者参加仲裁和诉讼。同时可以参考和借鉴《俄罗斯联邦劳动法典》的规定,工会有权参加审理与违反劳动法和包含劳动法规范的其他规范性法律文件、集体合同和协议规定义务以及劳动条件变更有关的劳动争议。我国的劳动争议仲裁委员会为工会参加涉基本劳动标准劳动争议的审理提供了可能。

4. 完善工会劳动法律监督的责任体系

"法律必须被信仰,否则它将形同虚设。"② 从某种意义上说,法律对社会关系的调整是通过责任的形式来完成的。当前工会劳动法律监督的责任体系还没有完全建立,使得工会劳动法律监督作用发挥效能较弱。因此,应该增加明确的可操作性强的法律责任条款,完善工会劳动法律监督责任体系。

---

① 徐丽红.法律服务:我国工会改革的着力点[J].山东工会论坛,2021,27(3):40-51.
② 伯尔曼.法律与宗教[M].梁治平,译.北京:商务印书馆,2012:7.

其一，明确用人单位承担的法律责任。具体包括，对于用人单位阻挠、妨碍工会实施劳动法律监督的行为，应由人力资源社会保障行政部门责令改正，并可处以 5 000~20 000 元的罚款。对于用人单位对劳动法律监督员依法履职进行打击报复的，应由人力资源社会保障行政部门责令改正并可处以罚款，对劳动法律监督员造成损失的，应依法予以赔偿。

其二，工会及工会劳动法律监督员承担的法律责任。如果工会组织及其工会劳动法律监督员消极不作为，工会劳动法律监督员损害职工或者工会权益的，由同级工会或者上级工会责令改正或者予以处分，情节严重的予以罢免，构成犯罪的依法追究刑事责任。

5. 工会劳动法律监督与劳动保障监察的协同配合

工会劳动法律监督与劳动保障监察同属于劳动法律监督体系，两者性质不同，分工不同。工会劳动法律监督侧重企业内部监督，而劳动保障监察更关注人力资源社会保障行政部门的外部执法。因此，两者在监督对象和监督目标高度一致的前提下，应该优势互补、相互协调、相互支持、密切配合，在明确各自职责基础上构建高效的合作模式。具体而言，工会劳动法律监督与劳动保障监察在以下方面协同配合。

第一，人员互聘机制。市县工会聘请同级政府劳动保障监察员担任工会劳动法律监督委员会的委员，参与工会劳动法律监督工作。同时，人力资源社会保障行政部门聘请同级工会劳动法律监督组织成员担任劳动保障监察协理员，协助做好劳动保障监察工作。

第二，信息互通机制。工会发现用人单位有违法违规用工的情况，在向上一级工会报告的同时，告知所在区域的劳动保障监察机构。劳动保障监察机构在发现用人单位有违法违规的行为时，也会在第一时间告知所在区域工会组织。

第三，调解互邀机制。劳动保障监察机构在接到用人单位违反劳动法律法规情况的举报投诉时，邀请工会协助调查、参与调解。在征得劳动关系双方同意的情况下，劳动保障监察机构委托工会组织先行调解。工会发现用人单位有侵害劳动者合法权益行为，劳动关系双方同意调解的，工会组织主动邀请劳动保障监察机构共同参与调解。

第四，处置互动机制。用人单位如果没有按照工会意见改正违法行为的，县级以上地方总工会及时向同级人力资源社会保障行政部门发送《工会劳动法律监督建议书》。人力资源社会保障行政部门收到建议书后，对符合立案条件的，应该立案处理。对不符合立案条件的，应及时向工会说明情况。对于工会经调查提供的书证、物证、视频、电子数据等资料，人力资源社会保障行政部门查证属实的，将作为劳动保障监察的证据使用。另外，对人力资源社会保障行政部门向用人单位提出的整改意见，工会及时跟踪抓好监督，督促用人单位及时改正，并将整改情况告知人力资源社会保障行政部门。

参 考 文 献

一、中文文献

［1］道格林，德格里斯，波谢. 平台经济与劳动立法国际趋势［M］. 涂伟，译. 北京：中国工人出版社，2020.

［2］多伊普勒. 德国劳动法［M］. 王倩，译. 上海：上海人民出版社，2016.

［3］多伊普勒. 数字化与劳动法：互联网、劳动 4.0 和众包工作［M］. 6 版. 王建斌，娄宇，等译. 北京：中国政法大学出版社，2022：221-222.

［4］郭玲惠. 劳动契约法论［M］. 台北：三民书局，2011.

［5］荒木尚志. 日本劳动法［M］. 李坤刚，牛志奎，译. 北京：北京大学出版社，2010.

［6］黄程贯. 劳动基准法之公法性质与私法转化［M］//政治大学法学院劳动法与社会法中心. 劳动、社会与法. 台北：元照出版有限公司，2011.

［7］黄程贯. 个别劳动法［M］. 台北：元照出版有限公司，2021.

［8］黄越钦. 劳动法新论［M］. 黄鼎佑增修. 台北：翰芦图书出版有限公司，2015.

［9］《劳动与社会保障法学》编写组. 劳动与社会保障法学［M］. 北京：高等教育出版社，2017.

［10］黎建飞. 残障人法教程［M］. 北京：中国人民大学出版社，2016.

［11］林丰宝，刘邦栋. 劳动基准法论［M］. 台北：三民书局，2015.

［12］林嘉. 劳动法的原理、体系与问题［M］. 北京：法律出版社，2016.

［13］林燕玲. 国际劳工标准与中国劳动法比较研究［M］. 北京：中国工人出版社，2015.

［14］Miguel Pacheco Arruda Quental. 澳门劳动法教程［M］. 刘耀强，译. 法律及司法培训中心，2013.

［15］台湾劳动法学会.劳动基准法释义［M］.台北：新学林出版股份有限公司，2014.

［16］田思路，贾秀芬.日本劳动法研究［M］.北京：中国社会科学出版社，2013.

［17］瓦尔特曼.德国劳动法［M］.沈建峰，译.北京：法律出版社，2014.

［18］王全兴.劳动法［M］.4版.北京：法律出版社，2017.

［19］班小辉.远程工作形态下职业安全保护制度的困境与因应［J］.甘肃政法学院学报，2019（5）.

［20］曹克奇.年休假权的解释论：以2008—2016年再审裁判文书为中心［J］.中国人力资源开发，2016（14）.

［21］常凯.平台企业用工关系的性质特点及其法律规制［J］.中国法律评论，2021（4）.

［22］陈海萍.女职工生理期受特殊保护的立法选择［J］.法学，2022（7）.

［23］董保华.中国劳动基准法的目标选择［J］.法学，2007（1）.

［24］董文军.我国惩戒处分法律规制问题研究［J］.当代法学，2010，24（3）.

［25］冯彦君.论劳动法的基本原则［J］.法制与社会发展，2000（1）.

［26］郭玲惠.劳动基准法工时制度之沿革与实务争议问题之初探［J］.律师杂志，2004（298）.

［27］黄程贯.企业惩戒权［J］.台湾社会研究季刊，1989（3）、（4）.

［28］娄宇.新就业形态人员的身份认定与劳动权益保障制度建设：基于比较法的研究［J］.中国法律评论，2024（4）.

［29］邱骏彦.劳动基准法中劳工特别休假权之法律属性探讨［J］.劳动法裁判选辑（四），2006.

［30］沈建峰.劳动基准法的范畴、规范结构与私法效力［J］.法学研究，2021，43（2）.

［31］沈建峰.劳动法上休假的法学构造与谱系［J］.法学，2021（10）.

［32］沈建峰.论退休年龄的功能转型与劳动关系存续［J］.中国劳动，2017（7）.

［33］沈同仙.工作时间认定标准探析［J］.法学，2011（5）.

［34］孙国平.劳动法上待命时间争议的认定［J］.法学，2012（5）.

［35］汤闳淼.平台劳动者参加社会养老保险的规范建构［J］.法学，2021（9）.

［36］田思路.日本职场性骚扰的法律规制［J］.日本研究，2010（2）.

［37］王惠玲.工作时间概念之探讨［J］.万国法律杂志，1998（98）.

［38］王倩.论我国特殊工时制的改造：在弹性与保障之间［J］.法学评论，2021，39（6）.

［39］王倩.作为劳动基准的个人信息保护［J］.中外法学，2022，34（1）.

［40］王全兴.《民法典》背景下劳动法与民法的关系［J］.中国法学，2023（3）.

［41］王天玉.无薪休假视角下"员工与企业共渡难关"的法律反思［J］.法学，2015（6）.

［42］王天玉.工作时间基准的体系构造及立法完善［J］.法律科学（西北政法大学学报），2016，34（1）.

［43］王文珍，黄昆.劳动基准立法面临的任务和对策［J］.中国劳动，2012（5）.

［44］吴文芳.劳动者个人信息处理中同意的适用与限制［J］.中国法学，2022（1）.

［45］吴姿慧.我国"无薪休假"之现况与争议问题：以德国短工制度（Kurzarbeit）为参照对象［J］.政大法学评论，2011（120）.

［46］肖竹.第三类劳动者的理论反思与替代路径［J］.环球法律评论，2018，40（6）.

［47］肖竹.劳动关系从属性认定标准的理论解释与体系构成［J］.法学，2021（2）.

［48］谢增毅.劳动力市场灵活性与劳动合同法的修改［J］.法学研究，2017（2）.

［49］谢增毅.远程工作的立法理念与制度建构［J］.中国法学，2021（1）.

［50］谢增毅.职场个人信息处理的规制重点：基于劳动关系的不同阶段［J］.法学，2021（10）.

［51］闫冬.英国劳动基准立法［J］.中国劳动，2012（12）.

［52］阎天.重思中国反就业歧视法的当代兴起［J］.中外法学，2012，24（3）.

［53］喻术红.反就业歧视法律问题之比较研究［J］.中国法学，2005（1）.

［54］喻术红.老龄化背景下的高龄劳动者就业促进问题［J］.武汉大学学报（哲学社会科学版），2017，70（5）.

［55］张颖慧.远程工作形态下新型劳动关系的法律保护［J］.法商研究，2017，34（6）.

［56］郑尚元.雇佣关系调整的法律分界：民法与劳动法调整雇佣类合同关系的制度与理念［J］.中国法学，2005（3）.

［57］朱晓峰.数字时代劳动者权利保护论［J］.浙江大学学报（人文社会科学版），2020，50（1）.

二、外文文献

［1］荒木尚志.労働時間の法的構造［M］.東京：日本有斐閣，1991.

［2］菅野和夫.労働法［M］.11版.東京：弘文堂，2016.

［3］ADOMEIT K. Gesellschaftsrechtliche Elemente im Arbeitsverhältnis［M］. Walter de Gruyter，1986.

［4］ANZO F C，KUMMERLING A. Working time distribution and preferences across the life course：A European perspective［J］. Economia & Lavoro，2013（2）.

［5］BAUR. Betriebsjustiz［J］. JZ，1965.

［6］COLLINS H. Labour Law［M］. Cambridge University Press，2012.

［7］DEAKIN S. Labour Law［M］. Oxford and Portland，2012.

［8］DÄUBLER W. Arbeitsrecht［M］. Bund-Verlag GmbH，2015.

［9］DÜTZ，THÜSING. Arbeitsrecht［M］.23.Auflage，C. H. Beck，2018.

[10] FABRICIUS. Leistungsstörung im Arbeitsverhältnis [M]. J. C.B. Mohr, 1970.

[11] FITTING. Betriebsverfassungsgesetz [M]. 27. Auflage, Verlag Franz Vahlen, 2014.

[12] FREUND O K, HEPPLE B. International Encyclopedia of Comparative Law, Labour Law [M]. Mohr Siebeck, 2014.

[13] GAMILLSCHEG F. Kollektives Arbeitsrecht [M]. Band 2, Verlag C. H. Beck, 2008.

[14] HUECK A, NIPPERDEY H C. Lehrbuch des Arbeitsrechts [M]. Band 1, 7.Auflage, Verlag Franz Vahlen, 1963.

[15] HERSCHEL. Betriebsbussen [M]. Carl Heymanns Verlag, 1967.

[16] JUNKER A. Grundkurs Arbeitsrecht [M]. C. H. Beck, 2018.

[17] KRAUSE R. Digitalisierung der Arbeitswelt-Herausforderungen und Regelngsbedarf [M]. Verlag C. H. Beck, 2017.

[18] LABORDE J P, ROJOT J. labour law of France [M]. Wolters Kluwer, 2017.

[19] LÖWISCHE M. Vertragstrafe und Betriebsstrafe im Arbeitsrecht [J]. Jus, 1979.

[20] MEYER-CORDING. Betriebsstrafe und Vereinsstrafe im Rechtsstaat [J]. NJW, 1966.

[21] NIPPERDEY. Die privatrechtliche Bedeutung des Arbeiterschutzrechts [J]. die Reichsgerichtspraxis im deutschen Rechtsleben, Festgabe der Juristischen Fakultäten zum 50 jährigen Bestehen des Reichsgerichts, 1929, Band Ⅳ.

[22] NIKISCH. Arbeitsrecht [M]. Band 1, J. C. B. Mohr, 1961.

[23] PREIS. Arbeitsrecht, Individualarbeitsrecht Lehrbuch für Studium und Praxis [M]. 5. Auflage, Otto Schmidt, 2017.

[24] RICHARDI. Betriebsverfassungsgesetz [M]. 13. Auflage, Verlag C. H. Beck, 2012.

[25] SÖLLNER A. "Ohne Arbeit kein Lohn" [J]. AcP, 1967.

[26] ZÖLLNER W, LORITZ K G, HERGENRÖDER W. Arbeitsrecht [M]. C. H. Beck, 2015.

附

基本劳动标准法（专家建议稿）

该建议稿是本书写作暨课题组研究团队，在所承接的中华全国总工会工会理论研究会2022年度委托课题"基本劳动标准立法研究"产生的课题成果之一——基本劳动标准法（专家建议稿）的基础上，历经两年的不断研究和修改形成。作为本书的重要组成部分，该建议稿是研究团队在对基本劳动标准立法各部分内容进行理论研讨的基础上，为我国未来基本劳动标准的法律制定提供的建议方案。该建议稿包含十章共二百九十六条，每条下附"条文说明"对该条起草理由或参考法条作一阐释。考虑到该建议稿的学术意义和实践价值，将其纳入本书一并展示，以供学界讨论和立法机关参考。

第一章 总 则

本章执笔人：沈建峰

第一条【立法目的】

为协调劳动关系，规定劳动条件最低标准，保护劳动者合法权益，促进社会经济发展，构建和发展和谐稳定的劳动关系，制定本法。

【条文说明】本条是关于基本劳动标准法立法目的的规定，明确了基本劳动标准法规定的是劳动条件最低标准，其首要目的是保护劳动者权益。

第二条【适用范围】

本法适用于劳动者和用人单位之间的劳动关系。

事业单位、社会团体以及其他组织与其劳动者之间的人事关系，法律、行政法规或者国务院另有规定的，依照其规定；未作规定的，依照本法有关规定执行。

公务员以及其他用工关系，本法、其他法律、行政法规、部门规章以及地方性法规规定可以适用本法的，参照本法有关规定执行。

【条文说明】本条是本法适用范围的规定，确立了基本劳动标准适用于劳动关系，原则上适用于人事关系，例外适用于公务员和其他用工关系的基本原则。

第三条【劳动条件设置的原则】

劳动条件设置应当尊重劳动者人格尊严，有利于劳动者身心健康和职业发展，保障劳动者共享社会经济发展成果，实现体面劳动。用人单位不得以任何形式强迫劳动者劳动。

【条文说明】本条是关于劳动条件设置原则的规定，明确了劳动条件设置要尊重劳动者人格尊严，保障其发展和实现体面劳动。

第四条【法律效力】

劳动合同、集体合同约定不得违反本法规定，但约定有利于劳动者或本法以及其他法律、行政法规另有规定的除外。

劳动合同、集体合同约定的劳动条件低于本法规定的，无效；当事人不能达成补充协议的，劳动报酬适用本单位最相类似岗位的工资，其他劳动条件适用行业一般标准，没有行业一般标准的，适用本法规定。

劳动合同、集体合同约定违反本法规定的，人力资源社会保障行政主管部门有权责令当事人改正，并依据本法以及其他法律规定要求当事人承担责任。

【条文说明】本条是关于基本劳动标准效力的规定，明确了基本劳动标准的底线功能以及违反基本劳动标准的处理方式。

第五条【劳动者的权利和义务】

劳动者有权要求用人单位履行本法规定的提供最低劳动条件的义务；劳动者因用人单位违反本法而拒绝提供劳动的，不视为违反劳动合同，劳动者的权利不因此而受到影响。

劳动者不得放弃本法规定的基本劳动标准赋予的权利。

【条文说明】本条规定了劳动者实现基本劳动标准过程中的请求权、拒绝权以及不得放弃基本劳动标准的义务。

第六条【用人单位的义务】

用人单位不得违反本法规定。除本法以及其他法律、行政法规另有特别规定外，任何单位和个人不得免除本法规定的用人单位义务。

【条文说明】本条是用人单位不得违反本法的规定以及基本劳动标准法义务不得免除的规则。

第七条【行政机关的职责】

县级以上人民政府人力资源社会保障行政部门负责本行政区域内基本劳动标准实施的监督管理，开展行政指导，并依据本法或其他法律、行政法规规定对违反本法的行为采取责令改正、行政处罚等措施。

县级以上人民政府安全生产监督管理、卫生健康等有关行政主管部门在各自职责范围内，对用人单位执行基本劳动标准的情况进行监督管理。

【条文说明】本条是关于行政机关保障基本劳动标准落实的职责规定，明确了人力资源社会保障行政部门与其他行政机关各自的职权。

第八条【救济条款】

用人单位违反基本劳动标准的，劳动者有权向人力资源社会保障行政部门投诉、举报，人力资源社会保障行政部门应依法处理并将处理结果告知劳动者。劳动者对处理结果不服的，可以申请行政复议或提起行政诉讼。

因基本劳动标准发生争议的，劳动者有权申请调解，提起仲裁和诉讼。

【条文说明】本条是违反基本劳动标准或者侵害劳动者基本劳动标准权益时，劳动者寻求救济的一般规定。

第九条【社会组织参与】

工会依法维护劳动者合法权益,有权对用人单位履行本法规定义务的情况进行监督,并有权向人力资源社会保障行政部门通报发现的用人单位违反本法的行为;人力资源社会保障行政部门应及时处理并将处理结果告知工会以及劳动者。

用人单位代表组织应加强团体自律,并对用人单位履行本法规定义务的情况进行指导与监督。

用人单位代表组织与工会应当通过集体协商等方式提高和改善劳动条件。

共青团、妇联、残联等特殊群体利益代表组织在各自代表的利益群体范围内,有权对用人单位履行本法规定义务的情况进行监督。

【条文说明】本条是关于工会、用人单位代表组织以及共青团、妇联、残联等社会组织在基本劳动标准实施中职责的规定,明确了社会组织各方参与落实基本劳动标准的格局。

第二章 工作时间与休息

本章执笔人:肖竹

第一节 一般规定

第十条【工作时间的定义】

本法所称工作时间,是指劳动者接受用人单位指示,在用人单位管理或约束下从事工作或与工作相关活动的时间。工作时间包括作业时间、准备与结束时间、各类宽放时间以及非劳动者个人原因造成的且劳动者处于待命状态的非生产工作时间、停工时间。

作业时间是指直接用于产品加工、完成生产或者工作任务所消耗的时间;准备与结束时间是指为加工产品、执行特定工作任务事前准备和事后结束工作所消耗的时间;宽放时间包括现场组织管理需要(交接班、安全检查、布置工作、整理现场、设备、资料等)所发生的组织性宽放时间、工艺技术装备需要(设备调整、检查等）所发生的技术性宽放时间、劳动者个人生理需要以及为消除过分紧张疲劳安排的间歇等个人需要与休息宽放时间。

【条文说明】参考《劳动部关于国家铁路劳动者实行综合计算工时工作制的批复》第四条、《特殊工时管理规定（征求意见稿）》第二十六条。

第十一条【备勤时间、待命时间与候传时间】

本法所称备勤时间，是指身处工作场所内的劳动者，虽未一直从事实际工作，但须保持随时可提供监视性、间歇性劳务状态的时间。

本法所称待命时间，是指劳动者依劳动合同的约定或用人单位的指示，在工作场所内或工作场所外约定或指示的地点等候，当用人单位有工作的需要时，劳动者须随时或在较短时间内提供劳务的时间。

本法所称候传时间，是指劳动者无须停留于工作场所内或工作场所外的特定地点，且能自行决定活动，当用人单位指示后须于一定时间内到达指定场所提供劳务的时间。

备勤时间、待命时间属于工作时间，该工作时间的工作时长限制、工作时间内的报酬给付由用人单位与劳动者一方集体协商签订集体合同确定；未签订集体合同的，其劳动报酬标准由劳动关系当事人协商确定，但不得低于劳动者正常劳动情况下工资的百分之七十。

候传时间不属于工作时间。劳动者在候传时间内接受指示到达指定场所提供劳务的时间属于工作时间。

【条文说明】借鉴德国对工作时间与非工作时间的分类，将实践中有争议的工作时间的认定通过分类予以区分。

第十二条【培训时间】

用人单位组织、安排、选派劳动者参加职业培训等与职业、岗位和劳动合同履行相关的培训活动，占用工作日的，纳入工作时间；占用休息日的，应安排补休，不安排补休或无法安排补休以及占用工作日休息时间、法定节假日的，依本法规定向劳动者支付延长工作时间工资。

【条文说明】对目前实践中用人单位安排劳动者参加培训是否属于工作时间

予以规定。

第十三条【不同劳动场所的时间计算】

劳动者于同一用人单位或同一用人单位所属不同工作场所工作时，应将在各场所的工作时间合并综合计算，并加计往来于各工作场所间所必要的交通时间。

【条文说明】参考日本《劳动基准法》以及我国台湾地区"劳动基准法"对劳动者在不同工作场所的工作时间的认定与计算问题予以规定。

第十四条【井下、坑道或隧道内工作时间的计算】

在井下、坑道或隧道内工作的劳动者，入井口、坑口时起至出井口、坑口时止的时间，包括休息时间，均为工作时间。

【条文说明】参考《特殊工时管理规定（征求意见稿）》第二十六条，日本《劳动基准法》以及我国台湾地区"劳动基准法"对井下、坑道或隧道内劳动者工作时间的特殊计算问题予以规定。

第十五条【工作时间基准的排除适用】

用人单位中对经营管理负有决策、指挥、监督等职责，具有委托关系的高级管理者不适用本章规定。

法律、行政法规对特殊职业、产业、行业工作时间另有规定的，适用其规定。

【条文说明】借鉴我国台湾地区"劳动基准法"将"委任经理人"，《德国工作时间法》将"高级雇员"整体性排除适用工作时间基准的规定。

第二节　标准工作时间

第十六条【标准工作时间】

劳动者每日工作时间不超过八小时、每周工作时间不超过四十小时，本法有特别规定的除外。

【条文说明】参考目前我国标准工作时间基准相关规定，并留出特殊制度安排的灵活性。

第十七条【工间休息】

用人单位在保障正常生产运营的情况下，日工作时间超过四小时的，应当保证劳动者享受不少于二十分钟的工间休息时间,工间休息时间计入工作时间。

从事影响公共安全利益的机动车驾驶员等岗位人员,每驾驶两小时应当保证不少于十分钟的休息时间。

在实行轮班制或工作有连续性或紧急性的情况时,用人单位可在工作时间内,另行安排工间休息时间。

法律、行政法规可对前两款作例外性规定。

【条文说明】参考《特殊工时管理规定(征求意见稿)》第二十七条,《德国工作时间法》、日本《劳动基准法》以及我国台湾地区"劳动基准法"对于工间休息的规定。

第十八条【休息日】

用人单位应当保证劳动者每七天至少有一次连续二十四小时的休息日,法律、行政法规另有特别规定的除外。

【条文说明】参考我国目前关于每周至少休息一日的工时基准,并留出特殊制度安排的灵活性。

第十九条【用人单位与劳动者平等协商高于法定标准的标准工时制度】

用人单位与劳动者一方集体协商签订集体合同,或与劳动者本人协商,可确定每日低于八小时的标准工时。每日超过双方约定标准工时且尚未达到八小时工作时间的延长工作时间工资,由集体合同或劳动合同确定,集体合同和劳动合同未约定或者约定工资低于正常工资的,用人单位应发放正常工资;超过八小时的延长工作时间工资,适用本法第三十九条的规定。

【条文说明】参考欧盟关于劳资双方对工作时间低于法定工时标准的约定的制度安排,对其适用性及延长工作时间工资的确定予以规定。

第三节 非标准工作时间

第二十条【特殊工时制度的类型】

用人单位因生产特点或者岗位性质特殊、不能实行国家规定的标准工时制度的,可以实行综合计算工时工作制和不定时工作制两种特殊工时制度。

【条文说明】参考《劳动部关于企业实行不定时工作制和综合计算工时工作

制的审批办法》第三条。

第二十一条【特殊工时岗位的批准与公示】

用人单位实行综合计算工时工作制或不定时工作制的岗位，应经人力资源社会保障行政部门批准并公示。

或者：

实行综合计算工时工作制或不定时工作制的岗位，由人力资源社会保障行政部门批准并公示，用人单位根据人力资源社会保障行政部门的批准和公示，确定用人单位内相应岗位适用综合计算工时或不定时工时，报人力资源社会保障行政部门备案。

【条文说明】特殊工时岗位的审批与公示，建议可采取两种方案之一，其一为所有用人单位适用岗位经人力资源社会保障行政部门批准并公示，其二为岗位由人力资源社会保障行政部门批准并公示，但用人单位的具体适用实行备案制。

第二十二条【用人单位特殊工时制度的制定】

用人单位依据本法第十九条、第二十条实行特殊工时制的，须经职工（代表）大会或者全体职工讨论，与工会或者职工代表平等协商确定制定科学合理的劳动定额、工时考勤、休息休假、薪酬支付等办法，确保劳动者的休息休假权利和生产、工作任务的完成。

用人单位安排劳动者在特殊工时岗位上工作的，应当在劳动合同中明确约定。

【条文说明】细化了《劳动部关于企业实行不定时工作制和综合计算工时工作制的审批办法》第六条的规定，参考《劳动合同法》第四条、《特殊工时管理规定（征求意见稿）》第四条的规定。

第二十三条【用人单位特殊工时制适用的排除】

用人单位经批准（或备案）实行综合计算工时工作制或不定时工作制，但生产经营中以标准工时制对劳动者进行管理的，不适用特殊工时制的特殊规则，仍适用标准工时制规则。

【条文说明】根据实践中存在的用人单位实际实行的工时管理与被批准（或备案）（根据第二十条中的两种方案）的特殊工时制不符的诸多现象，规定仍适用标准工时制度而排除特殊工时制特殊规则的适用。

第二十四条【劳务派遣特殊工时的适用】

用工单位需要在实行特殊工时制的岗位上使用被派遣劳动者的，应当与劳务派遣单位在劳务派遣协议中明确实行特殊工时制的岗位、人数、期限、劳动报酬、休息休假等；劳务派遣单位应当与劳动者在劳动合同中明确约定实行特殊工时制的情况。

【条文说明】参考《特殊工时管理规定（征求意见稿）》第二十一条。

第二十五条【实行综合计算工时工作制的岗位范围】

用人单位因生产特点或者岗位性质特殊，需要集中工作集中休息的，可以实行以月、季度、半年、年等为周期的综合计算工时制。可以实行综合计算工时制的岗位包括：

（一）地质及资源勘探开发、建筑、制盐、制糖、旅游、渔业、海运等行业中，部分受季节、资源、环境和自然条件限制需要集中作业的岗位；

（二）交通、铁路、邮政、电信、内河航运、航空、电力、石油、石化、金融等行业中，部分中断作业可能会影响社会公共利益的岗位；

（三）因工作性质需要连续集中工作且因生产经营特点或岗位特性不适合安排轮班的岗位；

（四）受其他外界因素影响导致生产、经营任务不均衡需要集中工作、集中休息的岗位。

国务院人力资源社会保障行政部门根据社会经济发展需要具体确定可以实行综合计算工时工作制的岗位，并制定不同岗位适用不同综合计算工时周期的具体规则。

【条文说明】参考《特殊工时管理规定（征求意见稿）》第七条、第八条，考虑到综合计算工时工作制的岗位随着社会经济发展具有较大的变动性，因此规定由国务院人力资源社会保障行政部门对此作具体规则的制定。

第二十六条【以两周为周期的综合计算工时工作制的特别规定】

劳动者每日的工作量经常发生显著变化，且提前预测劳动者每日的工作量确实存在困难时，用人单位与劳动者一方签订集体合同，或在未签订集体合同时与劳动者本人以书面形式协商一致，可以根据生产经营需要实行以两周为周期的综合计算工时制。

【条文说明】参考《欧盟工作时间指令》、我国台湾地区"劳动基准法"等将两周弹性工作时间制适用于所有适用劳动基准法的行业的规定。

第二十七条【综合计算工时工作制的延长工作时间限制】

用人单位实行综合计算工时工作制的，综合计算周期内工时总量应当与法定标准工作时间相同，超出部分视为延长工作时间。

综合计算周期内延长工作时间的最高限额分别为：以两周为周期的，不得超过二十小时；以月为周期的，不得超过三十六小时；以季度为周期的，不得超过一百零八小时；以半年为周期的，不得超过二百一十六小时；以年为周期的，不得超过三百六十小时。

【条文说明】参考《特殊工时管理规定（征求意见稿）》第九条。

第二十八条【综合计算工时工作制的休息保障】

在实行综合计算工时工作制岗位上工作的劳动者，每日最长工作时间不得超过十一小时。

根据本法第二十六条规定实行以两周为周期的综合计算工时工作制的，用人单位应当保证该岗位上工作的劳动者每七天至少有一次连续二十四小时的休息日；根据第二十五条规定实行综合计算工时工作制的，用人单位应当保证该岗位上工作的劳动者每十四天至少有一个连续二十四小时的休息日。

【条文说明】参考《特殊工时管理规定（征求意见稿）》第十条，并区分两周和其他周期劳动者的底线性休息权利。

第二十九条【实行不定时工作制的岗位范围】

可以实行不定时工作制的工作岗位包括：

（一）劳动者可以自主安排工作时间且无考勤要求，且劳动合同约定工资高于用人单位所在地上年度职工月平均工资三倍以上的技术、研发、创作等岗位；

（二）需要机动作业且无法按标准工作时间衡量，或因工作地点不固定且无法进行工作时间管理的外勤、推销、长途运输、快递、出租车或网约车驾驶员等岗位；

（三）其他工作时间不易确定，经人力资源社会保障行政部门批准可以实行不定时工作制的岗位。

国务院人力资源社会保障行政部门根据社会经济发展需要具体确定可以实行不定时工作制的岗位。

【条文说明】参考《特殊工时管理规定（征求意见稿）》第五条，并对岗位描述予以更细致的条件限制；基于不定时工作制岗位的变化性，规定由国务院人力资源社会保障行政部门具体确定。

第三十条【不定时工作制的休息保障】

用人单位应保证在实行不定时工作制岗位上工作的劳动者每二十四小时至少享有连续八小时的休息时间；每七天至少享有一个连续二十四小时的休息时间。

用人单位根据企业生产经营需要，可以对实行不定时工作制岗位上的劳动者提出少于上款规定休息时间的不定时工作制的休息保障方案，经与劳动者一方集体协商签订集体合同，或未签订集体合同时与劳动者以书面形式协商一致，予以实施。

【条文说明】本条意在建立不定时工作制劳动者休息权的底线性保护规则，参考欧盟第2003/88/CE号工时指令的相关规定，并给予用人单位与工会和劳动者本人协商的空间。

第三十一条【工作场所外工作时间】

劳动者因临时出差或其他原因于工作场所外临时从事工作导致不易衡量与计算工作时间时，以劳动者平时在工作场所内的工作时间为其工作时间；但用人单位或劳动者能证明其实际工作时间的，以实际工作时间计算。

用人单位与劳动者在劳动合同中约定采用远程工作方式的，须明确约定所采用的工时制度，并适用本法规定的相应工时规则。

【条文说明】参考我国台湾地区"劳动基准法施行细则"、日本《劳动基准法》关于工作场所外工作的工时规则。

第三十二条【轮班制工作时间】

用人单位采用轮班制的，工作班次的安排应与工会集体协商签订集体合同或在未签订集体合同时与劳动者以书面形式协商一致后实施。劳动者两次轮班之间，至少应有连续十一小时的休息时间。因工作特性或特殊原因，经用人单位与劳动者一方集体协商签订集体合同，或未签订集体合同时与劳动者本人协商一致，劳动者两次轮班之间的休息时间可变更为不少于连续八小时。

【条文说明】参考我国台湾地区"劳动基准法"第三十四条关于轮班工作的规定。

第三十三条【夜班工作时间】

夜班是指用人单位在当日二十二时至次日六时这一时间段安排劳动者工作超过两个小时的情形。劳动者夜班工作七小时的，视为完成了八小时工作。

用人单位因生产经营特点需要安排劳动者从事夜班工作的，对夜班工作的安排应与工会集体协商或在未组建工会时与劳动者本人协商后实施。用人单位每月安排劳动者每二十四小时从事夜班工作超过六小时的天数不得超过十四天。

用人单位安排劳动者从事夜班工作的，应定期安排劳动者进行职业健康检查，职业健康检查费用由用人单位承担。经检查表明继续从事夜班工作会损害劳动者健康的，经劳动者申请，用人单位应改变该劳动者的夜班工作安排。

不得被安排从事夜班工作的劳动者，由法律、行政法规或者国务院人力资源社会保障行政部门规定。

【条文说明】参考《〈女职工劳动保护规定〉问题解答》（1989年）、《劳动保障监察条例》第二十三条、《职业病防治法》第三十五条、《特殊工时管理规定（征求意见稿）》第二十八条关于夜班工作的相关规定，并借鉴《德国工作时间法》中对夜班工作劳动者权益保障的规定。

第三十四条【缩短工时制工作时间】

从事矿山井下、高山、有毒、有害、特别繁重或者过度紧张的体力劳动的劳动者，以及纺织、化工、煤矿井下、建筑冶炼、地质勘探、森林采伐等行业或者岗位的劳动者，可以实行缩短工时制，具体规则由国务院人力资源社会保障行政部门规定。

【条文说明】参考《纺织工业部、国家劳动总局关于纺织企业实行"四班三运转"的意见》(1979年10月)、《化学工业部、国家劳动总局关于在化工有毒有害作业工人中改革工时制度的意见》(1981年6月)。

第三十五条【弹性工作时间】

用人单位可以依法制定由劳动者选择工作开始时间和工作结束时间的弹性工作制用人单位规章。

用人单位有权决定劳动者可以选择的工作开始与结束的弹性时间，以及劳动者不可以选择的核心劳动时间。

实行弹性工作制的劳动者所在岗位本身实行标准工时制或综合计算工时工作制的，依照本法相应规定确定劳动者权益。

【条文说明】参考日本《劳动基准法》关于弹性工作时间的规定。

第四节 延长工作时间

第三十六条【延长工作时间的时长限制】

用人单位延长工作时间，工作日每日最长不得超过三小时，每月不得超过三十六小时。在工作性质特殊、劳动强度较低时，用人单位经与劳动者一方集体协商签订集体合同，可将每月延长工作时间上限予以提高，但延长后时间不得超过四十八小时。

法律、行政法规对延长工作时间的时长限制有特别规定的，适用其规定。

【条文说明】参考《劳动法》第四十一条的规定，并对延长工作时间作出可由劳动关系双方协商予以适当延长的灵活性规定。

第三十七条【延长工作时间的情形限制】

有下列情形之一的，用人单位不得延长工作时间：

（一）从事三级及以上体力劳动强度劳动的劳动者；

（二）未满十八周岁的未成年人；

（三）怀孕七个月以上或哺乳期女性劳动者；

（四）其他因工作性质或劳动者身心健康需要，经国务院人力资源社会保障行政部门认定不适宜延长工作时间的工作岗位。

【条文说明】参考《劳动保障监察条例》第二十三条。

第三十八条【延长工作时间限制的例外情形】

有下列情形之一的，在保障劳动者健康的情况下，延长工作时间不受本法第三十六条规定的限制：

（一）发生自然灾害、事故或者因其他原因，威胁劳动者生命健康和财产安全，需要紧急处理的；

（二）生产设备、交通运输线路、公共设施发生故障，影响生产和公众利益，必须及时抢修的；

（三）法律、行政法规规定的其他情形。

【条文说明】参考《劳动法》第四十二条。

第三十九条【标准工时制度下的延长工作时间工资】

对实行标准工时制度的劳动者，用人单位应当按照下列标准向劳动者支付延长工作时间工资：

（一）安排劳动者在日法定工作时间以外延长工作时间的，按照不低于劳动者本人小时工资标准的百分之一百五十支付加班工资；

（二）休息日安排劳动者工作又不能安排补休的，按照不低于劳动者本人日或者小时工资标准的百分之二百支付；

（三）法定节假日安排劳动者工作的，按照不低于劳动者本人日或者小时工资标准的百分之三百支付。

本条所称的劳动者本人日或者小时工资标准，按照劳动者加班当月正常劳动工资标准折算。

【条文说明】参考《劳动法》第四十四条。

第四十条【计件工资制下的加班工资】

实行计件工资制的劳动者，在完成计件定额任务后，由用人单位安排其完成超出计件定额任务的工作，或安排劳动者在法定标准工作时间以外工作的，对超出计件定额任务的计件单价，适用本法第三十九条的规定，分别按照不低于劳动者本人法定工作时间计件单价的百分之一百五十、百分之二百、百分之三百支付其加班工资。

【条文说明】对计件工资制的加班工资以超出劳动定额为计算计件单价溢价的门槛，同时考虑法定标准工作时间以外工作的工资溢价计算标准。

第四十一条【综合计算工时工作制下的加班工资】

实行综合计算工时工作制的劳动者，综合计算周期内的总实际工作时间超过总法定标准工作时间的，超过部分属于延长工作时间，用人单位应按照本法第三十九条第（一）项的规定支付加班工资；用人单位在法定节假日安排劳动者工作的，按照本法第三十九条第（三）项的规定支付加班工资。

用人单位与在实行综合计算工时工作制岗位上工作的劳动者解除或者终止劳动合同时，综合计算周期未满的，以劳动合同解除或者终止的时间为周期截止日，支付超过法定标准工作时间的加班工资报酬。

【条文说明】参考《劳动部关于职工工作时间有关问题的复函》（1997年）第五条、《特殊工时管理规定（征求意见稿）》第十一条。

第四十二条【不定时工作制的加班工资】

实行不定时工作制，不适用本法第三十九条的规定。

【条文说明】本条是关于不定时工作制不适用标准工时加班工资规则的规定。

第三章 休 假

本章执笔人：沈建峰

第一节 一般规定

第四十三条【法定休假作为基本劳动标准】

用人单位应当保证职工享受各类法定休假，排除法定休假权益的合同、劳动者允诺、集体合同、用人单位规章等无效。

劳动合同、集体合同约定的或者用人单位规章制度规定的各类休假天数、工资报酬高于法定标准的，用人单位应当按照有关约定或者规定执行。

【条文说明】本条是明确本法规定的休假具有底线性效力的规定，明确了劳动合同、集体合同、用人单位规章规定与休假基准不一致时的有利原则。

第四十四条【休假实际落实优先】

各类法定休假均应以安排劳动者实际休假为原则。因劳动者原因导致其未享受病假、产假、陪产假、育儿假、丧假、婚假、探亲假的，劳动者不得主张额外工资。因用人单位原因导致劳动者未享受病假、产假、陪产假、育儿假、丧假、婚假、探亲假的，由行政机关根据情节对用人单位予以处罚，处罚标准由国务院通过行政法规确定。

【条文说明】本条是关于实际休假优先的规则。同时明确了货币补偿与实际休假的关系，未实际休假时单位的法律责任。

第四十五条【虚假休假的法律责任】

劳动者不得在病假、产假、陪产假、育儿假、丧假、婚假、探亲假等服务特定目的的休假期间从事职业性活动或者有悖休假目的的活动。从事上述活动的，相应休假天数视为旷工。

【条文说明】本条是虚假休假的法律责任，明确了具有特定社会功能的休假必须服务于休假目的的规则。

第二节 病假及医疗期

第四十六条【病假请求权】

劳动者因病或者非因工负伤需要治疗或者休息而无法提供劳动的，有权向用人单位申请休病假。用人单位应根据劳动者治疗以及休息的实际需要准予劳动者休病假。

【条文说明】本条是关于病假休假条件的规定，明确了劳动者休假的请求权与用人单位批假的义务。

第四十七条【病假申请程序】

劳动者应在休病假前提出休假申请，在用人单位要求时，应向用人单位出示证明生病或者非因工负伤的必要证据。因病情紧急或者客观条件限制，劳动者无法事先请病假的，应在病情缓解或客观障碍消除后三日内及时补办请假手续。

用人单位可以制定用人单位规章明确病假的申请流程和处理方式。病假规章应当具有合理性，不得对劳动者请假手续、证明生病或非因工负伤等作出不合理要求。

【条文说明】本条是病假申请程序的规定，明确了劳动者申请病假的程序性条件以及用人单位制定病假请假规则的权限和限制。

第四十八条【病假医疗期的期限】

劳动者因患病或非因工负伤，需要停止工作治疗或休息时，其医疗期按照如下标准确定：

（一）实际工作年限十年以下的，在本单位工作年限五年以下的不短于三个月；五年以上的不短于六个月。

（二）实际工作年限十年以上的，在本单位工作年限五年以下的不短于六个月；五年以上十年以下的不短于九个月；十年以上十五年以下的不短于十二个月；十五年以上二十年以下的不短于十八个月；二十年以上的为二十四个月。

医疗期三个月的按六个月内累计病休时间计算；六个月的按十二个月内累计病休时间计算；九个月的按十五个月内累计病休时间计算；十二个月的按十八个月内累计病休时间计算；十八个月的按二十四个月内累计病休时间计算；二十四个月的按三十个月内累计病休时间计算。

【条文说明】参考《企业职工患病或非因工负伤医疗期规定》第三条。

第四十九条【病假医疗期的功能】

本法所称病假医疗期是指劳动者因患病或非因工负伤停止工作治病休息、享受病假待遇且用人单位不得解除劳动合同的法定最短时限。

劳动合同、集体合同以及用人单位规章可以约定或规定更长的医疗期以及更优的医疗期待遇。

【条文说明】本条是关于病假医疗期功能的规定，明确了病假医疗期和病假的关系，也明确了法定病假医疗期是最短医疗期的规则。本条参考了《企业职工患病或非因工负伤医疗期规定》第二条的规定。

第五十条【病假工资】

劳动者患病或非因工负伤连续休假在六个月以内的，用人单位应按下列标准支付病假工资：

（一）连续工龄不满两年的，按本人工资的百分之六十计发；

（二）连续工龄满两年不满四年的，按本人工资的百分之七十计发；

（三）连续工龄满四年不满六年的，按本人工资的百分之八十计发；

（四）连续工龄满六年不满八年的，按本人工资的百分之九十计发；

（五）连续工龄满八年的，按本人工资的百分之百计发。

劳动者患病或非因工负伤连续休假超过六个月的，用人单位应按下列标准支付疾病工资：

（一）连续工龄不满一年的，按本人工资的百分之四十计发；

（二）连续工龄满一年不满三年的，按本人工资的百分之五十计发；

（三）连续工龄满三年及以上的，按本人工资的百分之六十计发。

【条文说明】参考《上海市劳动和社会保障局关于病假工资计算的公告》。

第五十一条【病假与劳动合同解除】

病假期间劳动关系存续，用人单位不得因劳动者请病假而解除劳动合同；劳动者在本单位工作期间累计病休时间超过法定或当事人约定的医疗期的，用人单位可以与其解除劳动合同并依法支付经济补偿。

【条文说明】本条明确了在劳动者生病情况下，用人单位维持劳动关系的义务以及超过医疗期时，用人单位解除劳动合同的权利。

第三节 与生育有关的休假

第五十二条【一般产假】

女性劳动者生育享受九十八天产假，其中产前可以休假十五天；难产的，增加产假十五天；生育多胞胎的，每多生育一个婴儿，增加产假十五天。

女性劳动者怀孕未满四个月流产的，享受十五天产假；怀孕满四个月流产的，享受四十二天产假。

经二级及以上医疗保健机构证明有习惯性流产史、严重的妊娠并发症、妊娠合并症等可能影响正常生育的，女职工提出休息休假要求的，用人单位应当批准其产前假。

【条文说明】参考《女职工劳动保护特别规定》第七条。

第五十三条【一般产假的待遇】

女性劳动者产假期间的生育津贴，对已经参加生育保险的，按照用人单位上年度职工月平均工资标准由生育保险基金支付；未参加生育保险的，按照女性劳动者产假前工资的标准由用人单位支付。

女性劳动者生育或者流产的医疗费用，按照生育保险规定的项目和标准，对已经参加生育保险的，由生育保险基金支付；对未参加生育保险的，由用人单位支付。

【条文说明】参考《女职工劳动保护特别规定》第八条。

第五十四条【奖励产假】

女性劳动者一胎之外继续生育的，除享受国家规定的产假外，每胎享受延长生育假六十日。奖励产假期间的待遇适用本法第五十三条的标准。

【条文说明】本条是关于奖励产假的规定，吸收了北京、上海等地《人口与计划生育条例》的规定，同时明确了奖励产假待遇适用正常产假标准。

第五十五条【自愿延长产假】

经劳动者申请，用人单位同意或者通过劳动合同、集体合同，可以在本法第五十二条、第五十四条基础上延长产假。延长产假期间的工资由用人单位承担，标准由当事人协商确定但不得低于所在地的最低工资。

【条文说明】本条是当事人自愿延长产假及其待遇标准的规定。

第五十六条【陪产假及其待遇】

配偶生育时，男性劳动者享受陪产假十五日。

男性劳动者陪产假期间的工资，对已经参加生育保险的，按照用人单位上年度职工月平均工资的标准由生育保险基金支付；对未参加生育保险的，按照陪产假前十个月正常生产期间平均工资标准由用人单位支付。

【条文说明】本条是关于男性陪产假的规定，吸收了各地方《人口与计划生育条例》的相关规定，同时明确了陪产假的待遇标准。

第五十七条【自愿延长陪产假】

经劳动者申请，用人单位同意或者通过劳动合同、集体合同，可以延长陪产假。延长陪产假期间的工资由用人单位承担，标准由当事人协商确定但不得低于所在地的最低工资。

【条文说明】本条是当事人自愿延长陪产假及其待遇标准的规定。

第五十八条【育儿假及其他家庭友好型措施】

在所抚养的子女年满三周岁之前，劳动者每年可以享受育儿假五天；用人单位应按照劳动者正常出勤工资标准向其支付育儿假期间工资。

鼓励用人单位采取有利于照顾婴幼儿的灵活休假和弹性工作措施，支持家庭生育、养育。

【条文说明】本条是关于育儿假和弹性工作支持育儿的规定，吸收了各地方《人口与计划生育条例》的相关规定，同时明确了育儿假的待遇标准。

第五十九条【生育类假的特别保护】

夫妻双方享有的陪产假、产假不可以相互调剂，法定的产假、陪产假、育儿假不可以放弃。

用人单位不得因劳动者享受产假、陪产假以及育儿假而对其进行不利对待，不得与其解除劳动合同，工资不得降低。

【条文说明】本条是关于生育类假特别保护的规定，明确了产假和陪产假不可互相调剂以及生育类假不可放弃的规则等。

第四节 事　假

第六十条【事假的享有】

劳动者因照顾共同生活的家庭成员、参加必需的社会活动而无法在工作时间参加劳动，又无法享受本法规定的带薪休假或者调休周休日的，可以向用人单位申请事假。用人单位应批准劳动者合理的事假申请。

【条文说明】本条是关于事假享受条件以及用人单位批准事假义务的规定。

第六十一条【事假工资和社会保险】

劳动者一年累计享受事假不超过五天的,事假期间用人单位应向其支付不低于最低工资标准的工资。劳动者年累计享受事假超过五天的,超过天数用人单位无须向其支付工资。

事假期间用人单位应依法按照正常工资标准为劳动者缴纳社会保险费和住房公积金。

【条文说明】本条是关于事假工资以及社会保险费缴纳的规定,明确了事假工资支付的标准、支付的长度以及用人单位继续缴纳社会保险费的义务。

第六十二条【事假规章及事假约定】

用人单位可以通过制定用人单位规章合理确定劳动者申请事假的前提、程序和法律后果。

劳动合同、集体合同、用人单位规章约定或规定的事假规则有利于劳动者的,从其约定或规定。

【条文说明】本条规定了用人单位制定事假规则的权限以及通过劳动合同等作出优于本法规定的可能性。

第五节 带薪年休假

第六十三条【带薪年休假的前提与效力】

具有劳动关系的劳动者累计连续工作十二个月以上的,享受带薪年休假(以下简称年休假)。劳动者在年休假期间享受与正常工作期间相同的工资收入。

法律、行政法规对船员等劳动者年休假另有特别规定的,适用其规定,但行政法规规定的劳动者年休假条件和待遇不得低于本法规定。

【条文说明】参考了《职工带薪年休假条例》第二条;本条第二款明确了特别法规定带薪年休假的权限同时明确了规定时的要求,突出了本法的底线性思维。

第六十四条【带薪年休假的天数】

劳动者累计工作已满一年不满十年的,年休假五天;已满十年不满二十年的,年休假十天;已满二十年的,年休假十五天。

年休假天数根据劳动者累计工作时间确定。劳动者在同一或者不同用人单位工作期间，以及依照法律、行政法规或者国务院规定视同工作期间，应当计为累计工作时间。

国家法定休假日、休息日不计入年休假的假期。劳动者依法享受的探亲假、婚丧假、产假等国家规定的假期以及因工伤停工留薪期间不计入年休假的假期。

【条文说明】参考《职工带薪年休假条例》第三条。

第六十五条【带薪年休假的排除】

劳动者有下列情形之一的，用人单位可以不安排劳动者享受当年的年休假：

（一）劳动者依法享受寒暑假，并且其休假天数多于年休假天数，寒暑假期间工资不降低的；

（二）劳动者请事假累计二十天以上且单位按照规定不扣工资的；

（三）累计工作满一年不满十年的职工，请病假累计两个月以上的；

（四）累计工作满十年不满二十年的职工，请病假累计三个月以上的；

（五）累计工作满二十年的职工，请病假累计四个月以上的。

【条文说明】参考《职工带薪年休假条例》第四条。

第六十六条【带薪年休假的实际安排】

用人单位根据生产、工作的具体情况，并考虑劳动者本人意愿，统筹安排劳动者年休假。

年休假在一个年度内可以集中安排，也可以分段安排，一般不跨年度安排。用人单位因生产、工作特点确有必要跨年度安排劳动者年休假的，征得劳动者同意后，可以跨一个年度安排。

【条文说明】参考《职工带薪年休假条例》第五条第一款、第二款，《企业职工带薪年休假实施办法》第九条。

第六十七条【带薪年休假未休的经济补偿】

用人单位确因工作需要不能安排劳动者休年休假的，经劳动者本人同意，可以不安排劳动者休年休假。对劳动者应休未休的年休假天数，用人单位应当按照该劳动者日工资收入的百分之三百支付年休假工资报酬。

用人单位与劳动者解除或者终止劳动合同时，当年度未安排劳动者休满应休年休假的，应当按照劳动者当年已工作时间折算应休未休年休假天数并支付未休年休假工资报酬，但折算后不足一整天的部分不支付未休年休假工资报酬。

【条文说明】参考《职工带薪年休假条例》第五条第三款、《企业职工带薪年休假实施办法》第五条。

第六节 法定节假日

第六十八条【法定节假日的设置和享受】

国家为了弘扬民族传统、纪念重大事件可以通过法律、行政法规设置法定节假日；民族自治地区可以根据少数民族习惯，设置民族自治地区的特殊法定节假日，自治地区的特殊法定节假日一年累计不得超过三天。

劳动者有权享受法定节假日；法定节假日期间，除法律、行政法规另有特别规定外，用人单位不得安排劳动者工作。

【条文说明】本条是关于法定节假日设置权限以及劳动者休假权利的规定，同时也明确了法定节假日的制定目标。

第六十九条【全体公民放假的节日】

以下节日为全体公民放假的节日：

（一）新年，放假一天（一月一日）；

（二）春节，放假四天（农历除夕、正月初一、初二、初三）；

（三）清明节，放假一天（农历清明当日）；

（四）劳动节，放假二天（五月一日、二日）；

（五）端午节，放假一天（农历端午当日）；

（六）中秋节，放假一天（农历中秋当日）；

（七）国庆节，放假三天（十月一日、二日、三日）。

【条文说明】参考《全国年节及纪念日放假办法》第二条。

第七十条【部分公民放假的节日】

以下节假日为部分公民放假的节日及纪念日：

（一）妇女节（三月八日），妇女放假半天；

（二）青年节（五月四日），十四周岁以上的青年放假半天；

（三）儿童节（六月一日），不满十四周岁的少年儿童放假一天；

（四）中国人民解放军建军纪念日（八月一日），现役军人放假半天。

【条文说明】参考《全国年节及纪念日放假办法》第三条。

第七十一条【其他纪念日】

二七纪念日、五卅纪念日、七七抗战纪念日、九三抗战胜利纪念日、九一八纪念日、教师节、护士节、记者节、植树节等其他节日、纪念日，均不放假。

【条文说明】参考《全国年节及纪念日放假办法》第五条。

第七十二条【法定节假日与周休日的关系】

全体公民放假的假日，如果适逢星期六、星期日，应当在工作日补假。部分公民放假的假日，如果适逢星期六、星期日，则不补假。

【条文说明】参考《全国年节及纪念日放假办法》第六条。

第七十三条【法定节假日无法安排休假的后果】

用人单位因工作需要，必须安排劳动者法定节假日工作，经工会和劳动者同意，可以在法定节假日安排劳动者工作并按照正常工资百分之三百的标准支付加班费。

在部分公民放假的节日期间，对参加社会或单位组织庆祝活动和照常工作的劳动者，用人单位应支付工资报酬，但不支付加班工资。

【条文说明】参考《劳动法》第四十四条、《劳动和社会保障部办公厅关于部分公民放假有关工资问题的函》（2000年）。

第七节 其他休假

第七十四条【婚假的享受】

符合法律规定结婚的劳动者，可以享受普通婚假五天；行政法规、地方性规范、自治条例可以根据需要设置不超过五天的奖励婚假。

【条文说明】本条是关于婚假及奖励婚假设置的规定，参考了地方《人口与计划生育条例》及《妇女权益保障法》的实施办法等。

第七十五条【婚假的程序】

劳动者应当在婚假开始前四周向用人单位提出婚假申请，明确申请婚假的天数以及起止时间。用人单位应批准该婚假申请；但劳动者同意重新确定婚假天数及其起止时间的除外。

【条文说明】本条是关于婚假申请程序的规定，明确了劳动者提前申请婚假的义务、用人单位批准的权限。

第七十六条【婚假与其他休假的关系】

国家法定休假日、休息日不计入婚假期限。劳动者享受本年度年休假、探亲假等的，不影响婚假申请及其享受天数。婚假期间生病的，劳动者可以请病假，病假期间不计入婚假。

【条文说明】本条规定了婚假和法定休假、带薪年休假、探亲假、病假以及休息日的关系。

第七十七条【婚假的待遇】

普通婚假期间用人单位应向劳动者支付不低于最低工资标准的工资，奖励婚假期间用人单位无须向劳动者支付工资。

婚假期间，用人单位应依法按照正常工资标准为劳动者缴纳社会保险费。

【条文说明】本条是婚假待遇的规则，同时明确了婚假期间缴纳社会保险费的义务。

第七十八条【丧假】

三代以内直系或旁系血亲、姻亲死亡的，劳动者享有三天的丧假。其他亲属死亡的，劳动者可以申请一天丧假。

【条文说明】本条是丧假享受的前提和具体天数的规定。

第七十九条【丧假待遇】

丧假期间用人单位应向劳动者支付不低于最低工资标准的工资，并依法按照正常工资标准为劳动者缴纳社会保险费。

【条文说明】本条规定了丧假工资和社会保险费缴纳问题，明确了丧假待遇。

第八十条【丧假与其他休假的关系】

国家法定休假日、休息日不计入丧假期限。劳动者享受本年度年休假的，不影响申请丧假及其享受天数。丧假期间生病的，劳动者可以请病假，病假期间不计入丧假。

【条文说明】本条是丧假和本法规定的其他假期之间关系的规定，基本明确了假期相互独立的规则。

第八十一条【探亲假】

采矿、勘查等野外工作人员以及国防事业等长期保密工作人员，因工作原因无法利用法定休息日、法定节假日等与父母、配偶、子女团聚的，每年可以享受五天探亲假。

【条文说明】本条是关于探亲假享受条件和日期的规定，参考了《国务院关于职工探亲待遇的规定》第二条，但对其进行了根本性的改造。

第八十二条【探亲假待遇】

探亲假期间，用人单位应按照探亲假前十二个月平均工资向劳动者支付工资，并依法为劳动者缴纳社会保险费。

【条文说明】本条是探亲假期间工资支付和社会保险费缴纳的规定。

第八十三条【探亲假与其他休假的关系】

法定节假日、休息日不计入探亲假期限。劳动者享受本年度年休假的，不影响申请探亲假。探亲假期间生病的，劳动者可以请病假，病假期间不计入探亲假。

【条文说明】本条是探亲假和法定节假日、带薪年休假、病假之间关系的规定，基本明确了这些假期相互独立的规则。

第四章　工　　资

本章执笔人：李文涛　沈建峰　李海明

第一节　一　般　规　定

本节执笔人：李海明　李文涛

第八十四条【工资的定义】

工资是指用人单位支付给劳动者的报酬，包括劳动者依据劳动合同约定而得的固定性报酬、用人单位根据劳动管理而给付的对价性报酬以及基于特别事由的制度性或惯常性给付。

约定完成正常工作可得的报酬为固定性报酬。

绩效、奖金、津贴、补贴、加班加点费等属于对价性报酬，但用人单位没有明确劳动管理规则可依循的，则属于固定性报酬。

【条文说明】参考《工资支付暂行规定》第三条。

第八十五条【加班加点费、惩戒、经济补偿金等中的工资含义】

用人单位计发加班加点费应以固定性报酬为基准，但劳动合同、集体合同或用人单位规章制度中有更高基准的除外。

用人单位行使劳动管理权利，一般不得减损劳动者可得的固定性报酬。

平均工资折算中的工资收入包括固定性报酬和对价性报酬。

【条文说明】参考《劳动部对〈工资支付暂行规定〉有关问题的补充规定》。

第八十六条【工资支付原则之按劳分配】

工资分配应当遵循按劳分配原则。

用人单位和劳动者应当通过劳动合同约定工资，但不得违反同工同酬原则。

【条文说明】参考《劳动法》第四十六条。

第八十七条【工资支付原则之自主与协商】

用人单位根据本单位的生产经营特点和经济效益，依法自主确定本单位的工资分配方式和工资水平。国家引导和鼓励用人单位进行工资管理，促进共同富裕。

用人单位应与工会协商确定劳动者的固定性报酬协议。

用人单位应通过劳动规章制度建立劳动者的对价性报酬制度。

【条文说明】参考《劳动法》第四十七条。

第八十八条【工资支付原则之劳动定额管理】

用人单位应建立科学合理的劳动定额管理制度。

劳动者完成正常工作应限于本法规定的工作时间内。

因劳动定额不合理而造成劳动者延长工作时间的，用人单位应及时调整劳动定额,并补偿劳动者的额外劳动。

【条文说明】本条是关于劳动定额管理的规定,明确了劳动定额确定的方法、标准以及不合理劳动定额调整等问题。

第八十九条【货币支付】

工资应当以法定货币支付。法律允许以法定货币以外的方式支付的,从其规定。

依据习惯或业务性质,部分工资以实物或其他形式支付的,支付比例不得超过工资总额的百分之五十,并且以货币发放的工资不得低于当地社会平均工资。

【条文说明】参考《工资支付暂行规定》第五条,我国台湾地区"劳动基准法"第二十二条,日本《劳动基准法》第24条,韩国《劳动基准法》第42条,《越南社会主义共和国劳动法典》第59条。

第九十条【直接支付】

用人单位应当将工资直接支付给劳动者本人。用人单位可采用现金、银行转账等便利劳动者的形式自行或委托第三方支付。劳动者无法受领的,可委托他人领取。用人单位未经劳动者同意,将工资支付给他人的,不免除用人单位的工资支付义务。

用人单位应当记录支付劳动者工资的数额、时间、领取人姓名以及签字,并保存三年以上备查。

用人单位在支付工资时应当向劳动者提供支付工资清单。工资清单应当有支付单位名称、工资计发时段、发放时间、劳动者姓名等项目以及扣除项目、金额及其工资账号等记录。

【条文说明】参考《工资支付暂行规定》第六条,《深圳市员工工资支付条例》第十五条、第十六条,日本《劳动基准法》第24条,韩国《劳动基准法》第42条,《越南社会主义共和国劳动法典》第59条。

第九十一条【定时支付:工资支付周期】

工资至少每月支付一次。支付工资的具体日期由用人单位与劳动者约定,如遇节假日或休息日，则应提前在最近的工作日支付。

实行周、日、小时工资制的，可按周、日、小时支付工资，支付周期最长不得超过十五日。

实行工作任务工资制的，在单次工作任务完成后立即支付工资。完成任务时间超过一个月的，用人单位应当每月定时支付工资，支付标准由当事人约定，但不得低于最低工资标准。

对实行年薪制或按考核周期兑现工资的劳动者，用人单位应当每月按本单位平均工资的标准预付工资，年终或考核周期期满时结算。

劳动者的加班工资支付周期不得超过一个月。

【条文说明】参考《工资支付暂行规定》第七条、第八条，《深圳市员工工资支付条例》第八条、第九条、第十条，日本《劳动基准法》第24条，韩国《劳动基准法》第42条，《俄罗斯联邦劳动法典》第96条，《越南社会主义共和国劳动法典》第59条。

第九十二条【劳动关系解除或终止时的工资支付】

劳动关系双方依法解除或终止劳动合同时，用人单位应在解除或终止劳动合同时一次付清劳动者工资。

【条文说明】参考《工资支付暂行规定》第九条、《深圳市员工工资支付条例》第十三条。

第二节 最低工资

本节执笔人：李海明

第九十三条【最低工资制度】

国家实行最低工资保障制度。

工资中的固定性报酬不得低于最低工资标准。实行计件工资或提成工资等工资形式的用人单位，在科学合理的劳动定额基础上，其支付劳动者的工资不得低于相应的最低工资标准。

劳动合同没有约定固定性报酬，也无法通过集体合同或用人单位规章制度确定固定性报酬的，劳动者有权按照同工同酬标准请求用人单位支付固定性报酬。

【条文说明】本条是关于最低工资制度的原则性规定，明确了最低工资的效力。

第九十四条【计算最低工资时固定性报酬的范畴】

在劳动者提供正常劳动的情况下，剔除下列事项后的工资构成劳动者的固定工资：

（一）延长工作时间工资；

（二）中班、夜班、高温、低温、井下、有毒有害等特殊工作环境、条件下的津贴；

（三）法律、行政法规和国家规定的劳动者福利待遇等。

【条文说明】参考《最低工资规定》第十二条。

第九十五条【最低工资标准的形式】

最低工资标准一般采取月最低工资标准和小时最低工资标准的形式。月最低工资标准适用于全日制就业劳动者，小时最低工资标准适用于非全日制就业劳动者。特定行业的最低工资标准也可以采取计件最低工资标准。

【条文说明】参考《最低工资规定》第五条。

第九十六条【最低工资标准的制定机制或规定权限】

最低工资标准的确定由国务院人力资源社会保障行政部门负责。

不同行政区域、不同行业可以有不同的最低工资标准。国家逐渐促进不同行政区域最低工资标准的统一。

地市级以上人力资源社会保障行政部门设立最低工资标准制定委员会。最低工资标准制定委员会由政府、工会、企业的代表组成。人力资源社会保障行政部门可向最低工资标准制定委员会提议本行政区域的最低工资标准方案。行业协会或工会可向最低工资标准制定委员会提议本行业的最低工资标准方案。

【条文说明】参考《最低工资规定》第八条，我国台湾地区"劳动基准法"第二十一条。

第九十七条【最低工资标准的确定依据和调整职责】

最低工资标准的确定和调整办法由国务院人力资源社会保障行政部门制定。

确定和调整最低工资标准应当综合参考下列因素：

（一）劳动者本人及平均赡养人口的最低生活费用；

（二）社会平均工资水平；

（三）劳动生产率；

（四）就业状况；

（五）地区之间经济发展水平的差异；

（六）行业之间的工资差异。

最低工资标准制定委员会应每年审议上一年度的最低工资标准，并适时调整最低工资标准。

【条文说明】参考《最低工资规定》第六条、第十条。

第九十八条【最低工资标准的实施与监督】

用人单位所在地和劳动合同履行地最低工资标准不一致的，以较高的标准为准；行业最低工资标准和区域最低工资标准不一致的，以较高的标准为准。

县级以上地方人民政府人力资源社会保障行政部门负责对本行政区域内用人单位执行本规定的情况进行监督检查。

各级工会组织依法对本规定执行情况进行监督，发现用人单位支付劳动者工资违反本规定的，有权要求当地劳动行政主管部门处理。

【条文说明】参考《最低工资规定》第五条。

第九十九条【用人单位违反最低工资标准规定的法律责任】

用人单位违反最低工资标准规定的，由人力资源社会保障行政部门责令其限期补发所欠劳动者工资，并可责令其按劳动者应得固定性报酬的五倍支付劳动者赔偿金。

【条文说明】参考《最低工资规定》第十三条。

第三节　特殊情况下的工资支付

本节执笔人：李文涛　沈建峰　李海明

第一百条【紧急支付】

劳动者遇有紧急情况不能维持基本生活时，用人单位应当按照不低于最低工资的标准向劳动者预支不少于一个月或一个支付周期的工资。

【条文说明】参考韩国《劳动基准法》第44条、日本《劳动基准法》第25条、《越南社会主义共和国劳动法典》第67条。

第一百零一条【特殊支付：参与社会活动的特殊支付】

劳动者在正常工作时间内，有下列情形之一的，视为提供正常劳动，用人单位应支付工资：

（一）依法行使选举权或被选举权；

（二）当选代表出席乡（镇）、区以上政府、党派、工会、青年团、妇女联合会等组织召开的会议；

（三）作为人民陪审员参加审判活动或者作为证人参加诉讼、仲裁活动；

（四）出席劳动模范、先进工作者大会；

（五）《工会法》规定的工会基层委员会非专职委员因工会活动占用的生产或工作时间，集体协商代表、工会筹集负责人、职工董事监事等参加活动也应纳入；

（六）参与见义勇为、抢险救灾、疫情防控、应急救援、国防动员或其他社会公益活动；

（七）其他依法参加的社会活动。

第六项规定的抢险救灾、疫情防控、应急救援等社会公益活动由民政行政部门依法认定；国防动员由全国人民代表大会常务委员会依照宪法和有关法律的规定决定。

【条文说明】参考《中华人民共和国国防动员法》第五十三条、《职业病防治法》第三十九条、《中华人民共和国刑事诉讼法》第六十五条、《中华人民共和国人民法院组织法》第三十四条、《中华人民共和国突发事件应对法》第九十一条、《工资支付暂行规定》第十条、《深圳市员工工资支付条例》第二十七条、《俄罗斯联邦劳动法典》第114条。

第一百零二条【用人单位不安排劳动者劳动时的工资支付】

除本法另有特别规定外，劳动者提供劳动，用人单位未安排劳动者劳动的，劳动者有权要求支付约定的报酬，而无事后补充提供劳动的义务。但劳动者因未提供劳动而节省的费用或者因转向他处提供劳务而取得的或者恶意怠于取得的收益应予以扣除。

【条文说明】参考《德国民法典》第615条。

第一百零三条【停工停业期间的特殊支付】

非劳动者原因造成用人单位停工、停产、停业在一个工资支付周期的，用人单位应当按劳动合同约定的标准支付工资。超过一个工资支付周期，劳动者提供劳动的，用人单位应继续支付劳动者正常工资；劳动者未提供劳动的，用人单位应当按照不低于本地最低工资标准的百分之八十支付劳动者生活费，生活费发放至用人单位复工、复产或者解除劳动关系为止。劳动者因用人单位停工、停产、停业获得其他收入或者恶意放弃其他收入的，用人单位支付上述生活费时，有权扣除相关数额。

因劳动者原因导致用人单位停工、停产、停业的，用人单位有权拒绝向劳动者一方支付停产停业期间的工资。

【条文说明】参考《工资支付暂行规定》第十二条、《深圳市员工工资支付条例》第二十八条。

第一百零四条【因自然原因、公共原因造成劳动给付障碍的工资给付】

因自然灾害、抢险救灾、疫情防控等导致劳动者无法提供劳动的，用人单位应按照当地最低工资向劳动者支付生活费至上述原因消除时止，但最长不超过六个月。劳动者在此期间获得其他劳动收入或政府专项补贴的，用人单位可在支付生活费时予以扣除。

【条文说明】本条是关于自然灾害、抢险救灾、疫情防控等导致劳动者无法劳动，用人单位无法接受劳动时的工资支付规则。

第四节 工资支付保障

本节执笔人：李文涛

第一百零五条【扣除工资禁止和法定例外】

用人单位不得扣除劳动者工资。有下列情况之一的，用人单位可以代扣劳动者工资，但是每月扣减后的劳动者工资余额不得低于当地最低工资标准：

（一）用人单位代扣代缴的个人所得税；

（二）用人单位代扣代缴的应由劳动者个人负担的各项社会保险费用；

（三）法院判决、裁定中要求代扣的抚养费、赡养费；

（四）法律、行政法规规定可以从劳动者工资中扣除的其他费用。

【条文说明】参考《工资支付暂行规定》第十五条、第十六条，《深圳市员工工资支付条例》第三十三条，我国台湾地区"劳动基准法"第二十六条，《保护工资公约》（第95号公约）和第85号同名建议书，《俄罗斯联邦劳动法典》第96条、第118条、第119条、第121条，《越南社会主义共和国劳动法典》第60条。

第一百零六条【劳动者对用人单位赔偿责任及其限制】

劳动者因故意或重大过失造成用人单位财产损失的，应当向用人单位承担赔偿责任，但应扣除用人单位经营风险等引发的损害。在确定赔偿额度时，应基于地区、行业、岗位等因素，考虑劳动者年龄、工资水平、家庭收入和开支等情形酌情予以减少。

用人单位可以从劳动者工资中扣除上述赔偿数额，但每月扣除部分不得超过劳动者当月工资的百分之二十，扣除后的剩余工资不得低于当地月最低工资标准。

【条文说明】参考《工资支付暂行规定》第十五条、第十六条，《深圳市员工工资支付条例》第三十三条，我国台湾地区"劳动基准法"第二十六条，《保护工资公约》（第95号公约）和第85号同名建议书，《俄罗斯联邦劳动法典》第96条、第118条、第119条、第121条，《越南社会主义共和国劳动法典》第60条。

第一百零七条【抵销禁止】

用人单位不得以其对劳动者享有的债权抵销对劳动者负担的工资债务，法律另有规定除外。

用人单位违法抵销工资债务的，抵销行为无效。

【条文说明】参考《德国民法典》第394条、日本《劳动基准法》第17条。

第一百零八条【撤销禁止】

用人单位的债权人不能撤销用人单位向劳动者支付工资的清偿行为。但是，劳动者与用人单位恶意串通损害债权人利益的除外。

【条文说明】参考《民法典》第五百三十九条、《最高人民法院关于适用〈中华人民共和国企业破产法〉若干问题的规定（二）》第十六条。

第一百零九条【代位禁止】

劳动者的债权人不能代位行使劳动者对用人单位的工资债权。

【条文说明】参考《民法典》第五百三十五条、我国台湾地区"民法典"第二百四十三条。

第一百一十条【让与禁止】

劳动者对用人单位的工资债权不能让与第三人。但是，法律另有规定除外。

【条文说明】参考《民法典》第五百四十五条、我国台湾地区"民法典"第二百九十四条。

第一百一十一条【工资优先权】

用人单位解散清算时，劳动者的工资、社会保险费用债权依法优先受偿。用人单位解散清算前六个月最低工资标准内的职工工资债权优先于担保物权受偿。

【条文说明】参考《中华人民共和国企业破产法》第一百一十三条、《中华人民共和国公司法》（简称《公司法》）第二百三十六条、《中华人民共和国合伙企业法》（简称《合伙企业法》）第八十九条、《中华人民共和国商业银行法》（简称《商业银行法》）第七十一条、《工资支付暂行规定》第十四条、我国台湾地区"劳动基准法"第二十八条、《法国劳动法典》第143条至第147条。

第一百一十二条【不具备用工主体资格而用工时的工资支付保障】

用工单位使用个人、不具备合法经营资格的单位或者未依法取得劳务派遣许可证的单位招用的劳动者用工，发生工资拖欠的，用工单位承担清偿责任。

不具备合法经营资格的单位招用劳动者，劳动者已经付出劳动的，该用工单位或者其出资人应当依据《劳动合同法》向劳动者支付劳动报酬、经济补偿、赔偿金；给劳动者造成损害的，应当承担赔偿责任。

个人承包经营违法招用劳动者，导致拖欠劳动者工资的，发包单位应承担补充清偿责任；给劳动者造成损害的，劳动者可以向发包的组织或个人承包经营者主张赔偿责任。

【条文说明】参考《保障农民工工资支付条例》第十八条、第十九条，《劳动合同法》第九十三条、第九十四条。

第一百一十三条【非法人组织工资权益保护】

合伙企业、个人独资企业、个体经济组织、个体工商户等用人单位拖欠劳动者工资的，应当依法予以清偿；不清偿的，由出资人或投资人依法清偿。

【条文说明】参考《保障农民工工资支付条例》第二十条，《合伙企业法》第九十二条，《中华人民共和国个人独资企业法》(简称《个人独资企业法》)第三十一条、第三十九条，《民法典》第一百零四条。

第一百一十四条【用人单位合并、分立、变更时工资权益保护】

用人单位合并、分立、变更时，应当在实施合并、分立、变更前依法清偿拖欠的劳动者工资；分立后的用人单位对拖欠的劳动者工资承担连带责任。经与劳动者书面协商一致的，可以由合并、分立、变更后承继其权利和义务的用人单位清偿。

【条文说明】参考《保障农民工工资支付条例》第二十一条，《民法典》第六十七条，《公司法》第二百二十一条、第二百二十三条。

第一百一十五条【用人单位解散时工资权益保护】

用人单位被依法吊销营业执照或者登记证书、被责令关闭、被撤销或者依法解散的，应当在申请注销登记前依法清偿拖欠的劳动者工资、社会保险费。

用人单位终止时未依法清算，造成劳动者损失的，直接负责的清算组成员以及其他清算义务人对用人单位拖欠的工资、社会保险费承担清偿责任。

未依据前款规定清偿劳动者工资的用人单位主要出资人，不得注册成立新用人单位。

【条文说明】参考《保障农民工工资支付条例》第二十二条，《公司法》第二百三十六条，《合伙企业法》第九十二条，《个人独资企业法》第二十九条，《商业银行法》第七十一条第二款。

第一百一十六条【建筑工人的特殊保护】

建设单位、施工单位、勘察设计单位违法将工程发包、分包、转包给其他组织或个人，该组织或个人拖欠劳动者工资的，发包单位应当向劳动者支付拖欠的工资。国务院可以制定保障建筑领域劳动者工资支付的特别规定。

【条文说明】参考《深圳市员工工资支付条例》第五十二条、第五十三条，《保障农民工工资支付条例》第二十九条、第三十条。

第一百一十七条【欠薪保障基金】

各级政府建立欠薪保障基金以及相关工资支付保证制度，保障劳动者工资支付。欠薪保障实行缴费与共济、垫付与追偿相结合的原则。

各级政府设立欠薪保障基金委员会，由各级政府、用人单位和劳动者等方面的人员组成。欠薪保障基金委员会职责如下：

（一）制定欠薪保障基金的有关管理制度；

（二）管理、监督欠薪保障基金的收支情况；

（三）决定大额欠薪保障基金的运用；

（四）定期向市政府报告欠薪保障基金的管理情况；

（五）协调欠薪保障的有关工作。

【条文说明】参考我国台湾地区"劳动基准法"第二十八条，《深圳经济特区企业欠薪保障条例》第六条。

第一百一十八条【欠薪保障基金的日常管理】

人力资源社会保障行政部门是欠薪保障工作的主管部门，并作为欠薪保障基金委员会的日常办事机构，履行以下职责：

（一）负责欠薪保障基金的日常管理工作；

（二）接受要求垫付欠薪的申请；

（三）追偿已垫付的工资；

（四）定期向欠薪保障基金委员会报告基金收支情况；

（五）完成欠薪保障基金委员会交办的其他工作。

【条文说明】参考《深圳经济特区企业欠薪保障条例》第七条。

第一百一十九条【欠薪保障基金的审计】

欠薪保障基金的收取、垫付、追偿、结存及运作等情况，接受审计部门审计。

欠薪保障基金委员会每年应当将审计结果向社会公布。

【条文说明】参考《深圳经济特区企业欠薪保障条例》第十三条。

第一百二十条【欠薪保障基金的来源】

欠薪保障基金来源如下：

（一）欠薪保障费及其利息收入；

（二）欠薪保障基金的投资收益；

（三）财政补贴。

【条文说明】参考《深圳经济特区企业欠薪保障条例》第八条。

第一百二十一条【欠薪保障费的缴纳】

用人单位每年缴纳一次欠薪保障费，其标准为上年度当地政府公布的最低月工资标准的百分之七十。欠薪保障费在用人单位成本中列支。对于信用记录良好、无欠薪记录的用人单位，可以依法减免欠薪保障费。

税务管理部门负责向用人单位收取欠薪保障费。对新成立的用人单位，在办理工商登记注册时收取；对已成立的用人单位，在办理用人单位年检时收取。

人力资源社会保障行政部门在银行设立欠薪保障基金专户。税务管理部门应当将收取的欠薪保障费转入欠薪保障基金专户。

【条文说明】参考《深圳经济特区企业欠薪保障条例》第九条、第十条、第十一条。

第一百二十二条【垫付欠薪的条件】

垫付欠薪须同时符合下列条件：

（一）用人单位欠薪基于下列情形之一：人民法院依法受理破产申请、依法整顿或经审计资不抵债且无力支付劳动者工资的投资者或经营者隐匿或逃跑。

（二）劳动者个人被欠薪数额五百元以上的。

（三）垫付欠薪申请期限前三个月以内的欠薪。

垫付欠薪的数额以劳动者实际被拖欠的工资总额为限，但最高不超过上年度职工年平均工资的百分之二十。

【条文说明】参考《深圳经济特区企业欠薪保障条例》第十四条、第十五条。

第一百二十三条【垫付欠薪的追偿】

劳动者领取垫付工资后,领取部分的工资债权自动转让给人力资源社会保障行政部门;未获垫付部分,劳动者有权继续追偿。

因投资者或经营者隐匿或逃跑造成欠薪后其劳动者获得垫付工资的,人力资源社会保障行政部门可提请人民法院冻结其账户,查封其资产或者扣押、拍卖其资产偿还所垫付工资并追究其他法律责任。

【条文说明】参考《深圳经济特区企业欠薪保障条例》第二十条、第二十三条。

第一百二十四条【欠薪保障基金的费用支出和投资】

经欠薪保障基金委员会决定,欠薪保障基金可用于与基金的管理直接相关的费用支出,但总额不得超过当年收取欠薪保障费总额的百分之一。

欠薪保障基金可用于国家债券等能保值、增值的投资项目,但投资总额不得超过欠薪保障基金余额的百分之十。

【条文说明】参考《深圳经济特区企业欠薪保障条例》第十二条。

第五章 职业安全健康、劳动者人格保护与惩戒

本章执笔人:向春华 丁皖婧 沈建峰

第一节 职业安全健康保护

本节执笔人:向春华

第一百二十五条【国家的立法、执法、监管义务】

国家应当加强劳动者职业安全健康保护,完善职业安全健康保护立法,严格职业安全健康保护执法。

【条文说明】参考《宪法》第二十一条、第三十三条、第四十二条,《基本医疗卫生与健康促进法》第二十三条。

第一百二十六条【各级人民政府的职业安全健康保护职责】

国务院和县级以上地方各级人民政府应当制定职业安全健康保护规划,将其纳入国民经济和社会发展计划,并组织实施。

县级以上人民政府统一负责、领导、组织、协调本行政区域的职业安全健康保护工作,支持、督促各有关部门依法履行职业安全健康保护监督管理职责,及时解决职业安全健康保护监督管理中存在的重大问题。

【条文说明】参考《安全生产法》第八条、第九条,《职业病防治法》第十条,《基本医疗卫生与健康促进法》第七条,《精神卫生法》第七条。

第一百二十七条【职业安全健康保护强制性标准的制定与实施】

国务院各部门按照职责分工负责职业安全健康保护强制性国家标准的提出、组织起草、征求意见、技术审查,并根据科技进步和经济社会发展适时修订。

【条文说明】参考《安全生产法》第十一条、第十二条,《职业病防治法》第十二条。

第一百二十八条【职业安全健康服务体系与服务机构建设】

各级人民政府应当建立和完善职业安全健康服务体系,统筹推进职业病诊断鉴定机构、职业健康检查机构、职业健康技术服务机构等组织的发展,提高职业安全健康服务水平。

【条文说明】参考《安全生产法》第十五条、《职业病防治法》第二十七条、《基本医疗卫生与健康促进法》第五条。

第一百二十九条【国家职业安全健康保护教育培训义务】

各级人民政府及其有关部门应当采取多种形式,加强、鼓励和支持职业安全健康保护教育和培训,培育职业安全健康文化,提高用人单位和劳动者职业安全健康意识。

【条文说明】参考《安全生产法》第十三条、《职业病防治法》第十一条。

第一百三十条【国家职业安全健康保护技术研究与奖励义务】

国家鼓励和支持有利于职业安全健康保护的技术、工艺、设备、材料的开发及使用,对在职业安全健康保护方面取得显著成效的单位和个人予以奖励。

【条文说明】参考《安全生产法》第十八条、第十九条,《职业病防治法》第八条、第十三条、第二十三条,《基本医疗卫生与健康促进法》第十三条,《精神卫生法》第十一条、第十二条。

第一百三十一条【用人单位的一般性保护义务】

用人单位应当严格遵守职业安全健康保护法律、行政法规以及强制性标准,并应在现代科技和生产安全技术可以达到的范围内,提供安全的劳动环境并采取必要的劳动保护措施,保护劳动者的安全与健康。

【条文说明】参考《安全生产法》第四条、第二十条,《职业病防治法》第四条、第十四条、第十五条、第二十二条。

第一百三十二条【用人单位的职业安全健康保护职责】

用人单位应当建立健全职业安全健康保护责任制,提高职业安全健康保护水平,对本单位产生的职业安全健康损害承担责任。

用人单位应当采取下列职业安全健康保护措施:

(一)依法设置职业安全健康保护机构,配备专职或者兼职的职业安全健康保护管理人员;

(二)制定职业安全健康保护计划和实施方案;

(三)建立健全职业安全健康保护规章制度和操作规程;

(四)建立健全劳动者职业安全健康保护监护档案;

(五)建立健全职业安全健康危害因素监测及评价制度;

(六)建立健全职业安全健康危害事故应急救援预案。

【条文说明】参考《安全生产法》第四条、第二十条,《职业病防治法》第五条、第二十条。

第一百三十三条【用人单位的警示标识设置与警示信息告知义务】

用人单位应当充分告知劳动者本单位职业安全健康危害因素,采取显著方式设置职业安全健康警示标识。

【条文说明】参考《安全生产法》第三十五条、《职业病防治法》第二十四条。

第一百三十四条【用人单位职业安全健康保护教育培训义务】

用人单位应当对劳动者开展职业安全健康保护宣传教育和培训，保证劳动者具备必要的职业安全健康保护知识，熟悉有关的职业安全健康保护规章制度和操作规程，掌握本岗位的操作技能，了解事故应急处理措施，知悉自身在职业安全健康保护方面的权利和义务。未经职业安全健康保护教育和培训合格的劳动者，不得上岗作业。

用人单位应当建立职业安全健康保护教育和培训档案，如实记录职业安全健康保护教育和培训的时间、内容、参加人员以及考核结果等情况。

【条文说明】参考《安全生产法》第二十八条，《职业病防治法》第三十四条、第三十九条、第四十条。

第一百三十五条【用人单位的职业安全健康监测及体检义务】

用人单位应当建立劳动者职业安全健康监测制度，定期组织劳动者进行职业安全健康检查，并承担职业安全健康检查费用。劳动者接受职业安全健康检查的时间视同正常出勤。

劳动者职业安全健康检查费用可以依照国家规定纳入基本医疗保险及/或工伤保险基金支付范围。

对于遭受职业安全健康损害的劳动者，在必要情形下，用人单位应当合理调整劳动者的工作。

【条文说明】参考《安全生产法》第二十三条，《职业病防治法》第四条、第十五条、第二十四条、第三十五条，《基本医疗卫生与健康促进法》第二十三条第二款、第七十九条，《精神卫生法》第十五条、第五十八条。

第一百三十六条【劳动者的参与权】

劳动者有权对用人单位提供必要的职业安全健康环境、采取必要的职业安全健康保护措施提出意见与建议，以各种形式直接或者通过工会等参与制定相关制度与规则。

【条文说明】参考《安全生产法》第五十三条、第五十九条，《职业病防治法》第三十九条。

第一百三十七条【劳动者给付请求权】

劳动者有权要求用人单位提供必要的职业安全健康保护，对用人单位享有下列权利：

（一）了解工作或工作场所产生或者可能产生的职业安全健康危害因素、危害后果和应当采取的职业安全健康保护措施；

（二）获得职业安全健康教育、培训；

（三）获得职业安全健康检查、诊疗、康复等服务；

（四）要求建立必要的职业安全健康保护设施，提供必要的职业安全健康保护用品。

【条文说明】参考《职业病防治法》第四条、第二十二条、第三十九条。

第一百三十八条【劳动者拒绝给付权】

劳动者在工作场所或工作过程中，遇有对其安全与健康有紧急危害的情况时，可在向其直接上级主管报告后停止工作。除非用人单位已采取防止危害的有效措施，否则不得要求该劳动者复工。

劳动者在前款规定的停止工作期间，用人单位应当正常支付工资。

【条文说明】参考《安全生产法》第五十五条、《职业病防治法》第三十九条。

第一百三十九条【劳动者损害赔偿请求权】

劳动者在工作场所遭受损害，符合工伤保险法律法规规定的，依法享有工伤保险权益。劳动者享有工伤保险权益时不能要求用人单位承担民事赔偿责任，除非用人单位对损害的发生存在故意或重大过失。劳动者以用人单位存在故意或重大过失为由要求用人单位承担赔偿责任时，不得再提出工伤保险给付请求。

劳动者在工作场所遭受损害，不符合工伤保险法律法规规定的，用人单位应当承担赔偿责任。用人单位证明已经提供必要的劳动环境，或已采取必要的劳动保护措施的，不承担赔偿责任。

【条文说明】参考《安全生产法》第五十六条、《职业病防治法》第五十八条。

第一百四十条【工会的权利与义务】

工会有权对用人单位的职业安全健康保护义务履行情况进行监督，维护劳动者的职业安全健康权益。经劳动者委托或在不与劳动者诉求冲突的前提下，工会可以代表劳动者对用人单位提出给付请求、损害赔偿请求，并有权启动法律救济程序。

用人单位制定或者修改有关职业安全健康保护的规章制度，应当通过职工大会或者职工代表大会听取劳动者意见，并与工会协商。

【条文说明】参考《安全生产法》第六十条、《职业病防治法》第四条第三款。

第一百四十一条【跨部门执法与协调】

各级人民政府应当组织有关部门按照职责分工，对职业安全健康保护工作进行监督检查及执法。

用人单位涉及职业安全健康保护的规章制度应在制定完成或修改后十五日内向人力资源社会保障行政部门报备，人力资源社会保障行政部门认为其违反法律规定或者欠缺合理性的，有权责令用人单位修改。

【条文说明】在现行法律体系下，职业安全健康保护涉及多个政府机构，需要由政府进行组织协调。

【条文说明】参考《安全生产法》第六十二条、第六十五条。

第一百四十二条【行业协会的职能】

行业协会等组织依照法律、行政法规和章程，承担制定职业安全健康保护行业标准等工作，提供职业安全健康评估、培训等服务，促进职业安全健康保护事业发展。

【条文说明】参考《安全生产法》第十四条。

第一百四十三条【引致条款】

关于职业安全健康保护事务，其他法律、行政法规有明确规定的，适用其他法律、行政法规。其他法律、行政法规没有明确规定的，适用本法规定。

【条文说明】在现行法律体系下，职业安全健康保护涉及多个法律、行政法规，有明确规定的，适用其规定；没有明确规定的，适用本规定，这也是基本劳动标准法的意蕴所在。

第二节 劳动者的人格权益保护

本节执笔人：丁皖婧

第一百四十四条【用人单位保障劳动者生命权、身体权和健康权的义务】

劳动者享有生命权、身体权和健康权，用人单位不得以任何方式侵害劳动者的生命权、身体权和健康权。

用人单位未按照《劳动法》《安全生产法》等法律法规以及本法规定保障劳动者工作安全，致使劳动者生命权、身体权、健康权受到侵害或者处于其他危难情形的，应当及时施救。用人单位未及时施救的，劳动者有权向人力资源社会保障行政部门投诉。

用人单位违章指挥、强令劳动者冒险作业，可能危害劳动者生命、身体和健康的，劳动者有权拒绝执行并向人力资源社会保障行政部门投诉。

用人单位违章指挥、强令劳动者冒险作业发生重大伤亡事故，严重损害劳动者生命权、身体权和健康权并构成犯罪的，应当对责任人员依法追究刑事责任。

【条文说明】参考《民法典》第一千零二条至第一千零五条、《劳动保障监察条例》第九条、《劳动法》第五十六条、第九十三条。

第一百四十五条【用人单位保障劳动者名誉权的义务】

劳动者离职后，原用人单位不得以歪曲、侮辱、诽谤等方式发布损害劳动者品德、声望、才能、信用等社会评价影响劳动者后续就业。

劳动者有证据证明原用人单位发布的内容失实侵害其名誉权的，有权请求原用人单位及时采取更正或者删除等必要措施消除对其后续就业的影响。用人单位拒不删除给劳动者造成损害的，劳动者有权向用人单位要求损害赔偿并向人力资源社会保障行政部门投诉。

【条文说明】本条主要为了规范司法实践中，原用人单位发布有损劳动者名誉权的内容，影响劳动者后续就业的情形。

【条文说明】参考《民法典》第一千零二十四条、第一千零二十八条。

第一百四十六条【用人单位保障劳动者荣誉权的义务】

劳动者荣誉权受法律保护。用人单位有证据证明劳动者存在《劳动合同法》第三十九条第二款至第六款的情形的，可以撤销其授予劳动者的荣誉称号。

用人单位决定撤销其授予劳动者的荣誉称号的，应先行通知工会和劳动者并为劳动者提供说明和申诉的必要途径。

用人单位违反法律规定或者未依照前款程序撤销劳动者荣誉称号给劳动者造成损害的，劳动者有权向用人单位要求损害赔偿并向人力资源社会保障行政部门投诉。

【条文说明】用人单位可能会因对劳动者的处罚而撤销已经颁发给劳动者的荣誉。设置本条的目的是防止用人单位在没有合法事由、未经合法程序时随意撤销授予劳动者的荣誉，损害劳动者荣誉权的情形。因荣誉权也涉及劳动者的切身利益，故本条设置时考虑用人单位在撤销劳动者荣誉称号时，应当给劳动者提供必要的说明和解释程序，听取工会和劳动者的意见。

【条文说明】参考《民法典》第一千零三十一条，《劳动合同法》第四条、第三十九条。

第一百四十七条【劳动者的隐私权】

劳动者享有隐私权，用人单位侵害劳动者隐私权并造成损害的，应当承担相应的民事责任。

除本法规定外，劳动者的隐私权保护适用《民法典》《个人信息保护法》等其他法律、行政法规的规定。

【条文说明】劳动者享有《民法典》规定的隐私权，但是基于劳动关系的特殊性，用人单位对劳动者隐私权的保护有别于普通民事主体之间的隐私权保护。本条作为劳动者隐私权保护的一般条款，后续条款是对劳动者隐私权保护的针对性条款。

第一百四十八条【用人单位保障劳动者隐私权的义务】

除法律另有规定或者获得劳动者明确的同意外，用人单位不得实施下列行为：

（一）在非工作时间以电话、短信、即时通信工具、电子邮件、传单等方式侵扰劳动者的私人生活安宁；

（二）利用监控设备拍摄、窥视更衣室、卫生间、淋浴房、休息室或在远程办公时拍摄、窥视劳动者的住宅等私密空间；

（三）利用监控设备拍摄、窥视、公开劳动者的私密活动；

（四）利用监控设备拍摄、窥视劳动者身体的私密部位；

（五）处理或允许其他员工处理用人单位通过合法途径获取的劳动者私密信息；

（六）以其他方式侵害劳动者的隐私权。

用人单位违反第一款规定侵害劳动者隐私权，造成劳动者损害的，劳动者有权向用人单位要求损害赔偿并有权向人力资源社会保障行政部门投诉。

【条文说明】本条主要为了回应在数字时代及远程办公场景中，对用人单位通过技术手段侵害劳动者隐私权情形的规制。参考《民法典》第一千零三十三条。

第一百四十九条【劳动者知情同意权的例外】

用人单位为订立、履行、解除和终止劳动合同所必需，或者按照依法制定的用人单位规章制度和依法签订的集体合同实施人力资源管理所必需时，可以处理劳动者个人信息。

【条文说明】参考《个人信息保护法》第十三条。

第一百五十条【用人单位处理劳动者个人信息的条件】

用人单位处理劳动者个人信息，应当同时满足以下条件：

（一）明确征得劳动者的书面同意，但是法律、行政法规另有规定的除外；

（二）公开处理劳动者个人信息的规则和技术手段；

（三）明示处理劳动者个人信息的目的、方式和范围；

（四）不得违反法律、行政法规的规定。

用人单位应当依法制定涉及劳动者个人信息处理的规章制度，规范用人单位处理劳动者个人信息的行为。

用人单位违反前款规定或者单位制定的涉及劳动者个人信息处理的规章制度处理劳动者个人信息的，劳动者有权向人力资源社会保障行政部门投诉，给劳动者造成损害的，应当承担赔偿责任。

【条文说明】参考《劳动合同法》第四条、《民法典》第一千零三十五条。

第一百五十一条【用人单位使用处理个人信息设备的民主程序】

用人单位在工作场所使用处理劳动者个人信息的技术设备时，应当经职工代表大会或者全体职工讨论，与工会或者职工代表平等协商确定。

用人单位未经前款程序使用技术设备处理劳动者个人信息的，劳动者有权向人力资源社会保障行政部门投诉。

【条文说明】参考《劳动合同法》第四条，《德国企业组织法》第87条第1款第6项。

第一百五十二条【劳动者的删除权】

劳动者可以依法向用人单位查阅或者复制其个人信息；发现信息有错误的，有权提出异议并请求及时采取更正等必要措施。

劳动者发现用人单位违反法律、行政法规的规定以及用人单位规章制度或集体合同处理其个人信息的，有权要求用人单位及时删除。用人单位无正当理由不删除的，劳动者有权向人力资源社会保障行政部门投诉。给劳动者带来损害的，应当承担赔偿责任。

【条文说明】参考《民法典》第一千零三十七条。

第一百五十三条【用人单位的保密义务】

用人单位不得泄露或者篡改其收集、存储的劳动者个人信息；未经劳动者同意，不得向他人非法提供其个人信息，但是经过加工无法识别特定个人且不能复原的除外。

用人单位应当采取技术措施和其他必要措施，确保其收集、存储的个人信息安全，防止信息泄露、篡改、丢失；发生或者可能发生个人信息泄露、篡改、丢失的，应当及时采取补救措施，按照规定告知劳动者并向有关主管部门报告。

用人单位对已经解除或者终止劳动关系的劳动者个人信息最多保存两年备

查；法律、行政法规另有规定的，依照其规定。

用人单位违反本条第一款规定向他人提供劳动者个人信息，侵害劳动者名誉权并影响劳动者后续就业的，劳动者有权向人力资源社会保障行政部门投诉；导致劳动者不能就业的，应当承担支付不少于该劳动者三个月月平均工资的赔偿责任。

【条文说明】参考《民法典》第一千零三十八条、《中华人民共和国电子商务法》第三十一条、《劳动合同法》第五十条。

第一百五十四条【人力资源社会保障行政部门的保密义务】

人力资源社会保障行政部门对于履行劳动监察职责过程中知悉的劳动者隐私和个人信息，应当予以保密，不得泄露或者向他人非法提供。

【条文说明】参考《民法典》第一千零三十九条。

第一百五十五条【就业歧视的事由和类型】

劳动者就业，不因国籍、民族、种族、性别、宗教信仰、身份、地域、户籍、残疾、健康、年龄、学历等原因而遭受用人单位的直接歧视或间接歧视。

直接歧视指用人单位基于本条第一款所列事由直接对劳动者实施的相比于他人利益有所减弱的差别对待行为。

间接歧视指用人单位制定的表面中立的招聘规则、规章制度或劳动合同的解除和终止条款，导致劳动者因第一款所列事由受到或可能受到相比于他人利益有所减弱的差别对待行为。

【条文说明】根据《民事案件案由规定》，"平等就业权纠纷"置于"人格权纠纷"的"一般人格权纠纷"项下，故关于劳动者平等就业权的法条也放在劳动者人格权的最后一部分。本部分参考了《就业促进法》第三条、第三章，《德国一般平等待遇法》第3条，欧盟第2000/78/EC号指令第2条。

第一百五十六条【推定构成就业歧视的行为】

用人单位实施下列行为的，推定构成就业歧视：

（一）在招录（聘）过程中，除与工作相关的个人基本信息外，进一步询问或者调查求职者的婚育情况、家庭情况、宗教信仰等与工作无关的信息；

（二）在招录（聘）过程中，将妊娠测试作为职工入职体检项目；

（三）将职工结婚、怀孕、（陪）产假、哺乳等情形，作为录（聘）用条件或因此降低职工的工资和福利待遇，限制职工晋职、晋级、评聘专业技术职称和职务，辞退职工，单方解除劳动（聘用）合同或者服务协议；

（四）未对招用的残疾职工提供基本的劳动保护；

（五）在招用人员、劳动报酬、福利待遇、教育培训、工作任务分配、调岗调职、劳动合同解除和终止中对高龄劳动者设置不合理的标准，但国家规定的不适合高龄劳动者的工种或者岗位除外；

（六）在建立或终止劳动关系、职业安全保障、晋职、晋级以及职业培训等方面对远程工作劳动者设置相比相同或类似岗位劳动者更为严苛的条件；

（七）其他以本法第一百五十五条为由对劳动者实施的差别对待行为。

【条文说明】参考《妇女权益保障法》第四十三条、第四十八条，《法国劳动法典》第 L1222-9 条第 3 款。

第一百五十七条【不构成就业歧视的行为】

劳动者应当就用人单位实施就业歧视行为的事实承担初步举证责任，但是用人单位有证据证明其根据本法第一百五十六条所列事由实施的差别对待行为符合下列情形之一的，不构成就业歧视：

（一）与工作内在要求密切相关；

（二）因女职工生理特点，依据法律、行政法规等规定，拒绝招聘、录用、安排女职工从事可能对其身体健康造成损害的工作；

（三）因高龄劳动者身体健康原因，依据法律、行政法规等规定，拒绝招聘、录用、安排高龄劳动者从事可能对其身体健康造成损害的工作；

（四）劳动者经医学鉴定属于传染病病原携带者，并且在治愈前或者排除传染嫌疑前，根据法律、行政法规和国务院卫生行政部门规定禁止从事易使传染病扩散的工作。

【条文说明】本条的目的在于明确用人单位对抗辩事由的证明责任。参考《就业促进法》第三十条、《女职工劳动保护特别规定》、最高人民法院指导案例 185 号。

第一百五十八条【用人单位防治性骚扰的义务与具体措施】

用人单位应当采取下列措施防止和制止利用职权、从属关系等实施性骚扰的行为：

（一）制定禁止性骚扰的规章制度；

（二）明确负责机构或者人员；

（三）开展预防和制止性骚扰的教育培训活动；

（四）采取必要的安全保卫措施；

（五）设置投诉电话、信箱等，畅通投诉渠道；

（六）建立和完善调查处置程序，及时处置纠纷并保护劳动者隐私和个人信息；

（七）支持、协助受害劳动者依法维权，必要时为受害劳动者提供心理疏导；

（八）其他合理的预防和制止性骚扰措施。

本法所称性骚扰是指违背劳动者意愿，以言语、文字、图像、肢体行为等方式对劳动者实施的以性为取向的、有辱他人尊严的性暗示、性挑逗、性暴力等行为。

【条文说明】参考《民法典》第一千零一十一条、《妇女权益保障法》第二十三条。

第一百五十九条【禁止就业歧视的救济途径】

用人单位违反本法实施就业歧视的，劳动者可以向劳动保障监察部门投诉，也可以向人民法院提起诉讼。

【条文说明】参考《就业促进法》第六十二条、《妇女权益保障法》第七十七条。

第三节　用人单位惩戒

本节执笔人：沈建峰

第一百六十条【惩戒规则的明确化】

用人单位的劳动纪律以及违反劳动纪律的惩戒措施、惩戒程序应通过用人单位规章或集体合同明确规定。未规定的，用人单位不得对劳动者进行惩戒。

【条文说明】本条是用人单位劳动纪律和惩戒规则明确化的规定，不构成对用人单位惩戒的授权，而是从基本劳动标准法的角度设置了惩戒的规则限制。

第一百六十一条【惩戒措施的类型】

对劳动者违反劳动纪律的行为，用人单位可采取的惩戒措施包括警告、训诫、罚款、限制使用本单位特定公共设施、剥夺本单位授予的荣誉。

【条文说明】本条是用人单位惩戒措施类型的规定，限制用人单位惩戒的形式，避免了惩戒措施的侮辱性或者其他伤害性，并明确将解除排除在惩戒措施之外。

第一百六十二条【惩戒机构】

劳动者违纪行为的认定以及惩戒措施的作出应由用人单位惩戒委员会完成。惩戒委员会成员三至五人，其中应有不少于二分之一的劳动者代表，惩戒委员会负责人由劳动者代表和企业方代表协商确定。

惩戒决定以多数决定方式作出，无法形成多数决定的，惩戒委员会负责人可以追加一票。

惩戒委员会应依据本法以及其他法律制定组织规则。

【条文说明】本条是关于用人单位惩戒机构的规定，明确了惩戒作出的组织机构，引入了1/2劳动者参与决定的规则，避免用人单位单方作出惩戒决定。

第一百六十三条【惩戒的正当程序】

违纪行为认定以及惩戒措施作出应遵循正当程序，处理意见应以书面形式作出并阐明处理理由，保证劳动者申辩和申诉的机会，对劳动者同一违纪行为不得重复处罚。

【条文说明】本条是用人单位惩戒的正当程序要求，在提出遵循正当程序的基础上，特别明确了申辩、申诉的权利以及一事不再罚的要求。

第一百六十四条【用人单位罚款的特殊限制】

对劳动者实施罚款的，单项和当月累计处分金额不得超过该劳动者当月工资的百分之十；罚款所得由工会管理，未成立工会的由劳动者代表管理，用于劳动者培训、提高劳动者福利以及改善劳动者生活条件。

【条文说明】本条是对罚款这种惩戒措施的专门限制性规定,限制了罚款的额度以及罚款的用途,避免罚款成为用人单位的获利措施,也契合了本书所提出的自治罚的学说。

第六章 特殊群体基本劳动标准

本章执笔人:沈建峰 李 静 杨敬之 李 娜

第一节 一般规定

本节执笔人:沈建峰

第一百六十五条【特殊群体基本劳动标准的特别保护】

妇女、残疾人、未成年人、老年人、学生等基于其特殊的社会、生理、心理等因素在劳动力市场上处于弱势或特殊地位,在劳动过程中受到法律的特殊保护。

【条文说明】本条是特殊群体基本劳动标准特别保护的一般性规定,为其他弱势群体得到劳动基本法保护提供了可能。

第一百六十六条【特殊群体保护与反歧视】

国家应通过制度安排确保特殊群体基本劳动标准保护与反歧视制度协调发展,防止因特殊保护引发的就业歧视。

【条文说明】本条是关于特殊群体保护与反就业歧视制度协同发展的规定,授权国家采取措施实现上述目标。

第一百六十七条【特殊群体保护中的用人单位责任和利益】

用人单位应遵守本法规定,承担特殊群体基本劳动标准保护义务,履行社会责任。

用人单位因特殊群体基本劳动标准保护而承担特殊成本的,国家应对其给予税收、财政等方面的优惠政策。

【条文说明】本条明确了用人单位保护特殊群体的义务,同时授权国家对其进行特殊的优待和照顾。

第二节 女性劳动者特别保护

本节执笔人：李 静

第一百六十八条【用人单位劳动保护义务】

用人单位应当建立健全女性劳动者劳动保护的规章制度，改善女性劳动者的劳动安全卫生条件。对女性劳动者开展劳动安全卫生知识、职业技能以及劳动保护相关法律知识的教育和培训，预防女性劳动者在劳动中的职业病危害。

鼓励用人单位对女性劳动者开展心理健康讲座、提供心理咨询服务。

【条文说明】参考《女职工劳动保护特别规定》第三条、《上海市妇女权益保障条例》第四十四条、《浙江省女职工劳动保护办法》第六条。

第一百六十九条【禁忌从事范围告知义务】

用人单位应当执行国家对于女性劳动者禁忌从事的劳动范围的规定。

用人单位应当将本单位女性劳动者禁忌从事的劳动书面告知女性劳动者。

女性劳动者劳动禁忌范围由国务院具体规定，并应根据女性劳动者保护需要和生产技术进步等适时调整。

【条文说明】参考《女职工劳动保护特别规定》第四条第一款。

第一百七十条【工作条件保护】

用人单位不得安排女性劳动者在怀孕期间从事国家规定的第三级体力劳动强度的劳动和孕期禁忌从事的劳动。对怀孕七个月以上的女性劳动者，不得安排其延长工作时间和夜班劳动，并应当在劳动时间内安排一定的休息时间。

用人单位不得安排女性劳动者在哺乳未满一周岁的婴儿期间从事国家规定的第三级体力劳动强度的劳动和哺乳期禁忌从事的其他劳动，不得安排其延长工作时间和夜班劳动。

【条文说明】参考《劳动法》第六十一条、第六十三条，《女职工劳动保护特别规定》第六条、第九条第一款，《浙江省女职工劳动保护办法》第十一条。

第一百七十一条【工资保护】

用人单位不得因女性劳动者怀孕、生育、哺乳降低其工资和福利待遇，辞退或与其解除劳动合同。女性劳动者辞职，要求终止劳动合同的除外。

用人单位进行工资调整时，女性劳动者的产假、哺乳假视作正常出勤。

【条文说明】参考《妇女权益保障法》第四十八条、《女职工劳动保护特别规定》第五条。

第一百七十二条【调岗便利】

女性劳动者孕期或者哺乳期不适合原工作岗位的，用人单位应当予以调整或者改善劳动条件。

女性劳动者在孕期或者哺乳期可以申请采用弹性工作时间或者居家办公等方式进行劳动。在没有用工管理的特殊需要时，用人单位应同意上述女性劳动者要求。

女性劳动者更年期综合征症状严重，不适合原岗位工作的，可以申请减轻劳动量或者调整工作岗位。用人单位应当根据医疗机构证明和实际情况给予适当安排。

【条文说明】参考我国台湾地区"劳动基准法"第五十一条、《上海市妇女权益保障条例》第四十五条第四款、《江苏省女职工劳动保护特别规定》第十八条。

第一百七十三条【孕期保护】

女性劳动者妊娠期间在劳动时间内进行产前检查（包括妊娠十二周内的初查），所需时间计入劳动时间。

【条文说明】参考《女职工劳动保护特别规定》第六条、《上海市女职工劳动保护办法》第十三条。

第一百七十四条【特殊情况休息】

女性劳动者有流产先兆、习惯性流产史等特殊情形的，经医疗机构诊断证明，可以向用人单位提出休息、休养，用人单位应当予以适当安排。

【条文说明】参考《浙江省女职工劳动保护办法》第十三条。

第一百七十五条【哺乳假】

女性劳动者哺育未满一周岁婴儿期间，经二级及以上医疗保健机构证明患有产后严重影响母婴身体健康疾病，女性劳动者提出休息休假要求的，用人单位应当批准其哺乳假。

女性劳动者按照有关规定享受哺乳假期间，其工资不得低于本人原工资的百分之八十，并不得低于所在地区最低工资标准。

【条文说明】参考《上海市妇女权益保障条例》第四十五条。

第一百七十六条【产后复工】

女性劳动者产假期满恢复工作时，允许有一周至两周的时间逐步恢复原定额的劳动量。

用人单位应安排女性劳动者在原岗位上班，如因特殊情况需要变动女性劳动者工作岗位的，应经女性劳动者同意。

【条文说明】参考《江苏省女职工劳动保护特别规定》第十五条。

第一百七十七条【女性劳动者哺乳时间】

用人单位应当为哺乳期女性劳动者在每班劳动时间内安排两次哺乳时间（包括人工喂养）。每次单胎纯哺乳时间为三十分钟，也可将两次哺乳时间合并使用。多胞胎生育者，每多生一胎，每次哺乳时间增加一小时。

婴儿满一周岁后，经区、县级以上医疗保健机构确诊为体弱儿的，可适当延长女性劳动者哺乳时间，但最长不超过六个月。

哺乳时间及在本单位内的往返时间，视为劳动时间。

【条文说明】参考《女职工劳动保护特别规定》第九条第二款、我国台湾地区"劳动基准法"第五十二条、《上海市女职工劳动保护办法》第十五条。

第一百七十八条【特别需求环境建设】

女性劳动者集中的用人单位应当建立女性劳动者卫生室、孕妇休息室、哺乳室，解决女性劳动者在生理卫生、哺乳方面的困难。

女性劳动者集中且存在用厕困难的，应当增加厕所数量或者提高女厕位的比例。

用人单位新建、扩建、改建生产工作用房时，应当按照国家标准，设计、安装女性劳动者劳动保护设施。

【条文说明】参考《女职工劳动保护特别规定》第十条、《浙江省女职工劳动保护办法》第二十条。

第三节 未成年工保护及童工保护

本节执笔人：杨敬之　沈建峰

第一百七十九条【未成年工、童工以及未成年人劳动保护的界定】

本法所称未成年工是指年满十六周岁，未满十八周岁的劳动者；本法所称童工是指禁止用人单位招用的不满十六周岁的未成年劳动者。

本法所称未成年人劳动保护是指对未满十八周岁的人提供特殊劳动保护。

【条文说明】参考《劳动法》第十五条、《未成年工特殊保护规定》第二条第一款、《禁止使用童工规定》第二条。

第一百八十条【未成年人劳动保护的原则】

保护未成年工和未成年人的劳动权益应当坚持最有利于未成年人的原则。

根据不同年龄阶段未成年人的成长特点和规律，以及接受义务教育的需要，对未成年人采取特殊劳动保护。

【条文说明】参考《未成年人保护法》第四条、《未成年工特殊保护规定》第二条第二款。

第一百八十一条【未成年工备案制度】

招用未成年工的，应向人力资源社会保障行政部门备案。

【条文说明】参考《未成年工特殊保护规定》第九条。

第一百八十二条【招工童工的禁止与例外】

除本条第二款规定外，用人单位不得招用不满十六周岁的未成年人；禁止任何单位或者个人为不满十六周岁的未成年人介绍就业；禁止十六周岁的未成年人开业从事个体经营活动。

文艺、体育、特种工艺单位经未成年人的父母或者其他监护人同意及人力资源社会保障行政部门审批，可以招用不满十六周岁的专业文艺工作者、运动员等。用人单位应当保障被招用的不满十六周岁的未成年人的身心健康，保障其接受义务教育的权利。

文艺、体育、特种工艺单位招用不满十六周岁的专业文艺工作者、运动员等的规则，由国务院制定。

组织不满十六周岁的未成年人参与营业性演出、节目制作等活动的，活动组织者应当经未成年人的父母或者其他监护人同意，并在主管部门进行备案登记。组织者应当保障参与活动的不满十六周岁的未成年人的身心健康，保障其接受义务教育的权利。

不满十六周岁的未成年人参与演出、节目制作等活动的规则，由国务院有关部门制定。

【条文说明】参考《劳动法》第十五条，《禁止使用童工规定》第二条、第十三条。

第一百八十三条【工时限制】

用人单位应保障未成年工每日从事劳动不超过八小时，每工作四小时必须休息不少于一小时；不满十六周岁的未成年人参与营业性演出、节目制作等活动的，活动组织者应保障未成年人每日劳动不超过六小时，每劳动三小时必须休息不少于一小时。

【条文说明】参考《未成年人保护法》第六十一条第三款，《关于规范童模活动保护未成年人合法权益的意见》（浙江省杭州市滨江区人民检察院、杭州市滨江区市场监督管理局、共青团杭州市滨江区委员会联合颁发），《关于依法保障未成年演艺人员权益的实施意见》（浙江省东阳市检察院与东阳市教育局、公安局、民政局等多个机关、组织联合颁发）。

第一百八十四条【夜班禁止】

除有合理事由并采取必要的配套措施，且经过未成年人父母或者其他监护人以及未成年人本人同意，任何组织或者个人不得要求未成年人在夜晚十点之后从事劳动。禁止不满十六周岁的未成年人在夜晚十二点后工作。

未成年人参与演出、节目制作等活动，如有特殊原因需要晚于夜晚十二点后的，须报主管部门审批。

【条文说明】参考国际劳工组织《1948年工业部门未成年人夜间工作公约（第90号）》第3条第1款。

第一百八十五条【禁止劳动范围】

用人单位不得安排未成年工从事法律禁止范围内的劳动。未成年人禁止从事的劳动范围和工作场所范围由国务院人力资源社会保障行政部门具体确定。

【条文说明】参考《未成年工特殊保护规定》第四条、第五条。

第一百八十六条【教育保障】

用人单位以及演出、节目制作等活动的组织者应采取措施保障适龄未成年人接受义务教育，不得导致其失学、辍学或者变相辍学。

用人单位以及演出、节目制作等活动的组织者应积极创造条件为未成年人提供有针对性的青春期教育、心理健康教育、防治艾滋病等传染性疾病教育以及法治与德育教育等通识教育。未成年人保护组织、司法机关等应对其进行必要的支持和指导。

【条文说明】参考《中华人民共和国义务教育法》第五条、《未成年人保护法》第五条。

第一百八十七条【不满十六周岁未成年人的照护】

不满十六周岁的未成年人参与营业性演出、节目制作等活动，其监护人不能陪同而委托经纪人或其他相关人员进行照护的，必须出具委托照护说明书，不得委托具有违法行为、不良恶习、懈怠管教以及其他不适合的人代为照护。

对女性未成年人委托照护时，应当有女性工作人员参与照护。

【条文说明】参考《关于依法保障未成年演艺人员权益的实施意见》第十八条。

第一百八十八条【未成年工安全教育】

在未成年工上岗前，用人单位应对其进行专门的职业安全卫生教育、培训。

招聘未成年工时，应向其监护人说明劳动过程中的可能危害、风险以及用人单位保障采取的防护措施。

【条文说明】参考《未成年工特殊保护规定》第十条。

第一百八十九条【工作现场看护】

组织不满十六周岁的未成年人参与营业性演出、节目制作等活动时，活动组织者应建立现场看护制度，设立现场保护专员，由其检查现场安全保护措施等情况。现场保护专员发现未成年人合法权益受到威胁或侵害的，应当及时制止，采取保护措施，并及时报告公安机关等部门。

【条文说明】参考《未成年人保护法》第十一条、《关于依法保障未成年演艺人员权益的实施意见》第十七条。

第一百九十条【未成年工体检】

用人单位应组织未成年工每一季度参加一次体检。体检项目由国务院人力资源社会保障行政部门会同国务院卫生健康部门具体规定。未成年工的体检报告应保存不少于五年。

【条文说明】参考《未成年工特殊保护规定》第六条、第七条。

第一百九十一条【特别法的规定】

法律、行政法规对未成年工、未成年人的劳动保护有优于本法的特别规定的，依照其规定。不得通过任何规范性文件降低或者变相降低本法关于未成年工以及未成年人的保护标准。

第四节　残疾人劳动者特别保护

本节执笔人：李　静

第一百九十二条【残疾人劳动者的界定】

残疾人劳动者是指在心理、生理、人体结构上，某种组织、功能丧失或者不正常，全部或者部分丧失以正常方式进行劳动活动的人。

残疾人包括视力残疾、听力残疾、言语残疾、肢体残疾、智力残疾、精神残疾、多重残疾和其他残疾的人。

残疾标准由国务院规定。

【条文说明】参考《残疾人保障法》第二条。

第一百九十三条【国家创造残疾人劳动者就业环境的义务】

国家保障残疾人劳动者的平等就业权，各级人民政府应当为残疾人创造就业条件。

【条文说明】参考《宪法》第四十五条，《残疾人保障法》第三十条、第三十三条，《就业促进法》第二十九条，《残疾人就业条例》第二条，《第159号残疾人职业康复和就业公约》第2条、第3条。

第一百九十四条【残疾人劳动者就业过程中的平等权利】

用人单位在就业和职业方面不得对残疾人劳动者实行不平等的差别待遇。

【条文说明】参考《残疾人权利公约》第27条。

第一百九十五条【合理便利】

县级以上人民政府应当在所有的公共交通和公共场所提供无障碍设施，方便残疾人劳动者出行和上下班。

国家鼓励和支持用人单位开展就业场所无障碍设施建设和改造，为有无障碍需求的残疾人劳动者提供必要的劳动条件和便利。残疾人劳动者集中就业单位应当建设和改造无障碍设施。

用人单位应当根据残疾人劳动者的生理、心理特点，为残疾人劳动者提供合理的劳动保护，并根据实际需要，使劳动场所、劳动设备和生活设施达到适合残疾职工通行和使用的条件。

残疾人劳动者劳动场所、劳动设备、生活设施以及无障碍设施的具体标准由国务院人力资源社会保障行政部门在征求残疾人权益维护组织意见基础上制定。

【条文说明】参考《残疾人保障法》第三十八条第三款、第四款，《浙江省残疾人保障条例》第二十一条，《无障碍环境建设条例》第二条，《深圳市促进残疾人就业办法》第七条，《无障碍环境建设法》第二条。

第一百九十六条【专项培训】

用人单位应当对残疾人劳动者进行岗位技术培训，提高其劳动技能和技术水平。县级以上人民政府应当对残疾人劳动者进行岗位技术培训予以补贴。具体标准由国务院规定。

【条文说明】参考《残疾人保障法》第三十九条。

第一百九十七条【劳动报酬】

具有一定劳动能力的残疾人劳动者，达到法定就业年龄，有权从事力所能及的职业活动并取得相应的劳动报酬。

残疾人劳动者享有与非残疾人劳动者同工同酬的权利。

第一百九十八条【劳动定额】

用人单位应根据残疾人劳动者的身心障碍情况合理确定劳动定额。用人单位制定劳动定额标准时应听取工会、残疾人劳动者代表以及残疾人权益维护组织的意见。

【条文说明】参考《广东省实施〈中华人民共和国残疾人保障法〉办法》第三十七条。

第一百九十九条【禁止歧视】

用人单位在职工招用、转正、晋级、职称评定、培训进修、劳动报酬、生活福利、休息休假、社会保险等方面，不得歧视残疾人劳动者。

【条文说明】参考《上海市实施〈中华人民共和国残疾人保障法〉办法》第三十六条。

第五节　高龄劳动者保护

本节执笔人：李　娜

第二百条　国家对高龄劳动者实行特殊劳动保护。

本法所称高龄劳动者是指年满五十周岁未满六十五周岁的劳动者。

六十五周岁以上的劳动者可以参照适用本节关于高龄劳动者保护的规定。

【条文说明】本法中高龄劳动者范围下限的确定，主要依据高龄劳动者存在就业困难，易遭受就业年龄歧视等因素。高龄劳动者年龄的上限与退休制度中退休年龄保持一致。同时，根据分层分类保护的原则，对于六十五周岁以上的劳动者可参照适用本节的特殊保护规则，但不再适用本节以外的基本劳动标准立法的一般规则。

第二百零一条【反就业年龄歧视】

用人单位招用人员，除国家规定的不适合高龄劳动者的工种或者岗位外，不得以年龄为由拒绝录用高龄劳动者或者提高对高龄劳动者的录用标准。

禁止在劳动报酬、福利待遇、教育培训、工作任务分配、调岗调职、劳动合同解除和终止中存在年龄歧视。

第二百零二条【高龄劳动者就业条件】

用人单位招用高龄劳动者，应当根据高龄劳动者的特点提供适当的劳动条件和必要的劳动保护，对高龄劳动者进行岗位技术培训，提高其劳动技能和技术水平，为高龄劳动者提供友好的就业环境。

县级以上人民政府可以为前款规定的培训、特殊保护提供补贴。具体办法由国务院规定。

【条文说明】参考我国台湾地区"中高龄者及高龄者就业促进法"第五条。

第二百零三条【高龄劳动者禁忌从事岗位】

任何单位和个人不得安排高龄劳动者从事矿山井下、有毒有害、国家规定的第四级体力劳动强度的劳动和其他禁忌从事的劳动。

【条文说明】参考《劳动法》第六十四条。

第二百零四条【高龄劳动者的安全生产条件】

用人单位根据高龄劳动者的特别需要，建立灵活的岗位轮换制度，设置适当的工作任务分配，在工作场所提供特殊的安全卫生设施和条件，定期为高龄劳动者进行健康检查。

【条文说明】根据国际劳工组织的《老年工人建议书》对成员国的要求，当高龄劳动者在适应工作方面遇到的困难主要是年龄原因时，应根据有关活动的类型采取适当的措施，利用技术手段调整劳动者的工作及内容、进行工时变更、改善工作条件和工作环境、监督劳动者的安全和健康。原文为：当高龄劳动者在适应工作方面遇到的困难主要是年龄原因时，应根据有关活动的类型采取适当措施，以便改善会加速老化的工作条件和工作环境；对超出有关劳动者的能力，导致压力或过度紧张的工作组织形式和工时进行变更，特别是限制加班工时；利用一切技术手段调整劳动者的工作及其内容，以便保证劳动者身体健康，防止事故和维持工作能力；为劳动者的健康状况提供更系统的监督；为保护劳动者的安全和健康，在工作现场提供适当的监督。

第二百零五条【高龄劳动者的工作时间】

高龄劳动者可以根据身体情况申请实行灵活的工作时间、休息时间以及缩短工作时间。除非上述申请给用人单位带来过重负担，否则用人单位应同意高龄劳动者申请。用人单位不得延长高龄劳动者的工作时间，由于生产经营需要确需延长的，应当与工会和高龄劳动者协商一致决定，并且延长工作时间每日不超过一小时，每月不超过十八小时。

【条文说明】对于高龄劳动者的就业条件、就业环境和工作时间的规定最为完备的是国际劳工组织的《老年工人建议书》，它要求成员国：采取措施，以减少从事艰苦、危险或有害健康工作的高龄劳动者的工作时间；对所有提出减少工时的高龄劳动者，在他们达到工人正常享受养老金日期之前的规定时间，逐步减少工时；根据工龄或年龄，增加带薪年假；使高龄劳动者根据自己的需要安排工作和休息时间，特别是安排他们非全日工作和提供弹性工时；在一定年限的连续或间断倒班工作之后，安排高龄劳动者从事正常日间工时的工作。

第二百零六条【高龄劳动者的劳动报酬】

用人单位应建立有利于促进高龄劳动者就业的工资制度，对于达到法定退休年龄的高龄劳动者，其之后的工资和福利待遇可以不再与工龄挂钩。

【条文说明】这一条款的主要依据在于，我国目前实施的工龄工资制度是造成用人单位雇用高龄劳动者成本较高的重要原因，因此，允许用人单位在工资和福利待遇方面予以适当降低，可以有效地提高用人单位对高龄劳动者的雇佣意愿。

第二百零七条【退休年龄】

劳动者达到最低缴费年限，可以自愿选择弹性提前退休，提前时间最长不超过三年，且退休年龄不得低于女职工五十周岁、五十五周岁及男职工六十周岁的原法定退休年龄。劳动者达到法定退休年龄，所在单位与劳动者协商一致的，可以弹性延迟退休，延迟时间最长不超过三年。国家另有规定的，从其规定。

【条文说明】本条参考了《国务院关于渐进式延迟法定退休年龄的办法》的相关规定。

第六节 学生工保护

本节执笔人：李　静

第二百零八条【学生工的类型】

在校大学生实习分为以课堂教学为目的的实习、以勤工俭学为目的的实习、以提前适应工作为目的的顶岗实习、以建立稳定劳动关系为目的的毕业实习。

以提前适应工作为目的的顶岗实习和以建立稳定劳动关系为目的的毕业实习构成特别劳动关系，除本节另有规定外，适用本法一般规定。

以课堂教学为目的的实习和以勤工俭学为目的的实习不构成劳动关系，基本劳动标准相关的权益保障，可以参照适用本法的相关规定。

企业新型学徒劳动关系中基本劳动标准相关的权益保障，适用本法的相关规定。

第二百零九条【实习禁止】

学校和实习单位要依法保障实习学生的基本权利，并不得有以下情形：

（一）安排、接收未满十六周岁的学生进行顶岗实习；

（二）安排未成年学生、女学生从事法律、行政法规以及部门规章规定的禁忌从事劳动；

（三）安排学生从事三级强度及以上体力劳动或其他有害身心健康的实习；

（四）安排学生到酒吧、夜总会、歌厅、洗浴中心、电子游戏厅、网吧等营业性娱乐场所实习；

（五）法律、行政法规规定的其他可能损害实习学生基本劳动权益的情形。

【条文说明】参考《职业学校学生实习管理规定》第十六条。

第二百一十条【劳动禁止】

除相关专业和实习岗位有特殊要求，并事先报人力资源社会保障行政部门批准外，实习单位安排学生实习应遵守本法关于工作时间和休息休假的规定，并不得有以下情形：

（一）安排学生从事高空、井下、放射性、有毒、易燃易爆，以及其他具有较高安全风险的实习；

（二）安排学生在休息日、法定节假日实习；

（三）安排学生加班和上夜班；

（四）法律、行政法规规定的其他情形。

【条文说明】参考《职业学校学生实习管理规定》第十七条。

第二百一十一条【单位义务】

接收学生岗位实习的实习单位，应当参考本单位相同岗位的报酬标准和岗位实习学生的工作量、工作强度、工作时间等因素，给予适当的实习报酬。

学生在实习岗位相对独立参与实际工作、初步具备实践岗位独立工作能力的，向其支付的实习报酬原则上不低于本单位相同岗位工资标准的百分之八十或最低档工资标准。实习报酬支付方式、周期、保障等参照适用本法关于工资的规定。

【条文说明】参考《职业学校学生实习管理规定》第十八条、《广东省高等学校学生实习与毕业生就业见习条例》第二十八条。

第二百一十二条【以课堂教学、勤工俭学为目的的学生工的休息权】

学生工每日工作时间不超过八小时、每周工作时间不超过四十小时，本法有特别规定的除外。

用人单位在保障正常生产运营的情况下，日工作时间超过四小时的，应当保证学生工享受不少于二十分钟的工间休息时间，工间休息时间计入工作时间。

【条文说明】本条明确了不建立劳动关系的学生工仍享有基本的休息权，本法规定的休息具有底线性效力。

第二百一十三条【以课堂教学、勤工俭学为目的的学生工的休假权】

用人单位应当保证学生工享受各类法定休假，排除法定休假权益的合同、劳动者允诺、集体合同、用人单位规章等无效，除本节另有规定外，适用本法一般规定。

【条文说明】本条明确了不建立劳动关系的学生工仍享有基本的休假权，本法规定的休假具有底线性效力。

第二百一十四条【实习环境】

实习单位应当履行以下职责：

（一）做好实习学生在单位内的管理工作；

（二）提供合适的实习岗位、必要的实习条件和安全健康的实习环境；

（三）对学生进行劳动安全培训，保障实习学生人身安全；

（四）法律、行政法规规定或者实习协议约定的其他事项。

【条文说明】参考《广东省高等学校学生实习与毕业生就业见习条例》第二十一条。

第二百一十五条【突发事件】

在遇有自然灾害、事故灾难、公共安全等突发事件或重大风险时，按照属地管理要求，分不同风险等级、实习阶段做好分类管控工作。

【条文说明】参考《职业学校学生实习管理规定》第十九条。

第二百一十六条【安全责任人】

实习单位应建立健全有利于实习学生保护的安全责任制度，强化实习单位主要负责人安全生产第一责任人职责，严格执行国家及地方安全生产、职业卫生、人格权保护等有关规定。

用人单位加强对实习学生的安全生产教育培训和管理，保障学生实习期间的人身安全和健康。严格执行学生实习过程中的相关安全生产标准，健全实习学生安全生产规章制度和操作规程，制定实习学生生产安全事故应急救援预案，为实习学生配备必要的安全保障器材和劳动防护用品。

【条文说明】参考《职业学校学生实习管理规定》第三十条、第三十一条。

第二百一十七条【安全监管】

地方各级负有安全生产监督管理职责的部门要将实习安全责任履行情况作为安全生产检查的重要内容，在各自职责范围内对有关行业、领域实习单位落实安全生产主体责任实施监督管理，依法对实习单位制定并实施本单位实习学生教育培训计划落实情况进行监督检查。

【条文说明】参考《职业学校学生实习管理规定》第三十三条。

第二百一十八条【监督机制】

教育部门会同有关部门根据部门职责加强日常监管，并联合教育督导、治安管理、安全生产检查、职业卫生监督检查、劳动保障监察、市场监管等部门开展监督检查。

对支持学校实习工作成效显著的实习单位，按照国家有关规定予以激励和政策支持。对违规行为依法依规严肃处理。

【条文说明】参考《职业学校学生实习管理规定》第四十二条。

第七章　特殊用工方式的基本劳动标准

本章执笔人：沈建峰

第一节　远程用工劳动者保护

第二百一十九条【远程工作的适用与界定】

经劳动关系双方同意或符合劳动合同约定或法律、行政法规规定条件的，可以采取远程工作方式提供劳动。在劳动合同未约定工作方式时，符合集体合同或用人单位规章规定的条件的，用人单位也可以安排远程工作方式提供劳动。

本法所称远程工作是指建立劳动关系的劳动者通常不进入用人单位工作地点，通过远程通信手段等接受工作任务，以居家工作等方式进行劳动给付的工作方式。

【条文说明】本条是关于远程工作适用条件以及远程工作范畴的规定。在远程工作适用条件上，本条遵循了劳动合同、集体合同、用人单位规章和法律之间的逻辑关系。

第二百二十条【远程工作劳动者的平等对待】

远程工作中的劳动者享有和其他用工方式下的劳动者一样的基本劳动标准权益，非基于远程办公的特殊性，不得对其区别对待。

【条文说明】本条是关于平等对待远程工作劳动者的规定，明确了非基于远程办公的特殊性不得区别对待的原则。

第二百二十一条【远程工作劳动者的工作时间】

在远程工作情况下，用人单位应与劳动者明确相对确定的时间为工作时间；未明确确定时间为工作时间的，用人单位应引入计算劳动者工作时间的技术措施，发生争议时对劳动者工作时间未超过标准工时承担举证责任；用人单位通过互联网、电话等远程通信方式为劳动者安排劳动的时间计入工作时间。

【条文说明】本条是关于远程工作劳动者工作时间计算的特殊规则，明确了技术手段的运用以及特定情况下计入工时的情况。

第二百二十二条【远程工作的劳动条件成本补偿】

远程工作情况下，用人单位有义务补偿劳动者因远程工作而产生的通信费用、设备费用、办公条件费用等。

【条文说明】本条是远程办公情况下，用人单位补偿劳动者办公成本的规定。

第二百二十三条【远程工作劳动者的个人信息保护】

远程工作情况下，用人单位收集劳动者信息应遵循非用工关系需要不收集的原则，明示收集劳动者个人信息的方式和信息类型，并经劳动者同意；用人单位不得以用工管理以外的目的对上述信息进行存储、加工、传播或者允许第三人使用。在劳动关系终止五年后，用人单位应删除上述信息。

【条文说明】本条规定了远程办公特殊的个人信息处理规则。

第二节　平台用工劳动者保护

第二百二十四条【平台用工的基本劳动标准适用原则】

依托互联网平台就业的网约配送员、网络预约出租汽车司机、货运汽车司机、互联网营销师等劳动者（以下统称平台就业劳动者）的劳动权益受法律保护，适用本节规定。本节没有规定的，根据其用工关系属性，也可以适用本法其他部分的规定以及其他法律关于劳动者保护的规定。

【条文说明】参考人力资源社会保障部等 8 部门印发的《关于维护新就业形态劳动者劳动保障权益的指导意见》、《宁夏回族自治区维护新就业形态劳动者劳动保障权益实施办法（试行）》第三条。

第二百二十五条【平台用工的责任主体】

运营平台的企业（以下统称平台企业）对平台就业劳动者劳动权益保护承担责任，不同平台企业运营的多个关联平台共同组织劳动过程的，各平台企业承担连带责任。

通过加盟、承包等方式组织平台用工的，加盟企业、承包企业对平台就业劳动者劳动权益保护承担责任，平台企业未尽到选任加盟企业、承包企业责任，导致加盟企业、承包企业不能履行本法义务或者不能承担责任的，平台企业承担补充责任。

多层转包用工的，发包企业未尽到选任加盟企业、承包企业责任，导致加盟企业、承包企业不能履行本法义务或者不能承担责任的，发包企业与承包企业承担连带责任，平台企业承担补充责任。

【条文说明】本条是关于平台用工情况下，落实基本劳动标准的责任主体的规定，区分了不同用工形态，规定了不同用工主体的责任。

第二百二十六条【平台用工的工时保护】

平台企业与直接用工主体应合理管控劳动者工作时长，保障司机、外卖送餐员等劳动者，每连续工作达到四小时的，休息二十分钟；保障劳动者每日休息时间不短于十小时并且有八小时连续休息。

国务院人力资源社会保障行政部门应听取中华全国总工会以及企业方代表组织意见并结合不同平台用工方式，制定规则具体确定平台用工工时计算规则。

【条文说明】本条是平台用工工时和休假规则的规定，明确了平台就业劳动者休息时间以及连续工作时间等。

第二百二十七条【平台用工的工资保护】

平台就业劳动者工资以法定货币形式按天支付，当事人另有约定的也可以按小时、周支付。劳动者有权随时提取账户中的工资。

平台就业劳动者依法享受最低小时工资支付保障。劳动者正常提供劳动，所得小时工资低于最低工资的，平台企业与其他用工主体连带承担补差责任。

【条文说明】本条是平台用工工资保障的规定，明确了工资支付周期，以及小时最低工资低于法定标准时用工主体和平台的责任。

第二百二十八条【平台就业劳动者法定节假日工作的补偿】

法定节假日从事劳动以及休息日从事劳动，企业与劳动者建立劳动关系的，劳动报酬按照本法法定节假日及休息日加班工资的规定执行。未建立劳动关系的劳动者，在法定节假日从事劳动的，企业应支付劳动者适当高于正常工作时间标准的报酬或给予劳动者额外补偿。具体标准由国务院人力资源社会保障行政部门听取中华全国总工会以及企业方代表组织意见制定。

【条文说明】本条是平台用工节假日工作时的工资支付规则，明确了不同形态平台用工的加班费支付标准。

第二百二十九条【平台用工的算法规则】

平台企业应优化算法规则，不得将最严算法作为考核要求，通过算法取中等方式，合理确定订单数量、在线率等考核要素，适当放宽配送时限，动态调整配送时间。

算法规则制定过程中应听取职工代表的意见并与工会协商。对工会提出的不同意见，应积极听取并予以书面答复。

【条文说明】本条是平台用工算法规则的规定，明确了算法确定的基本原则以及确定程序。

第二百三十条【其他劳动条件标准】

平台企业与其他用工主体应履行安全生产主体责任，完善内部管理制度，配备必要的安全卫生设施和劳动保护用品，持续提高劳动者在劳动条件、劳动保护、安全卫生等方面的保障水平，严格执行国家劳动安全卫生保护标准和高温津贴制度，防止安全事故和职业病危害。

国务院人力资源社会保障行政部门会同国务院安全生产监督部门、交通运输部门以及市场监督部门具体制定不同行业平台用工的安全生产标准和劳动条件标准。

【条文说明】本条是平台用工时其他劳动条件的规定，明确了劳动条件确定的基本原则以及确定程序。

第三节 人事关系及公务员的基本劳动标准适用

第二百三十一条【人事关系及公务员的基本劳动标准适用的一般规定】

事业单位及社会团体等人事关系中职工的工资、工时、休假、职业安全卫生等劳动条件适用本法规定，其他法律和行政法规以及国务院另有特别规定的，适用其规定。

公务员、聘任制公务员、军队文职人员、党群组织工作人员、参公管理事业单位工作人员等的工资、工时、休假、职业安全卫生等劳动条件适用本节、其他法律、行政法规、国务院以及主管部门的特别规定；无特别规定的，参照适用本法的其他规定。

【条文说明】本法以劳动关系为主干展开，但是不仅从当前立法，而且从合理性来说，基本劳动标准的一些规则应适用于人事关系和公务员。为此，本条规定了基本劳动标准法对人事关系和公务员适用的规则。其例外和原则关系是，本法规则对人事关系原则上适用；对公务员原则上不适用。

第二百三十二条【国家机关、党群组织、社会团体、事业单位的工时制度】

国家机关、党群组织、社会团体、事业单位实行每天八小时，每周四十小时，周六日休息的工时制度。

公务员主管部门、人力资源社会保障行政部门以及军队政治部门可根据公务员、军队文职人员以及事业单位和社会团体工作人员工作的特殊需要制定补休和加班费计算的特殊规则。

【条文说明】本条是关于人事关系和公务员工时制度的规定，同时授权主管部门针对这一群体制定特殊工时制度。

第二百三十三条【公务员、聘任制公务员、军队文职人员以及事业单位及社会团体工作人员年休假的权利】

公务员、聘任制公务员、军队文职人员以及事业单位及社会团体工作人员依照本法享有年休假的权利；所在单位应保障前述人员年休假的实际实行，无法在本年度安排的，可以跨一年度安排。

【条文说明】本条是关于人事关系和公务员年休假的规定,并明确了可以跨年休假的规则,但是未规定金钱赎买年休假规则。

第八章 监督检查

本章执笔人:张冬梅 陈 成

第一节 一般规定

本节执笔人:张冬梅

第二百三十四条【监督检查的基本原则】

劳动法律监督检查主体应各负其责、分工合作,遵循依法规范、客观公正、协调配合的原则开展监督检查工作。

【条文说明】本条强调了监督检查的各监督主体之间既要分工明确,各负其责,同时也要加强合作。在监督检查过程中应该依法规范、客观公正、协调配合。

第二百三十五条【监督检查体系】

县级以上各级人民政府人力资源社会保障行政部门对用人单位遵守基本劳动标准法的情况进行监督检查,对违反基本劳动标准法的行为有权制止,并责令改正。

县级以上各级人民政府有关部门在各自职责范围内,对用人单位遵守基本劳动标准法的情况进行监督。

各级工会依法维护劳动者合法权益,对用人单位遵守基本劳动标准法的情况进行监督。

任何组织和个人对于违反基本劳动标准法的行为有权检举和控告。

【条文说明】参考《劳动法》第八十五条至第八十八条。

第二百三十六条【政府监督】

人力资源社会保障行政部门负责对用人单位遵守基本劳动标准法的情况进行

监督检查，查处违反基本劳动标准法的案件。

安全生产、卫生健康等相关部门按照职责履行安全生产监督和职业病防治的监督管理工作。

市场监督管理机关、公安机关、教育主管部门等按照职责做好基本劳动标准法实施相关的监督检查工作。

用人单位的主管部门在其主管范围内对用人单位遵守基本劳动标准法的情况进行监督检查。

【条文说明】各级人民政府各有关部门在自己的职责范围内各司其职共同监督基本劳动标准法的实施。

第二百三十七条【其他群团组织和媒体监督】

共产主义青年团、妇女联合会、残疾人联合会等组织按照职责维护职工合法权益，监督基本劳动标准法的实施。

新闻媒体应当开展基本劳动标准法的公益宣传和违反基本劳动标准法的典型案例报道，加强对违反基本劳动标准法行为的舆论监督，引导用人单位增强依法用工、规范管理的法律意识，引导职工依法维权。

【条文说明】参考《保障农民工工资支付条例》第八条、第九条。

第二百三十八条【劳动保障监察和工会法律监督的协调配合】

人力资源社会保障行政部门可以聘请同级工会劳动法律监督组织成员担任劳动保障监察协理员，协助做好劳动保障监察工作。市县工会可以聘请同级政府劳动保障监察员担任工会劳动法律监督委员会的委员，参与工会劳动法律监督工作。

工会发现用人单位有违反基本劳动标准法的情况，在向上一级工会报告的同时，可以告知所在区域的劳动保障监察机构，联动进行监督检查。劳动保障监察机构在接到用人单位违反基本劳动标准法的举报投诉时，可以邀请工会协助调查。

用人单位没有按照工会意见改正违法行为的，县级以上地方总工会应及时向同级人力资源社会保障行政部门发送《工会劳动法律监督建议书》。人力资源社会保障行政部门收到建议书后，对符合立案条件的，应立案处理；不符合立案条件的，应及时向工会说明情况。对于工会经调查提供的书证、物证、视频、电子数据等资料，人力资源社会保障行政部门查证属实的，可以作为劳动保障监察的证据使用。对人力资源社会保障行政部门向用人单位提出的整改意见，工会应及时跟踪，督促用人单位及时改正，并将整改情况告知人力资源社会保障行政部门。

【条文说明】劳动保障监察和工会劳动法律监督从人员互聘、信息互通和处置互动等方面协调配合。

第二节　工会劳动法律监督

本节执笔人：张冬梅

第二百三十九条【工会劳动法律监督体系】

中华全国总工会负责全国的工会劳动法律监督工作。县级以上地方总工会负责本行政区域内的工会劳动法律监督工作。乡镇（街道）工会、开发区（工业园区）工会、区域性及行业性工会联合会等负责本区域或本行业的工会劳动法律监督工作。用人单位工会负责本单位的工会劳动法律监督工作。

上级工会应当加强对下级工会劳动法律监督工作的指导和督促检查。

涉及工会劳动法律监督重大事项的，下级工会应当及时向上级工会报告，上级工会应当及时给予指导帮助。对上级工会交办的劳动法律监督事项，下级工会应当及时办理并报告。

【条文说明】参考《工会劳动法律监督办法》第四条、第五条。

第二百四十条【工会法律监督中工会的权利】

工会开展劳动法律监督，享有下列权利：

（一）参与制定各种劳动标准的权利；

（二）代表劳动者与用人单位进行协商的权利；

（三）对违反基本劳动标准法的用人单位的调查权；

（四）对违反基本劳动标准法的用人单位的问询权；

（五）向违法用人单位发出《工会劳动法律监督意见书》的权利；

（六）向政府人力资源社会保障行政部门发出《工会劳动法律监督建议书》的权利；

（七）支持和帮助劳动者依法行使劳动法律监督权利；

（八）法律法规规定的其他劳动法律监督权利。

【条文说明】参考《工会劳动法律监督办法》第八条。

第二百四十一条【工会劳动法律监督组织】

县级以上总工会设立工会劳动法律监督委员会，在同级工会领导下开展工会劳动法律监督工作。县级以上总工会劳动法律监督委员会的日常办事机构设置在工会法律部或者权益部。

基层工会设立劳动法律监督委员会或监督小组，受同级工会委员会领导。

工会劳动法律监督委员会任期与本级工会任期相同。

【条文说明】参考《工会劳动法律监督办法》第十四条。

第二百四十二条【工会劳动法律监督委员会的组成】

县级以上工会劳动法律监督委员会委员由工会法律部门、权益部门的工作人员以及社会聘任的专家组成。工会劳动法律监督委员会主任由同级工会主席或副主席担任。

基层工会劳动法律监督委员会委员或监督小组成员从工会工作者和职工群众中推选产生。委员会主任或监督小组组长由同级工会主席或副主席担任。

【条文说明】参考《工会劳动法律监督办法》第十五条。

第二百四十三条【工会劳动法律监督员的产生和保护】

工会劳动法律监督委员会可以聘任若干劳动法律监督员，聘期三年。工会劳动法律监督委员会成员同时为本级工会劳动法律监督员。

基层工会劳动法律监督员任期未满时不得随意调动其工作。因工作需要调动时，应当征得本级工会以及上级工会的同意。

基层工会劳动法律监督员任期未满前，不得解聘其劳动法律监督员职务。确因其怠于履行职责或个人严重过失需要解除聘任的，应当征得本级工会以及上级工会的同意。

基层工会劳动法律监督员自任职之日起,其劳动合同期限自动延长,延长期限相当于其任职期间;非专职工会劳动法律监督员自任职之日起,其劳动合同期限自动延长至任期期满。但任职期间达到法定退休年龄的除外。

【条文说明】参考《工会劳动法律监督办法》第十六条,《工会法》第十八条、第十九条。

第二百四十四条【工会劳动法律监督委员会的社会支持】

工会可以聘请人大代表、政协委员、专家学者、社会人士等作为本级工会劳动法律监督委员会顾问,也可以通过聘请律师、购买服务等方式为工会劳动法律监督委员会提供法律服务。

【条文说明】参考《工会劳动法律监督办法》第二十条。

第二百四十五条【工会参与具体劳动标准的生成】

工会应推动完善协调劳动关系三方机制组织体系、协调劳动关系三方会议平台和工作机制,推动最低工资等劳动标准科学、合理制定,切实维护劳动者合法权益。

涉及安全生产、职业病防治、女职工、未成年工等特殊群体保护方面的国家标准和行业标准的制定,应征求工会意见,并对工会意见的处理结果及其理由予以书面答复。

【条文说明】工会通过参与具体劳动标准的生成实现法律监督的目标。

第二百四十六条【工会劳动法律监督的事前监督】

工会与用人单位应当建立协商制度,定期就涉及劳动者合法权益事项进行协商,预防和化解劳动纠纷,构建和谐劳动关系。

工会应当依法开展劳动法律监督,引导用人单位依法用工,支持用人单位开展正常的生产经营和管理活动,教育劳动者遵守用人单位规章制度、履行劳动合同,引导劳动者依法合理有序表达诉求,维护社会和谐稳定。

用人单位应当配合工会依法实施劳动法律监督。

【条文说明】参考《湖南省工会劳动法律监督条例》第七条。

第二百四十七条【工会的主动监督】

工会通过实地调查、网络巡查、风险排查等方式发现问题线索后，应当依法作出处理。

基层工会劳动法律监督员对本单位遵守基本劳动标准法的情况实行监督，对劳动过程中发生违反基本劳动标准法行为的，应当及时向生产管理人员提出改进意见，对于严重损害劳动者合法权益的行为，基层工会应当及时代表劳动者要求整改。

【条文说明】参考《湖南省工会劳动法律监督条例》第十四条、《工会劳动法律监督办法》第二十一条。

第二百四十八条【健全投诉制度】

工会应当建立健全劳动法律监督投诉举报制度。县级以上总工会应当公布电子邮件地址或者电话等，接受咨询、投诉、举报。

上级工会收到对用人单位违反基本劳动标准法行为投诉的，应当及时转交所在用人单位工会受理，所在用人单位工会应当开展调查，于十五个工作日内将结果反馈职工与上级工会。对不属于监督范围或者已经由行政机关、仲裁机构、人民法院受理的投诉事项，所在用人单位工会应当告知实名投诉人。

用人单位工会开展劳动法律监督工作有困难的，上级工会应当及时给予指导帮助，也可以直接开展对用人单位的劳动法律监督。

【条文说明】参考《湖南省工会劳动法律监督条例》第十四条，《工会劳动法律监督办法》第二十二条、第二十三条。

第二百四十九条【工会劳动法律监督调查】

工会在处理投诉或者日常监督工作中发现用人单位存在违反基本劳动标准法、侵害劳动者合法权益行为的，可以进行现场调查，向有关人员了解情况，查阅、复制有关资料，核查事实。用人单位有配合调查的义务。

工会劳动法律监督员对用人单位进行调查时，应当不少于二人，必要时上级工会可以派员参与调查。

工会劳动法律监督员执行任务时，应当在现场如实记录调查情况，经用人单位核阅后，由调查人员和用人单位的有关人员共同签名或盖章。用人单位拒绝签名或盖章的,应当在记录上注明。工会劳动法律监督员在调查中应当尊重和保护个人信息,保守用人单位商业秘密。

【条文说明】参考《工会劳动法律监督办法》第二十五条、第二十六条。

第二百五十条【工会"一函两书"制度】

用人单位存在违反基本劳动标准法、侵害劳动者合法权益的行为,经协商沟通解决不成的,由基层工会或工会劳动法律监督组织向用人单位发出《工会劳动法律监督提示函》。经《工会劳动法律监督提示函》提示或沟通无效的,由本级或者上一级工会根据实际情况向用人单位发出《工会劳动法律监督意见书》。用人单位收到《工会劳动法律监督意见书》后,应在三十个工作日内作出书面答复。

用人单位未在规定期限内答复,或者无正当理由拒不改正的,基层工会可以提请县级以上地方总工会向同级人民政府人力资源社会保障行政部门发出《工会劳动法律监督建议书》,并提供相关材料。人力资源社会保障行政部门在接到建议书之日起七日内按照实际情况决定是否立案处理,并且向工会进行反馈和情况说明。

用人单位是国有企业或者国有控股企业的,基层工会可以逐级提请地方工会向同级人民政府行使国有资产出资人职责的部门发出《工会劳动法律监督建议书》,并移交相关材料。行使国有资产出资人职责的部门在接到建议书之日起七日内按照实际情况通过公司内部治理机制对《工会劳动法律监督建议书》提出的问题予以处理,并向工会进行反馈和情况说明。

用人单位是国家机关或事业单位的,基层工会可以逐级提请地方工会向同级用人单位主管机关发出《工会劳动法律监督建议书》,并移交相关材料。同级用人单位主管机关在接到建议书之日起七日内按照实际情况对《工会劳动法律监督建议书》提出的问题予以处理,并向工会进行反馈和情况说明。

【条文说明】参考《工会劳动法律监督办法》第二十七条。

第二百五十一条【法律服务】

劳动者与用人单位因实施基本劳动标准发生争议,不能通过协商、调解方式解决的,工会有为劳动者提供法律援助的义务,支持或代表劳动者参加仲裁和诉讼。

劳动者申请劳动争议仲裁、提起诉讼时,需要使用工会实施劳动法律监督获取的有关资料的，工会应当依法提供。

【条文说明】参考《湖南省工会劳动法律监督条例》第十七条。

第三节　劳动保障监察

本节执笔人：陈　成

第二百五十二条【劳动保障监察的组织分工】

国务院人力资源社会保障行政部门主管全国劳动保障监察工作。县级以上人民政府人力资源社会保障行政部门主管本行政区域内劳动保障监察工作。

县级以上人民政府有关部门根据各自职责，支持、协助人力资源社会保障行政部门的劳动保障监察工作。

【条文说明】参考《劳动保障监察条例》第三条。

第二百五十三条【监察机构的人财物保障】

县级、设区的市级人民政府人力资源社会保障行政部门可以委托符合监察执法条件的组织实施劳动保障监察。

人力资源社会保障行政部门和受委托实施劳动保障监察的组织中的劳动保障监察员应当通过省级人民政府人力资源社会保障行政部门组织的考核或者考试录用并领取劳动保障监察证。

劳动保障监察证件由国务院人力资源社会保障行政部门监制，是劳动保障监察执法人员的执法身份证明文件。

县级以上人民政府应当加强劳动保障监察工作，科学、充足配备劳动保障监察员以及监察所需设备和设施，劳动保障监察所需经费列入本级财政预算。

【条文说明】参考《劳动保障监察条例》第四条、第五条。

第二百五十四条【实施劳动保障监察的行政授权】

人力资源社会保障行政部门及所属劳动保障监察机构具体负责基本劳动标准的监察工作。

劳动保障监察机构认为必要时，有权派劳动保障监察员对基本劳动标准的实施情况进行现场检查，被检查者应如实反映情况，提供必要的资料。

【条文说明】本条第一款参考法条为《关于实施〈劳动保障监察条例〉若干

规定》第五条，由于该规定法律位阶较低，故在本法中单独规定，以完善行政授权的规范要求。本条第二款参考韩国《劳动基准法》第 104 条以及我国台湾地区"劳动基准法施行细则"第四十三条规定。

第二百五十五条【劳动保障监察的职责】

人力资源社会保障行政部门实施劳动保障监察，履行下列职责：

（一）宣传本法，督促用人单位贯彻执行；

（二）检查用人单位遵守本法的情况；

（三）受理对违反本法行为的举报、投诉；

（四）依法纠正和查处违反本法的行为。

【条文说明】参考《劳动保障监察条例》第十条。

第二百五十六条【劳动保障监察的职权事项】

人力资源社会保障行政部门对下列事项实施劳动保障监察：

（一）用人单位遵守女性劳动者、未成年工、残疾人劳动者、高龄劳动者、学生工等特殊群体劳动保护规定的情况；

（二）用人单位遵守工作时间和休息休假规定的情况；

（三）用人单位支付劳动者工资和执行最低工资标准的情况；

（四）用人单位参加各项社会保险和缴纳社会保险费的情况；

（五）其他因用人单位违反基本劳动标准的行为，对劳动者造成损害的，法律、行政法规另有规定的除外。

【条文说明】本条规定参考《劳动保障监察条例》第十一条，并将其中与基本劳动标准关系不大的事项进行删减和修改。

第二百五十七条【劳动保障监察员的职责】

劳动保障监察机构配备专职劳动保障监察员，聘任兼职劳动保障监察员。劳动保障监察员执行监察公务时，行使下列职权：

（一）宣传劳动保障法律、法规和规章，督促用人单位贯彻执行；

（二）检查用人单位遵守劳动保障法律、法规和规章的情况；

（三）受理对违反劳动保障法律、法规或者规章的行为的举报、投诉；

（四）依法纠正和查处违反劳动保障法律、法规或者规章的行为。

劳动保障监察员依法履行劳动保障监察职责，受法律保护。劳动保障监察员应当忠于职守，秉公执法，清正廉洁，保守秘密。任何组织或者个人对劳动保障监察员的违法违纪行为，有权向人力资源社会保障行政部门或者有关机关检举、控告。

【条文说明】参考《劳动保障监察条例》第十二条。

第二百五十八条【劳动保障监察的管辖】

劳动保障监察由用人单位所在地或用工行为所在地的县级或者设区的市级人力资源社会保障行政部门管辖。

上级人力资源社会保障行政部门根据工作需要，可以调查处理下级人力资源社会保障行政部门管辖的案件。人力资源社会保障行政部门对劳动保障监察管辖发生争议的，报请共同的上一级人力资源社会保障行政部门指定管辖。

省、自治区、直辖市人民政府可以对劳动保障监察的管辖制定具体办法。

【条文说明】参考《劳动保障监察条例》第十三条。

第二百五十九条【劳动保障监察的形式】

劳动保障监察以日常巡视检查、审查用人单位按照要求报送的书面材料以及接受举报投诉等形式进行。

人力资源社会保障行政部门认为用人单位有违反本法的行为，需要进行调查处理的，应当及时立案。

人力资源社会保障行政部门或者受委托实施劳动保障监察的组织应当设立举报、投诉信箱和电话。

因用人单位违反本法规定引起群体性事件的，人力资源社会保障行政部门应当根据应急预案，迅速会同有关部门处理。

【条文说明】参考《劳动保障监察条例》第十四条。

第二百六十条【举报与投诉制度】

任何组织或个人对违反本法的行为，有权向人力资源社会保障行政部门举报。

劳动者对用人单位违反本法、侵犯其合法权益的行为，有权向人力资源社会保障行政部门投诉。对因同一事由引起的集体投诉，投诉人可推荐代表投诉。

用人单位不得打击报复举报人、投诉人。

【条文说明】参考《关于实施〈劳动保障监察条例〉若干规定》第十条、第十二条。

第二百六十一条【投诉的受理和立案制度】

对符合下列条件的投诉，人力资源社会保障行政部门应当在接到投诉之日起五个工作日内依法受理，并于受理之日立案查处：

（一）违反本法的行为发生在两年内的；

（二）有明确的被投诉用人单位，且投诉人的合法权益受到侵害是被投诉用人单位违反本法的行为所造成的；

（三）属于劳动保障监察职权范围并由受理投诉的人力资源社会保障行政部门管辖。

立案应当填写立案审批表，报劳动保障监察机构负责人审查批准。劳动保障监察机构负责人批准之日即为立案之日。

【条文说明】参考《关于实施〈劳动保障监察条例〉若干规定》第十八条、第十九条。

第二百六十二条【劳动保障监察措施】

人力资源社会保障行政部门实施劳动保障监察，有权采取下列措施：

（一）进入用人单位的劳动场所进行检查；

（二）就调查、检查事项询问有关人员；

（三）要求用人单位提供与调查、检查事项相关的文件资料以及作出解释和说明，必要时可以发出调查询问书；

（四）采取记录、录音、录像、照相或者复制等方式收集有关情况和资料；

（五）委托会计师事务所对用人单位工资支付、缴纳社会保险费的情况进行审计；

（六）法律、行政法规规定可以由人力资源社会保障行政部门采取的其他调查、检查措施。

人力资源社会保障行政部门对事实清楚、证据确凿、可以当场处理的违反本法的行为有权当场予以纠正。用人单位拒绝调查、检查时，人力资源社会保障行政部门可以会同有关部门处理协助调查、检查。

【条文说明】参考《关于实施〈劳动保障监察条例〉若干规定》第二十六条。

第二百六十三条【劳动保障监察调查、检查规范及回避制度】

劳动保障监察机构进行调查、检查，不得少于两人，并应当佩戴劳动保障监察标志、出示劳动保障监察证件。

劳动保障监察员办理的劳动保障监察事项与本人或者其近亲属有直接利害关系的，应当回避。

【条文说明】参考《劳动保障监察条例》第十六条。

第二百六十四条【劳动保障监察的调查期限】

人力资源社会保障行政部门对违反本法的行为的调查，应当自立案之日起六十个工作日内完成；对情况复杂的，经人力资源社会保障行政部门负责人批准，可以延长三十个工作日。

【条文说明】参考《劳动保障监察条例》第十七条。

第二百六十五条【采取证据登记保存措施的行政授权】

人力资源社会保障行政部门调查、检查时，有下列情形之一的可以采取证据登记保存措施：

（一）当事人可能对证据采取伪造、变造、隐藏、毁灭行为的；

（二）当事人采取措施不当可能导致证据灭失的；

（三）不采取证据登记保存措施以后难以取得的；

（四）其他可能导致证据灭失的情形的。

【条文说明】本条文参考《关于实施〈劳动保障监察条例〉若干规定》第二十七条，单独列出是由于证据保存属于行政强制措施。根据《行政强制法》第十条的规定，行政强制措施由法律、行政法规、地方性法规设定，故修订入本法之中。

第二百六十六条【行政处罚及行政处理的作出与期限】

用人单位存在的违反本法的行为事实确凿并有法定处理依据的，可以当场作出限期整改指令。

对于案情简单，违法事实清楚，证据确凿，有明确处罚依据，无须进一步查证，符合《行政处罚法》第五十一条的，可以依法当场作出行政处罚决定。

对不能当场作出处理的违法案件，劳动保障监察员经调查取证，应当提出初步处理建议，并填写案件处理报批表。

人力资源社会保障行政部门立案调查完成，应在十五个工作日内作出行政处罚（行政处理或者责令改正）或者撤销立案决定；特殊情况，经人力资源社会保障行政部门负责人批准可以延长。

【条文说明】参考《关于实施〈劳动保障监察条例〉若干规定》第三十一条第一款、第三十三条第一款、第三十七条。

第二百六十七条【行政处罚及行政处理的决定】

人力资源社会保障行政部门对违反本法的行为，根据调查、检查的结果，作出以下处理：

（一）对依法应当受到行政处罚的，依法作出行政处罚决定；

（二）对应当改正未改正的，依法责令改正或者作出相应的行政处理决定；

（三）对情节轻微，且已改正的，撤销立案。

经调查、检查，人力资源社会保障行政部门认定违法事实不能成立的，也应当撤销立案。

发现违法案件不属于劳动保障监察事项的，应当及时移送有关部门处理；涉嫌犯罪的，应当依法移送司法机关。

【条文说明】参考《关于实施〈劳动保障监察条例〉若干规定》第三十五条。

第二百六十八条【行政处罚及行政处理的履行及救济】

劳动保障行政处罚或行政处理决定依法作出后，当事人应当在决定规定的期限内予以履行。

人力资源社会保障行政部门对违反本法的行为作出行政处罚或者行政处理决

定前，应当听取用人单位的陈述、申辩；作出行政处罚或者行政处理决定后，应当告知用人单位依法享有申请行政复议或者提起行政诉讼的权利以及申请复议的机关和提起诉讼的法院。

当事人对劳动保障行政处理或行政处罚决定不服申请行政复议或者提起行政诉讼的，行政处理或行政处罚决定不停止执行。法律另有规定的除外。

【条文说明】参考《关于实施〈劳动保障监察条例〉若干规定》第四十一条、第四十二条，《劳动保障监察条例》第十九条。

第二百六十九条【劳动保障监察的查处期限】

违反本法的行为在二年内未被人力资源社会保障行政部门发现，也未被举报、投诉的，人力资源社会保障行政部门不再查处。

前款规定的期限，自违反本法的行为发生之日起计算；违反本法的行为有连续或者继续状态的，自行为终了之日起计算。

【条文说明】参考《劳动保障监察条例》第二十条。

第二百七十条【行政处罚及行政处理的强制执行】

当事人对人力资源社会保障行政部门作出的行政处罚决定，责令支付劳动者工资报酬、赔偿金或者征缴社会保险费等行政处理决定逾期不履行的，人力资源社会保障行政部门可以申请人民法院强制执行，或者依法强制执行。

【条文说明】参考《关于实施〈劳动保障监察条例〉若干规定》第四十四条。

第二百七十一条【劳动监督检查计划】

国务院人力资源社会保障行政部门应每年定期制定和发布次年度基本劳动标准法监督检查计划。

县级以上人民政府人力资源社会保障行政部门应依前款计划分别拟订监督检查计划，并向上一级人力资源社会保障行政部门备案，依该计划实施专项检查、日常巡视等监督检查工作。

【条文说明】借鉴我国台湾地区"劳动基准法施行细则"第四十一条中发布劳工检查方针的相关立法，以及我国《关于实施〈劳动保障监察条例〉若干规定》第六条的规定，应由本法设立该机制。同时，考虑到给予基本劳动标准监督一定的针对性与灵活性，故采取行政备案制度进行管理。此外，结合本部分前款规定，将拟订和上报主体设定为"县级以上人民政府人力资源社会保障行政部门"。

第二百七十二条【基本劳动标准守法诚信档案】

人力资源社会保障行政部门应当建立用人单位守法诚信档案。用人单位有重大的违反本法行为的，由有关的人力资源社会保障行政部门向社会公布。

【条文说明】参考《劳动保障监察条例》第二十二条。

第四节 劳动保障监察与劳动争议仲裁的衔接机制

本节执笔人：陈 成

第二百七十三条【案件受理的当事人自愿原则】

对用人单位违反本法的行为，当事人可以申请劳动争议仲裁，也可以向人力资源社会保障行政部门投诉举报。当事人到劳动人事争议仲裁机构申请仲裁或向劳动保障监察机构投诉的，受案机构应当受理，不得相互推诿。但存在本法规定优先受理情形的，应适用其规定，依法对当事人进行引导并做好法律释明。

【条文说明】参考江苏省人力资源社会保障厅发布的《关于建立劳动争议调解仲裁与劳动保障监察衔接机制的指导意见》和浙江省绍兴市越城区人力资源社会保障局发布的《劳动保障监察、劳动人事争议仲裁办案衔接机制》第二项规定，拟定该条文。本条文吸收《劳动法》第七十七条规定的内容，尊重当事人自愿选择权利救济渠道，依法保障其诉权。对受案范围交叉的案件，仲裁机构和监察机构不得强制要求当事人选择仲裁或选择监察。

第二百七十四条【案件受理的协调处理原则】

劳动保障监察机构受理的案件中，发现有重大争议且证据不足的内容，经与劳动人事争议仲裁机构联系，并征得当事人的同意，可移送劳动人事争议仲裁机构处理；劳动人事争议仲裁机构受理的案件在审理中，发现有严重劳动违法行为的，可告知劳动保障监察机构及时介入，依法查处。

【条文说明】参考江苏省人力资源社会保障厅发布的《关于建立劳动争议调解

仲裁与劳动保障监察衔接机制的指导意见》，浙江省绍兴市越城区人力资源社会保障局发布的《劳动保障监察、劳动人事争议仲裁办案衔接机制》第二项规定。

第二百七十五条【首问责任制】

劳动保障监察仲裁机构应当落实首问责任制，正确引导劳动者依法维权。

【条文说明】参考江苏省人力资源社会保障厅发布的《关于建立劳动争议调解仲裁与劳动保障监察衔接机制的指导意见》和浙江省绍兴市越城区人力资源社会保障局发布的《劳动保障监察、劳动人事争议仲裁办案衔接机制》第三项规定。首问责任制主要指首次接待当事人的工作人员，承担为其服务的职责，详细耐心地听取陈述，正确把握其诉求，积极引导当事人理性选择。劳动仲裁和劳动保障监察的接待人员，遇到当事人的诉求两个机构均有管辖权的或者一时难以确定谁管辖更便利当事人的，应协商解决，协商不成的，报请共同领导决定。

第二百七十六条【劳动保障监察机构优先受理的范围】

下列事项由劳动保障监察机构优先受理：

（一）违反最低工资规定、拖欠工资的；

（二）涉嫌拒不支付劳动报酬罪的；

（三）违反年休假规定的；

（四）发生群体性事件的。

【条文说明】参考江苏省人力资源社会保障厅发布的《关于建立劳动争议调解仲裁与劳动保障监察衔接机制的指导意见》。本条主要是解决符合《劳动争议调解仲裁法》第二条规定的争议和符合《劳动保障监察条例》第十一条规定的职责事项交叉问题，具体为对工资、社会保险、劳动合同等劳动人事争议仲裁机构和劳动保障监察机构均有管辖权的案件。本条以及下一条主要内容是从方便劳动者维权、提升执法维权效能、法定职责的角度，来确定由哪个机构优先处理。

第二百七十七条【劳动人事争议仲裁机构优先受理的范围】

下列争议由劳动人事争议仲裁机构优先受理：

（一）克扣工资、待岗生活费、奖金等争议；

（二）劳动者以用人单位未为其办理社会保险手续，且社会保险经办机构不能补办导致其无法享受社会保险待遇为由，要求用人单位赔偿损失而发生的争议；

（三）因签订、履行、变更、解除或终止劳动合同的争议。

【条文说明】参考江苏省人力资源社会保障厅发布的《关于建立劳动争议调解仲裁与劳动保障监察衔接机制的指导意见》，结合《劳动争议调解仲裁法》第二条规定的争议，从方便劳动者维权、提升执法维权效能、法定职责的角度，来确定由哪个机构优先处理。

第二百七十八条【仲裁审理中基本劳动标准违法行为的处理】

劳动人事争议仲裁机构在处理劳动争议过程中发现用人单位存在其他劳动保障违法行为的，可以书面建议劳动保障监察机构依法处理。

劳动人事争议仲裁机构在案件处理完结后，可以向用人单位和有关部门提出依法规范用工行为、加强监督管理的书面建议。

劳动人事争议仲裁机构发现引发争议的原因主要是用人单位存在劳动保障违法行为的，可以联合劳动保障监察机构，启动用人单位法定代表人约谈机制。

【条文说明】参考《广东省劳动人事争议处理办法》第五十九条、江苏省人力资源社会保障厅发布的《关于建立劳动争议调解仲裁与劳动保障监察衔接机制的指导意见》、浙江省绍兴市越城区人力资源社会保障局发布的《劳动保障监察、劳动人事争议仲裁办案衔接机制》第七项。

第二百七十九条【农民工工资案件的处理】

对于涉及农民工工资案件，劳动保障监察机构经前期调查并制作笔录，案件双方当事人之间用工情况基本查清，双方仅对工资金额存在争议的，可以引导劳动者申请仲裁，劳动人事争议仲裁机构可以向劳动保障监察机构调取调查笔录等相关材料；双方当事人对劳动关系、工资金额没有争议，劳动保障监察机构应当依法处理，不应引导劳动者申请仲裁。

【条文说明】参考江苏省人力资源社会保障厅发布的《关于建立劳动争议调解仲裁与劳动保障监察衔接机制的指导意见》、浙江省绍兴市越城区人力资源社会保障局发布的《劳动保障监察、劳动人事争议仲裁办案衔接机制》第五项。

第二百八十条【协同工作机制】

劳动人事争议仲裁机构和劳动保障监察机构共同建立协调会议制度、信息通报制度和信息共享机制，对案件处理有关信息相互通报，共同研究分析劳动关系中存在的问题，提出意见建议，共同应对复杂疑难案件。

【条文说明】参考江苏省人力资源社会保障厅发布的《关于建立劳动争议调解仲裁与劳动保障监察衔接机制的指导意见》、浙江省绍兴市越城区人力资源社会保障局发布的《劳动保障监察、劳动人事争议仲裁办案衔接机制》第十项。

第二百八十一条【业务合作制度】

劳动人事争议仲裁机构和劳动保障监察机构建立联合开展案例分析、联合培训等协调合作制度，鼓励工作人员相互学习，共同研究解决问题的具体工作方法，提高工作人员业务水平。

【条文说明】参考江苏省人力资源社会保障厅发布的《关于建立劳动争议调解仲裁与劳动保障监察衔接机制的指导意见》、浙江省绍兴市越城区人力资源社会保障局发布的《劳动保障监察、劳动人事争议仲裁办案衔接机制》第十一项。

第二百八十二条【文书的送达】

劳动人事争议仲裁机构在案件办理过程中，可以委托劳动保障监察机构送达仲裁文书，或者邀请劳动保障监察机构协助送达文书。

【条文说明】参考江苏省人力资源社会保障厅发布的《关于建立劳动争议调解仲裁与劳动保障监察衔接机制的指导意见》、浙江省绍兴市越城区人力资源社会保障局发布的《劳动保障监察、劳动人事争议仲裁办案衔接机制》第十二项。

第九章 法律责任

本章执笔人：集体执笔

第二百八十三条【用人单位违反工时基本劳动标准的法律责任】

用人单位违反本法第二章的规定的，由人力资源社会保障行政部门给予警告,责令改正,并可以按照受侵害的劳动者每人一千元以上两万元以下的标准计算,处以罚款。

【条文说明】参考《劳动法》第九十条、日本《劳动基准法》以及我国台湾地区"劳动基准法"中的法律责任规定,对违反工时基本劳动标准具体条款的用人单位,规定相应的行政责任,具体罚款金额需结合立法时的社会实际综合考虑确定。

第二百八十四条【用人单位不安排年休假的法律责任】

用人单位不安排职工休年休假又不依照本法规定给予年休假工资报酬的,由县级以上地方人民政府人力资源社会保障行政部门依据职权责令限期改正;对逾期不改正的,除责令该单位支付年休假工资报酬外,单位还应当按照年休假工资报酬的数额向职工加付赔偿金;对拒不支付年休假工资报酬、赔偿金的,由人力资源社会保障行政部门或者职工申请人民法院强制执行。

单位侵害公务员、聘任制公务员、军队文职人员以及事业单位及社会团体工作人员工资、休息、休假以及年休假权益的,由县级以上地方人民政府人力资源社会保障行政部门、军队上级政治部门依据职权责令限期改正;对逾期不改正的,由主管部门对所在单位直接负责的主管人员以及其他直接责任人员依法给予政纪处分。

【条文说明】参考《职工带薪年休假条例》第七条。

第二百八十五条【用人单位不按照法定形式支付工资的法律责任】

用人单位有下列情形之一的,由人力资源社会保障行政部门责令改正,并处以一万元以上三万元以下的罚款:

(一)不以法定货币形式支付工资的;

(二)未履行直接支付义务的;

(三)未依法向劳动者定期支付工资的;

(四)违法抵销劳动者工资债务的。

【条文说明】参考《工资支付暂行规定》第五条至第八条,我国台湾地区"劳动基准法"第二十二条,日本《劳动基准法》第17条、第24条、第

25 条，韩国《劳动基准法》第 42 条、第 44 条，《越南社会主义共和国劳动法典》第 59 条、第 67 条，《深圳市员工工资支付条例》第八条、第九条、第十条、第十五条、第十六条，《俄罗斯联邦劳动法典》第 96 条，《德国民法典》第 394 条。

第二百八十六条【用人单位克扣工资的法律责任】

用人单位有下列拖欠工资行为的，由人力资源社会保障行政部门责令其支付劳动者工资，并可责令其支付所拖欠工资三倍的赔偿金；情节严重的，可将案件移送公安机关，对其直接负责的主管人员和其他直接责任人员，处十日以上十五日以下拘留：

（一）拖欠劳动者工资以及加班工资超过一个工资支付周期的；

（二）低于当地最低工资标准支付劳动者工资的；

（三）经责令支付拖欠工资拒不支付的。

针对女性劳动者、残疾人劳动者、未成年工、高龄劳动者发生的上述行为，构成上一款所称"情节严重"。

【条文说明】参考《劳动合同法》第八十五条、《工资支付暂行规定》第十八条。

第二百八十七条【用人单位侵害垫付资金利益的法律责任】

人力资源社会保障行政部门对有偿还被垫付工资的能力而不偿还的用人单位，可以责令其在十五日内偿还并加付拒不偿还垫付资金额度百分之五十的逾期利息；逾期不偿还或不支付利息的，可按照拒不偿还垫付资金额度的二倍处以罚款，对国有单位还可同时建议有关部门给予直接责任人相应的行政处分；情节严重的，可将案件移送公安机关，对其直接负责的主管人员和其他直接责任人员，处十日以上十五日以下拘留。

【条文说明】参考《深圳经济特区企业欠薪保障条例》第二十条、第二十三条、第二十六条。

第二百八十八条【用人单位未采取性骚扰防治措施的法律责任】

用人单位未按照本法采取性骚扰防治措施导致劳动者遭受他人性骚扰的，劳动者有权要求用人单位承担相应的侵权责任，但用人单位有证据证明其已按照本法第一百五十八条采取了性骚扰防治措施的除外。

用人单位因本条第一款对劳动者进行损害赔偿的，有权向实施性骚扰的行为人追偿。用人单位未按照本法采取性骚扰防治措施的，劳动者有权向人力资源社会保障行政部门投诉。人力资源社会保障行政部门接到投诉后应当及时处理，并书面告知处理结果。用人单位未按照本法采取性骚扰防治措施的，人力资源社会保障行政部门可以根据检查、调查的结果责令用人单位改正；拒不改正的，可以对用人单位处以一万元以上五万元以下罚款。

【条文说明】参考《民法典》第一千一百九十八条，《妇女权益保障法》第二十三条、第二十五条，《劳动保障监察条例》第十五条、第十八条，我国台湾地区"性别工作平等法"第二十七条。

第二百八十九条【用人单位违反职业安全健康保护义务以及侵害劳动者生命身体健康权益的责任】

用人单位违反本法第一百三十二条、第一百三十三条、第一百三十四条、第一百三十五条、第一百三十六条规定的，劳动者可以要求主管行政机关责令用人单位改正，用人单位拒不改正的，可以对其处以一万元以上五万元以下的罚款。

用人单位违反本法第一百四十四条第一款规定，出现第二款至第三款情形，对劳动者造成损害的，劳动者有权向用人单位要求损害赔偿。

其他法律有特别规定的，从其规定。

【条文说明】本条是用人单位违反职业安全健康保护义务以及侵害劳动者生命身体健康权益时民事和行政责任的规定。

第二百九十条【用人单位违反特殊群体基本劳动标准的法律责任】

用人单位有下列行为之一的，由人力资源社会保障行政部门责令改正，按照受侵害的劳动者每人一千元以上五千元以下的标准计算，处以罚款：

（一）安排女性劳动者从事矿山井下劳动、国家规定的第四级体力劳动强度的劳动或者其他禁忌从事的劳动的；

（二）安排女性劳动者在经期从事高处、低温、冷水作业或者国家规定的第三级体力劳动强度的劳动的；

（三）安排女性劳动者在怀孕期间从事国家规定的第三级体力劳动强度的劳动或者孕期禁忌从事的劳动的；

（四）安排怀孕七个月以上的女性劳动者夜班劳动或者延长其工作时间的；

（五）女性劳动者生育享受产假少于九十八天的；

（六）安排女性劳动者在哺乳未满一周岁的婴儿期间从事国家规定的第三级体力劳动强度的劳动或者哺乳期禁忌从事的其他劳动，以及延长其工作时间或者安排其夜班劳动的；

（七）未书面告知本单位女性劳动者、未成年工、实习学生、高龄劳动者禁忌从事的劳动的；

（八）安排未成年工、高龄劳动者从事矿山井下、有毒有害、国家规定的第四级体力劳动强度的劳动或者其他禁忌从事的劳动的；

（九）未对未成年工、高龄劳动者定期进行健康检查的；

（十）劳动安全设施和劳动卫生条件不符合国家规定的；

（十一）未提供女性劳动者、残疾人劳动者、未成年工、高龄劳动者特别需求环境的；

（十二）违反本法实习学生保护规定的。

【条文说明】参考《女职工劳动特别保护规定》第十四条、第十五条，《浙江省女职工劳动保护办法》第二十三条。

第二百九十一条【用人单位强令冒险作业的法律责任】

用人单位强令女性劳动者、未成年工、高龄劳动者、残疾人劳动者违章冒险作业的，可移交公安机关处以六十天以下行政拘留。发生重大伤亡事故，或者造成严重后果的，应依据刑法规定追究主管人员和直接责任人员刑事责任，并处罚。

【条文说明】本条是侵害特殊群体劳动权益追究行政责任、刑事责任并加重处罚的规定。

第二百九十二条【用人单位侵害女性劳动者岗位权益的法律责任】

用人单位违反本法规定,有下列侵害女性劳动者合法权益情形之一,由人力资源社会保障行政部门给予警告、责令改正,并可以处以每人一万元以下罚款:

(一)拒绝改善孕期、哺乳期、更年期女性劳动者工作条件或者拒绝其调岗申请的;

(二)单方变更孕期、哺乳期、更年期女性劳动者劳动合同。

【条文说明】参考《上海市妇女权益保障条例》第四十五条第四款、《江苏省女职工劳动保护特别规定》第十八条、我国台湾地区"劳动基准法"第五十一条。

第二百九十三条【实习学生保护中的学校责任】

学校违反本法组织学生实习的,由学校主管部门依法责令改正。拒不改正或者管理混乱,造成严重后果、恶劣影响的,按照每人一万元以上五万元以下的标准对学校予以罚款。

因工作失误造成重大事故的,应当依法依规对相关责任人追究责任。

【条文说明】参考《职业学校学生实习管理规定》第四十六条。

第二百九十四条【工会劳动法律监督法律责任】

对于用人单位阻挠、妨碍工会实施法律监督的行为,应由人力资源社会保障行政部门责令改正,并可以处以五千元以上两万元以下的罚款。

用人单位对法律监督员依法履职进行打击报复的,应由人力资源社会保障行政部门责令改正并可处以罚款,对法律监督员造成损失的,应依法予以赔偿。

工会法律监督员损害劳动者或者工会权益的,由同级工会或者上级工会责令改正或者予以处分,情节严重的予以罢免。

【条文说明】参考《工会劳动法律监督办法》第三十条,《工会法》第五十条、第五十二条、第五十六条。

第十章 附 则

第二百九十五条【授权立法】

国务院人力资源社会保障行政部门可以根据本法制定实施细则。

第二百九十六条【生效】

本法自 年 月 日起施行。

后　记

本书是一项延续三年的研究计划的成果。2022年，在长期理论关注和参与相关基本劳动标准法立法课题的基础上，本书两位负责人组建团队申报并中标中华全国总工会工会理论研究会研究课题"基本劳动标准法立法问题研究"。该课题研究的成果即是本书的主要内容。但本书的完成又不止于该课题。在课题结项后，课题组再次组织专门会议，就本书内容向理论和实务界专家进行了汇报，听取了专家们的建议和意见，在此基础上对研究内容、观点进行了完善，对基本劳动标准法（专家建议稿）的条文进行了更新。

在本书出版之际，感谢中华全国总工会工会理论研究会，正因为研究会的课题研究任务，我们才能将基本劳动标准法立法问题作为一项重要工作持续开展。感谢在课题研究和本书出版过程中给予支持和鼓励的各位理论和实务专家。专家们所提的完善建议为本书增色良多。感谢中华全国总工会法律工作部、人力资源社会保障部相关司局、全国人大常委会法工委社会法室等部门对本书研究的支持，在本书编写过程中课题组多次以各种方式与上述部门保持沟通。本书研究的部分成果也有幸以智库报告等方式提交相关部门。感谢中国劳动关系学院及法学院，各位领导和同事的支持是本书研究得以顺利推进的重要保障。感谢中国劳动社会保障出版社编辑老师们认真严谨的编审工作。感谢本书研究团队的各位成员，在科研、教学任务繁重的背景下，能坚持三年持续地开展本课题研究，不厌其烦地进行学术讨论和课题修改。

多年来的参与和推动，让本书作者知道基本劳动标准法立法难度很大，但也让本书作者坚信我国需要一部系统的基本劳动标准法。我们相信，所有理论上的努力都是在为铺设有中国特色的基本劳动标准法之路做准备，也希望本书能为相关法律的立法完成作出贡献。